HEYNE BUSINESS



Kompaktwissen

Klaus Gertoberens

# Den Wirtschaftsteil der Zeitung richtig lesen und nutzen

- Hintergründe
- Zusammenhänge
- Grundwissen

Vollständig überarbeitete Neuausgabe

Wilhelm Heyne Verlag
München

HEYNE KOMPAKTWISSEN
Nr. 22/334

*Umwelthinweis:*
Dieses Buch wurde auf chlor- und säurefreiem Papier gedruckt.

Redaktion: Verlagsbüro Dr. Andreas Gößling und Oliver Neumann GbR


http://www.heyne.de
Printed in Germany 1999
Umschlaggestaltung: Atelier Ingrid Schütz, München
Technische Betreuung: M. Spionola
Satz: Schaber Datentechnik, Wels
Druck und Verarbeitung: Ebner Ulm

ISBN 3-453-07627-3

# INHALT

# Vorwort

Jeder Mensch sollte etwas von Wirtschaft verstehen. Sie prägt unser Leben. Wir kommen tagtäglich mit ihr in Berührung – als Arbeitnehmer oder Arbeitgeber, als Sparer oder Investor, als Existenzgründer oder Rentner, als Arzt oder Patient. Kenntnisse über wirtschaftliche Zusammenhänge helfen nicht nur, das eigene Leben zu meistern. Man braucht sie auch für die politische, demokratische Willensbildung.

Deshalb geben einschlägige Umfragen zu denken: Die meisten Menschen wissen wenig, gar nichts oder etwas Falsches über Vorgänge, von denen sie direkt oder indirekt betroffen sind. Obwohl »die Wirtschaft« jeden angeht, ist das Interesse an wirtschaftlichen Zusammenhängen gering. Wirtschaft wird als spröde, schwierig, undurchsichtig und deshalb unverständlich angesehen – und sie ist es zum Teil sicher auch.

Die Welt der Wirtschaft dreht sich immer schneller. Die Menschen müssen sich mitdrehen, wollen sie nicht vom Karussell fallen. Der Euro wird viele Lebensbereiche umkrempeln; das Zusammenwachsen eines Großteiles von Europa schafft neue Bedingungen. Über alle Kontinente hinweg schmieden die Unternehmen Allianzen. Zu unserem Vorteil – oder tappen wir in die »Globalisierungsfalle«?

Neue Finanzinstrumente stellen Börsen und Banken vor neue Herausforderungen. Gleichzeitig sind alte Probleme wie die Massenarbeitslosigkeit oder die internationale Schuldenkrise ungelöst geblieben, neuere wie die Umweltzerstörung brisanter geworden. Die wirtschaftlichen und gesellschaftlichen Probleme im Gefolge der Wiedervereinigung haben die wohlgeordnete Bundesrepublik gehörig durcheinandergewirbelt – neue Wege sind gefragt, Verkrustungen müssen aufgebrochen werden.

Seit der Erstveröffentlichung dieses Buches im September 1989 habe ich versucht, diesen ungestümen Veränderungen gerecht zu werden, indem ich nahezu alle Kapitel beständig aktuali-

siert, ergänzt oder auch gestrafft habe. Für diese Auflage war eine grundlegende Überarbeitung nötig.
Immer hatte ich den Anspruch, darin wirtschaftliche Zusammenhänge zu erklären. Ansatzpunkt ist der Wirtschaftsteil einer Tageszeitung. Warum? Viele Menschen lesen tagtäglich eine Zeitung, die in der Regel auch einen mehr oder minder umfangreichen Wirtschaftsteil enthält. Das Angebot, sich mit Wirtschaft zu beschäftigen, ist also da. Die Nachfrage nach diesen Informationen läßt aber zu wünschen übrig. Allzu oft stellt sich heraus, daß Wirtschaftsmeldungen nicht so einfach zu verstehen und zu bewerten sind wie Meldungen im Lokal- oder Sportteil.
Dies liegt zum einen an den vielen Fachbegriffen, zum anderen daran, daß sich Zusammenhänge oft wegen Platzmangels nicht im ausreichenden Umfang darstellen lassen. Die Journalisten müssen bei ihren Lesern Vorkenntnisse voraussetzen, die oft nicht vorhanden sind. Kein Wunder, daß deshalb auch der interessierte Laie nach einigen erfolglosen Versuchen, sich durch den Wirtschaftsteil »durchzukämpfen«, enttäuscht weiterblättert.
Dieses Buch möchte dazu beitragen, den Wirtschaftsteil verständlicher zu machen. Es ist so gegliedert, wie auch die Wirtschaftsseiten großer deutscher Tageszeitungen angelegt sind: in den wirtschaftspolitischen Teil, die Unternehmensberichterstattung und den Börsenteil. Um den Einstieg ins Thema zu erleichtern, sollen am Anfang folgende Fragen beantwortet werden: Was ist überhaupt Wirtschaft? Warum müssen wir wirtschaften?
Vollständigkeit kann und soll mit diesem Buch nicht erreicht werden. Erklärt und beschrieben wird, was häufig in der Zeitung auftaucht. Um den Bezug zum Wirtschaftsteil noch deutlicher herzustellen, finden Sie darin auch Schaubilder und Artikelausrisse.
Wer dieses Buch lesen möchte, braucht keine Vorkenntnisse. Man kann es von vorn bis hinten durchlesen, sich aber auch einzelne Kapitel ansehen, ohne die vorigen Abschnitte zu kennen. Das ausführliche Register soll dazu beitragen, daß das Buch auch als Nachschlagewerk verwendet werden kann.
*Den Wirtschaftsteil richtig lesen und nutzen* wendet sich an alle,

die mehr über Wirtschaft wissen wollen – an Schüler, Volkshochschüler, fachfremde Studenten und natürlich an alle Zeitungsleser, die genauer wissen möchten, was es mit der Wirtschaft auf sich hat. Auf Bewertungen wirtschaftspolitischer Richtungen, Strategien oder Forderungen habe ich bewußt verzichtet. Das Beschreiben und Erklären steht im Vordergrund – zum einen deshalb, weil sich der Leser selbst ein Urteil bilden soll, zum anderen aber auch, weil sich das Buch ja vor allem an die wendet, die von Wirtschaft wenig verstehen. Solche Leser brauchen zunächst einmal einen Wegweiser zu Begriffen und Zusammenhängen, nicht aber – möglicherweise – verwirrende Meinungen.

Mein Freund und Kollege Thomas Fröhlich, der mit mir gemeinsam die Urfassung erarbeitet und auch mitgeholfen hat, die bisherigen Auflagen auf den neuesten Stand zu bringen, ist auf die andere Seite des Schreibtischs gewechselt und verantwortet nun die Öffentlichkeitsarbeit eines Chemie-Unternehmens. Er ist deshalb aus der Autorengemeinschaft ausgeschieden. Sein breitgefächertes Wissen, sein kritisches Interesse an allen Bereichen des Wirtschaftslebens habe ich schmerzlich vermißt.

Ich danke meiner Frau Susanne und meinen Kindern Max, Clara und Paul für ihren geduldigen Verzicht auf viele freie Stunden, Swetlana Beltermann für ihre aufmunternde Zuarbeit und meinem Kollegen Ulf Mallek für das kritische Gegenlesen des Börsenteils sowie meiner Schwiegermutter Hilde Arens, die als »Vorleserin« den Part des interessierten Laien übernommen hat.

*Bad Schandau/Sächsische Schweiz* KLAUS GERTOBERENS

# Teil I

# Ständig in Bewegung: Die Volkswirtschaft

## 1. Der Traum vom Schlaraffenland oder: warum wir wirtschaften müssen

Stellen wir uns vor, wir lebten im Schlaraffenland. Dort herrschen bekanntlich Müßiggang und Überfluß. Wer Hunger verspürt, nimmt sich einfach ein gebratenes Hähnchen, wer Durst hat, der kann trinken was und soviel er will. Jeder fährt mit einem teuren Auto umher, und wem sein Wagen nicht mehr gefällt, der nimmt sich einfach einen anderen. Um in diesem Wunderland zu leben, braucht man – kaum vorstellbar – nicht eine einzige Minute zu arbeiten und keinen Pfennig Geld ...

Das ist natürlich ein Märchen; die Wirklichkeit sieht anders aus. Warum? Gewiß, auch in der Wirklichkeit haben wir Bedürfnisse, beispielsweise Hunger. Um diesen Hunger zu stillen (und damit das Bedürfnis zu befriedigen), haben wir in einem reichen Land wie der Bundesrepublik mannigfaltige Möglichkeiten: Wir können uns in einer Imbißbude eine Currywurst besorgen oder auch in einem Supermarkt den Einkaufswagen mit den feinsten Lebensmitteln füllen. Insofern besteht noch kein Unterschied zum Schlaraffenland. Nur – in der Wirklichkeit müssen wir für diese Produkte und Dienstleistungen bezahlen.

Weil wir eine Ware nur gegen Entgelt bekommen, wird sie zu einem knappen Gut, so massenhaft sie auch im Regal des Supermarkts liegen mag. »Knappheit« bedeutet, daß wir für Produkte und Dienste nur einen bestimmten Betrag zur Verfügung haben, den Betrag nämlich, den wir als Lohn oder Gehalt – als Einkommen – monatlich für unsere Arbeit erhalten. Von diesem Geld müssen wir aber nicht nur Lebensmittel bezahlen,

sondern auch Wohnungsmiete, Telefon, Versicherungen, Krankenkasse, Zeitungsabonnement, Rundfunkgebühren, den Theater- und Kinobesuch, die Autoreparatur, das Bier abends in der Gastwirtschaft usw. Soll uns das gelingen, müssen wir haushalten. Wir teilen das uns zur Verfügung stehende Einkommen so auf, daß die verschiedenen Bedürfnisse, die wir befriedigen wollen, tatsächlich auch befriedigt werden: Wir müssen wirtschaften.
Wirtschaften heißt also, den bestmöglichen Ausgleich zwischen der Unbegrenztheit der menschlichen Bedürfnisse und der Begrenztheit (Knappheit) der verfügbaren Mittel zu finden. Die Summe aller Bedürfnisse ist der Bedarf. Wenn dieser Bedarf, mit Kaufkraft ausgestattet, auf dem Markt wirksam wird, nennt man ihn *Nachfrage*.

Doch wir sprechen nicht nur von einem Ausgleich, sondern vom *bestmöglichen* Ausgleich. Wollen wir die Spannung zwischen der Unbegrenztheit der Bedürfnisse und der Knappheit der zu ihrer Befriedigung zur Verfügung stehenden Mittel tatsächlich abbauen, müssen wir uns vernünftig oder rational verhalten. Wir müssen das *Prinzip der Wirtschaftlichkeit* anwenden. Dieses Prinzip, das auch *ökonomisches* oder *Rationalprinzip* heißt, kann man auf zwei verschiedene Arten formulieren.

## 1.1 Das Maximalprinzip

Das Maximalprinzip geht von den zur Verfügung stehenden Mitteln aus und fragt, wie damit der höchstmögliche oder maximale Nutzen erreicht, wie also ein Bedürfnis möglichst gut befriedigt werden kann. Ein Beispiel: Wenn jemand Hunger hat und ihm nur 15 Mark zur Verfügung stehen, wird er versuchen, für dieses Geld ein möglichst nahrhaftes Essen zu bekommen.
Jedenfalls wäre dies eine vernünftige Entscheidung. Nicht vernünftig wäre es dagegen, wenn unser Hungriger sich für seine 15 Mark Bonbons oder – noch unvernünftiger – ein Buch kaufen würde. Denn die Lektüre, sei sie noch so spannend, mag ihn zwar seinen Hunger für eine Weile vergessen lassen, satt macht sie jedoch nicht.

Dieses Beispiel zeigt, daß es verschiedene Arten von Bedürfnissen gibt, die sich darin unterscheiden, wie dringend sie befriedigt werden sollen/müssen. Man kommt so zu einer Bedürfnishierarchie:

- physiologische Bedürfnisse wie Hunger, Durst, Schlaf etc.; Sicherheitsbedürfnisse wie Erhaltung der Gesundheit, Alterssicherung, Erhaltung der Erwerbsfähigkeit;
- Streben nach Selbstachtung und Achtung durch andere. Hierzu zählt das Streben nach Erfolg und Unabhängigkeit ebenso wie etwa das nach Anerkennung der eigenen Leistungen durch Fremde oder Kollegen;
- Streben nach Selbstverwirklichung wie der Wunsch, seine Persönlichkeit den eigenen Vorstellungen entsprechend entfalten und entwickeln zu können.

Von einer Bedürfnishierarchie spricht man nun deshalb, weil man davon ausgeht, daß die in der Rangordnung weiter oben stehenden Bedürfnisse – wie das Streben nach Selbstverwirklichung – erst dann entwickelt werden, wenn die untergeordneten – wie Hunger oder Durst – befriedigt worden sind. Diese Rangordnung ist plausibel, denn wer in der Wüste zu verdursten droht, dem steht nicht der Sinn danach, auf einem festlichen Ball seinen neuen Smoking vorzuführen.
Dieses Modell hat trotz seiner Anschaulichkeit Nachteile. So dürfte es unmöglich sein, die einzelnen Bedürfnisschichten zweifelsfrei voneinander abzugrenzen oder einen Sättigungsgrad zu bestimmen. Auch berücksichtigt das Modell nicht das Anspruchsniveau, das von Person zu Person unterschiedlich ist.

Die Wirtschaftswissenschaftler haben dem Menschen, der sich sklavisch an das Prinzip der Wirtschaftlichkeit hält, einen Namen gegeben: *Homo oeconomicus*. Dieser rein rational handelnde Mensch ist jedoch eine Wunschvorstellung. In der Wirklichkeit kommt er nicht vor. Denn Menschen haben außer einem Sinn für Vernunft auch Gefühle und spontane Eingebungen, von denen sie sich zuweilen leiten lassen und die ihr Verhalten bestimmen. Trotzdem: Gering schätzen sollte man das ökonomische Prinzip nicht, denn auch gefühlsbetonte Zeitgenossen müssen unter dem Zwang der Güterknappheit immer wieder darauf zurückkommen.

Daß dieses »Grundgesetz des Wirtschaftens« nicht nur für die Hausfrau gilt, die ihr Haushaltsgeld optimal einsetzen muß, liegt auf der Hand. Wo bekomme ich einen Kredit zum günstigsten Zinssatz? Kann ich von einem Produktionsmittel noch etwas einsparen, ohne daß darunter die Qualität des Produkts leidet? Kann durch den Einsatz eines preisgünstigeren Samens auf einem Feld der gleiche oder gar ein höherer Ernteertrag erzielt werden? All das sind Fragen, die sich Menschen unter dem Zwang des Wirtschaftens täglich aufs neue stellen: private Haushalte, Landwirte, die Verantwortlichen in Industrieunternehmen, in Behörden und Ministerien.

## 1.2 Das Minimalprinzip

Während es beim Maximalprinzip darum geht, mit den vorhandenen Mitteln den maximalen Nutzen zu erreichen, stellt man sich beim Minimalprinzip folgende Frage: Wie kann ich ein bestimmtes Ziel mit möglichst geringen – minimalen – Kosten erreichen? Wenn zum Beispiel jemand eine Wohnung sucht, hat er verschiedene Möglichkeiten: Folgt er tatsächlich dem Minimalprinzip, wird er sich mit einer kleinen und deshalb preiswerten Wohnung begnügen. Wenn er jedoch ein großzügiges, luxuriös ausgestattetes Appartement in einer bevorzugten Wohngegend wählt, hat er nicht nach dem Minimalprinzip gehandelt. Er hat vielmehr bei seiner Auswahl auch versucht, andere und in der Bedürfnishierarchie weiter oben angesiedelte Bedürfnisse wie das Streben nach Luxus zu befriedigen.

## 2. Wo Käufer auch Verkäufer sind: der Wirtschaftskreislauf

Dem Zwang zum Wirtschaften kann sich niemand entziehen. Doch längst sind die Zeiten vorbei, in denen es im stillen Kämmerlein, quasi unter Ausschluß der Öffentlichkeit, stattfand. Niemand in einer modernen Volkswirtschaft kann seine Bedürfnisse befriedigen, ohne dazu auf die Leistungen eines anderen Teilnehmers am Wirtschaftsleben zurückzugreifen. Dazu hat die Arbeitsteilung entscheidend beigetragen: die Teilung der Produktion und nicht zuletzt die berufliche Spezialisierung. Doch weil der Landwirt nur sein Feld bestellt, sich seinen Traktor aber beim Landmaschinenhändler kauft, weil sich die Familie das Fernsehgerät aus dem Angebot eines TV-Herstellers aussucht und nicht etwa selber bastelt, und weil die weitaus meisten Unternehmen die Vorprodukte für ihre Güter von anderen Unternehmen beziehen müssen, ist der Austauschprozeß, das Anbieten und Nachfragen, das Geben und Nehmen, in einer Volkswirtschaft immer unübersichtlicher geworden. Das liegt auch daran, daß längst nicht mehr nur Waren gegen Waren getauscht werden, sondern auch Geld als Zahlungsmittel im Spiel ist. Das wiederum erfordert Spezialunternehmen wie Banken, die den Zahlungsverkehr abwickeln, Geld ausleihen oder gegen Zahlung von Zinsen annehmen.

Die Unübersichtlichkeit erscheint um so größer, als die Teilnehmer am Wirtschaftskreislauf stets in mehreren Rollen handeln: Der Familienvater stellt als Arbeitnehmer seine Arbeitskraft zur Verfügung, als Facharbeiter in einer Maschinenfabrik trägt er aber auch dazu bei, daß Produkte angeboten werden können. Gleichzeitig ist er Konsument (Nachfrager von Konsumgütern) und Steuerzahler. Für seine Kinder erhält er vom Staat wiederum Kindergeld.

Auch Unternehmen sind gleichzeitig Anbieter und Nachfrager von Produkten. Sie zahlen an den Staat Steuern, bekommen von ihm unter Umständen finanzielle Hilfen. Ein undurchdringliches Chaos?

Schon im 18. Jahrhundert haben die Wirtschaftswissenschaftler versucht, Ordnung in diese Wirrnis zu bringen. Der Leibarzt der Marquise de Pompadour, der Biologe und Ökonom

*François Quesnay* (1694–1774), erkannte die Ähnlichkeit der wirtschaftlichen Austauschvorgänge mit dem menschlichen Blutkreislauf und stellte Geld- und Güterströme einander erstmals gegenüber. Sein Konzept des Wirtschaftskreislaufs wurde später erweitert. Der Geldstrom verläuft entgegen dem Güterstrom, aus dem einfachen Grund, weil Güter mit Geld bezahlt werden, das Geld somit die Gegenleistung für die Güter bildet. Man unterscheidet vier Sektoren: die privaten Haushalte, die Unternehmen, den Staat und das Ausland. Sehen wir uns die einzelnen Sektoren kurz genauer an.

## 2.1 Private Haushalte, Unternehmen, Staat

*Private Haushalte*: Dabei handelt es sich hauptsächlich um Arbeitnehmerhaushalte, die Einkommen beziehen, weil sie ihre Arbeitskraft zur Verfügung stellen und – in geringerem Umfang - Kapital anlegen (sparen). Auch die *Transferzahlungen* sind eine wichtige Einkommensquelle. Unter Transferzahlungen, auch *Übertragungen* genannt, versteht man Zahlungen, denen keine Gegenleistungen gegenüberstehen. Vor allem Sozialleistungen (Kindergeld, Fürsorgezahlungen, Zuschüsse zur Sozialversicherung) gehören dazu. Um ihren Lebensunterhalt bestreiten zu können, müssen die privaten Haushalte den größten Teil ihres Einkommens wieder ausgeben: Sie konsumieren.

*Die Unternehmen*: Darunter versteht man hauptsächlich Wirtschaftseinheiten, die Leistungen anderer Wirtschaftsteilnehmer kaufen (Arbeitskraft, Rohstoffe, Fertigprodukte), um Güter und Dienstleistungen herzustellen und sie mit Gewinn zu verkaufen. Im Gegensatz zum allgemeinen Sprachgebrauch, der die Produktion mit dem technischen Herstellungsprozeß gleichsetzt, umfaßt der Begriff im Wirtschaftsleben die sogenannte *Urproduktion* (Landwirtschaft, Forstwirtschaft und Bergbau), die *Weiterverarbeitung* (Industrie, Handwerk), den *Gütertransport* sowie den *Handel*.

*Der Staat*: Darunter versteht man Bund, Länder und Gemeinden, aber auch die Sozialversicherungsträger. Der Staat übernimmt im Wirtschaftskreislauf verschiedene Aufgaben. Eine

der wichtigsten ist die Umverteilung von Einkommen und Vermögen. Er besteuert die Einkommen und Vermögen, die im Wirtschaftsprozeß entstanden sind. Die Steuereinnahmen gibt er zum Teil für Transferzahlungen wieder aus – nicht nur für die bereits erwähnten Sozialleistungen, sondern auch für Subventionen oder Entwicklungshilfe.
Andererseits ist der Staat auch Produzent und Anbieter von Gütern und Diensten. Freilich will er mit deren »Verkauf« keinen Gewinn erzielen, ja, häufig ist die Nutzung dieser Güter und Dienste sogar kostenlos: Der Staat dient damit der Allgemeinheit, befriedigt Kollektivbedürfnisse, indem er öffentliche Güter zur Verfügung stellt. Dazu gehören zum Beispiel Straßen, Flughäfen, Krankenhäuser, aber auch die Landesverteidigung.

## 2.2. Der Handel mit dem Ausland: die Zahlungsbilanz

Es ist klar, daß am Wirtschaftskreislauf einer Volkswirtschaft nicht nur Inländer teilnehmen. Der Wirtschaftsverkehr mit Personen, Unternehmen und auch staatlichen Organisationen, die außerhalb der Landesgrenzen ansässig sind, hat seit Ende des Zweiten Weltkriegs immer mehr zugenommen. Zudem gibt es so etwas wie eine internationale Arbeitsteilung. Das heißt, daß manche Staaten in bestimmten Industrien besonders leistungsfähig sind, sei es, weil sie sich spezielle Kenntnisse *(Know-how)* angeeignet haben oder weil die natürlichen Voraussetzungen gut waren. Man denke nur an die japanische Kameraindustrie, die schwedische Holzwirtschaft, die französischen Käsereien, die italienische Schuhindustrie, die österreichischen Skifabrikanten oder den deutschen Maschinenbau.
Welche grenzüberschreitenden Leistungsströme gibt es? Gewiß denkt man zuerst an den Austausch von Waren, aber auch Kapital und Dienstleistungen wandern täglich zwischen den Volkswirtschaften hin und her. Zusammengefaßt werden die Werte aller außenwirtschaftlichen Transaktionen einer Volkswirtschaft in einem Jahr in der *Zahlungsbilanz*. Sie setzt sich aus verschiedenen Teilbilanzen zusammen:

Die ***Handelsbilanz*** stellt die Werte der Warenausfuhr (Exporte) den Werten der Wareneinfuhr (Importe) gegenüber. Sind die

Ausfuhren größer als die Einfuhren, spricht man von einer positiven oder aktiven Handelsbilanz: Es ist ein Handelsbilanzüberschuß entstanden. Wurde mehr importiert als exportiert, wäre die Handelsbilanz negativ oder passiv: Es ist ein Handelsbilanzdefizit entstanden. Die Ursachen für einen Überschuß in der Handelsbilanz sind vielfältig. Die Volkswirtschaft kann vielleicht billiger produzieren als andere und setzt deshalb mehr an das Ausland ab. Exportüberschüsse können jedoch auch auftreten, wenn die Produktionskosten hoch sind, nämlich dann, wenn die Qualität der Produkte, die Lieferbereitschaft und der Service vom Ausland höher eingeschätzt werden als der Preis. Ein wachsender positiver Saldo im Außenhandel muß freilich nicht immer mit steigenden Exporten bei gleichbleibender oder sinkender Einfuhrmenge zusammenhängen, sondern kann auch auf niedrigere Importpreise zurückzuführen sein.

Die ***Dienstleistungsbilanz*** faßt die Ein- und Ausfuhren von Dienstleistungen zusammen. Ein wichtiger Posten der Dienstleistungsbilanz ist der Reiseverkehr. Jährlich geben die Bundesbürger Milliarden von Mark für ihren Auslandsurlaub aus. Diese Ausgaben tauchen hier auf. Aber auch der Posten Kapitalerträge (Dividenden, Zinsen) gehört zur Dienstleistungsbilanz, ebenso wie Einnahmen und Ausgaben im Zusammenhang mit Patenten, Lizenzen, Versicherungen und Verkehrsleistungen. Seit Anfang der 70er Jahre ist die Dienstleistungsbilanz der Bundesrepublik überwiegend passiv. Das liegt an den hohen Ausgaben der Deutschen für ihren Urlaub außerhalb der Landesgrenzen.
Die Zusammenfassung von Handels- und Dienstleistungsbilanz wird häufig auch als ***Außenbeitrag*** bezeichnet.

In der ***Übertragungs- oder Transferbilanz*** werden die Zahlungen an das Ausland verbucht, denen keine Gegenleistung gegenübersteht. Ein wichtiger Posten sind die Überweisungen der ausländischen Arbeitnehmer aus der Bundesrepublik in ihre Heimatländer. Zu Buche schlagen hier auch die Entwicklungshilfe und die Beiträge der Bundesrepublik an internationale Organisationen wie die Europäische Union, den Internationalen Währungsfonds oder die Vereinten Nationen.

Seit Mitte der 50er Jahre ist die Übertragungsbilanz negativ. Es fließen also seitdem jährlich mehr Zahlungen ohne Gegenleistung ab, als das Ausland in die Bundesrepublik überweist. Faßt man die Handelsbilanz, die Dienstleistungsbilanz und die Übertragungsbilanz zusammen, erhält man die ***Leistungsbilanz***. Ein Leistungsbilanzüberschuß, auch *positiver Leistungsbilanzsaldo* genannt, ergibt sich, wenn im Geschäft mit Waren, Dienstleistungen und Übertragungen mehr Einnahmen als Ausgaben verbucht werden.

**Leistungsbilanzüberschuß von Japan steigt weiter an**

**Tokio (Reuters) – Das Plus in der Leistungsbilanz von Japan ist erneut angestiegen. Der Überschuß kletterte im August im Vergleich zum Vorjahr um 43,6 Prozent auf 1,16 Billionen Yen (15 Milliarden DM), wie das Finanzministerium in Tokio mitteilt. Das Plus im Handel mit Gütern und Dienstleistungen sei auf einen Rückgang der Importe im August um 5,5 Prozent auf 2,75 Billionen Yen und auf ein sinkendes Exportwachstum von 0,7 Prozent auf 3,84 Billionen Yen zurückzuführen. Den Abschwung bei den Exporten begründet ein hoher Beamter des Ministeriums mit den Krisen der südostasiatischen Volkswirtschaften.**

Es zeigt sich, daß die überwiegend positiven Leistungsbilanzsalden allein auf das Konto der aktiven Handelsbilanz gehen (der Negativsaldo 1979 bis 1981 war durch den Anstieg des Rohölpreises verursacht), während die beiden anderen Teilbilanzen der Leistungsbilanz in diesem Zeitraum stets Defizite aufwiesen. Der hohe Handelsbilanzüberschuß wiederum ist der Leistungsfähigkeit der deutschen Exportwirtschaft zu verdanken. Diese Struktur der Leistungsbilanz änderte sich mit der Wiedervereinigung 1990. Der große Bedarf an Waren in den neuen Bundesländern konnte nicht mehr allein durch die deutschen Hersteller gedeckt werden. Die Importe nahmen zu, so daß der Handelsbilanzüberschuß schrumpfte. Dazu kam in den

Jahren 1992 und 1993 eine merkliche Exportschwäche, die den Handelsbilanzüberschuß ebenfalls drückte. Erst 1998 hievte der Exportboom die Leistungsbilanz wieder in die Pluszone.

Die ***Kapitalverkehrsbilanz*** weist die grenzüberschreitenden Kapitalbewegungen aus, und zwar unterteilt nach kurzfristigem und langfristigem *Kapitalimport* und *Kapitalexport.*
Was hat man sich unter Kapitalexport vorzustellen? Steigen zum Beispiel in den USA die Zinsen, werden viele Anleger ihr Geld in US-Wertpapieren anlegen, weil diese Papiere mehr abwerfen. Die Folge: Kapital fließt aus der Bundesrepublik ins Ausland ab. Auch der Kapitalabfluß aufgrund von Kreditverträgen zwischen Staaten oder zwischen einer inländischen Bank und einem ausländischen Kunden wird hier verbucht. Dasselbe gilt für Direktinvestitionen. Baut ein ausländisches Unternehmen in der Bundesrepublik ein neues Werk, handelt es sich um einen Kapitalimport. Errichtet dagegen ein deutsches Unternehmen im Ausland eine neue Fertigungsstätte, haben wir es mit einem Kapitalexport zu tun. Fließt insgesamt mehr Kapital ins Ausland ab, als ins Land hereinkommt, ist die Kapitalverkehrsbilanz negativ, andernfalls positiv.

Faßt man die Salden der Leistungs- und der Kapitalverkehrsbilanz zusammen, müßte sich daraus eigentlich genau ergeben, ob eine Volkswirtschaft im Geschäft mit dem Ausland einen Überschuß oder ein Defizit erwirtschaftet hat, mit anderen Worten: ob im Vergleich zum Vorjahr der Bestand an ausländischem Geld (Devisen) zu- oder abgenommen hat.
Nun gibt es unter den unzähligen Austauschvorgängen mit dem Ausland viele, die nicht exakt aufgegliedert oder zugeordnet werden können. Sie werden im Schema der Zahlungsbilanz unter dem Posten *Saldo der statistisch nicht aufgliederbaren Transaktionen* verbucht.
Rechnet man alle Überschüsse oder Fehlbeträge der Teilbilanzen und Ausgleichsposten zusammen, wird die Veränderung der Gold- und Devisenbilanz, der letzten Teilbilanz der Zahlungsbilanz, ersichtlich. Diese Bilanz gibt die Forderungen und Verbindlichkeiten der Bundesbank, der »Kassenwärterin« der Bundesrepublik, gegenüber dem Ausland an.

In den Teilbilanzen ergibt sich in der Regel immer ein Überschuß oder ein Defizit. Die Zahlungsbilanz als Zusammenfassung der Teilbilanzen ist jedoch rein rechnerisch immer ausgeglichen. Das liegt daran, daß sich die Salden der Teilbilanzen immer ausgleichen, weil dem Überschuß einer Teilbilanz stets das Defizit einer anderen gegenübersteht. Nur Teilbilanzen können also im Ungleichgewicht sein, doch spricht man häufig von einem Zahlungsbilanzüberschuß oder -defizit.
Wie wir gesehen haben, vermittelt eine Zahlungsbilanz in Zahlen gegossene Vorstellungen über die weltwirtschaftliche Verflechtung eines Landes. Sie stellt aber keine Gewinn- und Verlustrechnung einer Volkswirtschaft dar.

## 3. Von Weltmeistern und Dienstleistern: die Struktur unserer Wirtschaft

Vor hundert Jahren war Deutschland ein Agrarstaat. 60 Prozent der Sachgüter-Produktion erbrachte damals die Landwirtschaft. Dagegen ist fraglich, ob die Bundesrepublik heute noch das klassische Verarbeitungsland ist, das es vor zwanzig Jahren war. In einem an Rohstoffen armen Land ist der Mensch der wichtigste »Rohstoff«. Qualifizierte Mitarbeiter sind die Triebfeder der Wirtschaft. Dies gilt vor allem für ein Industrieland, das am Übergang zur Dienstleistungsgesellschaft steht.

Als zweites Wesensmerkmal unserer Wirtschaft hat sich in den letzten Jahren immer stärker die Exportabhängigkeit herauskristallisiert. Der Grund für die starke außenwirtschaftliche Verflechtung der Bundesrepublik liegt zum einen darin, daß in einem rohstoffarmen Land viele Vorprodukte importiert werden müssen und dafür im Austausch industrielle Erzeugnisse hergegeben werden, zum anderen in der Bereitschaft der deutschen Unternehmen, sich innen und außen dem Wettbewerb zu stellen.

### 3.1 Export – Motor der Konjunktur

Der Export ist unangefochten die beste Stütze der Konjunktur. Autos, Maschinen, Erzeugnisse der Chemie und der Elektrotechnik holen nahezu die Hälfte der Export-Devisen herein. Dahinter folgen gleichauf Nahrungs- und Genußmittel, Textilien und Bekleidung. Ihr Anteil am Gesamtexport liegt bei jeweils knapp fünf Prozent.
Der Export ist für Deutschland lebenswichtig. Er sorgt für Aufträge und Beschäftigung. Jeder fünfte Arbeitsplatz hängt davon ab. Ohne die Devisen aus den Exporten könnten wir keine japanischen Fernseher kaufen, kein britisches Öl, keine amerikanischen Computer, keinen französischen Käse, keine italienischen Schuhe.
Ein Großteil der Einnahmen aus dem Export fließt gleich wieder ab: Die deutschen Importeure zahlen für den Einkauf ausländischer Waren und Dienstleistungen. Milliarden Mark brau-

chen zudem deutsche Urlauber, damit sie ihre Ferien im Ausland finanzieren können.
Daneben gibt es noch eine Reihe weiterer Verpflichtungen gegenüber dem Ausland, zum Beispiel Beiträge an internationale Organisationen, Entwicklungshilfe, Lizenzgebühren und Rentenzahlungen.
Unter dem Strich reichen die Exporterlöse bei weitem nicht mehr aus, um alle Auslandsrechnungen zu bezahlen. Seit 1991 war die deutsche Leistungsbilanz tiefrot. Erst 1998 wurde wieder ein fast ausgeglichenes Ergebnis registriert.

Die Verflechtung der Bundesrepublik mit der Weltwirtschaft ist enger als bei den meisten anderen großen Industrieländern. Die 80er Jahre waren für die Bundesrepublik durch eine außerordentlich starke außenwirtschaftliche Expansion gekennzeichnet. Die *Exportquote*, der Anteil der Warenexporte am Sozialprodukt, stieg kontinuierlich an.
Die Bedeutung des Außenhandels für die Bundesrepublik wird dadurch unterstrichen, daß die wichtigsten Exportindustrien zugleich einen bedeutenden Kern der deutschen Wirtschaft darstellen. Dabei handelt es sich vor allem um Unternehmen des Straßenfahrzeugbaus, der Maschinenbauerzeugnisse, der chemischen Erzeugnisse und der Elektrotechnik.

Der Export wird gerne der »Motor der Konjunktur« genannt. Für den volkswirtschaftlichen Kreislauf ist von Bedeutung, daß durch Exporte neues Einkommen entsteht, weil bei der Produktion und dem Transport der Güter Löhne und Gehälter gezahlt und meist auch Gewinne erzielt werden. Der Erlös für die exportierten Güter fließt in Form von Devisen herein. Die Güter selbst gelangen nicht auf den Inlandsmarkt, sondern gehen ins Ausland. Durch Exporte steigt also das Einkommen in einer Volkswirtschaft, ohne daß gleichzeitig das inländische Güterangebot zunimmt. Darin liegt die belebende Wirkung von Ausfuhren auf die Konjunktur. Durch Importe dagegen fließt Einkommen in das Ausland ab, sie wirken deshalb auf die Konjunktur und die Preise dämpfend.
Deshalb stimmt es bedenklich, daß 70 Prozent der deutschen Ausfuhren nach Westeuropa gehen. Denn dieser Markt wächst

nur noch unterdurchschnittlich. Der abnehmende positive Einfluß des Gütersortiments auf das Exportwachstum deutet darauf hin, daß neue Tendenzen im Strukturwandel der Produktion nicht rechtzeitig berücksichtigt wurden, sondern daß am bewährten Gütersortiment zu lange festgehalten wurde.
Für die deutsche Wirtschaft ergibt sich somit die Gefahr, aus der Dynamik der Arbeitsteilung mit den Entwicklungs- und Schwellenländern weniger Nutzen ziehen zu können als Japan und die USA.
Neben der traditionellen Vorgehensweise zur Erschließung und Erhaltung von Auslandsmärkten durch Exportaktivitäten und der Gründung von Tochtergesellschaften gewinnt eine zwischen diesen Alternativen angesiedelte Form immer stärker an Bedeutung: das *Joint Venture*, auch *Gemeinschaftsunternehmen* genannt. Darunter wird allgemein eine grenzüberschreitende, auf Kapitalbeteiligung beruhende Zusammenarbeit zwischen zwei oder mehreren Partnern verstanden. Sowohl die Partner als auch das Joint Venture sind in ihren Interessenlagen eigenständig. Motive zur Gründung solcher Unternehmen sind häufig die Suche nach Schutz vor Überfremdung der einheimischen Wirtschaft und Devisenmangel. Die Mehrheitsbeteiligung, d.h. 51 Prozent des Kapitals, bleibt beim inländischen Vertragspartner.

Exportgeschäfte mit dem Ausland sind für deutsche Firmen lukrativ, oft aber auch ein Risiko. Denn nicht immer bezahlt der Kunde die bereits gelieferte Ware. Häufiger Grund ist Devisenmangel, vor allem in den Staaten der Dritten Welt oder Osteuropas. Damit dennoch Produkte *made in Germany* auf diesen Märkten abgesetzt werden können, hilft die Bundesregierung mit *Hermes-Bürgschaften.* Falls der Kunde nicht bezahlen kann, springt die Bundesregierung zu $^{5}/_{8}$ mit Steuergeldern ein.
Diese Exportversicherung können deutsche Firmen gegen entsprechende Prämien bei der Hermes AG in Hamburg abschließen, einem privaten Unternehmen, das im Auftrag der Bundesregierung tätig ist. Für welche Exportgeschäfte Hermes-Kredite gewährt werden, entscheidet der sogenannte *interministerielle Ausschuß* in Bonn. Diesem Ausschuß gehören unter

anderem Bundesfinanz- und Wirtschaftsminister sowie ein Vertreter des Auswärtigen Amtes und des Ministeriums für wirtschaftliche Zusammenarbeit an.

Lange Zeit deckten die Einnahmen aus den Versicherungsprämien die Verluste des Bundes. Doch in den letzten Jahren mußte Bonn immer häufiger bezahlen. Im Schadensfall, wenn ein Kunde nicht zahlt, wird bei derlei Geschäften also auf deutscher Seite der Staat zum Gläubiger, auf der ausländischen Seite die jeweilige Regierung zum Schuldner. Damit sorgen die Hermes-Bürgschaften für eine zusätzliche Schuldenspirale.

Doch hochentwickelte Industrieländer wie die Bundesrepublik müssen im Verbund der internationalen Arbeitsteilung ständig neuartige und qualitativ hochwertige Produkte hervorbringen. Zwar sind die Deutschen wohl unbestritten ebenso kreativ wie andere. Allerdings scheinen sie mit ihrem Einfallsreichtum nicht genug anzufangen. Die Bundesrepublik wendet mit 2,7 Prozent fast denselben Prozentsatz ihrer Wirtschaftsleistung für Forschung und Entwicklung auf wie etwa die USA (2,8 Prozent) oder Japan (drei Prozent). Die Ausbeute fällt aber relativ mager aus.

Diese Diskrepanz spiegelt sich bei den Patentanmeldungen wider. Während die Zahl neu erworbener nationaler Schutzrechte bei uns mit rund 34000 stagniert, nimmt sie etwa in den USA sprunghaft zu.

Die wirtschaftliche Lage einer Industrienation wird heute in hohem Maße von der außenwirtschaftlichen Verflechtung bestimmt. Dies bedeutet eine starke Abhängigkeit vom internationalen Wirtschaftsaustausch und von der Konjunkturentwicklung in der Weltwirtschaft. Geht etwa in den USA die Konjunktur zurück, wirkt sich dies auf unsere Beschäftigung aus.

Etwa jeder fünfte Erwerbstätige ist in unserem Land direkt oder indirekt vom Warenexport abhängig. Wir leben in einer *offenen* Volkswirtschaft. »Offen« heißt, daß unsere Wirtschaft wegen der starken Einbindung in die internationale Arbeitsteilung auf Gedeih und Verderb auf den freien Welthandel angewiesen ist.

Für ein in den Welthandel stark integriertes Land wie die Bundesrepublik ist die dauerhafte Erhaltung und Stärkung der internationalen Wettbewerbsfähigkeit von entscheidender Bedeutung. Wichtig ist, daß die deutsche Wirtschaft permanent auf wirtschaftliche und technische Veränderungen reagiert, um ihre internationale Wettbewerbsfähigkeit zu erhalten und auszubauen. Eine wichtige Voraussetzung zur Sicherung und Stärkung der Wettbewerbsfähigkeit ist die Aufrechterhaltung der Freiheit der Märkte.

### 3.1.1 *Die Welt ist ein Dorf: die Globalisierung*

Nehmen wir an, jemand möchte sein Haus renovieren. Zunächst wird er den Umfang der Leistungen festhalten und sich dann mehrere Angebote kommen lassen. Und siehe da, die Firma aus seinem Ort verlangt pro Stunde mehr als doppelt so viel wie die Konkurrenz aus dem Nachbarort. Der Auftraggeber freut sich über das günstige Angebot – wird aber dann dazu gezwungen, die teure Firma zu beauftragen, weil die Beschäftigung am eigenen Ort gesichert werden muß.
Ein Unding, werden Sie sagen. Aber genauso verhält man sich, wenn andere Länder mit Mindestlöhnen oder anderen wettbewerbsfeindlichen Maßnahmen abgedrängt werden sollen.
Dank neuer Techniken agieren die Unternehmen heute weltweit: Sie beschaffen ihre Rohstoffe dort, wo sie am preiswertesten sind; sie produzieren dort, wo ihre Kunden sitzen; Designer, Ingenieure, Vertrieb und Auftraggeber sind per Computer und Satellit miteinander verbunden.
Unter *Globalisierung* versteht man den nahezu weltweit ablaufenden Prozeß hoher und zunehmender Vernetzung von früher nationalen Güter-, Dienstleistungs-, Finanz- und Arbeitsmärkten sowie den Prozeß zunehmender Verdichtung des internationalen Wirtschaftsverkehrs. So lassen sich die weltweiten Kostendifferenzen ausnutzen und die fähigsten Mitarbeiter zusammenbringen. Auch kleine und mittlere Unternehmen können sich diesem Trend nicht mehr entziehen.
Globalisierung heißt: Der internationale Wettbewerb spielt sich nicht wie früher hauptsächlich unter einem Dutzend Ländern ab. Vielmehr treten immer neue Konkurrenten an, die alle hungrig nach Aufträgen sind. Zum Zuge kommt derjenige, der eine Leistung am günstigsten anbietet. Das ist wirtschaft-

lich vernünftig und läßt sich langfristig auch nicht durch Reglementierungen verhindern.
Eine moderne Gesellschaft und eine Wirtschaft, die sich durch Mobilität und einen permanenten Strukturwandel auszeichnen, werden auch als *teilnehmende Gesellschaft* bezeichnet.
Kritiker weisen auf eine Reihe negativer Auswirkungen der Globalisierung hin: Durch die Vergrößerung der Zahl der miteinander verbundenen Arbeitsmärkte, durch die Wanderungen von Arbeitskräften in Regionen mit besseren Arbeitsbedingungen und durch die Massenarbeitslosigkeit wird ein Druck auf die Arbeitseinkommen ausgeübt. So lebe eine Form des Kapitalismus wieder auf, in der wie früher nur das Recht des Stärkeren gelte. Der exzessive Wettbewerb verstärke die Ungleichgewichte in und zwischen Ländern: Reiche, die den Zugang zu Innovationen haben, würden reicher. Arme, die ihn nicht haben, würden ärmer.

Auch die politischen Gefahren der Globalisierung sind nicht von der Hand zu weisen. Die Bindung der Unternehmen an einen nationalen Standort löst sich. Wenn aber Manager und Kapitaleigner die Möglichkeit haben, Unternehmen einfach zu verlagern, schwächt dies die nationale wirtschafts-, finanz- und sozialpolitische Autonomie nationaler Regierungen. Die Kritik: Der wachsende Einfluß der Unternehmen auf politische Bedingungen führe letztlich dazu, daß der soziale Frieden, die soziale Qualität, die demokratische Stabilität und dann auch die Regierbarkeit des Staates gefährdet sei. Globales wirtschaftliches Handeln erfordere auch globales politisches Handeln, doch die entsprechenden Institutionen fehlen oder sind machtlos gegenüber den Konzernen.
Die Debatte um die Globalisierung wird meist sehr emotional geführt, Zahlen und Fakten je nach Argumentationsziel als »Beweis« angeführt. Was fehlt, sind objektive Analysen.

Doch der Liberalität sind Grenzen gesetzt. Das 1961 erlassene *Außenwirtschaftsgesetz* regelt Beschränkungen des Handelsverkehrs mit dem Ausland aus politischen Motiven, aber auch beispielsweise aus steuerlichen oder gesundheitspolizeilichen Gründen. Zunächst einmal sind nach dem Gesetz grundsätzlich

alle Geschäfte mit dem Ausland frei. Einige Güter, zum Beispiel aus dem Nuklearbereich, Kriegswaffen oder besonders hoch entwickelte Computertechnik, unterliegen aber einer Genehmigungspflicht. Genehmigungsbehörde ist entweder das Bundesamt für Wirtschaft in Eschborn oder das Bundeswirtschaftsministerium, das sich beispielsweise beim Antrag auf Export von Kriegswaffen erst mit dem Auswärtigen Amt berät. Gegebenenfalls wird auch der sogenannte Bundessicherheitsrat eingeschaltet, der Kabinettsausschuß aller betroffenen Minister. Die Genehmigung wird nach den Richtlinien der Bundesregierung untersagt, wenn etwa Waffen in Spannungsgebiete oder Kernenergiematerialien in Länder ausgeführt werden sollen, die dem Nichtweiterverbreitungsvertrag für Atomwaffen nicht beigetreten sind.
Das Außenwirtschaftsgesetz verpflichtet die Bundesregierung, Beschränkungen nach Art und Umfang auf das notwendige Maß zu begrenzen. In bereits abgeschlossene Verträge darf nur im äußersten Fall eingegriffen werden.

Mit der Ost-West-Entspannung und der Demokratisierung im einstigen Ostblock haben auch die Bestimmungen des *Cocom* weitgehend an Bedeutung verloren. Cocom ist die Kurzform von »Coordinating Committee for East-West Trade Policy« (etwa »Gemeinsames Komitee für den Ost-West-Handel«). Im Juni 1990 wurde die Liste bis auf einen Kernbereich zusammengestrichen. Dieser Ausschuß war im November 1949 als Antwort der drei Westmächte sowie Italiens und der Benelux-Staaten auf die Bedrohung durch den Stalinismus ins Leben gerufen worden. Sein Ziel war es bisher, jeden Export von Gütern in den Osten zu verhindern, der die damals noch kommunistischen Staaten hätte stärken können. Hauptinitiator waren die USA. Auf der Exportverbotsliste standen anfangs neben Waffen unter anderem auch Traktoren und Konservenmaschinen.

Mitte November 1993 beschlossen die Vertreter der 17 Cocom-Länder – darunter die Nato-Staaten ohne Island, aber mit Japan und Australien –, den Koordinierungsausschuß Ende März 1994 aufzulösen.

## 3.2 Auf dem Weg in die Dienstleistungsgesellschaft

Ist die Exportabhängigkeit das wesentliche Strukturelement »nach außen«, kommt dem Weg hin zu einer Dienstleistungsgesellschaft eine große »innere« Bedeutung zu. Seit jeher lebt der Mensch nicht vom Brot allein. Er hat Verlangen nach Schutz, Fürsorge, Unterhaltung. Er möchte fremde Länder sehen und sich weiterbilden. Dies sind immaterielle Bedürfnisse, die grundsätzlich durch Dienstleistungen befriedigt werden.

In einer modernen Volkswirtschaft ist die Herstellung von Gütern nicht mehr die einzige Quelle von Wohlstand, vielmehr verlagert sich ein wachsender Teil der Wertschöpfung auf Beraten, Planen und Service. Eine dynamische Gesellschaft ist auf ein dichtes Informationsnetz angewiesen. Bisher ungekannte Tätigkeitsfelder entstehen: Neue Informations- und Kommunikationstechniken erobern und schaffen schnell neue Märkte – so im Verkehr (Telematik), in der Medizin, in der Verwaltung, in Betrieben (Intranet), bei Banken mit dem wachsenden Handel mit Anleihen, Krediten, Aktien und der Abwicklung sprunghaft steigender Auslandsinvestitionen, in unendlich vielen Servicebereichen, im Einkauf und Verkauf über das Internet bis hin zur Verbrechensbekämpfung mit den neuen Medien. Neue Datenbanken entstehen, das Wissen muß für bestimmte Bevölkerungsschichten, etwa die Senioren, gesammelt, aufbereitet und verfügbar gemacht werden. Telearbeit schafft Chancen und erhöht die Selbständigkeit, macht flexibel gegenüber Ort und Zeit, Betriebe können Büroflächen einsparen.

Dienstleistungen werden zudem benötigt, um Güter herzustellen, den Produktionsapparat in Gang zu halten: Arbeitsgänge müssen sinnvoll miteinander kombiniert werden. Es wird geforscht, entwickelt, vermarktet, und all dies muß »gemanagt« werden. Auch im Produktionsprozeß steigt also der Bedarf an Dienstleistungen.

Erstaunlicherweise gibt es weder in der Theorie noch in der Praxis eine genaue Definition, was nun Dienstleistungen eigentlich sind. Die amtliche Statistik behilft sich mit einem einfachen Trick. Sie teilt alle Institutionen, die zum Sozialprodukt beitragen, in Wirtschaftszweige ein:

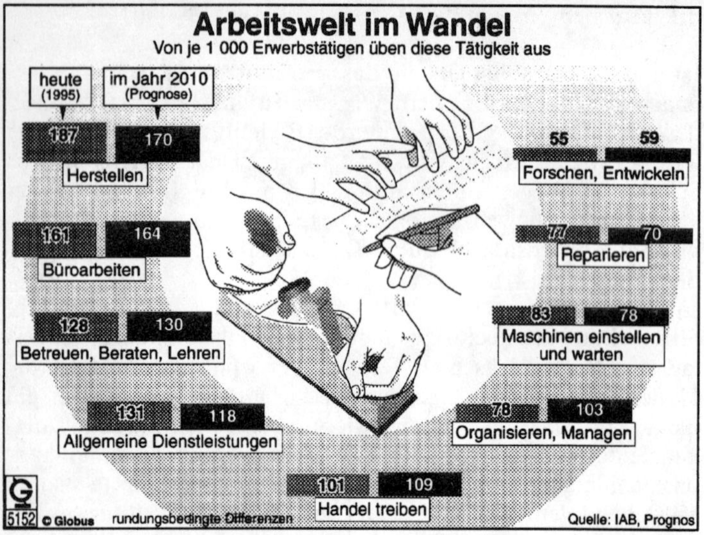


Der *primäre Sektor* umfaßt die Land- und Forstwirtschaft; den *sekundären Sektor* bildet das warenproduzierende Gewerbe, also Energie, Bau, Bergbau, produzierendes Handwerk; im *tertiären Sektor* wird zusammengefaßt, was übrigbleibt. Dies ist der Dienstleistungssektor. Als größere Bereiche sind zu nennen: Handel, Verkehr, Banken, Versicherungen, Gastgewerbe, Bildung, Kultur, aber auch der Staat.
Doch verschwimmt die Grenze zwischen sekundärem und tertiärem Sektor zunehmend. Industrielle Tätigkeiten unterliegen einem Funktionswandel. Montage, Service, Schulung, vor allem die Erstellung von Software sind hier zu nennen.
Ob Einzelhandel oder Gastronomie, private oder öffentliche Dienste: Die einstige Dienstleistungswüste Deutschland beginnt sich zu beleben. Zum Glück – denn die Zukunft der Arbeitsplätze liegt bei den Dienstleistungen. Als Indiz für das Vordringen von Dienstleistungen in der Industrie gilt allgemein die Verschiebung der Beschäftigtenanteile von Arbeitern hin zu den Angestellten. Manuelle Arbeiten werden automatisiert und mechanisiert. In der Produktion sind insgesamt rund

13 Millionen Menschen beschäftigt, im Dienstleistungsbereich, den öffentlichen Dienst mitgerechnet, aber bereits 21 Millionen.

Zwar bleibt die Industrie weiterhin die Drehscheibe der Volkswirtschaft. Keine andere westliche Volkswirtschaft ist so stark industriell geprägt wie Deutschland: Zur Zeit arbeiten 37 von 100 westdeutschen Erwerbstätigen in der Industrie. In den übrigen EU-Ländern sind es dagegen kaum mehr als 30, in den USA und Japan sogar noch weniger.

Allerdings ist die Industrielastigkeit des Standorts Deutschland statistisch überzeichnet. Inzwischen arbeiten nämlich fast 40 Prozent der Industrie-Beschäftigten in Berufen, die strenggenommen dem Dienstleistungsbereich zuzuordnen sind. Dazu gehören zum Beispiel Anlagen-Programmierer oder Computer-Warter. Sie sind zwar in Industrie-Unternehmen angestellt, erledigen aber typische Dienstleistungs-Aufgaben.

Doch gehen die Impulse für die Beschäftigung vor allem von den Diensten aus. Im produzierenden Gewerbe erwarten amerikanische Arbeitsmarktforscher keinen wesentlichen Beschäftigungszuwachs. Im Dienste-Sektor rechnen sie dagegen mit einem jährlichen Wachstum von zwei Prozent. Die größten Chancen werden in den Bereichen Information, Kommunikation, Gesundheit und Pflege erwartet.

Verglichen mit Amerika ist das Potential bei uns noch längst nicht ausgeschöpft. Von 1000 Einwohnern in den USA sind zum Beispiel 180 im privaten Dienstleistungsbereich tätig, in Deutschland dagegen nur 96. Dies bedeutet: Bei gleicher Dienstleistungsdichte wie in den USA gäbe es in Deutschland sieben Millionen Arbeitsplätze mehr.

Die veränderte Arbeitsteilung zwischen Industrie und Dienstleistern kommt vor allem denjenigen zugute, die in der Statistik unter »sonstige Dienstleistungen« firmieren. Damit werden alle Dienste erfaßt, die von Unternehmen und Freiberuflern erbracht werden. Schon heute beschäftigt dieser Sammel-Sektor, der früher einmal unter ferner liefen rangierte, rund 7,1 Millionen Menschen und liegt damit nicht mehr sehr weit hinter dem verarbeitenden Gewerbe (9,5 Millionen). Als Faustregel für die 90er Jahre gilt: Zwei von drei neuen Jobs entstanden bei den sonstigen Dienstleistungen.

Hält der Trend an, wird dieser Wirtschaftszweig mit dem nichtssagenden Namen in weniger als 15 Jahren eine größere Wertschöpfung erbringen als die Industrie. Das schlägt sich auch in der Beschäftigung nieder: Das Forschungsinstitut Prognos in Basel rechnet für ganz Deutschland bis zum Jahr 2010 mit rund 2,5 Millionen neuen Arbeitsplätzen bei Banken, Versicherungen und im Bereich der sonstigen Dienstleistungen.
Für den französischen Wirtschaftswissenschaftler *Jean Fourastié* sind die Dienstleistungen »die große Hoffnung des 20. Jahrhunderts«. Er hat bereits 1949 folgendes Verlaufsmodell dargestellt: Der Anteil der Beschäftigten in Land- und Forstwirtschaft geht von 80 Prozent vor Beginn der Industrialisierung auf zehn Prozent der Gesamtzahl der Beschäftigten zurück und bleibt in dieser Höhe stabil. Auch in der Industrie sinkt die Beschäftigtenzahl auf zehn Prozent, im Bereich der Dienstleistungen werden nach voll ausgebildeter Industrialisierung demnach 80 Prozent der Beschäftigten arbeiten.
Am Ende stand für Fourastié eine Dienstleistungsgesellschaft mit Wohlstand und Jobs für alle – auch für die, die in der Industrie ihre Aufgabe verloren haben: in Freizeitanlagen und Bibliotheken, in der Kinder- und Altenbetreuung.
Der Wirtschaftsprofessor und ehemalige US-Arbeitsminister *Robert B. Reich* ist da ganz anderer Meinung. Er teilt die künftige Arbeitswelt in drei Gruppen ein: Routinearbeiter in der Produktion, die auf dem Rückzug sind; persönliche Dienstleister mit sinkenden Einkommen und die modernen Wissensarbeiter mit hohen Einkommen. Gerade 20 Prozent werden dieser Elite angehören – Wissenschaftler, Anwälte, aber auch Marketingspezialisten und Journalisten.

## 3.3 Schöpferische Zerstörung: der Strukturwandel

Wie in einem lebenden Organismus wandelt sich die Wirtschaft. Ständig werden neue Produkte erfunden und geboren, Betriebe werden gegründet und verschwinden, Regionen blühen auf und versinken. Antriebsfeder für diese Entwicklung ist der technische Fortschritt. Diesen Prozeß der schöpferischen Zerstörung nennen Wirtschaftswissenschaftler *Strukturwandel*.

Untergegangene Betriebe sind im Wettbewerb der Humus, auf dem neue Strukturen heranwachsen. Angetrieben wird der Wandel auch dadurch, daß menschliche Arbeit immer teurer, aber Kapital relativ billiger wird. Dadurch geraten Staat und Gewerkschaften in eine Zwickmühle: Einerseits ist der Strukturwandel der Motor des Wohlstands, andererseits bringt er viele Menschen um ihre Existenz. Deshalb versucht man, ihn mit Subventionen abzufedern.

Es zeigt sich immer deutlicher, daß die tiefe Krise der Industrie den Marsch in die Dienstleistungsgesellschaft beschleunigt. Schon im achtjährigen Boom von 1983 bis 1991 hatten die Industriebetriebe nur vergleichsweise bescheidene 700000 zusätzliche Arbeitsplätze schaffen können, der gesamte Dienstleistungsbereich dagegen 2,6 Millionen. So scheint die Ära der alten Industriegesellschaft zu Ende zu gehen. In der Zukunft wird die Ausnahme zur Regel – Teilzeitarbeit und Zeitarbeit, Selbständigkeit und Arbeit auf Zeit.

Hatten 1970 noch fünf von sechs Beschäftigten einen Vollzeitarbeitsplatz, kommt heute auf zwei Vollzeitkräfte ein Teilzeitjobber. Das Szenario der Arbeitswelt im Jahr 2015 sieht so aus: Überall entwickelt sich ein »Netzwerk« von kleinen Firmen und Teams, die sich nur für die Zeit von gemeinsamen Projekten zusammenschließen. Ein durchschnittliches Unternehmen besteht aus zehn Mitarbeitern.

Doch Vorsicht ist geboten. Der Abbau von Industriearbeitsplätzen kann auf Dauer auch die Nachfrage nach Dienstleistungen in den Keller ziehen. Dieser Sektor kann langfristig nur weiter wachsen, wenn der industrielle Kern gesund ist.

Wie schnell eine Volkswirtschaft aus einem Konjunkturtal wieder herauskommt, hängt auch davon ab, wie flexibel sie organisiert ist, wie schnell sich also Staat, Wirtschaft und private Haushalte auf Herausforderungen einstellen können und wollen. Was das bedeutet, wurde nach der deutschen Wiedervereinigung deutlich. Für die wirtschaftlichen Probleme der Bundesrepublik seit 1990 war eben nicht allein der Konjunktureinbruch verantwortlich. Es zeigte sich, daß sich die erfolgsgewohnte Volkswirtschaft Westdeutschlands in den »fetten« 80er Jahren in eine Strukturkrise hineinmanövriert hatte. Diese Krise wurde lange Zeit durch die gute Konjunktur – Export-

erfolge, hohe Produktivität, wachsende Einkommen und damit anhaltend hohe Nachfrage – verdeckt.
Die Symptome der Strukturkrise sind offenkundig: hohe Arbeitskosten im Vergleich zu wichtigen internationalen Wettbewerbern, hohe Steuern und Abgaben, eine Innovationsschwäche vor allem bei zukunftsträchtigen Hochtechnologie-Produkten und zuviel Bürokratie. Da diese Schwächen des Standorts Deutschland selbst dann erhalten bleiben, wenn sich die Konjunktur wieder erholt, können die Defizite auch nicht mit Konjunkturprogrammen beseitigt werden.
Nötig sind andere Mittel: Abbau von bürokratischen Regelungen, neue Wege in der Tarifpolitik, eine Neubewertung der Forschungs- und Technologiepolitik durch Staat, Wirtschaft und Wissenschaft, neue Managementmethoden und eine Steuerpolitik, die den Arbeitgebern und Arbeitnehmern nicht die Lust an der Arbeit »wegsteuert«.
Der Wandel läßt sich nicht an einem Kalenderjahr festmachen, die Welt ist schon mittendrin. Die weitere Entwicklung könnte in etwa so verlaufen: Die Gesellschaft wird zur Wissens- und Informationsgesellschaft, Wissen und Information werden zum Produktionsfaktor der Zukunft. Formen, Zeit und Entlohnung der Arbeit werden sich ändern. Das traditionelle Normalarbeitsverhältnis könnte sich zumindest teilweise auflösen. Im Wirtschaftsprozeß gewinnen pünktliche Lieferung, effektives Marketing und vor allem umfassender Kundendienst mit Hilfe der neuen Informations- und Kommunikationstechniken absoluten Vorrang.
Eine Gesellschaft, die am Leben des – informationstechnisch – zum »Dorf« gewordenen Globus teilnehmen will, braucht künftig mehr Beweglichkeit sowie hohe Lern- und Anpassungsfähigkeit. Wandel ist nicht mehr Ausnahme, sondern wird zur Selbstverständlichkeit.

## 4. Ein Dach für unsere Wirtschaft: die Wirtschaftsordnung

Die Wirtschaftsordnung ist so etwas wie das Dach der Volkswirtschaft. Und genauso, wie es in einem Mietshaus eine Hausordnung gibt, welche die Hausbewohner befolgen müssen, wenn das Zusammenleben auf Dauer funktionieren soll, setzt die Wirtschaftsordnung bestimmte Grunddaten für alle, die in einer Volkswirtschaft wirtschaften: für den Staat, die Unternehmen, die privaten Haushalte. Mit der Wirtschaftsordnung sollen die Beziehungen zwischen den Wirtschaftssubjekten so gestaltet werden, daß Wohlstand und Leistung einer Volkswirtschaft gesteigert werden können. Sie ist deshalb ein wesentlicher Teil der Gesellschaftsordnung und abhängig von politischen Zielen.

Diese wiederum basieren auf politischen Ideen und Leitbildern. Vereinfachend lassen sich zwei politische Grundideen gegenüberstellen, aus denen dann zwei unterschiedliche Wirtschaftsordnungen abgeleitet werden können. Die erste politische Grundidee ist der *Liberalismus*. Im Liberalismus herrscht das Individualprinzip vor. Dabei steht der einzelne Mensch im Mittelpunkt. Frei – das heißt ohne Einflußnahme des Staates – kann er sein Leben eigenverantwortlich gestalten und Bedürfnisse nach seinen Vorstellungen befriedigen. Als Triebfeder seines Verhaltens wird das Selbstinteresse anerkannt, also das Streben eines Individuums, seine Existenz seinen Wünschen entsprechend zu erhalten und zu verbessern.

Dem steht das Sozial- oder Kollektivprinzip gegenüber, das politisch im *Sozialismus* umgesetzt wurde. Hier steht nicht der einzelne im Mittelpunkt, sondern die Gemeinschaft, das Gemeinwesen. Der einzelne Mensch muß sich nach den Zielen der Gemeinschaft richten. Individuelle Wünsche und Vorstellungen haben keinen Platz. Vom Individuum wird erwartet, daß es seine Bedürfnisse zum Wohle des Ganzen zurückstellt. Die persönliche Freiheit des einzelnen ist eingeschränkt.

Die politische Grundidee des Liberalismus führt zu einer Wirtschaftsordnung, die *freie Marktwirtschaft* oder – seltener – *Verkehrswirtschaft* genannt wird. Die politische Grundidee des Sozialismus führt zu einer Wirtschaftsordnung, die *Planwirtschaft*

oder *Zentralverwaltungswirtschaft* genannt wird. In der Wirklichkeit existieren beide Systeme nicht in reiner Form, sondern nur in Mischformen. So gibt es keine Volkswirtschaft, in der eine Planwirtschaft nach der reinen, unverwässerten Lehre praktiziert wird. Dasselbe gilt für die Marktwirtschaft.
Wenn Plan- und Marktwirtschaft im folgenden trotzdem in ihren Extremformen kurz dargestellt werden, dann deshalb, weil ihre Unterschiede auf diese Weise besser zu erkennen sind. Als Mischform wird dann die soziale Marktwirtschaft vorgestellt, also die für die Bundesrepublik geltende Wirtschaftsordnung.

## 4.1 Wo der Staat bestimmt: die Planwirtschaft

In einer Plan- oder Zentralverwaltungswirtschaft dominiert das Gemeineigentum: Das Privateigentum spielt nur eine untergeordnete Rolle. Die wichtigsten Produktionsmittel – Maschinen, Fabriken oder der Grund, auf dem die Fabriken stehen – sind sozialisiert, vergesellschaftet. Sie gehören allen. Die Ablehnung des Privateigentums begründen die Verfechter einer Zentralverwaltungswirtschaft damit, daß Privateigentum zur Ausbeutung derer führe, die ihre Arbeitskraft an die Kapitalisten – das sind die Eigentümer der privaten Produktionsmittel – verkaufen müssen.
Dem Staat fällt in einer Zentralverwaltungswirtschaft die entscheidende Rolle zu. Er allein entscheidet über Einsatz und Kombination der Produktionsmittel, bestimmt, was hergestellt wird, und wie und in welchem Umfang die Waren an die Konsumenten verteilt werden sollen. Auf diese Weise beeinflußt der Staat als Planungsinstanz auch den Verbrauch. Die Haushalte sind dazu degradiert, die produzierten Waren abzunehmen, die Unternehmen dazu, sie herzustellen.
Die Planungsbefugnisse dieser beiden Wirtschaftseinheiten sind extrem eingeschränkt. Die Drei-, Vier- oder Fünfjahrespläne des Staates bestimmen nicht nur, was wo produziert wird, sondern auch, wer dies zu tun hat: Die Arbeitskräfte können nicht frei entscheiden, wo sie arbeiten möchten. Sie bekommen ihren Arbeitsplatz von der obersten Planungsbehörde zugewiesen. Der einzelne kann also durch seine Leistungs-

fähigkeit und -bereitschaft seine Karriere nur wenig beeinflussen.

Wichtiges Merkmal einer Zentralverwaltungswirtschaft ist es, daß eine freie Preisbildung, die sich nach Angebot und Nachfrage richtet, nicht existiert. Vielmehr setzt die Planungsbehörde die Preise fest. Dies gilt auch für den Preis der Arbeit, den Lohn.

In der Theorie hat die Zentralverwaltungswirtschaft durchaus ihren Reiz. Rein pädagogisch gesehen, hat die Planwirtschaft gegenüber der Marktwirtschaft den großen Vorteil, daß ihr Prinzip leicht zu verstehen ist. Es leuchtet gerade den mit wirtschaftlichen Dingen weniger Vertrauten ein, daß der Staat als »kluger Hausvater« bestens für seine Bürger sorgen und sicherstellen kann, daß alles ordnungsgemäß nach einem großen Plan abläuft. Und wenn mancher zugleich der Überzeugung ist, ein allmächtiger Staat werde für Gerechtigkeit in der Wirtschaft sorgen, erhält die Planwirtschaft sogar ein moralisches Mäntelchen. Es war sicher kein Zufall, daß insbesondere Beobachter, die nach mehr Gerechtigkeit in dieser Welt strebten, von den Möglichkeiten der Planwirtschaft überzeugt waren und für sie eintraten.

So wird argumentiert, daß zum Wohle des Ganzen und zur Steigerung des gesamtwirtschaftlichen Wohlstands eine Instanz nötig sei, die dieses Ganze überschauen und steuern könne. Auch sorge der Staat dafür, daß das von allen erwirtschaftete Einkommen gleichmäßig und gerecht auf die Wirtschaftenden verteilt werde. Soziale Ungerechtigkeiten gebe es in einer solchen klassenlosen Gesellschaft nicht. Der einzelne sei sozial umfassend abgesichert. Zudem sei die Planungsinstanz kraft ihrer Befugnisse und ihres Überblicks dazu in der Lage, eventuell auftretende Mängel durch flexible Entscheidungen abzustellen.

Allerdings hat die Zentralverwaltungswirtschaft auch erhebliche Nachteile. Der gewichtigste ist, daß ein Preis fehlt, der sich nach Angebot und Nachfrage richtet. Preise haben normalerweise die Funktion, die Knappheit eines Produktes auszudrükken. Ein hoher Preis bedeutet, daß die Nachfrage nach dem betreffenden Gut hoch ist, ein niedriger, daß das Gut wenig gefragt ist. Eine große Nachfrage zeigt somit einen hohen Bedarf an. Da aber in einer Planwirtschaft die Preise unabhängig von der Nachfrage festgelegt werden, kann die Planungsbehörde nur unzureichend feststellen, wo Bedarf besteht. Sie läuft Gefahr, Dinge produzieren zu lassen, die gar nicht gebraucht werden.

Der wohl bedeutendste Nachteil liegt jedoch darin, daß die Planwirtschaft das Selbstinteresse des einzelnen an einer Verbesserung seines eigenen Wohlstands nicht zum Wohl der Volkswirtschaft nutzt. Wer als Arbeitnehmer keine Möglichkeit hat, durch mehr Leistung seinen Lohn zu steigern, wer ständig »von oben« Aufträge erhält, ohne daß Eigeninitiative gefragt ist, wer stets das Gefühl hat, für ein abstraktes Gemeinwesen arbeiten zu müssen, nie aber für sich selbst – von dem kann auch nicht verlangt werden, daß er sich engagiert, mitdenkt und Verantwortung übernimmt. Die Mißachtung des Selbstinteresses und der produktiven Kräfte, die es freisetzt, muß die Zentralverwaltungswirtschaft zum Scheitern verurteilen.

Dazu kommt, daß die Planwirtschaft einen riesigen Verwaltungsapparat erfordert, der die Pläne aufstellt und ihre Erfüllung überwacht. Die Nachteile überdimensionierter Bürokratien – Trägheit, Desinteresse, unwirtschaftliches Verhalten – wiegen um so schwerer, als den Behörden in der Planwirtschaft eine weitaus wichtigere Rolle zukommt als in einer Marktwirtschaft.

Einem Teil der Bürger in den neuen Bundesländern fällt es noch schwer, sich in einer Gesellschaftsordnung wie der sozialen Marktwirtschaft zurechtzufinden. Sie wünschen sich wieder eine Ordnung, in der zum Beispiel Arbeitslosigkeit ein Fremdwort war, da der Staat nahezu alles organisierte. Weil außerdem viele Ostdeutsche das traditionelle Arbeitsethos mit seinen Tugenden (Fleiß, Ordnung, Sauberkeit) verinnerlicht haben, machen ihnen Arbeitslosigkeit und Statusverlust oft mehr zu schaffen als den westlichen Bürgern.

Schlußendlich brachen Wirtschaftssysteme wie das der UdSSR und der DDR zusammen, weil sie im internationalen Konkurrenzkampf nicht mithalten konnten. Deshalb werden immer mehr marktwirtschaftliche Elemente in dem abgewirtschafteten System Mittel- oder Osteuropas etabliert.

## 4.2 Freiheit für den einzelnen: die freie Marktwirtschaft

Im Wirtschaftsteil der Zeitungen taucht der Begriff »Markt« ständig auf. Da ist von »engen Märkten« die Rede, da kommen neue Produkte »auf den Markt«, da geht es um »Marktforschung« oder um »Marktvolumen«, da werden »neue Märkte erschlossen« – der »Markt« ist allgegenwärtig. Was hat es damit auf sich?
Unter einem Markt kann man sich zunächst einmal einen Wochenmarkt vorstellen. Dorthin kommen die Bauern, um ihre Waren zu verkaufen. Sie sind die Anbieter. Als Nachfrager treten zum Beispiel die Hausfrauen auf, die Eier, Äpfel und Gemüse kaufen wollen. Auch heute noch kann man es auf Wochenmärkten erleben, daß Käufer und Verkäufer um die Waren feilschen, also über den Preis verhandeln. Dieser Preis, der sich nach Angebot und Nachfrage bildet, heißt Marktpreis und ist etwas völlig anderes als der Preis, der in einer Planwirtschaft von einer Planungsbehörde festgesetzt wird.
Denn in einer Marktwirtschaft zeigt der Preis die Knappheit eines Produktes an. Bleiben wir zur Erklärung dieser Aussage bei den Äpfeln. Ist der Großteil einer Ernte dem schlechten Wetter zum Opfer gefallen, können nur wenige Äpfel angeboten werden. Die bestehende Nachfrage trifft auf ein geringes Angebot. Als Folge werden die Anbieter den Preis für die Äpfel anheben. Sie versuchen also, über die höheren Preise ihre Gewinne zu steigern, und nutzen so, ihrem Selbstinteresse folgend, die Apfelknappheit aus. Das ist die eine Möglichkeit.
Die andere liegt vor, wenn es eine reichliche Ernte gegeben hat. In diesem Fall dürfte das Angebot an Äpfeln größer sein als die Nachfrage. Die Folge ist, daß die Preise für Äpfel sinken – und das nicht nur bei einem Bauern, sondern bei allen. Warum? Nehmen wir einen Bauern, der nicht daran denkt, seine Preise zu senken, obwohl die Ernte reichlich ist. Niemand wird bei ihm kaufen, denn jedermann weiß, daß es bei seinen Konkurrenten billigere Äpfel gibt. Will unser Bauer nicht auf seinen Äpfeln sitzenbleiben, muß er die Preise auf mindestens das Niveau senken, das auch bei seinen Konkurrenten gilt. Um im nächsten Jahr wieder höhere Preise zu erzielen, wird unser Bauer – und alle anderen auch – versuchen, die Produktion zu

verringern, zum Beispiel dadurch, daß er keine neuen Apfelbäume pflanzt oder sogar Bäume fällt. Folge: Das Angebot nimmt bei gleichbleibender Nachfrage ab, der Preis steigt.
Was hier über den Apfelmarkt gesagt wurde, gilt im Prinzip für alle Märkte: für die Konsumgütermärkte, aber auch für Investitionsgütermärkte (Maschinen und Anlagen) und Rohstoffmärkte (Kaffee, Erdöl oder Zinn), für Kapitalmärkte (Kredite und Spareinlagen) ebenso wie für den Markt für Arbeitskräfte. In allen Fällen ist der Markt Treffpunkt für Anbieter und Nachfrager, und in allen Fällen steuert er über die Preisbildung ihr Verhalten. Häufig spricht man sogar vom *Gesetz von Angebot und Nachfrage*, dem sich die Marktteilnehmer nicht entziehen könnten. Der Markt ist also das Nervenzentrum der Wirtschaft.
Wenn wir sagen, der Markt setze die Preise fest, dann heißt das auch, daß der Markt für Wettbewerb sorgt. Warum? Der Preis, den ein Unternehmen für ein Produkt auf dem Markt erhält, muß nicht nur seine Kosten decken. Im Preis ist auch der Gewinn des Unternehmens enthalten. Der Gewinn ist die Differenz zwischen Preis und Kosten. Weil aber in einer Marktwirtschaft der Markt den Preis festsetzt, hat der einzelne Unternehmer darauf grundsätzlich keinen Einfluß.
Will der Unternehmer also aufgrund seines Eigeninteresses den Gewinn erhöhen, muß er versuchen, die Kosten zu senken. Er wird danach trachten, Produktionsmittel, Rohstoffe und Arbeitskräfte zur Herstellung seines Produktes möglichst billig einzukaufen, um so den Aufwand zu minimieren. Er handelt nach dem *Minimalprinzip,* das heißt, er will einen möglichst hohen Gewinn mit möglichst niedrigem Aufwand erreichen. Mit anderen Worten: Der Markt zwingt ihn zu wirtschaftlichem Verhalten. Wirtschaftet er nicht gut, mißlingt es ihm also, seinen Aufwand zu minimieren, wird der Unternehmer nur einen kleinen Gewinn erzielen oder gar einen Verlust erleiden. Schreibt er auf längere Zeit rote Zahlen, scheidet er aus dem Markt aus. Die Gesetze des Marktes sorgen so dafür, daß nur leistungsfähige Unternehmen am Leben bleiben.
Die Betonung der Leistungsfähigkeit gilt aber nicht nur für den Unternehmer. Durch Leistung und Fähigkeiten kann auch der Arbeitnehmer in der Marktwirtschaft seinen Lohn, den Preis

für seine Arbeit, steigern und damit Einkommen und Wohlstand mehren. Und schließlich führe, so die Theorie, das wirtschaftliche Verhalten jedes einzelnen Marktteilnehmers – seien es Unternehmen, Arbeitnehmer oder private Haushalte – dazu, daß der Wohlstand der gesamten Volkswirtschaft maximiert und ihr Bedarf an Gütern und Dienstleistungen optimal gedeckt wird.

All das funktioniert jedoch nur unter einer wichtigen Voraussetzung: Weder einzelne Arbeiter noch einzelne Nachfrager dürfen so viel Macht haben, daß sie den Preis beeinflussen können. Diese Grundbedingung für eine Marktwirtschaft nennt man *vollkommene Konkurrenz*. Gibt es privatwirtschaftliche Monopolisten – also Marktteilnehmer, die Angebot oder Nachfrage in einer Hand vereinen –, spricht man von einer *unvollständigen Konkurrenz*, in der die Marktpreisbildung gestört oder außer Kraft gesetzt ist.

Fassen wir zusammen: Während in einer Zentralverwaltungswirtschaft ausschließlich der Staat plant und entscheidet, übernehmen in einer Marktwirtschaft Unternehmen und Haushalte diese Aufgaben. Sie sind es, die unter dem Zwang der Marktgesetze, und angetrieben von Selbstinteresse und Eigeninitiative, der Volkswirtschaft ihre Dynamik verleihen.

Heißt das aber, daß in einer Marktwirtschaft der Staat zur Bedeutungslosigkeit verdammt ist? Ja und nein. Richtig ist, daß er sich in den Wirtschaftsablauf nicht einmischt, sondern Unternehmen und Haushalte gewähren läßt. Aber er muß die Voraussetzungen dafür schaffen, daß die Unternehmen und Haushalte ihre wirtschaftliche Freiheit entfalten können: Er ist – wie es heutzutage gerne formuliert wird – für die »Rahmenbedingungen« verantwortlich. Das schließt ein, daß in einer Gesellschaft erst einmal die grundsätzliche Entscheidung für die Wirtschaftsordnung Marktwirtschaft fällt. Danach hat der Staat dafür zu sorgen, daß Gesetze erlassen werden, die die wirtschaftliche Freiheit gewährleisten. So müssen Privateigentum und Vertragsfreiheit rechtlich abgesichert werden, und sollte es staatliche Eingriffe und Kontrollmöglichkeiten gegeben haben, muß der Staat sie abschaffen. Damit hat er seine Aufgabe aber auch schon erfüllt.

Im übrigen zieht er sich auf eine Position zurück, die im Frankreich des 18. Jahrhunderts gültig war und auch heute noch ab und zu eingenommen wird: *»Laissez faire, laissez passer, le monde va de lui même«* (»Laßt machen, laßt laufen, die Welt ordnet sich von allein«).

Mit dieser *Laissez-faire-Wirtschaft* wurde die politische Idee des Liberalismus auf die Wirtschaft übertragen. Der Wirtschaftsliberalismus und mit ihm die freie Marktwirtschaft waren geboren; der seit dem 16. Jahrhundert in Europa vorherrschende *Merkantilismus* – eine Form der Planwirtschaft, mit der die absolutistisch regierenden Fürsten und Könige ihre wirtschaftliche Macht stärken wollten – war am Ende. Die neue Epoche der Aufklärung forderte den Merkantilismus mit Begriffen wie Freiheit und Gleichheit heraus. Das Individuum sollte fortan im Mittelpunkt stehen, dem ehemals allmächtigen Staat wurden enge Grenzen gesetzt.

Doch spätestens im 19. Jahrhundert wurden die Nachteile des Wirtschaftsliberalismus und der freien Marktwirtschaft offenkundig. Das grenzenlose Gewinnstreben der Unternehmen führte zur Ausbeutung der Arbeitskräfte. Gewerkschaften gab es damals ebensowenig wie gesetzliche Regelungen zu Arbeitszeit, Mindestlöhnen oder Arbeitsschutz. Die Arbeiter waren den Unternehmern hilflos ausgeliefert.

Eine extreme Form des Liberalismus verfochten zu jener Zeit die Anhänger des in der englischen Stadt Manchester begründeten *Manchester-Liberalismus*, die jegliches Eingreifen des Staates ablehnten und für eine unbegrenzte Freiheit des Unternehmers eintraten. Doch schließlich schlug das Pendel zurück. Soziale Unruhen immer größeren Ausmaßes zeigten an, daß sich die Menschen die Ausbeutung nicht länger gefallen lassen wollten. Viele von ihnen suchten ihr Heil im Sozialismus, der, wie wir wissen, zur Zentralverwaltungswirtschaft sowjetischer oder chinesischer Prägung geführt hat.

### 4.3 Der goldene Mittelweg: die soziale Marktwirtschaft

Nach dem Ende des Zweiten Weltkrieges stand die junge Bundesrepublik vor der Entscheidung, eine Wirtschaftsordnung auszuwählen. Aus den Erfahrungen der Geschichte klug geworden, entschieden sich die Verantwortlichen weder für die

freie Marktwirtschaft noch für die Planwirtschaft, sondern entwickelten eine Mischform, die *soziale Marktwirtschaft* (manchmal auch als *staatlich gelenkte Marktwirtschaft* bezeichnet).
Auch die soziale Marktwirtschaft legt als Marktform grundsätzlich den Markt mit vollkommenem Wettbewerb zugrunde. Privates Eigentum an Produktionsmitteln, persönliche Freiheit und Gewerbefreiheit gelten als wichtige Voraussetzungen für die Entfaltung der Eigeninitiative der Marktteilnehmer. Der Wettbewerb soll ein Leistungs-, kein Verdrängungswettbewerb sein. Dem Staat fällt im Rahmen seiner Ordnungspolitik die Aufgabe zu, diesen Leistungswettbewerb zu verwirklichen und zu sichern.
Hier zeigt sich bereits ein wichtiger Unterschied zwischen freier und sozialer Marktwirtschaft. Der Staat kann und soll in den vollkommenen Wettbewerb eingreifen, wenn der Leistungswettbewerb gefährdet erscheint. Dies geschieht in der Bundesrepublik zum Beispiel durch das grundsätzliche Verbot der *Preisbindung der zweiten Hand* (Beispiel: Ein Hersteller legt den Marktpreis für seine Produkte fest) oder durch eine leistungssichernde Wettbewerbs- oder Kartellpolitik. So gibt es seit 1958 das Gesetz gegen Wettbewerbsbeschränkungen (GWB), das so etwas wie das Grundgesetz des Wettbewerbs ist. Wettbewerbsbeschränkendes Verhalten soll das Bundeskartellamt in Berlin überwachen, kontrollieren und notfalls verhindern. Allerdings kann der Staat aus übergeordneten Gründen auch Machtkonzentrationen, Fusionen sowie Kartelle zulassen oder sogar fördern. Ob dies mit der Ordnungspolitik des Staates und den Regeln der Marktwirtschaft noch zu vereinbaren ist oder nicht, ist durchaus Ansichtssache.
Der Staat greift aber nicht nur mit der Wettbewerbs- und Kartellpolitik in den Wirtschaftsablauf ein. Er fördert durch Finanzhilfen, Steuervergünstigungen und günstige Abschreibungsmöglichkeiten Existenzgründer, mittelständische Unternehmen, Firmen mit Standortnachteilen oder auch die Entwicklung von neuen Techniken – all das mit dem Ziel, nicht verschuldete Wettbewerbsnachteile von Unternehmen auszugleichen oder dort zu helfen, wo Hilfe als volkswirtschaftlich sinnvoll erachtet wird, der Markt aber keinen wirtschaftlichen Anreiz sieht, diese Hilfe selbst zu leisten.

Freilich fördert der Staat nicht nur, er belastet die Unternehmen durch Eingriffe auch, so zum Beispiel durch Steuern. Daß er Steuern erheben muß, um seine öffentlichen Aufgaben erfüllen zu können, dürfte unumstritten sein. Allerdings beklagen vor allem die Wirtschaftsverbände, die hohe Steuerbelastung der Gewinne sei leistungsfeindlich und belohne die Eigeninitiative nicht. Auch hier gehen die Meinungen natürlich auseinander.
Soziale Marktwirtschaft lebt also immer in einem Spannungsverhältnis zwischen den Zielen

- möglichst große und individuelle Freiheit *und*
- sozialer Ausgleich und sozialer Gerechtigkeit.

Zu viele staatliche Auflagen, Vorschriften oder Sozialleistungen gefährden die Funktionsfähigkeit der Märkte. Ohne funktionsfähige Märkte aber können nicht die Einkommen erwirtschaftet werden, mit denen über Steuern und Abgaben wichtige soziale Aufgaben finanziert werden sollen.
Unternehmer und die lohnabhängige Bevölkerung sind aufeinander angewiesen. Die Unternehmer stellen die Produktionsmittel zur Verfügung, mit deren Hilfe die Arbeitnehmer arbeiten und ihren Lebensunterhalt verdienen können. Der Unternehmer muß nicht nur Geld verdienen, um seinen Lebensunterhalt zu finanzieren, sondern auch, um investieren zu können. Denn nur der innovative Unternehmer mit ständig neuen Ideen und verbesserten Produktionsmethoden hat im Wettbewerb mit Konkurrenten auf Dauer eine Überlebenschance.
Auch hier liegen Zielkonflikte zwischen Arbeitgeber und Arbeitnehmer auf der Hand. Ein Unternehmer will aus Wettbewerbsgründen möglichst kostengünstig produzieren, Arbeitnehmer wollen möglichst viel verdienen. Den Interessenausgleich überläßt der Staat den Beteiligten. Er stellt lediglich die Institutionen und Regeln, die sich als Rahmen für Konfliktsituationen bewährt haben. Der Staat kann keinen Unternehmer anweisen, wie er sein Lohngefüge gestalten muß, und keiner Gewerkschaft vorschreiben, wieviel Lohn sie verlangen darf (Tarifautonomie).

Was aber ist sozial an der sozialen Marktwirtschaft? Als Merkmal des Sozialismus haben wir kennengelernt, daß der Staat die Menschen umfassend sozial absichert und ihnen einen Arbeitsplatz zur Verfügung stellt. Eine Beschäftigungsgarantie gibt es mit Ausnahme des Berufsbeamtentums in der marktwirtschaftlich orientierten Bundesrepublik nicht. Allerdings berücksichtigt die soziale Marktwirtschaft stärker sozialpolitische Ziele, indem sie sozial Schwache unterstützt und Notlagen von Arbeitnehmern absichert. So stellt der Staat in »Person« der Gemeinden Sozialhilfe zur Verfügung, er zahlt Arbeitslosengeld und Arbeitslosenhilfe, gibt finanzielle Hilfestellung bei Umschulungen, bezahlt Arbeitsbeschaffungsmaßnahmen, hat gesetzlich den Anspruch auf Urlaub oder Mutterschutz festgeschrieben, Arbeitszeitregelungen erlassen, zahlt Kindergeld und berücksichtigt Kindererziehungszeiten bei der Rente. Das Betriebsverfassungsgesetz regelt die Beziehungen zwischen Arbeitnehmern und Arbeitgebern.
Trotz ihrer ausdrücklichen sozialen Komponente geht die soziale Marktwirtschaft davon aus, daß der soziale Fortschritt am besten dann erreicht wird, wenn die Wirtschaft floriert und Leistungswettbewerb besteht.
Das Konzept der sozialen Marktwirtschaft, das der Bundesrepublik in den 50er Jahren das inzwischen fast schon legendäre Wirtschaftswunder bescherte, ist eng mit den Namen zweier Wirtschaftsexperten verbunden. Während der Professor für Volkswirtschaftslehre *Alfred Müller-Armack* (1901–1978) die theoretischen Grundlagen legte, setzte der CDU-Wirtschaftspolitiker *Ludwig Erhard* (1897–1977), von 1949 bis 1963 Wirtschaftsminister unter Konrad Adenauer und von 1963 bis 1966 Bundeskanzler, Müller-Armacks Konzept in die Politik um. Beide gelten als Väter der sozialen Marktwirtschaft.

## 4.4 Die große Herausforderung: die Integration der fünf neuen Bundesländer

Es begann in der Nacht vom 30. Juni zum 1. Juli 1990. Kurz nach Mitternacht drängten sich Tausende vor einer Bankfiliale am Berliner Alexanderplatz. Sie standen Schlange nach der druckfrischen D-Mark. Mit der herbeigesehnten Westmark

kam zwar ein Markenzeichen des Wohlstandes in die – noch bestehende – DDR. Was vielen damals aber nicht klar war: Wohlstand erhält man nicht gegen Geld allein. Er muß am Weltmarkt erarbeitet werden.
Die Währungsumstellung hat die negativen Wirkungen 40jähriger Planwirtschaft deutlich zu Tage treten lassen. Daß weite Teile der Wirtschaft auf Verschleiß gefahren wurden, war den meisten ebenso bekannt wie die Tatsache, daß die Spitzentechnologien im Westen weiter entwickelt waren. Dennoch waren Experten davon überrascht, wie umfassend der Zusammenbruch der Wirtschaft war. Zu allem Überfluß platzte eine Rezession im Westen mitten in die Aufbaupläne Ost.
Ungeduld und Unmut machten sich breit. Mit dem *Solidarpakt* versucht die Bundesregierung gegenzusteuern: So nehmen die neuen Bundesländer vom kommenden Jahr an am normalen Finanzausgleich teil. Bis dahin stellt der »Fonds Deutsche Einheit« die finanzielle Handlungsfähigkeit der Länder sicher.
Der Fonds diente zunächst der Erfüllung eines Teils der finanziellen Verpflichtungen, die sich für die Bundesrepublik aus dem Staatsvertrag über die Schaffung der Währungs-, Wirtschafts- und Sozialunion mit der DDR ergaben. Seit der Vollendung der deutschen Einheit erhalten die neuen Bundesländer und Berlin (für den Ostteil der Stadt) die Leistungen aus dem Fonds als besondere Unterstützung zur Deckung ihres allgemeinen Finanzierungsbedarfs, und zwar im Verhältnis ihrer Einwohnerzahlen. Die Länder leiten 40 Prozent dieser Unterstützung an ihre Gemeinden weiter. Damit sollen die noch fehlenden Steuereinnahmen ausgeglichen werden.
In den Jahren nach der Wiedervereinigung hat Ostdeutschland einen beispiellosen Kahlschlag seiner Wirtschaft erlebt. Von den knapp unter zehn Millionen Beschäftigten verloren binnen dreier Jahre rund vier Millionen ihren Arbeitsplatz. Von den 3,5 Millionen Arbeitsplätzen in der Industrie blieben gerade einmal 800000 übrig. Die Industriedichte ist, gemessen an der Zahl der Beschäftigten, auf 50 Prozent, gemessen am Umsatz, auf 20 Prozent des westdeutschen Niveaus gesunken.
Doch die Aufholjagd ist voll im Gange. Die Großunternehmen aus dem Westen investieren – wenn sie es denn tun – im Osten

in die modernste und rationellste Technologie. Dies bedeutet: teure Fabriken und viele Maschinen. Arbeitsplätze werden dabei aber nicht geschaffen.
Die zentrale strategische Aufgabe der Wirtschaftspolitik besteht darin, eine neue industrielle Basis zu schaffen. Dies wird ohne eine leistungsfähige Forschung und die dazugehörige Entwicklung der Technologie nicht möglich sein.
Der Hoffnungsträger und die tragende Säule der wirtschaftlichen Entwicklung ist daher in Ostdeutschland der Mittelstand. Doch unmittelbar nach der Privatisierung beginnen in aller Regel die Probleme für die neuen, selbständigen Unternehmen. Sie hatten keine Gelegenheit, »Speck« anzusetzen, und die übernommenen Belastungen waren für viele junge Firmen nicht zu verkraften. So ist die wesentliche Schwachstelle das fehlende Eigenkapital. Neben diesen Liquiditätsproblemen sind die Markteintrittsbarrieren häufig kaum zu überwinden. Die großen Handelsketten nehmen oft nur unwillig Ostmarken in ihr Sortiment auf.
Ein verkanntes polit-ökonomisches Problem: Durch die Privatisierung des vordem »volkseigenen« Vermögens ist Ostdeutschland wirtschaftlich »entmachtet«; Eigentumsrechte wurden fast gänzlich nach Westdeutschland transferiert. Der Verlust an lokaler Autonomie bedeutet den Verlust der »emotionalen Basis« der wirtschaftlichen Entwicklung. Doch ein Wiederaufbau ohne eine regional verankerte Unternehmerschaft ist undenkbar.
Dreh- und Angelpunkt der Umstrukturierung war die Treuhandanstalt, die Ende 1994 ihre Arbeit einstellte. Sie war eine Anstalt des öffentlichen Rechts und unterstand der Aufsicht des Bundesfinanzministers. 1990 wurden über 8000 Kombinate und volkseigene Betriebe (VEB) übernommen. Sie mußten in Aktiengesellschaften oder GmbHs umgewandelt und auf das westdeutsche Steuersystem vorbereitet werden. Die geplante Vorgehensweise – schnelle Privatisierung, entschlossene Sanierung, behutsame Stillegung – scheiterte jedoch allzu oft.
Soweit unverkaufte Unternehmen als sanierungsfähig eingestuft wurden, konnten sie in Management-KGs (sogenanntes *Management Buy Out)* eingebracht werden. Bei diesen Sanierungsgesellschaften handelte es sich um Gesellschaften in der Rechtsform der GmbH & Co. KG. Sie wurden zu 96 Prozent

von Managern und Belegschaften gehalten. Vier Prozent hatte die Treuhand und konnte so Einfluß auf die Satzung nehmen. Rund 3000 der knapp 14000 Treuhand-Unternehmen wurden auf diese Weise privatisiert. In der Regel handelte es sich um kleine bis mittelständische Betriebe; viele waren zu marode für risikobewußte Investoren. 90 Prozent der Betriebe haben bisher überlebt. Und mehr als zwei Drittel arbeiten kostendeckend oder mit Gewinn.

# Was Ludwig Erhard heute tun würde

## Seine Rezepte könnte auch heute helfen

Seit 1992 sind in den USA mehr als elf Millionen neue Arbeitsplätze entstanden. Jahr für Jahr hat die Beschäftigung um rund zwei Millionen zugenommen. In Deutschland dagegen stieg die Zahl der Arbeitslosen im gleichen Zeitraum von weniger als drei auf weit über vier Millionen. Pro Jahr gingen rund 300 000 Arbeitsplätze verloren.

Das war in den Jahren des Aufbaus nach dem Krieg anders. In Erhards 17jähriger Amtszeit als Wirtschaftsminister und Bundeskanzler sind acht Millionen Arbeitsplätze entstanden.

Von seinen Rezepten könnten wir auch heute profitieren. Erhard würde die reglementierten Preise aufheben. Vom Staat festgesetzte Preise, so seine Grundüberlegung, schaden dem Verbraucher oder dem Anbieter oder beiden. Ein gutes Beispiel hierfür ist die Post. Sie durfte allen Pakete befördern. Die Preise bildeten sich nicht am Markt, sondern wurden einseitig festgelegt. Wenn die Verluste zu groß wurden, kam unweigerlich eine Gebührenerhöhung.

Seit private Paketdienste zugelassen sind, steht auch die Post unter Erfolgsdruck. Sie ist beweglicher geworden und liegt dem Steuerzahler nicht mehr auf der Tasche. Erhard würde die Subventionen zurückstutzen und die Steuern senken. Bei den Subventionen würde er weder die Wirtschaft noch das Sozialsystem schonen. Seine Begründung: Keine Branche darf langfristig auf Kosten der Allgemeinheit

durchgefüttert werden. Im Zweifelsfalle ist es besser, auf sie zu verzichten und mit dem Geld zukunftsträchtige Bereiche zu fördern.

Seine Rezepte könnten sicher etwas bewirken. Ob er sie auch anwenden könnte, das steht auf einem anderen Blatt. Erhard hatte damals nicht nur den Mut dazu, sondern auch die nötige politische Mehrheit, um seine Rezepte durchzusetzen. Und er genoß das Vertrauen der Menschen, so daß sie auch mit wenig populären Maßnahmen einverstanden waren. (ge)

1995 traten an Stelle der Treuhand mehrere Nachfolgebehörden. Zu den wichtigsten gehörte ein Vertragsmanagement, das die vertraglichen Rechte und Pflichten kontrollieren sollte, die sich aus den Verkäufen von Treuhandvermögen ergaben, namentlich Zusagen über Investitionen und Arbeitsplätze und ökologische Altlastenbeseitigung.
Wenn der Umbau beendet sein wird – in 15 bis 20 Jahren –, wird Ostdeutschland über eine Wirtschaft mit einem hochmodernen und konkurrenzfähigen Produktionsapparat sowie eine leistungsstarke Infrastruktur verfügen. Dies wird wie ein zweites deutsches Wirtschaftswunder erscheinen; doch auch diesmal ist es keines, sondern erneut das Ergebnis harter Arbeit.

# 5. Wo sich Politik und Wirtschaft treffen: die Wirtschaftspolitik

## 5.1 Die Akteure der Wirtschaftspolitik

Die soziale Marktwirtschaft ist kein für sich abgeschlossenes, statisches Gebilde. Auch sie unterliegt einem ständigen Wandel und muß sich an immer wieder neue wirtschaftliche und gesellschaftliche Herausforderungen anpassen. Zu diesen Herausforderungen gehört in Deutschland seit Jahren vor allem die Bewältigung der Arbeitslosigkeit. Ziel ist es auch, die neuen Bundesländer an den Lebensstandard Westdeutschlands heranzuführen und sich gleichzeitig den Anforderungen des zunehmenden weltweiten Wettbewerbs (Globalisierung) zu stellen. Die grundsätzlichen Ziele der Wirtschaftspolitik sind so definiert:

- *optimale Ressourcenverteilung.* Alle Güter sollen mit möglichst geringen Kosten produziert werden. Hergestellt wird, was die Verbraucher wünschen. Es soll dort investiert werden, wo die meisten Erträge zu erwarten sind.
- *Wirtschaftswachstum.* Die Summe aller Güter und Leistungen (Sozialprodukt) soll im Zeitlauf zunehmen. So viele Güter wie möglich stehen zur Verfügung.
- *Vollbeschäftigung.* Ein möglichst hoher Beschäftigungsgrad ist anzustreben. Arbeitslosigkeit soll vermieden werden.
- *Stabilität.* Die Wirtschaft unterliegt keinen übermäßigen Schwankungen der Konjunktur, und der Geldwert bleibt stabil, so daß Inflation vermieden wird.
- *soziale Gerechtigkeit.* Der Lebensstandard der Menschen hängt nicht nur von ihrer Leistungsfähigkeit ab. Die am Markt erzielten Einkommen und Erträge werden zum Beispiel durch unterschiedliche Steuersätze nach bestimmten Gerechtigkeitsvorstellungen umverteilt. Leistungsschwache erhalten einen besonderen Schutz.
- *Umweltschutz.* Dieses relativ neue zusätzliche Ziel soll bewirken, daß die natürlichen Lebensgrundlagen erhalten bleiben und auch für zukünftige Generationen nicht zerstört werden.

Daß Keynes auch heute noch immer wieder zitiert wird, liegt an den theoretischen Folgerungen, die er aus der Weltwirtschaftskrise von 1929 zog. Er brach mit der bislang vorherrschenden, sogenannten *klassischen Wirtschaftstheorie*, wonach eine Marktwirtschaft von sich aus immer zur Vollbeschäftigung tendiere und Abweichungen von dieser Normalsituation nur aufgrund von starren Löhnen zustande kämen. Die lang anhaltende Arbeitslosigkeit zu jener Zeit gab ihm recht, von einer Selbstheilung des Systems war nichts zu spüren. Um die Krise zu meistern, setzte Keynes bei der Gesamtnachfrage in einer Volkswirtschaft an. Allein der Staat könne durch seine Finanzpolitik *(Fiskalpolitik)*, also durch Steuersenkungen, höhere Staatsausgaben und Sozialleistungen, die Arbeitslosigkeit beseitigen. Er solle eine Nachfrage erzeugen, wie sie die privaten Haushalte aufgrund der hohen Arbeitslosigkeit und des mangelnden Einkommens nicht erbringen können. Für Keynes war zum Beispiel Sparen nicht in jeder ökonomischen Situation eine Tugend, wie es die »Klassiker« behauptet hatten. Gesparte Gelder, so argumentierte er, führten nicht in jedem Fall zu Investitionen, fielen daher als Kaufkraft im Kreislauf aus.

Mit anderen Worten: Der Staat soll einspringen und die Nachfragelücke der privaten Haushalte schließen, indem er zum Beispiel Straßen baut. Auch vor dem Schuldenmachen solle er in einer solchen Situation nicht zurückschrecken (sogenanntes *deficit spending*). Schließlich komme es ihm wieder zugute: Die finanziellen Hilfen des Staates versetzten die Arbeitnehmer wieder in die Lage, Waren nachzufragen. Das führe zu mehr Aufträgen bei den Unternehmen, die wieder mehr Steuern zahlen und Arbeitskräfte einstellen könnten. Mehr Menschen hätten ein Einkommen und könnten wieder einen Teil davon zur Nachfrage verwenden und so weiter …

Diese nachfrageorientierte Wirtschaftspolitik wird noch heute von den Gewerkschaften befürwortet. Tatsächlich funktionierte sie in den 60er Jahren unter dem damaligen Wirtschaftsminister *Karl Schiller*. In den 70er Jahren freilich konnten höhere Staatsausgaben, Steuersenkungen und Sonderprogramme die Arbeitslosigkeit nicht mehr wesentlich senken, sondern führten zusätzlich zu einer hohen Staatsverschuldung.

### 5.1.1 *Der Staat in vielen Rollen*

Im Unterschied zur reinen Marktwirtschaft hat der Staat in der sozialen Marktwirtschaft also in erster Linie eine Ordnungsaufgabe. In das Räderwerk der Wirtschaftspolitik greifen nach außen sichtbar vor allem die dafür auserkorenen Politiker ein, an vorderster Stelle der Wirtschaftsminister. Aber auch andere Ressorts betreiben Wirtschaftspolitik. Von Bedeutung ist etwa die Haushalts- und Steuerpolitik des Finanzministers; zudem wird in Landwirtschaft, Wohnungsbau, Entwicklungshilfe oder im Umweltressort die Wirtschaftspolitik zumindest beeinflußt. Doch muß der Wirtschaftsminister konsultiert werden, oder es ist sogar seine ausdrückliche Zustimmung erforderlich. Neben der unabhängigen Notenbank und dem Parlament sind auch die Arbeitgeberverbände und Gewerkschaften in das Geflecht der Wirtschaftspolitik eingebunden.

Eine Person ist besonders herausgehoben: der Bundeskanzler. Er bestimmt nach dem Grundgesetz die Richtlinien der Politik, also auch der Wirtschaftspolitik. Diese sogenannte *Richtlinienkompetenz* ist keine leere Floskel, wie vor allem Konrad Adenauer öfter gezeigt hat. Zu seiner Zeit, so darf man wohl sagen, herrschten die *Verbände*. Die Vertreter der Interessengruppen hatten beim Bundeskanzler direktes Vortragsrecht, ihrem Wort wurde häufiger Gehör geschenkt als dem Parlament oder der Regierung. So hat Adenauer den Verbänden zu einer Rolle verholfen, die bis dahin unbekannt war. Kaum ein Land ist heute mit einem derart dichten Netz organisierter Interessenverbände überzogen wie die Bundesrepublik. Daher spricht man auch von einer *Verbändedemokratie*. Insgesamt 240 000 Verbände und Vereine beschäftigen 1,3 Millionen Mitarbeiter, dies sind immerhin fast vier Prozent der Erwerbstätigen.

Um die Verbandsvertreter aus der Anonymität herauszuholen, faßte der Bundestag 1972 einen Beschluß, nach dem die Verbände und ihre Vertreter in einer öffentlichen Liste registriert werden mußten. Diese Liste wird jedes Jahr vom Präsidenten des Bundestages im Bundesanzeiger bekannt gemacht. Derzeit geben sich in der Wandelhalle des Deutschen Bundestages die Repräsentanten von rund 1650 Interessengruppen ein Stelldichein. 1972 waren es erst 635.

Politisch von Interesse sind allerdings nur die Gruppen, die in das Rad der Gesetzes- und Entscheidungsmaschinerie greifen können, die sogenannten *Lobbyisten*. Das Wort »Lobby« entstammt dem Englischen und bedeutete ursprünglich soviel wie »Vorzimmer« oder »Wandelgang«. Es bezeichnete die Wandelhalle im britischen Unterhaus, im Kapitol in Washington und anderen Parlamentsgebäuden. Heute steht Lobby für die Begegnung zwischen Abgeordneten und Interessenvertretern als Ausdruck eines Beeinflussungsprozesses. Dabei beschreibt Lobbyismus die Art der Informationsbeschaffung und der Einflußnahme auf staatliches Handeln – also auf Parlamentarier und Mitglieder der Regierung.
Der Staat bedient sich der Verbände als Mittler zu den gesellschaftlichen Gruppen. Er benötigt sie, um politische Vorstellungen konkret diskutieren zu können. Die Sachkompetenz der Verbände wird in die staatliche Willensbildung etwa durch ministerielle Beiräte oder gesetzlich vorgeschriebene Anhörungsverfahren eingebunden. Jedoch vertreten diese Gruppen ein Sonderinteresse und streben lediglich Mitsprache und Mitbestimmung an, dagegen keine Mitverantwortung.
So fällt denn dem *Verbandspluralismus* im politischen System eine gravierende Rolle zu. Doch im Interessengefüge gibt es einige schwerwiegende Schwachpunkte. Die unterschiedliche Macht und Finanzkraft der Verbände widerspricht der Annahme, gegensätzliche Interessen neutralisierten einander. Weiter verläuft der Entscheidungsprozeß, an dem Verbände teilhaben, vielfach in »Grauzonen«. Der Einfluß der Interessengruppen entzieht sich daher zum Teil der demokratischen Kontrolle.
Auch die »innerverbandliche« Demokratie läßt oft zu wünschen übrig. Hauptamtliche Funktionäre melden gelegentlich Ansprüche an, die nicht mit der Basis abgesprochen sind. Ihre Forderungen sind häufig nur auf die konservative Erhaltung des momentanen Zustandes ausgerichtet, was die Dynamik der Gesellschaft hemmt.
In der Wirtschaft maßgeblich sind die unternehmerischen Spitzenverbände und die Gewerkschaften. Im Gegensatz zu den Arbeitnehmervertretungen, die die gesamte Palette der wirtschafts-, sozial- und bildungspolitischen bis hin zu den allge-

meinen politischen Interessen der Arbeiter, Beamten und Angestellten wahrnehmen wollen, ist die unternehmerische Interessenvertretung arbeitsteilig organisiert.
Im weitesten Sinne werden die *Verbraucherverbände* den Wirtschaftsverbänden zugerechnet, weil sie den Konsum zum Gegenstand haben. Ihnen geht es aber nicht um die Steigerung des Konsums – was ein wichtiges Anliegen der Wirtschaftsverbände sein mag –, sondern darum, kritischen Konsum zu ermöglichen. Dem Verbraucher sollen vor allem Entscheidungshilfen bei der Auswahl gegeben werden. Als Prototyp dieser Art seien die Stiftung Warentest und der ADAC genannt. Beide Organisationen haben im Gegensatz zu vielen anderen Verbraucherverbänden durchaus Einfluß auf Politik und Gesetzgebung.

### 5.1.2 *Die Arbeitgeber*

Die Interessenvertretung der unternehmerischen Verbände ruht auf drei Säulen:

- den Spitzenverbänden der einzelnen Wirtschaftsbranchen, welche die *wirtschaftspolitischen* Interessen ihrer Mitglieder vertreten. Einer der wichtigsten ist der Bundesverband der Deutschen Industrie (BDI);
- den Arbeitgeberverbänden, die sich *sozialpolitische* Interessen auf ihre Fahne geschrieben haben. Sie haben sich in ihrer großen Mehrheit zur Bundesvereinigung der Deutschen Arbeitgeberverbände (BDA) zusammengeschlossen;
- den Industrie- und Handelskammern als *überfachliche,* regionale Zusammenschlüsse. Ihr Spitzenverband ist der Deutsche Industrie- und Handelstag (DIHT).

Die Dachorganisation der industriellen Wirtschaftsverbände ist der *Bundesverband der Deutschen Industrie e.V. (BDI).* Er stellt also einen Verband der Verbände dar. Mitglied sind 37 fachliche Spitzenverbände einzelner Industriezweige. Rund 60 Industrieverbände – etwa der Verband der Deutschen Bleistiftindustrie oder die Arbeitsgemeinschaft Wäscheklammer-Industrie – gehören dem BDI nicht an. Da sie aber weder vom Umsatz noch von der Beschäftigtenzahl her Bedeutung haben, nimmt der BDI für sich in Anspruch, das Sprachrohr der Industrie schlechthin zu sein. Innerhalb einer Branche werden oft noch Spezialinteressen durch eigene Verbände vertreten. So haben sich etwa der Fremdenverkehr oder die Werbewirtschaft zu Interessengruppen zusammengeschlossen.

Damit ist das bunte Kaleidoskop der Unternehmer-Organisationen beileibe nicht erschöpft. Weitere Gruppen gehören dazu, die *standespolitische* Interessen vertreten, etwa die Arbeitsgemeinschaft Selbständiger Unternehmer (ASU), der Bundesverband Junger Unternehmer, der Bund katholischer Unternehmer oder auch der Deutsche Gewerbeverband.

Diese kaum durchschaubare Vielfalt wird noch komplexer durch die *Bundesvereinigung der Deutschen Arbeitgeberverbände (BDA),* unter deren Dach sich über 800 Verbände zusammengefunden haben. Im Gegensatz zum BDI wird hier nicht nur die Industrie vertreten, sondern auch alle übrigen Wirtschaftszweige. Sie wirkt als Programm- und Koordinierungsstelle für ihre Mitglieder und soll die Arbeitgebermeinung in der Öffentlichkeit darstellen.

Die Wirtschaftsverbände sind in die Kritik geraten – viele Unternehmen stellen ihre Existenzberechtigung in Frage. Gut 80 Prozent der Unternehmen gaben bei einer Befragung an, es gebe auf Bundesebene zu viele Spitzenverbände. Die deutschen Unternehmer leisten sich in der Tat eine gewaltige Administration, für die sie jährlich insgesamt 3,5 Milliarden Mark an Beiträgen aufbringen müssen. Was diesen Apparat besonders teuer macht: Die einen tun, was die anderen nicht lassen. Statt Aufgaben aufzuteilen, geht der Trend in die entgegengesetzte Richtung. Die Verbände versuchen, gegenseitig in ihre angestammten Reviere einzudringen. Branchenverbände machen Arbeitgeberverbänden das Vorrecht auf die Tarifpolitik streitig. Regionale Arbeitgeberorganisationen kontern mit neuen Dienstleistungsangeboten, die bisher Branchenverbänden vorbehalten waren.

Deshalb sprachen sich in der Befragung ebenfalls 80 Prozent der Unternehmer dafür aus, daß BDI und BDA fusionieren sollten. Statt der klassischen Drei – Arbeitgeber, Branchen, Kammern – sollte es nach französischem und britischem Vorbild nur einen, dafür um so mächtigeren Unternehmerverband geben. Daran wird an oberster Spitze zwar nicht gedacht, doch beziehen die beiden Verbände mit dem DIHT in Berlin ein gemeinsames Verbändehaus.

Ähnlich wie bei den Gewerkschaften, deren Einteilungsprinzip die Industriegesellschaft des späten 19. Jahrhunderts spiegelt, haben auch die Verbände die Veränderungen der Wirtschaftslandschaft nicht nachvollzogen. Vom Wandel zur Dienstleistungsgesellschaft wird zwar allerorten geredet, doch BDI und BDA werden von der Metallindustrie dominiert. In den Zukunftsbranchen Multimedia oder Telekommunikation hat sich keine Vertretung gebildet.

Zwischen den beiden Spitzenverbänden ist aber nicht nur die Struktur der Branchen umstritten, sondern auch die politischen Positionen. Die BDA ist nicht tariffähig, daß heißt, sie kann mit den Gewerkschaften *keine* Tarifverträge abschließen. Aber sie hat es sich zum Ziel gesetzt, die Tarifpolitik der Mitgliedsverbände branchen- und regionenübergreifend zu koordinieren. Der Streit um die richtige Form der Lohnfindung entzweit BDI und BDA. Die BDA, in der Tradition klassischer Sozial- und Tarifpolitik verhaftet, will am Flächentarif und an der kollektiven und zentralen Lohnfindung festhalten. Dagegen macht sich der BDI für eine betriebliche Tarifgestaltung stark.

Die dritte große Säule zur Interessenvertretung der Wirtschaft sind die *Industrie- und Handelskammern (IHK)*. Jeder Betrieb und jeder selbständige Gewerbetreibende ist Zwangsmitglied in einer der 84 Kammern. Diesen Selbstverwaltungsorganen ist vom Staat die Mitwirkung in der beruflichen Aus- und Weiterbildung übertragen worden, sie halten die Gesellen- und Meisterprüfungen ab und fungieren Gerichten gegenüber als Gutachter.

Trotz ihrer dominierenden Stellung in der Berufsausbildung verstehen sich die Kammern als Interessengruppen, welche die Ziele der in ihnen zusammengeschlossenen Wirtschaftszweige verfechten. Diesem Zweck dient vor allem die Dachorganisation der Kammern, der Deutsche Industrie- und Handelstag (DIHT), der im Gegensatz zu seinen Mitgliedsverbänden keinen öffentlich-rechtlichen Status hat, sondern ein eingetragener Verein ist. Obwohl sich der DIHT eher als »Fachmann«

sieht denn als »Interessenvertreter«, weiß er seine Forderungen und Einwände – wenn auch zurückhaltend – gegenüber Parlament und Regierung geltend zu machen. Der DIHT betreut auch die mehr als 40 deutschen Auslandshandelskammern, die die Wirtschaftsbeziehungen zwischen dem jeweiligen Gastland und der Bundesrepublik fördern sollen, also Export, Import und Investitionen.
Selbständige Handwerker haben zwei Standbeine, auf denen ihre Interessen ruhen. In den Handwerkskammern muß jeder von ihnen Mitglied sein. Sie finanzieren sich aus den Beiträgen der Mitglieder und vertreten die Gesamtinteressen des Handwerks in ihrem Einzugsbereich. Eine wichtige Funktion übernimmt die Kammer im Ausbildungsbereich. Sie überwacht die Berufsausbildung, erläßt Prüfungsordnungen für Gesellen- und Meisterprüfungen und richtet Ausschüsse ein, die diese Prüfungen abnehmen und kontrollieren.
*Innungen* hingegen sind vor allem Lobbyisten für die jeweilige Zunft. Die Beschäftigten der selbständigen Handwerker, die Gesellen und Lehrlinge, die Zwangsmitglieder in den Handwerkskammern sind, können nicht Mitglieder in den Innungen werden. Innungen sind Organisationen für Unternehmer.
Die Innungen eines Stadt- oder Landkreises bilden die *Kreishandwerkerschaft*. Sie vertritt die gemeinsamen Interessen der Handwerker unter anderem gegenüber der Kommunalverwaltung. Die Dachorganisationen der Innungen, die Zentralfachverbände, bilden gemeinsam mit den Handwerkskammern den Zentralverband des Deutschen Handwerks.

Die drei großen Gruppen der Wirtschaftsverbände – BDI, BDA und DIHT – bilden mit den Spitzenorganisationen anderer Wirtschaftsbereiche (etwa dem Bundesverband Deutscher Banken, dem Deutschen Hotel- und Gaststättenverband, der Hauptgemeinschaft des Deutschen Einzelhandels, dem Zentralverband des Deutschen Handwerks) und dem Bauernverband ein Koordinierungsgremium, den *Gemeinschaftsausschuß der Deutschen Gewerblichen Wirtschaft*. Dieser Ausschuß bezeichnet sich selbst als »Gesprächskreis zur Erörterung und Formulierung gemeinsamer Interessen«. Er ist also nicht die zentrale Vertretung der deutschen Wirtschaft.

### 5.1.3 *Die Gewerkschaften*

Die zweite große Gruppe von Interessenvertretern im Wirtschafts- und Arbeitssystem sind die Gewerkschaften als die Organisationen der Arbeitnehmer. Sie haben sich die Verbesserung der wirtschaftlichen und sozialen Lage ihrer Mitglieder zum Ziel gesetzt.
Die Anfänge der Gewerkschaftsbewegung gehen auf die Selbsthilfegruppen der Handwerksgesellen zu Beginn des 19. Jahrhunderts zurück. Die ersten Gewerkschaften im modernen Sinne entstanden in Deutschland um 1860; sie waren aber staatlicher Verfolgung und Anfeindungen der Unternehmer ausgesetzt. Erst nach der Aufhebung der Sozialistengesetze 1890 konnten sich die Gewerkschaften zu Massenorganisationen entwickeln. 1916 wurden sie dann offiziell als Vertreter der Arbeitnehmer anerkannt. Das Bild war bestimmt durch *Richtungsgewerkschaften*, die unterschiedliche politische Richtungen verfolgten. 1933 lösten die Nationalsozialisten sämtliche Gewerkschaften auf. Nach dem Zweiten Weltkrieg wurden die Richtungsgewerkschaften nicht wiederbelebt.
Die weltanschaulich neutrale und parteipolitisch unabhängige Einheitsgewerkschaft entstand. Das Prinzip der *Industriegewerkschaften (IG)* wurde aufgebaut, nach dem alle Arbeiter und Angestellten eines Betriebes einer Gewerkschaft angehören (der Schlosser in einer Papierfabrik gehört etwa der IG Medien an). 1949 wurde als Dachverband der *Deutsche Gewerkschaftsbund (DGB)* gegründet. Die Stimmenverteilung der Delegierten im DGB-Bundeskongreß bemißt sich nach der Zahl der beitragsleistenden Mitglieder, die Finanzhoheit liegt bei den Einzelgewerkschaften. Der DGB hat gegen sie keinerlei Sanktionsmöglichkeit. Auch die Tarifhoheit liegt bei ihnen.
Das Bestreben, alle Beschäftigten eines Wirtschaftszweiges vertreten zu wollen, führte bereits 1949 zur Abspaltung der *Deutschen Angestellten-Gewerkschaft (DAG)*. 1959 bildete sich dann mit dem *Christlichen Gewerkschaftsbund Deutschlands (CGB)* eine weitere eigenständige Organisation. Im *Deutschen Beamtenbund (DBB)*, der sich als Gewerkschaft des öffentlichen Dienstes sieht, sind die Mitglieder nach Berufsgruppen organisiert. 1918 hatten sich zum ersten Mal Beamte zu einer

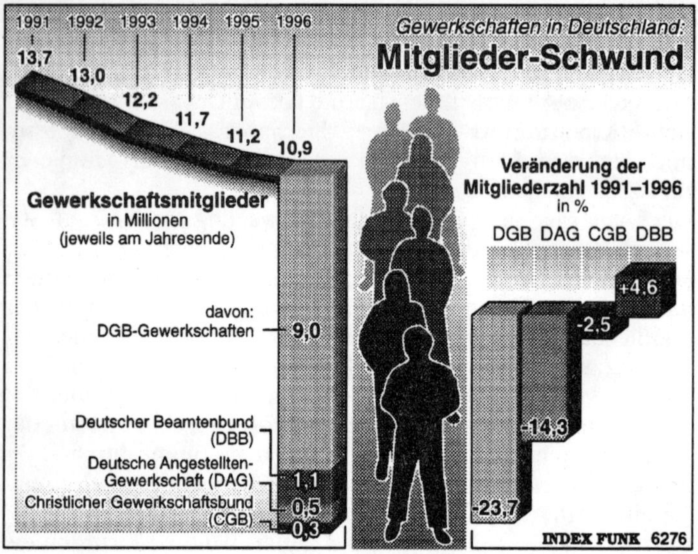


eigenen Organisation zusammengeschlossen und diese Vereinigung 1949 wiederbelebt. Dem DGB wurde damals eine Abfuhr erteilt.

Das 19. Jahrhundert war das Jahrhundert der Gewerkschaften. Damals haben sie die Arbeitswelt von Grund auf geändert. Heute sieht sich die Arbeitnehmervertretung ganz anderen Problemen gegenübergestellt. Auf dem Weg zur Dienstleistungsgesellschaft ist die Basis der Gewerkschaften dahingeschmolzen, die Arbeiterschaft zu einer Minderheit geworden. Zudem haben sich die Gewerkschaften durch die Übernahme unternehmerischer Verantwortung in Betriebs- und Aufsichtsräten in die gegenwärtigen Strukturkrisen verstrickt. Alle Veränderungen in der deutschen Wirtschaft geschehen unter Beteiligung der Arbeitnehmervertreter. Als Weltanschauungs- und Kampforganisation haben die Gewerkschaften kaum noch eine Überlebenschance. Statt sich als proletarische Massenbewegung zu verstehen, werden sie das Prinzip des Individualismus anerkennen müssen.

Seit 1991 haben die deutschen Gewerkschaften über elf Prozent ihrer Mitglieder verloren, und der Schwund setzt sich weiter fort. In vielen Ländern sind immer weniger Beschäftigte Mitglied einer Gewerkschaft. So ist in den USA nur noch jeder siebte Arbeitnehmer Gewerkschaftsmitglied, in Frankreich nur noch jeder elfte. In Deutschland sind es dagegen immer noch knapp 29 Prozent aller Beschäftigten.

Hochburg der Gewerkschaftsbewegung sind die skandinavischen Staaten, allen voran Schweden. Dort sind 90 Prozent der Beschäftigten Mitglied einer Gewerkschaft. Diese starke Position hat natürlich ihre Erklärung. Die Arbeitnehmerorganisationen verwalten in Schweden auch die staatliche Arbeitslosenversicherung. Dadurch sind sowohl Arbeitnehmer als auch Arbeitslose viel enger an die Gewerkschaft gebunden als in Deutschland. Solche »Lockmittel« stehen den deutschen Gewerkschaften nicht zur Verfügung. Zudem sind hierzulande die ausgehandelten Tarifverträge allgemeinverbindlich und damit für alle Arbeitnehmer bindend. Dagegen gelten etwa in Großbritannien diese Verträge nur für die organisierten Arbeitnehmer. Der Anreiz zur Mitgliedschaft ist daher höher.

Eine Zukunftsperspektive sehen DGB-Reformer daher in der Schaffung eines Dachverbandes von sechs Multibranchen-Gewerkschaften, der sich auf den Service für seine anspruchsvoller gewordenen Mitglieder konzentriert. Außerdem soll durch die Reform das verbandspolitische Gewicht kleinerer Gewerkschaften gestärkt werden.

Längst spiegelt die Mitgliederstruktur nicht mehr die reale Arbeitswelt wider. Stark sind die Gewerkschaften in den schrumpfenden Industriebereichen, in den Wachstumsbranchen tun sie sich schwer. Ausgerechnet im aufstrebenden Dienstleistungsbereich entwickelt sich ein nahezu gewerkschaftsfreier Raum. Gerade 20 Prozent der Arbeitnehmer sind hier organisiert. Hinzu kommt, daß sich die Gewerkschaften bei der Mitgliederwerbung gegenseitig das Leben schwermachen. In der Informationstechnologie tummeln sich die IG Metall, die Chemie-Gewerkschaft und die Gewerkschaft Handel, Banken und Versicherungen HBV. Die Angestellten der Sparkassen organisiert die Gewerkschaft Öffentliche Dienste, Transport und Verkehr ÖTV, Banken und Versicherungen die

HBV, die Postbank die Postgewerkschaft. Um Erzieher und Sozialarbeiter konkurrieren ÖTV und HBV – und überall streitet die Deutsche Angestellten-Gewerkschaft DAG mit.
So werden die Arbeitnehmerorganisationen geradezu zur Fusion getrieben. Über die Gründung einer neuen Dienstleistungsgewerkschaft soll im November 1999 endgültig entschieden werden. Kommt alles wie geplant, würde die DAG in Zukunft Mitglied des DGB. Neben der DAG werden die Postgewerkschaft, die Gewerkschaft Erziehung und Wissenschaft (GEW), die HBV, die IG Medien sowie die ÖTV eine Einheit bilden. Mit 3,7 Millionen Mitgliedern und 5.600 Mitarbeitern würde die größte Gewerkschaft der Welt entstehen.

## 5.2 Wege aus der Wirtschaftskrise

Wie in einer Wirtschaftskrise das Ruder wieder herumgeworfen werden kann – darüber streiten Wirtschaftswissenschaftler, Politiker und Verbände schon seit vielen Jahrzehnten. Auch in der Bundesrepublik hat die anhaltend hohe Arbeitslosigkeit trotz steigenden Wohlstands für die Arbeitsplatzbesitzer die Diskussion über die »richtigen und notwendigen Maßnahmen« nicht abreißen lassen. Patentrezepte, das gestehen selbst die Politiker und andere Akteure der Wirtschaftspolitik ein, hat niemand parat. Doch welche Wege aus der Krise hat die Wirtschaftswissenschaft anzubieten? Im folgenden sollen einige von ihnen vorgestellt werden. Dabei ist zu beachten, daß es sich um eine stark vereinfachende Darstellung von Theorien und Lehrmeinungen handelt.

### *Die Ideen des Lords – der Keynesianismus*

Der britische Nationalökonom *John Maynard Keynes* (1883–1946) war ein Tausendsassa. Er arbeitete als Universitätslehrer, Herausgeber von Fachzeitschriften, Unternehmer sowie als Staatsbeamter im britischen Schatzamt. Auf der Währungskonferenz von Bretton Woods stellte er 1944 mit die Weichen für den wirtschafts- und währungspolitischen Neubeginn nach dem Zweiten Weltkrieg. 1942 wurde er in den Stand eines Lords erhoben.

Die *Defizit-Finanzierung* erwies sich als wenig geeignetes Mittel gegen die zunehmend strukturelle Arbeitslosigkeit, gegen die Wirkungen der beiden Ölschocks und schließlich gegen die immer stärker werdenden negativen Konsequenzen der Schuldenpolitik selbst.

### *Fetisch Geldmenge – die Monetaristen*

Es verwundert nicht, daß auch Keynes' Rezepte nicht kritiklos hingenommen wurden. Vor allem für die Monetaristen um den amerikanischen Nationalökonomen und Nobelpreisträger *Milton Friedman* (geboren 1912) ist der Keynesianismus ein rotes Tuch. Im Prinzip schließen sie sich den Ideen der klassischen Volkswirtschaftslehre an, lehnen also staatliche Eingriffe in den Wirtschaftsprozeß ab und vertrauen auf die Selbstheilungskräfte des Marktes. Auch als »Lückenfüller« im Sinne Keynes kommt der Staat für sie nicht in Frage. Die Ablehnung staatlicher Eingriffe geht sogar so weit, daß sie der Geld*politik (Mindestreserven-* und *Offenmarktpolitik)* zur fallweisen Steuerung ebenfalls nur begrenzte Möglichkeiten zubilligen, da diese nicht direkt, sondern nur mit unerwünschten Verzögerungen wirkten.

Die Monetaristen setzen hauptsächlich bei der Geldmenge an. Um aber auch hier den Einfluß des Staates möglichst gering zu halten, vertreten sie die Meinung, die Geldmenge müsse jährlich mit einer ganz bestimmten Rate zunehmen. Nur ein stetiges Wachstum der Geldversorgung führe zu einem Gleichgewicht auf den Märkten, also dazu, daß Angebot und Nachfrage ausgeglichen sind.

### *Alles für die Unternehmer – die angebotsorientierte Wirtschaftspolitik*

Während die Keynesianer den Staat in die Pflicht nehmen, um die Nachfrage zu stärken, und die Monetaristen von staatlichen Eingriffen überhaupt nichts halten, setzen die Vertreter der angebotsorientierten Wirtschaftspolitik bei den Unternehmen, den Anbietern von Waren und Dienstleistungen, an. Wenn die Wirtschaft nicht läuft, so argumentieren sie, liegt das daran, daß die Gewinne zu niedrig sind und damit auch kein Geld für Investitionen zur Verfügung steht. Sie plädieren deshalb dafür, die »Rahmenbedingungen« für die Unternehmen zu verbessern. Zum Beispiel soll der Staat die Unternehmenssteuern senken, die Abschreibungsmöglichkeiten ausbauen, Arbeitszeitregelungen und andere Vorschriften lockern oder ganz abschaffen und so für eine Deregulierung, also einen Rückzug des Staates aus der Wirtschaft, sorgen. Dazu gehört auch, daß keine Gesetze verabschiedet werden, die den Handlungsspielraum der Unternehmen weiter einengen (etwa durch schärfere Fusionskontrollen). Auch sozialpolitische Maßnahmen zugunsten der Arbeitnehmer, die die Kosten der Arbeitgeber weiter erhöhen, sind den angebotsorientierten Wirtschaftspolitikern ein Dorn im Auge.

Die angebotsorientierte Politik führt über eine reine Konjunkturpolitik hinaus, bei der es nur gilt, die Nachfrage soweit zu verstärken, daß wieder alle bestehenden Kapazitäten ausgelastet sind. So sieht die *nachfrageorientierte Politik* ihre Aufgabe darin, mit den Mitteln der globalen Konjunktursteuerung die gesamtwirtschaftliche Nachfrage zu beeinflussen. Die 70er Jahre haben gezeigt, daß mit diesen Instrumentarien am Arbeitsmarkt wenig erreicht wurde, während sich gleichzeitig der Preisauftrieb verstärkte.

Keiner der wirtschaftspolitischen Ansätze führt allein zum Ziel, und keiner wird in Reinkultur praktiziert. Was für die Wirtschaftsordnung gesagt wurde, gilt auch hier: In der Wirklichkeit haben wir es immer mit Mischformen zu tun.

## 5.3 Von den »Fünf Weisen« und anderen Wahrsagern: Ratgeber der Wirtschaft

»Frage fünf Ökonomen, und du bekommst fünf verschiedene Erklärungen (sechs, wenn ein Professor darunter ist).« Was der Amerikaner *Edgar A. Fiedler* ein wenig spöttisch anmerkte, macht auf ein Grundproblem der Wirtschaftswissenschaft aufmerksam. Während man in der Naturwissenschaft definitiv voraussagen kann, daß erhitztes Wasser bei 100 Grad zu kochen beginnt, müssen ähnliche Wenn/dann-Aussagen in der Wirtschaftswissenschaft noch lange nicht zutreffen. Dort geht

es um das Verhalten von Menschen, und das läßt sich eben nicht immer voraussehen.
Trotzdem versuchen die Wirtschaftswissenschaftler, Aussagen über die künftige Entwicklung zu machen. Sie haben Prognosemodelle, Wahrscheinlichkeitsrechnungen und statistische Verfahren entwickelt. So wollen sie mit Hilfe der Ökonometrie, der Verbindung von Mathematik und Statistik, wirtschaftliche Zusammenhänge analysieren und prognostizieren.
Wirtschaftliche Prognosen gibt es in Hülle und Fülle. Verbände, Ministerien, die volkswirtschaftlichen Abteilungen von Banken sowie eine Reihe von privaten und universitären Forschungsinstituten versorgen die Akteure der Wirtschaftspolitik (und die Journalisten) mit Unmengen von bedrucktem Papier, wollen Ratgeber sein und Hilfestellung leisten. Daß sie – je nach Interessenlage und Einbindung in bestimmte Organisationen – die Politik oft auch beeinflussen und mitgestalten wollen, liegt auf der Hand.
In der Bundesrepublik gibt es sieben »Marktführer« der angewandten Wirtschaftsforschung: den *Sachverständigenrat zur Begutachtung der gesamtwirtschaftlichen Entwicklung (SVR),* in der Öffentlichkeit auch als die »Fünf Weisen« bekannt, und sechs große wirtschaftswissenschaftliche Forschungsinstitute.

### 5.3.1 *Die Fünf Weisen*

Der Sachverständigenrat zur Begutachtung der gesamtwirtschaftlichen Entwicklung wurde 1963 per Gesetz ins Leben gerufen. Vorbild war der amerikanische »Council of Economic Advisers«, das offizielle wirtschaftspolitische Beratergremium des US-Präsidenten. Die fünf renommierten deutschen Wirtschaftswissenschaftler des SVR sollen in ihrem Jahresgutachten, das sie jeweils im November vorlegen, die »gesamtwirtschaftliche Lage und deren absehbare Entwicklung darstellen« und »dabei untersuchen, wie im Rahmen der marktwirtschaftlichen Ordnung gleichzeitig Stabilität des Preisniveaus, hoher Beschäftigungsstand und außenwirtschaftliches Gleichgewicht bei stetigem und angemessenem Wachstum gewährleistet werden können« – so steht es im Gesetz.
Dieses Gutachten dient zur Information der Öffentlichkeit und

zur speziellen Beratung der Bundesregierung. Diese legt ihrerseits im Januar eines jeden Jahres eine Stellungnahme (den sogenannten *Jahreswirtschaftsbericht*) zum Jahresgutachten des Sachverständigenrates, eine volkswirtschaftliche Jahresprojektion und eine Darlegung der für das laufende Jahr geplanten Wirtschafts- und Finanzpolitik vor.
Zwar ist es Aufgabe der »Fünf Weisen«, die Ursachen von tatsächlichen oder drohenden Fehlentwicklungen aufzuzeigen, Empfehlungen für bestimmte wirtschafts- und sozialpolitische Maßnahmen sollen sie jedoch nicht geben. Lediglich allgemeine Ratschläge zur Vermeidung oder Beseitigung solcher Fehlentwicklungen sind ihnen erlaubt.
Die fünf Ökonomen sind von Kritik nicht verschont geblieben. So hält man ihrem immer recht allgemein gehaltenen Jahresgutachten vor, jeder finde darin bestätigt, was er schon immer befürchtet oder erhofft habe. Auch wirft man ihnen seit Mitte der 70er Jahre vor, sich einseitig an den konservativen wirtschaftswissenschaftlichen Vorstellungen der neoklassischen Schule zu orientieren. Die Neoklassiker haben sich die Stärkung der Angebotsseite, also der Unternehmen, zum Ziel gesetzt.
Nicht zuletzt deshalb haben die »Fünf Weisen« Konkurrenz bekommen. Seit Ende der 70er Jahre bezieht eine Gruppe eher linksorientierter Wissenschaftler mit ihrem »Memorandum«, einem Alternativ-Gutachten, bewußt eine Gegenposition zum Sachverständigenrat. Mit ihren Vorschlägen nehmen sie Abstand vom »Wachstumsfetischismus«, gestehen dem Staat eine größere Rolle im Wirtschaftsprozeß zu und setzen bei der Stärkung der Nachfrage an, also bei den Arbeitnehmern und Konsumenten.

### 5.3.2 *Die sechs großen Wirtschaftsforschungsinstitute*

Bei den sechs großen wirtschaftswissenschaftlichen Instituten handelt es sich um

1. *das Ifo-Institut für Wirtschaftsforschung, München.* Ifo steht für *Information und Forschung.* Das Institut bemüht sich nach eigenen Angaben besonders, den Zusammenhang zwischen der Gesamtwirtschaft und branchenwirtschaftlichen

Entwicklungen darzustellen. Politisch fährt es einen unauffälligen Mittelkurs. Die Spezialität von Ifo sind Konjunkturumfragen: Jeden Monat werden 10000 Unternehmen zu Konjunktur, Verhaltensweisen und Absichten befragt.

2. das *Rheinisch-Westfälische Institut für Wirtschaftsforschung (RWI)* in Essen. Das RWI setzt auf Spezialgebiete, etwa die Beobachtung des Handwerks. Ihr Know-how in der Ökonometrie vermarkten die Essener in einer Summer School für Volkswirte. Schwerpunkt der Forschungsarbeiten sind nach eigenen Angaben »Diagnosen und Prognosen der konjunkturellen und strukturellen Entwicklung der Wirtschaft in der Bundesrepublik Deutschland und in den Industrieländern der westlichen Welt«. Das RWI beschäftigt sich darüber hinaus mit der Wirtschaft Nordrhein-Westfalens.
3. das *HWWA-Institut für Wirtschaftsforschung* in Hamburg. HWWA steht für *Hamburgisches Welt-Wirtschafts-Archiv*. Das macht deutlich, welche Akzente die norddeutschen Forscher setzen. Das HWWA wurde 1908 als Kolonialinstitut gegründet. Weltwirtschaftliche Probleme sowie die Analyse der wirtschaftlichen Entwicklung der Bundesrepublik und ihren weltwirtschaftlichen Verflechtungen bilden den Forschungsschwerpunkt.
4. das *Institut für Weltwirtschaft an der Universität Kiel*. Das IfW gilt seit den 30er Jahren als Vorzeigeinstitution der deutschen Volkswirtschaftslehre. Seine Stärken liegen in der Handelspolitik und der Standortdebatte. Es befaßt sich neben der Konjunkturforschung auch mit der Wirtschaft der Dritten Welt und verfügt über eine der umfangreichsten wirtschafts- und sozialwissenschaftlichen Bibliotheken der Welt. Der Bestand liegt bei mehr als zwei Millionen Bänden, jährlich kommen 40000 Titel hinzu. Allein der Neuzugang beansprucht eine Regallänge von 1000 Metern.
5. das *Deutsche Institut für Wirtschaftsforschung* in Berlin. Das 1925 gegründete DIW hat sich zum Gegenpol des IfW entwickelt: Betonen die Kieler stets die Angebotsseite, widmen sich die Berliner der Nachfrageseite. Stärker als alle anderen Institute weist das DIW auf die konjunkturellen Wirkungen der Geldpolitik hin. Im Mittelpunkt der Forschungsarbeiten steht die Bundesrepublik.

6. das *Institut für Wirtschaftsforschung Halle.* Das IWH ist aus dem ökonomischen Forschungsinstitut der staatlichen Planungskommission der DDR hervorgegangen. Viele ostdeutsche Wissenschaftler mußten gehen, junge Forscher aus dem Westen kamen. Schwerpunkt legt das IWH auf die innere und äußere Integration der Wirtschaft. Schwerpunkte sind die ostdeutsche Wirtschaft, Konjunktur- und Arbeitsmarktfragen und die Entwicklung der osteuropäischen Wirtschaft.

Gemeinsam veröffentlichen die sechs Organisationen – sie sind alle Mitglieder in der *Arbeitsgemeinschaft wirtschaftswissenschaftlicher Forschungsinstitute* – alljährlich jeweils im Frühjahr und im Herbst ihre Gemeinschaftsgutachten über die wirtschaftliche Lage in der Bundesrepublik. Diese Berichte sind in ihrer Wirkung in der Öffentlichkeit mit dem Jahresgutachten der »Fünf Weisen« zu vergleichen.
Rechtlich sind die Institute unabhängige Organisationen, zum Teil in der Rechtsform des eingetragenen Vereins. Mitglieder des Ifo-Instituts e.V. sind vor allem Firmen aus den verschiedenen Branchen der Wirtschaft. Finanziert werden die Institute überwiegend je zur Hälfte vom Bund und von dem Bundesland, in dem sie ihren Sitz haben. Aber auch die Vereinsmitglieder und Mitglieder von Freundeskreisen tragen zum Haushalt bei. Darüber hinaus finanzieren sich die Wissenschaftler durch Auftragsforschung für Ministerien und andere Behörden, für Verbände und Unternehmen.
Doch die Institute sind in den letzten Jahren scharfer Kritik unterzogen worden. Der Wissenschaftsrat, ein Gremium unabhängiger Gelehrter, das im Auftrag von Bund und Ländern prüft, ob die wissenschaftlichen Forschungsstätten der Bundesrepublik zu Recht staatliche Subventionen bekommen, hat an den Instituten einiges auszusetzen und bescheinigt ihnen im internationalen Vergleich allenfalls einen Mittelplatz. Ihre wissenschaftliche Arbeit lasse zu wünschen übrig und sei nicht ausreichend fundiert. Sie ließen sich von der Wirtschaft zu sehr von der Forschung ablenken und pflegten das theoretische Arbeiten nicht genügend. Wegen zu vieler fester Mitarbeiter seien sie zu unflexibel. Senkt der Wissenschaftsrat den Daumen, kann das die Forscher Kopf und Kragen kosten. Vor allem das

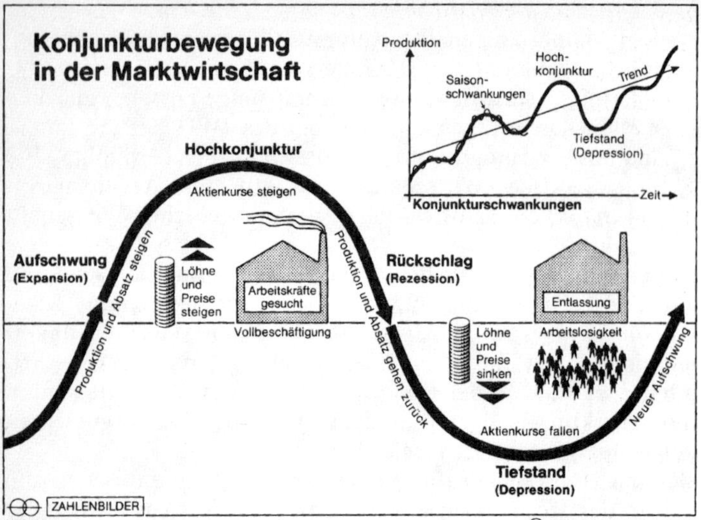


200 350



HWWA-Institut zieht die Kritik auf sich. Es soll nach den Vorstellungen des Wissenschaftsrates zum reinen Informationszentrum mit großer Bibliothek umgebaut werden.

Universitäts-Wissenschaftler bemängeln besonders, daß die Arbeit in den Instituten häufig von der Entwicklung der Theorie losgelöst ist, daß Tagesfragen der Wirtschaftspolitik zu sehr im Vordergrund stehen und internationale Präsenz fehlt.

Im Wettstreit der Ideen und Analysen haben die Institute ihre Führungsrolle eingebüßt: Internationale Organisationen wie die OECD oder der Internationale Währungsfonds präsentieren regelmäßig Konjunktur- oder Arbeitsmarktstudien über Deutschland. Banken und Investmenthäuser forschen ausführlich gerade im Bereich von Zinsen und Wechselkursen. Hinzu kommen private Wirtschaftsforscher wie die Basler Prognos AG oder Konjunkturspezialisten wie die Bad Homburger Feri GmbH, welche die Konkurrenz im öffentlichen Auftragsgeschäft, der zweitwichtigsten Finanzquelle der Institute, verschärft.

Weitere bedeutende Forschungsinstitute sind das *Wirtschafts-*

*und Sozialwissenschaftliche Forschungsinstitut des Deutschen Gewerkschaftsbunds (WSI)* in Düsseldorf und das industrienahe *Institut der Deutschen Wirtschaft (IW)* in Köln. Zur Nürnberger Bundesanstalt für Arbeit gehört das *Institut für Arbeitsmarkt und Berufsforschung (IAB).*

Analysen und Prognosen von Forschungsinstituten sollte der Zeitungsleser nicht überschätzen. Meist müssen aus Platzgründen umfangreiche Untersuchungen in relativ wenigen Zeilen dargestellt werden, Nuancen gehen dabei zwangsläufig unter. Auch erfährt man selten – ebenfalls meist aus Platzgründen – etwas über die Methoden, die zu den Ergebnissen geführt haben. Die Resultate können aber nur so gut sein wie der Weg, auf dem sie zustande gekommen sind. Doch selbst wenn genau über die Methoden berichtet würde, fiele es dem wirtschaftswissenschaftlichen Laien schwer, den Forschungsweg nachzuvollziehen und zu bewerten. Zudem sollte man berücksichtigen, daß die Sicherheit von Voraussagen trotz raffinierter Verfahren keineswegs immer zu treffsicheren Ergebnissen führt.

# 6. Die Palette der Wirtschaftspolitik

## 6.1 Im Zeichen des Zyklus: die Konjunkturpolitik

Im Wirtschaftsteil einer Zeitung hat der Begriff »Konjunktur« immer Konjunktur. Wer nur einen der vielen Artikel über dieses Thema liest, wird merken, daß es sich dabei um etwas Allumfassendes handeln muß. Konjunktur – das kann mit Abschwung oder Aufschwung zu tun haben, mit Arbeitslosigkeit oder Vollbeschäftigung, mit Inflation oder Preisstabilität, mit guten oder schlechten Ergebnissen im Außenhandel, mit hohen oder niedrigen Wachstumsraten. Konjunktur – ein Name für alles und jedes?

In gewisser Weise schon, denn unter Konjunktur versteht man Auf- und Abschwungphasen der Wirtschaft, die sich (mehr oder weniger) regelmäßig wiederholen. Auf- und Abschwungphasen – das bedeutet wohl, daß es in einer Volkswirtschaft Zeiten gibt, in denen die Kapazitäten sehr gut ausgelastet sind, und solche, in denen die Nachfrage hinter den Erwartungen weit zurückbleibt.

Schon in biblischen Zeiten hat es wirtschaftliche Schwankungen gegeben. So wird im ersten Buch Mose von den »sieben fetten und den sieben mageren Jahren« berichtet. Ein fast regelmäßig wiederkehrendes Auf und Ab läßt sich jedoch erst seit dem Durchbruch der industriellen Revolution erkennen. In der Tat muß man sich unter den Konjunkturbewegungen ein wellenförmiges Auf und Ab vorstellen, wobei eine Welle – die Wissenschaftler nennen es *Konjunkturzyklus* – typischerweise aus vier Phasen besteht, die einander ablösen: Dem Tiefstand folgt der Aufschwung, bis die Welle ihren Höhepunkt, die »Hochkonjunktur«, erreicht hat. Daran schließt sich der Abschwung an, der dann in den nächsten Tiefpunkt mündet, und so weiter.

Bevor es ins Detail geht, noch eine Antwort auf die Frage, wie man die Schwankungen ausdrücken bzw. abbilden kann. Man verwendet dazu *Konjunkturindikatoren*. Das sind Größen, deren Veränderung Aufschluß über die konjunkturelle Situation geben soll. Wir unterscheiden Indikatoren, die Aussagen über die künftige Entwicklung zulassen (Baugenehmigungen,

Lagerveränderungen oder Auftragseingänge in der Industrie), Indikatoren der augenblicklichen Lage (Produktion, Arbeitslosenzahlen) und Indikatoren, die der Konjunktur nachhinken (Lohn- und Preisveränderungen). Doch nun zur Konjunkturwelle.

### 6.1.1 *Vom Auf und Ab der Wirtschaft: Konjunkturwellen*

*Tiefstand*

Der Tiefstand stellt den unteren Wendepunkt der Konjunkturwelle dar. Zuweilen wird dieser Punkt auch als *Depression* bezeichnet, doch verwendet man diesen Begriff eher im Zusammenhang mit einer lang anhaltenden Wirtschaftskrise; so ist die Weltwirtschaftskrise Ende der 20er, Anfang der 30er Jahre als *Große Depression* in die Geschichte eingegangen. In der Talsohle der Konjunktur gehen die Aufträge für die Unternehmen auf ein Minimum zurück. Folge ist eine sinkende Produktion, die zur Entlassung von Arbeitskräften führt. Da die privaten Haushalte nun kein Einkommen mehr haben, läßt die Nachfrage nach Gütern und Diensten weiter nach.
Dies verschlechtert die Situation für die Unternehmen. Sie versuchen, die Kosten weiter zu senken, und starten Rationalisierungsprogramme. Die Zentralbank bemüht sich, mit niedrigen Zinsen Investitionen wieder attraktiver zu machen, der Staat trachtet danach, die Nachfragelücke der privaten Haushalte und Unternehmen durch Konjunkturprogramme auszugleichen.
Um überhaupt eine Arbeit zu bekommen, sind die Arbeitslosen bereit, für einen geringeren Lohn zu arbeiten. Die Maßnahmen von Zentralbank und Staat beginnen zu greifen, für die Unternehmen ist das gesunkene Lohnniveau ein Anreiz, wieder Arbeitskräfte einzustellen – der Aufschwung, der eventuell noch durch eine wieder anziehende Nachfrage aus dem Ausland unterstützt wird, kann beginnen.

*Der Aufschwung*

Der Auftragseingang als Verkörperung der steigenden Nachfrage nimmt wieder zu. Konsequenz ist eine wachsende Pro-

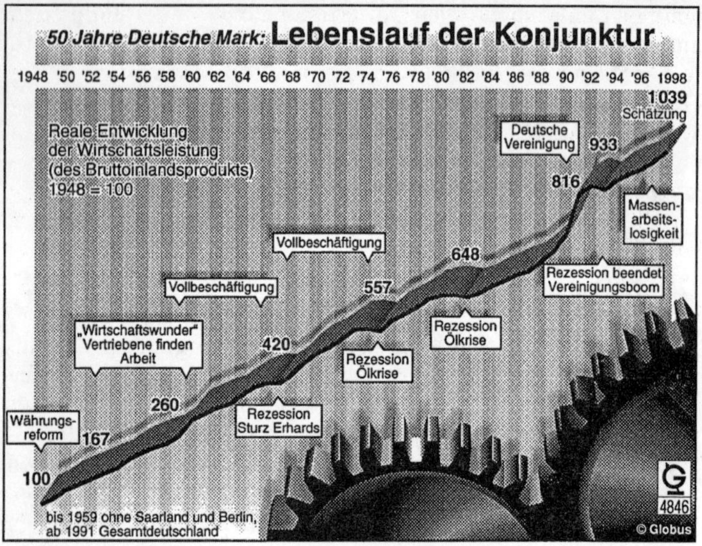


Quelle: OECD, Statistisches Bundesamt, Jahreswirtschaftsbericht 1998

duktion, die zusätzliche Anreize aus den niedrigen Rohstoffpreisen bezieht. Auch Investitionen scheinen sich erneut zu lohnen – nicht nur, weil die Unternehmer wieder Vertrauen in die weitere Entwicklung gewonnen haben, sondern auch, weil Kredite günstig zu haben sind. Die Nachfrage nach Investitionsgütern zieht an, die Hersteller können wieder mehr Arbeitskräfte gebrauchen. Die Arbeitnehmer sind in der Lage, Konsumgüter nachzufragen, zumal nach den Entbehrungen während des Tiefstands Nachholbedarf besteht. Die Preise für Kapital und Arbeitskräfte ziehen leicht an, und auch die Unternehmen beginnen, die wiedererlangte Kaufkraft der Arbeitnehmer (= Konsumenten) durch Verteuerung ihrer Produkte und Dienste abzuschöpfen.

*Die Hochkonjunktur (Boom)*

Ein Boom ist durch weiter und stärker steigende Preise gekennzeichnet. Der Grund: Nach wie vor schätzen die Unter-

nehmen die Gewinnaussichten günstig ein, sie investieren noch mehr und stellen mehr Arbeitskräfte ein. Die Gewerkschaften wissen, daß sie in dieser Situation höhere Löhne durchsetzen können. Die Arbeitgeber werden versuchen, den Lohnanstieg auf den Zuwachs der Arbeitsproduktivität zu beschränken (der mit den Investitionen einhergeht). Das nennt man *produktivitätsorientierte Lohnpolitik.* Unter *Arbeitsproduktivität* – man spricht auch von der Produktivität des Produktionsfaktors Arbeit – versteht man das Verhältnis von Produktion zu Arbeitseinsatz. Der Lohnanstieg verteuert aber die Produktionskosten der Unternehmen. Sie versuchen, die Kostensteigerungen über den Marktpreis an die Verbraucher weiterzugeben.
Die Konsumenten wiederum sind aufgrund ihrer gestiegenen Einkommen bereit, die höheren Preise zu zahlen. Die Inflationsrate nimmt zu. Arbeitskräfte sind knapp geworden, die Kapazitäten ausgelastet. Die Lieferfristen werden länger. Schließlich wird mehr produziert als nachgefragt, zumal Güter und Dienste für die privaten Haushalte nun zu teuer werden. Die Lagerbestände wachsen, die Produktion – für viel Geld erweitert und modernisiert – muß zurückgenommen werden. Die Rentabilität sinkt. Die Hochkonjunktur geht über in den

*Abschwung*

Die rückläufige Produktion verschlechtert die Gewinnsituation wie auch die Gewinnaussichten. Grundsätzlich überwiegt nun bei den Erwartungen – ein nicht zu unterschätzender Faktor bei der Beurteilung von wirtschaftlichen Zusammenhängen! – wieder die Skepsis. Die Unternehmen stellen die Anschaffungen weiterer Investitionsgüter zurück, was die Auftragslage der Investitionsgüterindustrie entsprechend verschlechtert. Erste Entlassungen folgen. Kredite werden teurer, weil die Zentralbank auf die Überhitzung im Boom mit höheren Zinsen reagiert. Die *Rezession* schlägt durch, das heißt, die Wachstumsrate des Volkseinkommens sinkt. Langsam bewegt sich dieser Konjunkturzyklus erneut auf den Tiefstand zu.
Es muß nicht weiter erläutert werden, daß es sich bei der Darstellung des Zyklus lediglich um ein idealtypisches Modell handelt. Auch sollte klar sein, daß kein Zyklus mit einem anderen

zu vergleichen ist, weil Ausgangssituationen und Einflußfaktoren stark voneinander abweichen können. Dasselbe gilt für die Dauer der einzelnen Phasen. Zudem müssen Saisonschwankungen berücksichtigt werden, die auch in einer Hochkonjunktur vorkommen (witterungsbedingte Schwankungen in der Bauindustrie, Weihnachtsgeschäft im Spielwarenhandel).
Auch ist nicht gesagt, daß alle Branchen und Firmen gleich stark unter einem Abschwung leiden oder von der Hochkonjunktur profitieren. Man spricht deshalb oft von *Branchenkonjunkturen* oder gar von *Firmenkonjunkturen*. Das heißt, daß manche Branchen trotz allgemein eher mäßiger Lage besser abschneiden oder daß einzelne Firmen aufgrund ihres Produktionsprogramms, ihres Service und ihrer Kostenstruktur günstiger dastehen als ihre Konkurrenten.
Nicht zuletzt muß festgehalten werden, daß es sich um ein Konjunkturmodell in einer Marktwirtschaft handelt, die auf die »Selbstheilungskräfte des Marktes« vertraut. Tatsächlich geht das Modell ja davon aus, daß auch ohne größere Einflüsse des Staates ein Tiefstand automatisch von einem Aufschwung abgelöst wird. Das muß aber nicht so sein.
Obwohl die Bundesrepublik noch ein junger Staat ist, hat ihre Wirtschaft seit der Währungsreform 1948 schon eine Reihe von Konjunkturzyklen durchlaufen.

Neben den vier Zeitreihen des »eigentlichen« Konjunkturzyklusses ist noch die *Theorie der »langen Wellen«* zu erwähnen, die nach ihrem Entdecker auch *Kondratieff-Zyklen* genannt wird. Sie rechnet mit langfristigen Wachstumsprozessen und -schwankungen in Zeitabschnitten von 50 bis 60 Jahren. *Josef A. Schumpeter* brachte 1939 eine originelle Deutung der »langen Wellen« in die Diskussion: die *Neue-Technik-Theorie*. Sie geht davon aus, daß die Kombination von umwälzenden technischen Neuerungen als Motor für das langfristige Wachstum wirkt und die »langen Wellen« auslöst. So die Dampfmaschine (1787–1842), die Eisenbahn (1843–1897) und die Chemie sowie der Verbrennungsmotor (1897–1940).
Was aber sind die Gründe für die Konjunkturschwankungen? Die Wirtschaftswissenschaftler versuchen seit vielen Jahrzehnten, darauf eine Antwort zu geben. Ihre Konjunkturtheorien

haben die unterschiedlichsten Ansatzpunkte, doch dürfte klargeworden sein, daß auf die konjunkturellen Entwicklungen zu viele Faktoren einwirken, als daß man »die Konjunktur« mit nur einer Theorie restlos erklären könnte.

Bei den Theorien, welche die Konjunkturschwankungen wirtschaftlich begründen wollen, spielen die Investitionen und das Sparen eine herausragende Rolle. Man geht davon aus, daß eine Wirtschaft »läuft«, wenn das Angebot der Nachfrage entspricht. Um etwas zu produzieren oder nachzufragen, braucht man jedoch Einkommen. Mit diesem Einkommen kann man zweierlei tun: Man kann es sparen oder es für Konsumzwecke nutzen. Aber auch gesparte Einkommensteile können der Nachfrage dienen, nämlich dann, wenn zum Beispiel die Bank das Geld der Sparer den Unternehmen als Kredit zur Verfügung stellt und die Unternehmen es zur Nachfrage nach Investitionen nutzen.

Investiert werden kann aber nur das, was vorher gespart wurde, so daß für eine spannungsfreie Wirtschaft nicht nur die Übereinstimmung von Angebot und Nachfrage, sondern auch die von Spartätigkeit und Investition eine wesentliche Voraussetzung ist. Viele Konjunkturtheorien erklären die wirtschaftlichen Schwankungen nun damit, das mangelnde Gleichgewicht von Sparen und Investieren bringe die Wirtschaft aus dem Tritt. Dies könne zum Beispiel dann passieren, wenn mehr produziert als konsumiert wird. Andererseits könne es auch sein, daß zuviel gespart wird, mit der Folge, daß zuwenig Konsumgüter nachgefragt werden.

Andere Theorien wiederum schreiben der Geldversorgung eine besondere Bedeutung zu. Die mit einer Kreditausweitung verbundene Geldvermehrung beflügele die Wirtschaft und führe zu einem Aufschwung.

Nicht unterschätzen sollte man auch die psychologischen Begründungen der Konjunkturschwankungen. Sie gehen davon aus, daß falsche – zu optimistische oder zu pessimistische – Stimmungen und Erwartungen zu Fehlentscheidungen führen können. Aber auch für diese Theorie gilt: Als alleinige Begründung taugt sie nicht.

### 6.1.2 *Das Magische Viereck*

Nach diesem kurzen Ausflug in die Theorie wieder zurück in die Praxis. Die Darstellung des Konjunkturmodells hat gezeigt, daß die Konjunkturschwankungen vor allem vier volkswirtschaftliche Größen günstig oder ungünstig beeinflussen: das Angebot an Arbeitsplätzen, das Wirtschaftswachstum, das Preisniveau und die Leistungsbilanz. Daß eine stabilisierende Konjunkturpolitik bei diesen vier Schlüsselgrößen ansetzen muß, hat die Bundesregierung bereits in den 60er Jahren erkannt. Im Gesetz zur Förderung der Stabilität und des Wachstums der Wirtschaft von 1967 hat sie sich zum Ziel gesetzt, mit ihren wirtschafts- und finanzpolitischen Maßnahmen

- zur Stabilität des Preisniveaus,
- zu einem hohen Beschäftigungsstand,
- zu außenwirtschaftlichem Gleichgewicht,
- zu stetigem und angemessenem Wirtschaftswachstum

beizutragen.

Allerdings wußten die Wirtschaftspolitiker schon damals, daß es schwierig, wenn nicht unmöglich sein würde, alle vier Ziele gleichzeitig zu erreichen. Man sprach und spricht deshalb vom *Magischen Viereck* der Wirtschaftspolitik. Gelegentlich ist auch vom *Magischen Fünfeck* die Rede, wenn die gerechte Einkommensverteilung in den Zielkatalog aufgenommen wird.

Bevor nun die Frage beantwortet wird, warum das gleichzeitige Erreichen aller vier Ziele so schwierig ist, muß zunächst interessieren, was unter angemessenem Wirtschaftswachstum, Stabilität des Preisniveaus, Zahlungsbilanzausgleich und Vollbeschäftigung zu verstehen ist. 1968 veröffentlichte die Bundesregierung in ihrem Jahreswirtschaftsbericht folgende Richtwerte: Vollbeschäftigung soll einer Arbeitslosenquote von 0,8 Prozent entsprechen, Preisstabilität einer Inflationsrate von einem Prozent. Das außenwirtschaftliche Gleichgewicht soll erreicht sein, wenn der Überschuß der Leistungsbilanz etwa ein Prozent des Sozialprodukts nicht übersteigt. Und als »angemessen« gilt ein reales (das heißt um Preissteigerungen bereinigtes) Wachstum des Bruttosozialprodukts von vier Prozent.

Die Zielkonflikte waren jedoch schon von vorneherein abzusehen: Strebte die für die Wirtschaftspolitik zuständige Bundesregierung ein »angemessenes Wachstum« an, setzt sie damit die von der Bundesbank als Trägerin der Geld- und Kreditpolitik angestrebte Preisstabilität aufs Spiel. Wenn die Politik eine ausgeglichene Zahlungsbilanz erreichen will, gelingt ihr dies nur auf Kosten des Zieles Vollbeschäftigung. Denn eine Dämpfung der Ausfuhren (etwa über eine Aufwertung, das heißt Verteuerung der Mark) bliebe nicht ohne Folge für die Arbeitsplätze in exportabhängigen Wirtschaftszweigen. Und will die Politik die Preissteigerungen über nachfragedämpfende Maßnahmen im Zaum halten, gefährdet sie, zumindest in einzelnen Branchen, ebenfalls die Vollbeschäftigung. Die Wirtschaftspolitik muß also stets Kompromisse schließen: Sie muß wachstumsorientiert, gleichzeitig aber stabilitätsorientiert sein.

*Wachstum, Wachstum über alles*

Würde sich jemand die Mühe machen, die am meisten verwendeten Begriffe im Wirtschaftsteil zu ermitteln – »Wachstum« hätte alle Chancen, auf dem ersten Platz zu landen. Doch der Begriff ist vielfältig, und wenn zwei Menschen von Wachstum reden, müssen sie noch lange nicht dasselbe meinen. Für einen Unternehmer bedeutet Wachstum mehr Gewinn, mehr Umsatz, höhere Marktanteile und Ausbau der Produktionsanlagen. Ein Familienvater dagegen, der an das Wohl von Frau und Kindern denkt, strebt ein höheres Gehalt an, um sich eine geräumigere Wohnung, ein größeres Auto oder einen zweiten Jahresurlaub leisten zu können. Und wenn der Bundesfinanzminister von Wachstum spricht, meint er das Wachstum der gesamten Volkswirtschaft Bundesrepublik.
Letztlich streben sowohl die Unternehmen, der Familienvater als auch die meisten Wirtschaftspolitiker Wachstum an, weil sie damit eine Steigerung des persönlichen oder des allgemeinen Wohlstands erreichen wollen. Wachsender Wohlstand, möglichst für alle, ist denn auch neben persönlicher Freiheit und sozialer Sicherheit eines der Hauptziele einer sozialen Marktwirtschaft. Und volkswirtschaftlich betrachtet, trägt Wirtschaftswachstum als Mittel zum Wohlstand dazu bei, daß dem Staat genügend Steuern zufließen, um die soziale Sicherheit zu

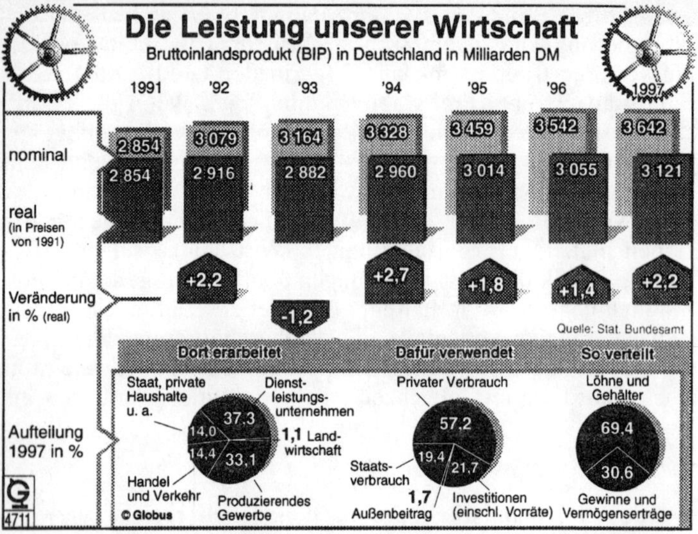


gewährleisten, Krankenhäuser und Straßen zu bauen und seine internationalen Aufgaben, wie etwa in der Entwicklungshilfe, erfüllen zu können. Und nur mit Hilfe des Wirtschaftswachstums, so wird argumentiert, können neue Arbeitsplätze geschaffen und die bestehenden erhalten werden.

Nachdem nun klar ist, welche Ziele mit Wachstum erreicht werden sollen, stellt sich die Frage, was überhaupt wachsen soll. Wer mehr Wohlstand will, möchte bestimmte Bedürfnisse befriedigen, die meist materieller Art sind. Die Bedürfnisse äußern sich – das haben wir bereits im Eingangskapitel über den »Traum vom Schlaraffenland« gesehen – in der Nachfrage nach Produkten und Dienstleistungen. Diese wachsende Nachfrage kann aber nur befriedigt werden, wenn das Angebot, die Produktion, im entsprechenden Umfang mitwächst. Wirtschaftswachstum äußert sich also in einer steigenden Produktion, die freilich auch abgesetzt werden muß.

Es gibt unterschiedliche Wege, die Produktion zu steigern und damit die Voraussetzung für Wachstum zu schaffen. Ein Unternehmen kann zum Beispiel zusätzliche Maschinen kaufen oder mehr Mitarbeiter einstellen. Es kann aber auch alte Maschinen durch eine leistungsfähigere neue Anlage mit moderner Technik ersetzen oder die Zahl der Beschäftigten reduzieren und statt dessen eine Maschine installieren, die mehr produziert als zuvor die Arbeiter. Der technische Fortschritt schafft in diesem Fall die Voraussetzung für eine höhere Produktion (wobei selbstverständlich zu fragen ist, ob damit den Beschäftigten immer gedient ist).

Lange Zeit war das *Bruttosozialprodukt* – abgekürzt BSP – der Maßstab für das volkswirtschaftliche Wachstum. Doch Ende 1992 wechselte das Statistische Bundesamt vom Wachstumsindikator Bruttosozialprodukt zum Wachstumsindikator *Bruttoinlandsprodukt* – abgekürzt BIP. Die Wiesbadener Statistiker folgten damit ihren Kollegen in den USA und Japan, die schon länger auf das BIP übergegangen waren. Warum der Wechsel vom vertrauten BSP zum BIP?

Betrachten wir zunächst das Bruttosozialprodukt. Es ist zwar nicht mehr Maßstab für das Wirtschaftswachstum, aber nach wie vor die zentrale Größe der *Volkswirtschaftlichen Gesamtrechnung* (VGR). Das BSP ist der Geldwert aller Güter, Dienstleistungen und Nutzungen (Miete, Pacht), die in einem Jahr in einer Volkswirtschaft produziert und verbraucht, investiert oder gegen ausländische Produkte oder Geld aus dem Ausland getauscht werden. In der Volkswirtschaftlichen Gesamtrechnung, einem Rechensystem nach den Regeln der doppelten Buchführung, wird das Bruttosozialprodukt aufgeschlüsselt nach

- seiner *Entstehung* (aufgegliedert nach Wirtschaftssektoren: Land- und Forstwirtschaft, warenproduzierendes Gewerbe, Dienstleistungen, Staat, private Haushalte u. a.),
- seiner *Verteilung* (aufgegliedert nach Einkommen aus unselbständiger Arbeit, Einkommen aus Unternehmertätigkeit und Vermögen),
- seiner *Verwendung* (privater Verbrauch, Staatsverbrauch, Investitionen, Außenbeitrag).

Um vom nominalen zum realen Bruttosozialprodukt zu kommen, muß man es um die jährliche Inflationsrate vermindern.

Das *reale* Bruttosozialprodukt ist also das um Preissteigerungen bereinigte Sozialprodukt.
Nun zum Bruttoinlandsprodukt. Es umfaßt den Geldwert aller Leistungen, die während eines Jahres innerhalb der Landesgrenzen von Inländern oder Ausländern erwirtschaftet werden. Auch das BIP kann man nach den Regeln der Volkswirtschaftlichen Gesamtrechnung nach Entstehung, Verteilung und Verwendung untersuchen.
Worin unterscheiden sich nun BSP und BIP? Grob gesagt: Sie unterscheiden sich lediglich um die per Saldo aus der übrigen Welt empfangenen Erwerbs- und Vermögenseinkommen. Diese zählen zum Sozialprodukt, aber nicht zum Inlandsprodukt. Und das ist verständlich. Denn während das BSP die Leistung einer Volkswirtschaft *unabhängig* davon mißt, ob sie im Inland oder in der übrigen Welt erbracht wurde, konzentriert sich das BIP auf die Wirtschaftsleistung eines Gebietes, nämlich des *Inlands* – unabhängig davon, ob die Erwerbstätigen oder Kapitaleigner ihren ständigen Wohnsitz in diesem Gebiet haben.
Warum das BIP dem BSP den Rang abgelaufen hat, ist ebenfalls schnell erklärt: Erstens mißt das BIP die Produktion von Waren und Dienstleistungen in einem Wirtschaftsgebiet unmittelbar. Es paßt damit – zweitens – besser zu anderen wichtigen Konjunkturindikatoren, wie zum Beispiel Auftragseingang, Produktion oder Umsatz. Das Bruttosozialprodukt wiederum hat andere Vorzüge. Es wird herangezogen, wenn etwa der Beitrag Deutschlands zum Haushalt der Europäischen Union berechnet werden soll.
Die Messung des volkswirtschaftlichen Wachstums mit Hilfe des Bruttosozialprodukts hat erhebliche Schwächen. Wie schon aus der Definition hervorgeht, erfaßt es nur den Geldwert der produzierten Güter und Dienste. Die unentgeltliche Tätigkeit der Millionen von Hausfrauen geht ebensowenig in die Berechnung des BSP ein wie Leistungen, die als Nachbarschaftshilfe erbracht werden. Auch als Wohlstandsindikator ist das BSP fragwürdig. So tragen etwa steigende Umsätze der pharmazeutischen Industrie zum Wirtschaftswachstum bei. Geht man jedoch davon aus, daß dieses Erlösplus nicht nur auf steigenden Preisen, sondern auch auf einem gestiegenen Absatz

**Im dritten Quartal mehr Wachstum**

**Bonn (Reuters) – Die konjunkturelle Entwicklung in Deutschland ist nach Einschätzung des *Bundeswirtschaftsministeriums* zur Jahresmitte weiter aufwärtsgerichtet geblieben. „Das Bruttoinlandsprodukt dürfte vom zweiten zum dritten Quartal preis- und saisonbereinigt wieder merklich gestiegen sein", erklärte das Ministeriumin seinem jüngsten Konjunkturbericht. Der entsprechende Vorjahresstand sei deutlicher übertroffen worden als im zweiten Quartal mit 1,7 Prozent.**

beruht, so sind hinter diesen größeren Mengen von gekauften Arzneimitteln auch mehr Krankheiten physischer oder psychischer Art zu vermuten. Die Konsequenz: Krankheiten steigern das Sozialprodukt.

Ähnlich ist es mit dem Abfall einer Volkswirtschaft und den Folgen der zunehmenden Umweltverschmutzung. Die entgeltliche Beseitigung des sogenannten »Wohlstandsmülls«, die Reinigung der verschmutzten Gewässer und die Sanierung vergifteter Böden tragen zum Wirtschaftswachstum bei. Also steigern auch Müll und Umweltverschmutzung das Sozialprodukt. Die Kritik an dieser Art der »Wohlstandsmehrung« nimmt deshalb zu. Dies hat seit den 70er Jahren zu einer zum Teil heftigen Diskussion über Umweltschutz und Umweltpolitik geführt. Diese Diskussion hat auch das Statistische Bundesamt aufgegriffen. Im Sommer 1990 haben die Wiesbadener Statistiker ihr Konzept einer *Umweltökonomischen Gesamtrechnung* vorgelegt. Seither wurden drei Berichte veröffentlicht. Dieses Informationssystem erfaßt den Zustand und die Veränderungen der Umwelt in Zahlen, also quantitativ. Die Ergebnisse sollen als Datengrundlage sowohl für die Lösung von Umweltproblemen dienen als auch für die Darstellung der Wechselbeziehungen zwischen »der Wirtschaft« und »der Umwelt«.

Die Wiesbadener Statistiker messen die Umweltproduktivität genauso wie die anderen Produktionsfaktoren Arbeit und

Kapital. Die Produktivität ergibt sich aus dem Verhältnis von wirtschaftlicher Leistung (Bruttoinlandsprodukt) und eingesetzter Faktormenge. Natur taucht in zwei Varianten auf. Zum einen als Ressourcenquelle, wie bei Wasser oder Energie, zum anderen als Auffangbecken für Schad- und Reststoffe. Für den Zeitraum zwischen 1960 und 1995 ergibt sich eine Verdreifachung der Arbeitsproduktivität, bei einer Halbierung der Kapitalproduktivität, weil mehr Maschinen eingesetzt wurden. Bei Energie und Wasser stieg die Produktivität langfristig um rund ein Drittel, bei den Rohstoffen um knapp 50 Prozent.
Die Bewertung der Umweltnutzung in Geld-Größen wirft aber erhebliche Probleme auf. Die Schwierigkeit liegt darin, daß ein Teil der Umwelt als »freies Gut« genutzt wird, etwa die Luft zum Atmen. Folge: Für die Nutzung dieser Güter liegen keine Preise vor, obwohl diese Güter – sei es die Atmosphäre oder das Wasser – zum Teil schon übernutzt werden. Es wird also so getan, als ob die Umwelt unbegrenzt zur Verfügung steht. Durch die Bewertung der Umweltgüter soll die unrealistische Vorstellung eines »freien Guts« ersetzt werden durch die realistischere Vorstellung eines »knappen Guts«. Und knappe Güter haben ihren Preis – je höher er ist, desto gründlicher wird sich der Nutzer überlegen, ob und in welchem Umfang er das Gut tatsächlich nutzen möchte.
Das Bestreben, vom BIP einfach die Kosten der Umweltverschmutzung abzuziehen, um zu einem ökologisch ehrlichen Wachstumsindikator zu kommen, müssen die Statistiker offenbar zu den Akten legen. Sie schaffen es nicht, die Umweltbilanz der Volkswirtschaft in einer einzigen Zahl auszudrücken. Dieser eingängige Maßstab bleibt dem Bruttoinlandsprodukt vorbehalten.

### *Die Geißel Inflation*

Einmal im Monat gibt das Statistische Bundesamt seine Mitteilung über die Entwicklung der Lebenshaltungskosten in der Bundesrepublik heraus, nachdem zuvor schon einige statistische Landesämter die entsprechenden Zahlen für ihren Zuständigkeitsbereich veröffentlicht haben. Die Meldung der Wiesbadener Statistiker verdient immer besondere Aufmerksamkeit, viele Zeitungen plazieren sie sogar auf der Seite eins. Es geht um Inflation und damit um Geldwertschwund. Was hat es damit auf sich? Was bedeutet »Lebenshaltungskosten«? Und was ist ein Preisindex?

Unter Inflation versteht man den anhaltenden Anstieg der Preise von Gütern und Diensten auf breiter Front. Die Betonung liegt auf »anhaltend« und »breiter Front«, denn daß die Preise von einigen Waren und Dienstleistungen nach oben gehen, ist angebots- und nachfragebedingt und entspricht damit völlig den Gesetzen der Preisbildung am Markt.

Wie ermitteln nun die Statistiker die Entwicklung der Preise? Es versteht sich von selbst, daß selbst die Wiesbadener Experten nicht in der Lage sind, die Preise aller in der Bundesrepublik angebotenen Güter und Dienstleistungen zu registrieren. Ihre Zahl geht in die Millionen, und es dürfte auch klar sein, daß darunter viele Güter sind, die für die allgemeine Preisentwicklung nur eine geringe Bedeutung haben. Die Statistiker konzentrieren sich deshalb auf Güter und Dienstleistungen, die für bestimmte Gruppen von Wirtschaftsteilnehmern – seien es Käufer oder Verkäufer – auf bestimmten Märkten repräsentativ sind. So ermittelt das Bundesamt für die Bauwirtschaft die Grundstoffpreise, für Handel und Gastgewerbe die Großhandelsverkaufspreise und die Einzelhandelspreise, und für die Importeure sind die Einkaufspreise für Auslandsgüter eine wichtige Information.

Die Millionen von Arbeitnehmern und Verbrauchern in den privaten Haushalten interessiert jedoch vor allem die Entwicklung ihrer Lebenshaltungskosten. Da ein alleinstehender Rent-

## Inflationsrate auf Elf-Jahres-Tief

**Wiesbaden.** Die ohnehin extrem niedrige Teuerung in Deutschland ist weiter rückläufig. Damit sinkt die Inflationsrate im Oktober voraussichtlich auf ein neues Elf-Jahres-Tief. Dieser Trend zeichnet sich nach ersten Meldungen der Statistischen Landesämter vom Freitag ab. Danach ermäßigte sich die jährliche Teuerungsrate in Bayern im laufenden Monat auf 0,6 (September: 0,8) Prozent. In Hessen lagen die Preise für die Lebenshaltung der privaten Haushalte um 0,8 (0,9) Prozent über dem Vorjahresniveau. Dies war der niedrigste Wert seit September 1987. (dpa) ner andere Produkte kauft als eine Hausfrau, die zwei Kinder und den Ehemann zu versorgen hat, gliedert das Statistische Bundesamt die Ermittlung der Lebenshaltungskosten nochmals für verschiedene Verbrauchergruppen auf. Für jede Gruppe wird ein Konsumgüterbündel zusammengestellt, das für sie als typisch gilt. Dieses Konsumgüterbündel nennt der Statistiker *Warenkorb.*

Ein solcher Korb muß – wiederum eine Vereinfachung der Wirklichkeit – ähnliche andere Produkte mitrepräsentieren. Das Statistische Bundesamt ermittelt die monatlichen Lebenshaltungskosten von verschiedenen Haushaltstypen – etwa des »Haushalts von Arbeitern und Angestellten mit mittlerem Einkommen« –, aber auch die Lebenshaltungskosten aller privaten Haushalte. Diese beziehen sich auf einen – nur statistisch existierenden – Haushalt mit 2,3 Personen. Wenn von der allgemeinen Inflationsrate die Rede ist, basiert die Angabe auf diesem gedachten Haushalt. Warenkorb und *Wägungszahlen* – die festgestellten Preise für die einzelnen Produkte werden entsprechend ihrem Anteil an den gesamten Ausgaben berücksichtigt – bleiben jeweils für einige Jahre unverändert. Dann müssen sie den veränderten Verbrauchsgewohnheiten angepaßt werden.

Bei der Bestimmung der Preisveränderungen arbeiten die Statistiker nicht mit Geld-Angaben, sondern sie verwenden Indexzahlen, die sogenannten *Preisindices.* Ein Preisindex funktioniert wie so: Man bestimmt ein Bezugs- oder Basisjahr, mit dem dann die folgenden Jahre verglichen werden. Den Wert des Warenkorbs im Basisjahr setzt man gleich 100. Der Preisindex des Basisjahres ist also immer gleich 100.

Steigen die Preise, nimmt also der Wert des Warenkorbs zu, verändert sich auch der Preisindex entsprechend, indem er die prozentualen Preisveränderungen im Vergleich zum Basisjahr angibt. Während sich der Preisindex auf ein Basisjahr bezieht, mißt die Inflationsrate die Preisveränderung im Vergleich zur Vorperiode (Vorjahr, Vormonat, Vorquartal).

Man unterscheidet verschiedene Arten von Inflation. Bei einer *offenen* Inflation steigen die Preise, und dieser Anstieg wird tatsächlich statistisch festgestellt. Anders ist es bei der *zurückgestauten* oder *verdeckten* Inflation. Obwohl die Preise steigen, verhindern (staatliche) Eingriffe in die Marktpreisbildung, daß der Preisanstieg sichtbar wird. Je nachdem, wie schnell die Preise steigen, spricht man von *schleichender* oder *galoppierender* Inflation. Schleichend ist die Inflation dann, wenn die Preissteigerungen gering sind und sich auch nicht wesentlich beschleunigen. Von galoppierender Inflation ist die Rede, wenn die Preissteigerungsraten sehr hoch sind und ständig zunehmen. So gab es in Lateinamerika Zeiten, wo Inflationsraten jenseits von 20000 Prozent registriert wurden. Preissteigerungen in diesem Umfang werden auch als *Hyperinflation* bezeichnet.

Aber auch bei einem vergleichsweise geringen Preisanstieg gilt das alte Sprichwort: »Steter Tropfen höhlt den Stein.« Bei einer jährlichen Inflationsrate von vier Prozent verdoppelt sich das Preisniveau in 18 Jahren! Doch warum sagt man, eine Volkswirtschaft leide unter der Inflation? Welche negativen Wirkungen hat sie, daß selbst geringe Preissteigerungen die Inflationsfurcht schüren? Das Stichwort Geldwertschwund ist schon gefallen. Wenn jemand 80 Mark zur Verfügung hat, kann er dafür an Silvester zwei Flaschen Champagner zu je 40 Mark kaufen. Steigt der Preis im Jahr darauf um – sagen wir – um fünf Prozent, muß er 84 Mark auf den Ladentisch legen. Die Inflation mindert also die Kaufkraft des Geldes. Allerdings kann diese Form des Kaufkraftschwundes durch einen Einkommensanstieg im Umfang der Preissteigerungen ausgeglichen werden. Doch das ist nicht immer der Fall, wenn auch zum Beispiel die Gewerkschaften bei Tarifverhandlungen die erwartete Inflationsrate in ihre Lohnforderungen einrechnen und die Renten an die Preisentwicklung angepaßt (dynamisiert) sind.

Sicher ist, daß die Inflation die Sparer benachteiligt, denn vom *Nominalzins* muß die Preissteigerung abgezogen werden, um zum aussagekräftigen *Effektivzins* zu gelangen: Wer für seine Spareinlagen nur einen niedrigen Zins bekommt, muß bei hoher Inflation damit rechnen, leer auszugehen. Die Schuldner von Geldforderungen haben dagegen gut lachen, können sie doch ihre Schulden in entwertetem Geld zurückzahlen. Eine Inflation führt denn auch in der Regel zu einer Flucht in Sachwerte, das heißt, die Sparer ziehen ihr Geld von den Konten ab und kaufen statt dessen inflationssichere Immobilien, Schmuck sowie Edelmetalle. Das fördert zwar die Nachfrage nach diesen Produkten und wirkt wachstumsfördernd, insgesamt aber trägt die Flucht in die Sachwerte dazu bei, daß das Gleichgewicht von Sparen und Investieren aus den Fugen gerät. Wenn nicht mehr genug gespart wird, können die Banken auch nicht mehr genügend Geld als Kredite ausgeben, die für Investitionen verwendet werden sollen.

Ein weiterer wichtiger Nachteil der Inflation ist angesichts der fortschreitenden internationalen Verflechtung kaum zu unterschätzen, vor allem nicht für ein exportabhängiges Land wie die Bundesrepublik. Steigen im Inland die Preise, im Ausland aber nicht bzw. nicht so stark, dann werden die inländischen Produkte für die Kunden im Ausland teurer. Sofern sie nicht auf den Kauf dieser Waren angewiesen sind, werden sie versuchen, billigere Bezugsquellen aufzutun. Für die inländischen Hersteller bedeutet das einen Absatzrückgang, der nicht nur Auswirkungen auf die Konjunktur, sondern auch auf die Zahlungsbilanz haben kann.

Das Heimtückische an einer jeden Inflation ist, daß sie sich in der Anfangsphase hinter einer scheinbaren ökonomischen Hochblüte verbirgt. Die Nachfrage steigt, die Produktion wächst, die Einkommen erhöhen sich, es herrscht Vollbeschäftigung. Das dicke Ende folgt jedoch unausweichlich: Verfall der Ersparnisse, Flucht in Sachwerte und Scheingewinne der Unternehmen führen zu einer Spirale, an deren Ende das Chaos stehen kann.

### *Wie Inflation erklärt wird*

Auch die Ursachen der Inflation können, wie die der Konjunktur, sehr unterschiedlich sein. Eine anschauliche Inflationserklärung setzt auf der Angebotsseite, also bei den Unternehmen an, und führt die Inflation auf Kostensteigerungen zurück. Die Theorie der *Kostendruck-Inflation* geht davon aus, daß die Unternehmen Kostensteigerungen an die Verbraucher weitergeben, um einen Gewinnrückgang zu vermeiden. Gründe für den Kostenschub können höhere Arbeitskosten (Lohnsteigerungen) sein oder höhere Rohstoffkosten (z. B. Kosten für Energie

wie etwa Erdöl). Auch höhere Kapitalkosten infolge von Zinserhöhungen können einen Kostendruck auslösen.
Eine einmalige Preissteigerung bedeutet jedoch noch keine Inflation. Denn die Verbraucher können schließlich auf den Preisanstieg mit einer Rücknahme der Nachfrage reagieren. Die Preise werden daraufhin wieder sinken. Dies geschieht aber dann nicht, wenn der Staat die Nachfrage stabil halten will, indem er die Steuern senkt und damit den Ausgabenspielraum der Verbraucher vergrößert. Auch kann er selbst mehr ausgeben. Folge ist, daß die Preise weiter steigen, denn die Nachfragelücke der privaten Haushalte, die zunächst vor den höheren Preisen zurückgeschreckt waren, füllt nun direkt oder indirekt der Staat aus.
Die Wurzeln der Inflation können indes auch auf der *Nachfrageseite* liegen, zum Beispiel in der Phase der Hochkonjunktur. Wenn die Kapazitäten ausgelastet und Rohstoffe knapp geworden sind, kann eine zunehmende Nachfrage nicht mehr befriedigt werden. In dieser Situation werden die Unternehmen den Preis erhöhen. Zu einer anhaltenden Preissteigerung kann es nun wiederum nur kommen, wenn der Nachfrageüberhang trotz des gestiegenen Preises bestehen bleibt. Das kann dann der Fall sein, wenn die Unternehmen aufgrund günstiger Erwartungen mehr Arbeitskräfte einstellen wollen und dies die Gewerkschaften in die Lage versetzt, Lohnerhöhungen durchzusetzen. Das ermöglicht es den privaten Haushalten, ihre starke Nachfrage aufrechtzuerhalten. Wird diese zusätzlich vom Staat und/oder Ausland unterstützt, sind die Voraussetzungen für eine nachfrageorientierte Inflation vorhanden.
Beide Inflationserklärungen setzen an den Gütermärkten an. Es kann aber auch sein, daß der Impuls für die Inflation vom Kapitalmarkt ausgeht, zum Beispiel dann, wenn die Zentralbank der Wirtschaft mehr Geld zur Verfügung stellt, als aufgrund des erwarteten Produktionszuwachses notwendig ist. Die übermäßige Steigerung der Geldmenge, lautet die Argumentation der Monetaristen, würde so die Inflation anheizen.
Durchaus plausibel ist auch der Ansatz der *Anspruchsinflation*. Hier wird davon ausgegangen, daß der Anspruch der verschiedenen Akteure der Wirtschaftspolitik – Staat, Unternehmensverbände, Gewerkschaften – auf das Sozialprodukt ständig zu-

nimmt. Jede dieser Gruppen beansprucht auf Kosten der anderen ein größeres Stück vom Kuchen für sich: die Unternehmen höhere Gewinne über höhere Preise, die Gewerkschaften höhere Löhne oder kürzere Arbeitszeit, der Staat höhere Steuern und Abgaben. Auf diese Weise schaukelt sich das Preisniveau langsam nach oben.
Nicht zu vernachlässigen ist auch die *importierte Inflation*. Wenn im Ausland die Preise steigen und man im Inland die teuer gewordenen Einfuhren nicht durch Inlandsprodukte ersetzen kann, wird die Inflation aus dem Ausland importiert. Das war beim Erdöl der Fall, auf dessen Einfuhr die Bundesrepublik als rohstoffarmes Land ungeachtet der Preisschübe 1973 und 1979 nicht verzichten konnte.

### *Im Teufelskreis der Deflation*

Auf kaum etwas reagieren die Menschen so sensibel wie auf steigende Preise. Die Erinnerungen an das Trauma der Hyperinflation in den 20er Jahren wird offensichtlich weitervererbt. Vergessen scheint aber die Tatsache, daß kurze Zeit später, Anfang der 30er Jahre, sinkende Preise auf breiter Front den Niedergang der Wirtschaft einläuteten und Massenarbeitslosigkeit noch mehr Not über die Menschen brachte. *Deflation* wird das Gegenteil von Inflation genannt. Ein nachhaltiger Rückgang des allgemeinen Preisniveaus, wie wir ihn im Laufe des Jahres 1998 erlebt haben, hat weit unangenehmere Folgen als eine Inflation.
Die Unternehmen können ihre Produkte nicht beliebig nach unten kalkulieren. Auf der anderen Seite drücken Lohn- und Kapitalkosten. Irgendwann wird die Produktion unrentabel. Folge: Arbeitsplätze werden abgebaut, Produktionsanlagen stillgelegt oder ins billigere Ausland verlagert, Löhne – wenn möglich – gekürzt. An Neuinvestitionen ist aufgrund der schlechten Geschäftsaussichten erst recht nicht zu denken. Niedrigere Löhne und höhere Arbeitslosigkeit infolge gedrosselter Produktion senken die zur Verfügung stehende Kaufkraft der privaten Haushalte weiter. Der Druck auf die Preise hält an – ein Teufelskreis beginnt.
Während von einer Inflation vor allem Schuldner profitieren,

deren Schulden, real gesehen, weniger wert werden, kommen bei einer Deflation Geldbesitzer auf ihre Kosten. Ihr Reichtum mehrt sich, indem sie ganz einfach auf ihrem Geld sitzen bleiben. Man könnte auch sagen: Deflation bestraft die Fleißigen (Unternehmer und Investoren) und belohnt die Faulen (Rentiers). Genau dieser Zustand macht es so schwierig, wieder aus der Deflation herauszukommen. Wenn niemand Geld ausgibt, weil er damit rechnet, daß alles noch billiger wird, bleibt die Nachfrage gering. Da die allgemeine Stimmung dadurch auf den Nullpunkt sinkt, werden ausgeprägte Deflationsphasen als *Depression* bezeichnet.

Verschiedentlich wird auf die Gefahr einer Deflation in der »Euro-Ära« hingewiesen. Gegen eine solche Tendenz spricht das Grundprinzip einer modernen Geldpolitik, das Geldmengenwachstum an der Entwicklung des Produktionspotentials einer Volkswirtschaft zu orientieren. Es ist daher zu erwarten, daß auch die Europäische Zentralbank ein zur Inflation führendes Wachstum der Geldmenge zu verhindern sucht, andererseits die Geldmenge aber auch nicht so knapp bemessen wird, daß es zu einer Deflation kommt.

### *Am Ende der Arbeitsgesellschaft*

Eine Zwei-Klassen-Gesellschaft hat sich in der Bundesrepublik herausgebildet. Die Arbeitsplatzinhaber stehen den Arbeitsuchenden gleichgültig, sogar oft feindselig gegenüber. Sind das nicht letztlich Drückeberger? Hört man nicht immer wieder von Firmen, die händeringend Arbeitskräfte suchen? Doch die warnenden Stimmen mehren sich. Dies ist auch nötig. Denn es hat sich in den letzten Jahren gezeigt, daß selbst eine günstige Konjunkturentwicklung für sich allein keine grundlegende Besserung am Arbeitsmarkt bringt. Ein wirtschaftliches Wachstum von fünf bis sechs Prozent wäre für den Abbau der Arbeitslosigkeit mit herkömmlichen Mitteln der Wirtschaftspolitik nötig. Vor allem Langzeitarbeitslosigkeit führt die Betroffenen in wirtschaftliche Unsicherheit. Sie nagt am Selbstwertgefühl. Arbeitslosigkeit ist eben nicht nur ein wirtschaftliches, sondern auch ein psychisches und soziales Problem.

In den ersten 25 Jahren der Geschichte der Bundesrepublik

Deutschland gelang es, die Kriegsfolgen zu beseitigen und die hohe Arbeitslosigkeit abzubauen. Rund fünf Millionen zusätzliche Arbeitsplätze wurden in den Jahren 1950 bis 1960 geschaffen. Die Arbeitslosenzahl sank von 1,9 Millionen auf 371 000, die Arbeitslosenquote ging von elf auf 1,3 Prozent zurück. Dieser Wiederaufbau wurde »Wirtschaftswunder« genannt, und dieser Begriff schloß den Zustand der Voll- und Überbeschäftigung mit ein. Alles mußte neu aufgebaut werden. Jedes Produkt wurde gebraucht.

Mitte der 70er Jahre endeten die goldenen Jahre auf dem Arbeitsmarkt: 1975 wurden eine Million, 1983 zwei Millionen Arbeitslose registriert. Seit dieser Zeit begann sich die Vorstellung in den Köpfen der Bürger festzusetzen, es gebe immer weniger Arbeitsplätze. In Wirklichkeit war seit Mitte der 70er Jahre die Zahl der Arbeitsnachfrager in kräftigen Schüben angestiegen.

Mit dem Zuwachs von Erwerbspersonen ging auch eine Zunahme an Arbeitsplätzen einher. Die Zahl der Beschäftigten lag in der Bundesrepublik im Jahre 1950 bei 22 Millionen, 1960 bei 26,6 Millionen, 1970 bei 26,8, 1980 bei gut 27 Millionen und in den 90er Jahren bei über 28 Millionen. Allein in den Jahren des kontinuierlichen Wirtschaftswachstums von 1983 bis zur Rezession 1992 entstanden 3,2 Millionen zusätzliche Arbeitsplätze.

Gleichzeitig stieg dennoch die Zahl der Arbeitslosen – von gut einer Million im Jahre 1975 auf über 2,5 Millionen im Jahr 1995. Nimmt man die neuen Bundesländer hinzu, gab es 1995 rund 3,6 Millionen, 1998 über 4,5 Millionen Arbeitslose. Rechnet man auch die geschätzte stille Reserve und alle Teilnehmer an Schulungs- und Beschäftigungsmaßnahmen hinzu, ergibt sich eine Negativbilanz von über sechs Millionen fehlenden Arbeitsplätzen.

Bis die Mitte der 60er Jahre existierte keine eigene *Arbeitsmarktpolitik,* worunter alle Maßnahmen zusammengefaßt werden, mit denen der Staat das Arbeitsangebot des einzelnen und die Arbeitsnachfrage der Unternehmen beeinflußt. Über die Förderung des gesamtwirtschaftlichen Wachstums sollte eine ausreichende Steigerung der Produktion erreicht werden. Mit der Beschäftigungskrise in der Rezessionen 1966/67 wurde das

Fehlen einer wirtschaftlichen Beschäftigungskonzeption offenkundig. Daher sollte das Stabilitätsgesetz die Möglichkeiten der Konjunktursteuerung verbessern. Durch die Verabschiedung des *Arbeitsförderungsgesetzes* im Jahr 1969 rückte die Verbesserung der beruflichen Qualifikation in den Mittelpunkt der Bemühungen.

Warum gelingt es heute nicht mehr, Arbeit für alle anzubieten, was in der Nachkriegszeit doch glückte, als selbst die Ströme deutscher Flüchtlinge in den Arbeitsprozeß integriert wurden? Es gibt einen bunten Reigen von Aspekten. Einige seien genannt: Mit den hohen Personalzusatzkosten, die Unternehmen und Mitarbeiter erwirtschaften müssen, wird ein engmaschiges soziales Netz finanziert. Über 80 Prozent der Personalkosten erreichen den Arbeitnehmer nicht als Lohn. Weiter sorgen Globalisierung und weltweite Vernetzung dafür, daß sowohl einfache wie hochwertige Arbeit in alle Welt verlagert werden kann. Die so lange stabile Währung machte deutsche Produkte gegenüber den in anderen Ländern hergestellten Waren und Dienstleistungen teuer und minderte so die Wettbewerbsfähigkeit der Unternehmen.

Schon Mitte der 70er Jahre hat der Soziologe *Helmut Schelsky* eine schleichende *Verunselbständigung* der Menschen beklagt und zugleich eine wuchernde Betreuungsbürokratie mit einer offenen »Herrschaftsgier der Betreuer« kritisiert, die für ihren Berufsstand immer neue »Vormundschaftsgruppen« suchen. Nach seiner Analyse führen gedachte und in Ansätzen verwirklichte Sozialutopien die Menschen in die Unmündigkeit zurück, denn sie schmälern ihre individuelle Verantwortungsbereitschaft und ihre Selbständigkeit. Sie machen abhängig und sind deshalb freiheitsfeindlich.

Der drastische Rückgang der Selbständigkeit von 20 Prozent in den 50er und 60er Jahren auf jetzt acht Prozent ist ein Warnsignal dafür, daß in unserer Gesellschaft die bequemeren, kürzeren und wohlausgestatteten Wege immer begehrter werden.

Es gibt keine Patentlösungen, wie sich das Millionenheer der Arbeitslosen auflösen ließe. So streiten die Verfechter der Angebot- und Nachfrage-Theorien erbittert darüber, welches Rezept das richtige sei, und geben den Politikern völlig widersprüchliche Ratschläge. Die Unternehmensfunktionäre wollen unter anderem die Löhne drücken und die Steuern senken, um die Investitionstätigkeit der Betriebe anzuregen. Die »Gegenseite« fordert staatliche Beschäftigungsprogramme und Lohnerhöhungen gerade in Krisenzeiten, damit die Kaufkraft steigt.

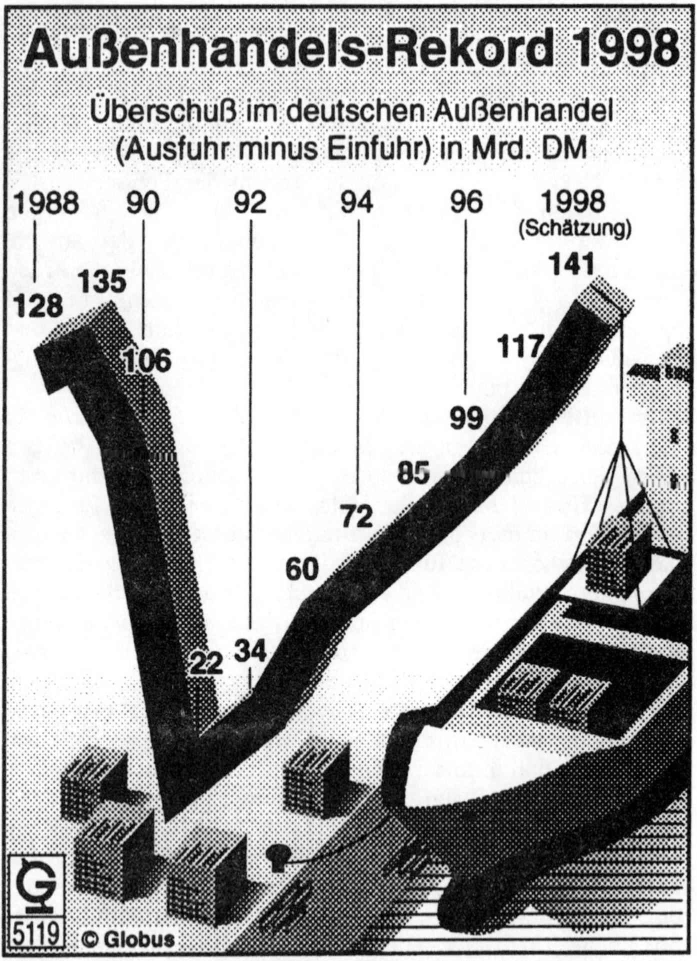

*Kein Gleichgewicht im Außenhandel*

Die Wirtschaftswissenschaftler sind, um es ein wenig salopp zu sagen, Gleichgewichtsfanatiker: Wenn Angebot und Nachfrage übereinstimmen, also im Gleichgewicht sind, ist alles in Ordnung. Wenn sich Angebot und Nachfrage aber unterschiedlich entwickeln, treten Spannungen auf. Das trifft auch für die Außenwirtschaft zu. Doch auch in diesem Fall gilt ganz offensichtlich der alte Spruch: »Des einen Freud, des anderen Leid.«

Grund zur Freude hat die Bundesrepublik – zumindest auf den ersten Blick. Wie wir aus der Darstellung der Zahlungsbilanz und ihrer Teilbilanzen wissen, hat die bundesdeutsche Volkswirtschaft viele Jahre lang bedeutende Überschüsse in der Leistungsbilanz erwirtschaftet. Diese wiederum haben der Bundesbank einen Zuwachs der Währungsreserven beschert. Ein solches Währungspolster wirkt beruhigend. Die hohen Überschüsse resultierten aber ausschließlich aus der aktiven Handelsbilanz, während die Dienstleistungs- wie auch die Übertragungsbilanz chronische Fehlbeträge aufwiesen.

*Was bedeutet eine aktive Leistungsbilanz?*

Eine aktive Leistungsbilanz spiegelt zunächst die Leistungsfähigkeit einer Volkswirtschaft im internationalen Wettbewerb wider. Der deutschen Industrie ist es offensichtlich trotz erbitterter Konkurrenz aus den USA und Japan und trotz hoher Produktionskosten lange Jahre gelungen, sich mit qualitativ hochwertigen Produkten dauerhaft hohe Marktanteile zu erkämpfen. Das hat günstige Auswirkungen auf den Arbeitsmarkt, denn die Nachfrage aus dem Ausland sichert bei uns die Auslastung der Kapazitäten und damit Arbeitsplätze.

Doch auch diese Medaille hat zwei Seiten. Denn dem Überschuß eines Landes steht bei vielen seiner Handelspartner ein Defizit gegenüber. Eine passive Leistungsbilanz bedeutet, daß das betreffende Land die Währungsreserven angreifen oder Kredite aufnehmen muß, um sich die Käufe im Ausland leisten zu können. Letztlich zeigen anhaltende Leistungsbilanzdefizite also an, daß eine Volkswirtschaft auf zu großem Fuße lebt. Dabei muß das Defizit nicht einmal auf Konsumsucht beruhen. Die Entwicklungsländer zum Beispiel, von denen viele keine konkurrenzfähigen Industrieprodukte anbieten können und deren Rohstoffexporte häufig massiven Preisschwankungen unterworfen sind, haben trotz unentgeltlicher Leistungen in Form von Entwicklungshilfe schlicht keine Möglichkeit, sich mit ihren Exporten die Devisen zu verdienen, die sie zum Bezahlen der Importe brauchen. Sie mußten und müssen sich verschulden. Die Folgen dieser Politik sind verheerend – die internationale Schuldenkrise beweist es. Zudem gelten die Aussagen über die Leistungsbilanzüberschüsse für Defizite mit anderem Vorzeichen: Was aus dem Ausland eingeführt wird, das wird im Inland nicht hergestellt – mit allen Nachteilen, die das für den Arbeitsmarkt sowie für den Erhalt oder Aufbau einer wettbewerbsfähigen Industrie hat.

Welche Auswege aus dieser Sackgasse der Handelsungleichgewichte gibt es? Viele Staaten mit Leistungsbilanzdefiziten suchen ihr Heil in sogenannten *protektionistischen Maßnahmen*: Sie betreiben, mehr oder minder offen, eine Politik, die die inländischen Unternehmen vor der ausländischen Konkurrenz beschützen soll.

Die Palette protektionistischer Instrumente ist bunt. Dazu zählen an erster Stelle Zölle, also Abgaben auf den grenzüberschreitenden Warenverkehr. Wenn Land A nicht will, daß Produkte aus Land B eingeführt werden, erhebt A auf diese Waren einen Zoll, in diesem Fall einen Schutzzoll. Der Zoll verteuert die Produkte aus B, mit der Folge, daß Produkte aus A relativ billiger sind und deshalb stärker nachgefragt werden. Wer die Konkurrenz fernhalten will, läßt sich noch mehr einfallen, zum Beispiel die sogenannten *nichttarifären Handelshemmnisse*. Das ist ein Oberbegriff für alle Handelsschranken, die nicht Zölle sind. Ein Beispiel: Mengenkontingente. Land A bestimmt, daß Produkte aus B nur bis zu einer bestimmten Menge eingeführt werden dürfen. Aber auch Schikanen bei der Abfertigung der Importe, beispielsweise durch aufwendige Formulare oder Warenstichproben, gehören zum Repertoire der nichttarifären Handelshemmnisse.

Will andererseits Land B um jeden Preis Produkte nach A

ausführen, könnte es auf die Idee kommen, dieses Produkt in A unter dem normalen Wert anzubieten, zum Beispiel verbilligt durch staatliche Subventionszahlungen. Das nennt man *Dumping*.

Solche unfairen Praktiken im Außenhandel – seien es Zölle, Kontingentierungen oder Dumpingmaßnahmen – sind verpönt und führen letztlich auch zu nichts. Denn Land A muß nach der Erhebung von Zöllen damit rechnen, daß Land B ebenfalls Zölle einführt. Ein gegenseitiges Hochschaukeln ist die Folge.

So versuchten 23 Staaten bereits 1948 mit dem *Allgemeinen Zoll- und Handelsabkommen GATT* (General Agreement on Tarifs and Trade), einer Sonderorganisation der Vereinten Nationen, Handelshemmnisse abzubauen und die Einführung neuer Beschränkungen zu verhindern. In insgesamt acht Verhandlungsrunden kamen die Länder ihrem Ziel unbeschränkter Warenverkehr Schritt für Schritt näher. Besonders weitreichend waren die Ergebnisse der Uruguay-Runde, die von 1986 bis 1993 dauerte. Als Weiterentwicklung des GATT gründeten die Verhandlungspartner zum 1. Januar 1995 die *Welthandelsorganisation WTO* (World Trade Organization), der mittlerweile 132 Staaten beigetreten sind. Allerdings fehlen noch Länder wie China und Rußland. Das WTO-Sekretariat mit 500 Angestellten residiert in Genf.

Das GATT ist seitdem nur noch eine von drei Säulen, auf denen die WTO ruht.

1. Das GATT regelt wie früher den Warenhandel – es beinhaltet zum Beispiel Vereinbarungen gegen Handelshemmnisse wie Dumping und Subventionen sowie Bestimmungen zu grenzüberschreitenden Investitionen.
2. Das *GATS* (General Agreement on Trade in Services) gilt für den Handel mit Dienstleistungen. Es umfaßt unter anderem Abkommen zur Liberalisierung des Verkehrs, der Telekommunikation sowie von Finanzdienstleistungen.
3. Das *TRIPS* (Trade-related Aspects of Intellectual Property Rights) ist ein Übereinkommen zum Schutz geistiger Eigentumsrechte. Es enthält Bestimmungen zum Schutz von Patenten und Geschäftsgeheimnissen.

# BDI beklagt Handelshemmnisse

## Industrieverband listet Verfehlungen in den USA auf

csp **Bonn** (Eigener Bericht) – *Zwischen den transatlantischen Handelspartnern wird die Tonart etwas schärfer. Der* Bundesverband der Deutschen Industrie (BDI), Köln, *hat der US-Handelsbeauftragten Charlene Barshefsky erstmals eine Dokumentation zu Problemen im transatlantischen Handel aus deutscher Sicht überreicht. BDI-Hauptgeschäftsführer Ludolf von Wartenberg verwies bei der Übergabe auf die Schwierigkeiten, die deutsche Unternehmen vor allem mit US-Sanktionen nach dem Helms-Burton-Gesetz, der Anerkennungspraxis von Normen und Standards und den vielen Antidumping-Maßnahmen haben.*

Barshefsky und Wartenberg forderten bei dem Treffen, neuen protektionistischen Tendenzen entgegenzutreten, die sich aufgrund der weltwirtschaftlichen Krise zeigten. Die schärfere Tonart belegt die Dokumentation mit einigen Zahlen. So richteten sich 14 der insgesamt 36 Klagen der USA vor der *Welthandelsorganisation (WTO)* gegen die EU, sechs der 31 Klagen der Europäer gegen die Vereinigten Staaten. Zudem litten europäischen Unternehmen ebenfalls unter den 60 unilateralen Sanktionsgesetzen, die die USA in den vergangenen Jahren gegen 36 Staaten erlassen hätten.

Wartenberg begrüßte deshalb die europäisch-amerikanische Initiative für eine Transatlantische Wirtschaftspartnerschaft (TEP), die ein Ergebnis des EU-US-Gipfeltreffens im vergangenen Mai in Großbritannien ist. Der BDI erwartet laut Wartenberg von den TEP-Gesprächen insbesondere Schritte zur weiteren Liberalisierung bei den technischen Handelshemmnissen und bei öffentlichen Aufträgen. Außerdem plädiert er für eine neue umfassende Verhandlungsrunde im Rahmen der WTO.

In der Dokumentation wird auch kritisiert, daß wegen der Vielzahl der staatlichen und privaten Normierungsstellen in den USA und das Ignorieren internationaler Standards und Normen der Export in die Vereinigten Staaten „erheblich erschwert" würde. So müßten beispielsweise aufgrund einer entsprechenden Verordnung Befestigungsmaterialien bis hin zu Schrauben in den USA zertifiziert werden. Weiter wird in der BDI-Dokumentation bemängelt, daß in den USA trotz gegenteiliger OECD-Vereinbarungen eine Methode zur Berechnung des zu versteuernden Gewinns von Tochterunternehmen angewendet werde, die zu Doppelbesteuerungen und einem hohen Verwaltungsaufwand führe. Kritisiert wird zudem die Praxis der Produkthaftung, die zu unübersichtlich sei und die Gefahr teilweise umfangreicher Haftungsfolgen in sich berge. Als besonders ärgerlich werden in der Industrie die flächendeckenden Antidumping-Klagen gegen Stahleinfuhren empfunden.

Auf dem Treffen mit dem BDI wehrten sich einige Vertreter der Stahlindustrie gegen die Forderung der US-Handelsministerin, die Europäer sollten ihre Beschränkungen für Stahlimporte aus Rußland und der Ukraine lockern. Barshefsky wiederholte ihre Aufforderung an die EU, mehr von der „Last" zu tragen, die die USA aufgrund der massiven Stahlexporte aus den Krisen-Staaten bereits tragen müßten. Die USA werde eine weitere Verhandlungsrunde innerhalb der WTO unterstützen, wenn diese innerhalb eines vorhersehbaren Zeitraums zu konkreten Ergebnissen komme.

Die WTO müsse jedoch transparenter werden und den Bürgern Einflußmöglichkeiten auf die Verhandlungen eröffnen. Zudem müsse dafür Sorge getragen werden, daß eine Ausweitung des Handels mit der Einhaltung von Arbeits- und Umweltstandards einherginge. Der BDI sähe Verhandlungen zu diesen Themen lieber in der *Internationalen Arbeitsorganisation (ILO)* statt in der WTO.

Vom GATT hat die WTO das Entscheidende, nämlich die Freihandelsprinzipien, übernommen:

- *Meistbegünstigung.* Ein WTO-Mitglied muß Handelsvorteile, die es einem Land gewährt, bedingungslos auch allen anderen WTO-Staaten zugestehen.
- *Inländerbehandlung.* Anbieter aus dem Ausland dürfen nicht schlechter gestellt werden als inländische – Sondersteuern zum Beispiel sind verboten.
- *Wechselseitigkeit.* Geht ein Land neue Liberalisierungsschritte, müssen die anderen WTO-Staaten ihm gleichwertige Vergünstigungen gewähren.

Darüber hinaus hat die WTO einige Schwachpunkte des GATT beseitigt. So besitzt sie eine eigene Rechtspersönlichkeit. Sie kann daher juristisch durchsetzen, daß die Handelsabkommen eingehalten werden, und als Schlichter auftreten, wenn die Handelspartner sich streiten. Der Handel mit Textilien und der Agrarhandel galten bis 1995 als Sonderrechte, die nicht unter die GATT-Regeln fielen. Jetzt müssen sich auch diese Bereiche der WTO-Disziplin unterwerfen, also auf staatliche Unterstützungen wie Subventionen und Exportbeihilfen verzichten. Allerdings stößt die neue Freiheit bei den bisher geschützten Herstellern auf wenig Gegenliebe. Deshalb zögern sie die Umsetzung des Abkommens immer wieder hinaus.
Das GATT schoß beim Einsatz von Strafen häufig über das Ziel hinaus. Erhielten früher Anbieter beispielsweise staatliche Hilfen, wurden ihre Waren beim Export grundsätzlich mit einem Strafzoll belegt. Heute dagegen dürfen jene Subventionen, die etwa der Förderung von Regionen oder von Forschungsvorhaben dienen, nicht mehr durch Strafzölle ausgehebelt werden.
Viele Fragen sind allerdings noch offen: Soll die WTO beispielsweise zu einer globalen Wettbewerbsbehörde ausgebaut werden? Über was alles sollte in einer neuen Liberalisierungsrunde verhandelt werden? Kritiker weisen auf ein wachsendes Problem hin: Die WTO ist eine Organisation zur Förderung des Handels. Ökologische oder gar sozialpolitische Argumente für bestimmte Handelsbarrieren läßt sie kaum gelten. Sowohl

Umweltschützer als auch Gewerkschafter fürchten, daß die WTO weltweit in diesen beiden Bereichen für immer niedrigere Standards sorgt.

*Außenhandel und Wechselkurse*

Leistungsbilanzüberschüsse sind das Spiegelbild einer starken ausländischen Nachfrage nach inländischen Waren und Dienstleistungen, der keine entsprechende inländische Nachfrage nach ausländischen Gütern und Diensten gegenübersteht. Dieses Ungleichgewicht hat aber nicht nur Einfluß auf die Gütermärkte, sondern auch auf die Währungen des Überschuß- und des Defizit-Landes. Warum?
Nehmen wir zum Beispiel einen amerikanischen Importeur deutscher Maschinen. Seiner Nachfrage nach deutschen Produkten steht auch eine Nachfrage nach Mark gegenüber. Denn entweder muß der Amerikaner in den USA Dollar in Mark umtauschen, um seinen deutschen Geschäftspartner zu bezahlen, oder der deutsche Exporteur tauscht die Dollar, die er von seinem amerikanischen Partner als Kaufpreis erhalten hat, in der Bundesrepublik in Mark um. Die steigende Nachfrage nach den deutschen Produkten bedeutet deshalb auch eine steigende Nachfrage nach Mark, während gleichzeitig US-Dollar angeboten, verkauft werden.
Nach den Marktgesetzen hat eine steigende Nachfrage nun steigende Preise zur Folge, während zunehmende Angebote auf den Preis drücken. Auf unser deutsch-amerikanisches Maschinengeschäft und auf Mark und Dollar bezogen heißt das nichts anderes, als daß sich das Wertverhältnis zwischen Mark und Dollar zugunsten der Mark verändert: Die Mark steigt im Preis und damit im Wert. Dieses Verhältnis, zu dem die D-Mark in ausländische Währung (und umgekehrt) umgetauscht wird, bezeichnet man als *Wechselkurs* oder *Parität*. Ändert sich also die Nachfrage nach oder das Angebot an ausländischen Währungen, ändert sich auch der Wechselkurs.
Doch Vorsicht: Dies gilt nur, wenn das Wechselkurssystem flexible Kurse erlaubt, wie es im Prinzip im Verhältnis von US-Dollar zu allen anderen Währungen der Welt der Fall ist. In einem solchen System der flexiblen Wechselkurse kommt es

nun automatisch zum Ausgleich des außerwirtschaftlichen Ungleichgewichts – durch den sogenannten *Wechselkursmechanismus*: Wie wir am Beispiel des deutsch-amerikanischen Geschäfts gesehen haben, nimmt aufgrund der amerikanischen Einfuhren deutscher Maschinen die Nachfrage nach Mark zu und damit deren Wert. Die Aufwertung der Mark verteuert aber, wie später noch genauer erläutert wird, die deutschen Maschinen, mit der Folge, daß die amerikanische Nachfrage danach zurückgeht. Parallel dazu werden jetzt dank der Abwertung des Dollars amerikanische Produkte billiger, so daß der Anreiz wächst, amerikanische Waren zu kaufen. Dies würde, aus deutscher Sicht, eine Verschlechterung der Leistungsbilanz, also einen Abbau des Leistungsbilanzüberschusses zur Folge haben. Die flexiblen Wechselkurse, die nichts anderes bedeuten als Marktpreisbildung auf dem Feld der Außenwirtschaft, bringen also über den Umweg der Devisenströme die Bilanz wieder tendenziell ins Gleichgewicht.
Der Wechselkursmechanismus gilt wie gesagt nur bei flexiblen Wechselkursen. Anders sieht die Sache in einem System fester bzw. relativ fester Wechselkurse aus. Auf diesem Prinzip basieren Währungssysteme wie das *Europäische Währungssystem (EWS)*.
In einem solchen Währungssystem einigen sich die beteiligten Länder auf Leitkurse. Das bedeutet, daß sich zum Beispiel Japan und die Bundesrepublik auf einen bestimmten Wechselkurs der Mark im Verhältnis zum Yen (und umgekehrt) verständigen, der stets beibehalten werden soll. Bricht dieser Leitkurs aus den vorher festgelegten Schwankungsbreiten aus, sind die Zentralbanken der am System beteiligten Staaten dazu verpflichtet, den Kurs der betroffenen Währungen zu stützen. Fällt der Kurs des Yen gegenüber der Mark über die zulässigen Schwankungsbreiten hinaus, muß die Deutsche Bundesbank so lange Yen kaufen, bis die Ausgangssituation wieder erreicht ist. Man sagt, die Zentralbank »interveniert«. Ihre Nachfrage läßt den Kurs wieder anziehen. Andererseits läßt ein Devisenverkauf den Kurs sinken (= steigendes Angebot).
Freilich, auf Dauer kann dieses Interventionsspiel nicht gutgehen. Denn Interventionen setzen nicht nur die Marktpreisbildung außer Kraft, sie vertuschen auch die Ursachen der Wech-

selkursänderungen. Und die sind in der Regel auf den Gütermärkten (schlechte oder zu teure Produkte) oder in der Wirtschaftspolitik (hohe Staatsverschuldung) zu suchen. Nach einer Periode der Interventionen sind deshalb Anpassungen der Leitkurse unvermeidlich. Das bedeutet für die eine Währung Abwertung, für die andere Aufwertung.

*Aufwertung einer Währung*

Wird zum Beispiel die Mark gegenüber dem Yen aufgewertet, bedeutet das, daß man für – sagen wir – 100 Mark jetzt mehr Yen bezahlen muß als vor der Aufwertung. Für die Außenwirtschaft des Aufwertungs-Landes Bundesrepublik hat das eine Erschwerung der Exporte nach Japan zur Folge, denn die Aufwertung der Mark verteuert die deutschen Waren und Dienstleistungen für die japanischen Importeure. Die Verteuerung der deutschen Exporte verschlechtert in der Tendenz die Auslastung der deutschen Industrie, wirkt also konjunkturdämpfend.
Andererseits sorgt die Wechselkursänderung für billigere Einfuhren aus dem Abwertungsland, in unserem Fall Japan. Das bedeutet, daß das Preisniveau tendenziell sinkt, vor allem dann, wenn Importe einen großen Teil der Gesamtnachfrage ausmachen. Wenn aber die Japaner nun für 100 Mark mehr bezahlen müssen, heißt das im Umkehrschluß, daß die Deutschen für dieselbe Summe mehr Yen bekommen. Darüber werden sich die Japan-Urlauber freuen, denn sie können sich nach der Aufwertung der Mark nun mehr für ihr Geld kaufen.

*Abwertung einer Währung*

Die Abwertung der Mark gegenüber dem Yen hat gegenteilige Folgen. Nun bekommt der Japaner die 100 Mark für weniger Yen als vor der Abwertung, oder, anders formuliert: Der deutsche Urlauber in Japan erhält auf der Bank für 100 Mark nicht mehr so viel japanisches Geld wie zuvor. Die Abwertung einer Währung verteuert also den Auslandsaufenthalt. Sie verbilligt aber den Export, was konjunkturbelebend wirken kann. Für die Entwicklungsländer ist diese währungspolitische Maßnahme deshalb ein wichtiges Instrument zur Ankurbelung der

Wirtschaft. Gleichzeitig werden aber bei einer Abwertung die Importe teurer. Folge kann deshalb ein steigendes Preisniveau sein. Man spricht dann von *importierter Inflation.*
Bleibt in diesem Zusammenhang noch die Erklärung des Begriffs *Terms of Trade.* Das kann man mit *Tausch- oder Handelsverhältnis* übersetzen. Damit meint man das Verhältnis der Exportpreise zu den Importpreisen. Sinken die Exportpreise, weil die Währung abgewertet wird, kann man für den Erlös einer bestimmten Menge von Exportgütern weniger Importgüter kaufen. Eine Abwertung bedeutet also eine Verschlechterung, eine Aufwertung dagegen eine Verbesserung der Terms of Trade.
Wichtig ist natürlich auch, daß mit der Einführung des Euro sowie der damit verbundenen gemeinsamen Geldpolitik keine Ab- und Aufwertungen gegenüber anderen Mitgliedern der Europäischen Währungsunion mehr möglich sind. Die Wechselkurse sind ja unveränderbar festgelegt.
Fassen wir zusammen: Konjunkturpolitik ist der Versuch, möglichst viele der vier Ziele des »Magischen Vierecks« – Wirtschaftswachstum, Stabilität des Preisniveaus, außerwirtschaftliches Gleichgewicht und hoher Beschäftigungsstand – zu erreichen. Wir haben gesehen, daß dies auf verschiedenen Wegen geschehen kann, bei denen entweder der Staat oder die Geldwirtschaft eine besondere Rolle spielen. Das heißt, daß der Staat über die Finanzpolitik oder aber die Zentralbank durch ihre Geld- und Währungspolitik – beziehungsweise beide mit vereinten Kräften – versuchen, die Konjunktur günstiger zu beeinflussen.

## 6.2 Geld aus dem Staatssäckel: die Finanzpolitik

In biblischen Zeiten genügte dem Kaiser der Zehnte, heute reicht modernen Staaten nicht einmal die Hälfte aus, um ihr Gemeinwesen zu organisieren. Obwohl alle Parteien die Höhe der Abgaben bedauern und Abhilfe versprechen, beschert die Realität das Gegenteil: Die Lasten steigen.
Die Finanzpolitik übt unmittelbar Einfluß auf den volkswirtschaftlichen Kreislauf aus, greift tief in den ökonomischen Prozeß ein. Dies gilt insbesondere für die endgültige Verteilung des

Volkseinkommens. Wenn der Staat (zu dem ökonomisch gesehen die Gebietskörperschaften – Bund, Länder und Gemeinden – und die Sozialversicherungen gehören), seine Hand über die Hälfte des Bruttosozialprodukts (die sogenannte *Staatsquote*) legt, beeinflußt er, ob gewollt oder nicht, die Wirtschaft. Zum Vergleich: 1913 wurden in Deutschland lediglich 13 Prozent des Sozialprodukts durch die öffentlichen Haushalte geleitet.

Werden gezielt Maßnahmen ergriffen, die der Staatshaushalt steuert, spricht man von *Fiskalpolitik*. In der Hoffnung, Einfluß auf die Wirtschaft nehmen zu können, greift die Regierung zu Veränderungen beim Steueraufkommen sowie bei Staatsausgaben. Von dem preußischen Finanzminister *Johannes Popitz* (1884–1945) stammt der Ausspruch, der Staatshaushalt sei das »wirtschaftliche Schicksalsbuch der Nation«. Durch Steuereinnahmen und öffentliche Kreditaufnahmen soll die private Nachfrage so gestaltet werden, daß die Volkswirtschaft im Gleichgewicht bleibt oder diesen Zustand wieder erreicht.

Durch die Entscheidung, was besteuert wird und wie hoch, kann die öffentliche Hand auch auf die Faktoren Einfluß nehmen, welche die Konjunktur bestimmen. Wie wir bei der Darstellung der Konjunkturzyklen gesehen haben, strebt das wirtschaftliche Wachstum nicht auf einem stetigen Pfad aufwärts, sondern vollführt Berg-und-Tal-Fahrten. Es gehört zu den Eigenheiten eines Wirtschaftssystems, das die Entscheidungsfreiheit des einzelnen nicht beschneiden will, daß sich die volkswirtschaftliche Nachfrage nicht jederzeit mit der Zunahme des gesamtwirtschaftlichen Güter- und Leistungsangebots im Einklang befinden kann.

Im Mittelpunkt der Finanzpolitik steht der *öffentliche Haushalt*, in dem einander die zu erwartenden Staatseinnahmen und -ausgaben gegenübergestellt werden. (Die tatsächlichen Zahlen werden in der nachträglich aufgestellten Haushaltsrechnung aufgeschlüsselt.) Der Haushaltsplan wird auch *Budget* oder *Etat* genannt. Das Wort Budget bezeichnete ursprünglich die Ledertasche, aus welcher der englische Schatzkanzler seinen Haushaltsentwurf holte, um ihm dem Parlament vorzulegen. Auch die Bundesregierung legt den *Haushaltsplan* vor, über den dann Bundestag und Bundesrat beraten, ehe er verabschiedet wird. Bei seiner Entstehung gleicht der Plan also

einem Gesetz, und er wird ja auch als Bestandteil des Haushaltsgesetzes verabschiedet. Der gleiche Vorgang findet bei den Bundesländern und Gemeinden statt, nur daß bei Kommunen von *Satzungen* gesprochen wird.
Grundsätzlich muß ein Haushaltsplan ausgeglichen sein, das heißt, die geplanten Ausgaben dürfen nicht höher sein als die voraussichtlichen Einnahmen. Reichen die erwarteten Steuern nicht aus, muß die Lücke durch Kreditaufnahmen gestopft werden. In der praktischen Finanzpolitik wird jedoch mit diesen Budgetgrundsätzen gebrochen. Um in der Rezession gegensteuern zu können, muß der Staat Defizite zwischen den Gesamtausgaben und den laufenden Einnahmen in Kauf nehmen oder diese sogar noch erhöhen; dieser Vorgang wird *deficit spending* genannt. Da die Budgetpolitik immer häufiger zur Steuerung der Konjunktur benutzt wird, läßt sich aus diesem jährlichen Zahlenwerk kaum mehr der politische Kurs der parlamentarischen Mehrheit herauslesen. Das Programm der Regierung wird eher in der *mittelfristigen Finanzplanung* sichtbar, die die Ziele der Haushaltspolitik für fünf Jahre darstellt. Diese Planung wird jährlich fortgeschrieben und damit der Entwicklung angepaßt.
Das Gremium, das die für die mittelfristige Finanz-Vorausschau erforderlichen Daten liefert, ist der *Arbeitskreis Steuerschätzungen* beim Bundesminister der Finanzen. Die Expertengruppe besteht aus amtlich bestellten Vertretern der Wirtschaftsforschungsinstitute, der Bundesbank und des Bundesfinanzministeriums. Sie tritt zweimal im Jahr – Frühjahr und Herbst – zusammen und schätzt auf Grundlage der wahrscheinlichen Entwicklung der gesamtwirtschaftlichen Eckdaten, also des Sozialprodukts, der Einkommen, der Beschäftigung und der Preise, das Steueraufkommen. Der mittelfristige Finanzplan ist Bestandteil des Jahreswirtschaftsberichts der Bundesregierung, der im Januar vorgelegt wird.

### 6.2.1 *Steuern und Kredite: Was der Staat einnimmt*

Zur Finanzierung seiner Aufgaben greift der Staat auf Steuern, Zölle, Gebühren und Beiträge, Gewinne aus Staatsunternehmen und Kredite zurück. Bestimmungen über Umfang und Zu-

lässigkeit der öffentlichen Kreditaufnahme enthält Artikel 115 des Grundgesetzes. Danach dürfen die Kreditausgaben die Summe der im Haushaltsplan veranschlagten Investitionen nicht überschreiten, es sei denn, daß dies zur Abwehr einer Störung des gesamtwirtschaftlichen Gleichgewichts nötig ist.
Die Abgabenordnung – gewissermaßen das Grundgesetz der Besteuerung – definiert den Begriff »Steuern« als »Leistungen der Bürger an den Staat, der keine spezielle Gegenleistung gegenübersteht«. Die »Erzielung von Einnahmen« ist für einen Staat notwendig, um die öffentlichen Aufgaben bewältigen zu können. Steuern können aber auch ordnungspolitischen Zielen dienen. So kann durch die Steuer etwa aus sozialpolitischen Gründen auf das Verhalten der Bürger eingewirkt werden. Dazu zählen die Verbrauchssteuern, zum Beispiel für Tabak und Mineralöl.
Die Steuerpolitik soll nicht allein die Kassen des Staates füllen, sondern auch dem sozialen Ausgleich dienen, indem etwa Familien steuerlich begünstigt werden oder Bürger nach ihrer Leistungsfähigkeit besteuert werden.

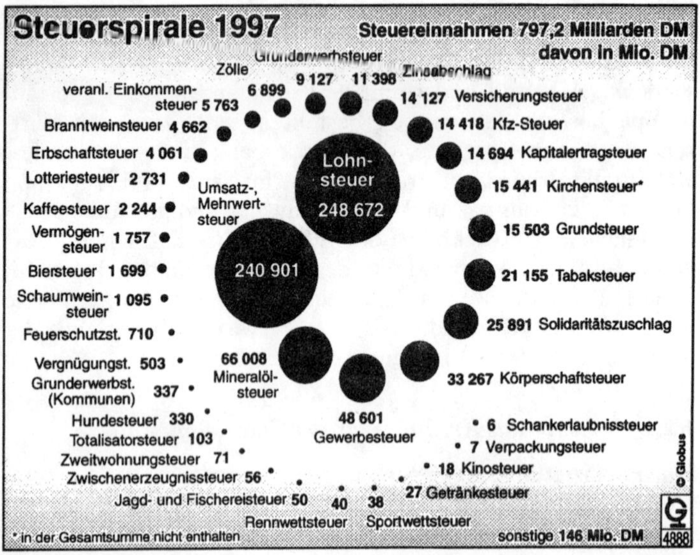

*Steuern* sind von jedermann zu leisten, ohne daß der Staat dafür eine bestimmte Leistung erbringt; *Gebühren* bezahlt nur derjenige, der staatliche Leistungen in Anspruch nimmt (Müllabfuhr, Ausstellung eines Reisepasses); *Beiträge* sind öffentliche Zwangsabgaben, vor allem an die Sozialversicherungen. Auch lassen sich Kommunen über diese Einnahmequelle ihre Aufwendungen für bestimmte Leistungen (etwa die Kanalisation) ersetzen. Zwischen Steuern und Beiträgen gibt es eine Grauzone. Um das Reizwort »Steuer« zu vermeiden, werden Zwangsabgaben, die ihrer Natur nach Steuern sind (so etwa die Abgaben zur staatlichen Zwangsversicherung), als »Beiträge« bezeichnet.
Über 80 Prozent der Staatseinnahmen bestehen aus Steuern. Von den fast 50 Einzelsteuern entfallen rund ein Drittel der Zahlungen auf Einkommen-, Körperschaft- und Umsatzsteuer. Die wichtigste Säule ist die Einkommensteuer, zu der auch die Lohnsteuer als besondere Erhebungsform gehört. Diese Steuern unterliegen der Progression. Mit steigenden Einkommen erhöht sich die zu zahlende Steuer nicht im gleichen Maße, sondern deutlich stärker (überproportional) als das Einkommen.
Wirtschaftlich gesehen ist die Umsatzsteuer eine Verbrauchssteuer (rechtlich eine Verkehrssteuer, da sie auf sämtliche Leistungen erhoben wird), weil sie dem gesetzlichen Leitgedanken entsprechend auf den Letztverbraucher abgewälzt und von diesem getragen wird. Jede Erhöhung der Mehrwertsteuer läßt die Preise in der Volkswirtschaft steigen. Entsprechend steigt der Preisindex für die Lebenshaltung. In Deutschland wird die Umsatzsteuer seit 1968 als Mehrwertsteuer erhoben. Das heißt, es werden die Umsätze auf allen Stufen des Produktions- und Handelsprozesses besteuert; steuerpflichtig ist aber nicht jedesmal der gesamte Verkaufswert, sondern derjenige Betrag, den die Ware wert ist, also der Unterschied zwischen Einkaufs- und Verkaufspreis. Beispiel: Der Schneider berechnet dem Händler für seinen Anzug 300 Mark plus 16 Prozent Mehrwertsteuer. Die Mehrwertsteuer, die er selbst für den Stoff bezahlt hat (angenommen 100 Mark plus 16 Mark MWSt.), kann er selbst gegenüber dem Finanzamt als »Vorsteuer« abziehen. So wandert

die Mehrwertsteuer auf jeder Stufe bis zum Endverbraucher: Er zahlt für die Wertschöpfung des gesamten Produktes.
Neben der 16prozentigen Mehrwertsteuer gibt es noch einen verminderten Satz von sieben Prozent, der unter anderem für die meisten Lebensmittel, aber auch für Blumen und Zeitungen gilt. Wichtig ist dies besonders für untere Einkommensgruppen, die einen Großteil ihres Verdienstes für Alltagsgüter, wie eben Lebensmittel, ausgeben müssen. Mit steigenden Einkommen wird mehr Geld für Konsumgüter des gehobenen Bedarfs ausgegeben, für die der volle Mehrwertsteuersatz gilt. Die höheren Einkommensgruppen sparen allerdings auch mehr und geben damit relativ gesehen einen geringeren Teil ihres Einkommens für Konsumgüter aus.
Die Umsatzsteuer wurde im Deutschen Reich 1916 eingeführt. Der ursprüngliche Steuersatz betrug 0,5 Prozent. Er stieg 1935 auf zwei Prozent, 1946 auf drei Prozent und 1951 auf vier Prozent.
Die Mehrwertsteuer ist Beleg dafür, daß die europäische Integration bei den Steuern noch weit hinterherhinkt. Die Sätze reichen derzeit von 15 Prozent in Luxemburg bis 25 Prozent in Dänemark. Eine völlige Harmonisierung ist zwar nach allgemeiner Überzeugung nicht notwendig, weil ein komplizierter Grenzausgleich die Unterschiede weitgehend ausgleicht. Dennoch lassen sich bei diesem System Wettbewerbsverzerrungen nicht völlig ausschließen. Aber auch die Unterschiede bei der Mineralölsteuer werden sich auf Dauer nicht halten lassen. Der »Benzintourismus« in grenznahen Gebieten wird deutlich zunehmen. Noch gravierender sind die unterschiedlichen Steuersätze bei den direkten Steuern, weil in diesem Bereich kein europäisches Ausgleichssystem existiert.
Ein wichtiges Einteilungskriterium ist die Unterscheidung in direkte und indirekte Steuern. Zu den *direkten* Steuern gehören insbesondere die Einkommen- und Erbschaftsteuer. Es wird also die Einkommenserzielung zugrundegelegt. Die Einkommensverwendung ist bei den *indirekten* Steuern ausschlaggebend (Umsatz- und Verbrauchsteuern). Zudem werden durch indirekte Steuern die Preise der Güter künstlich erhöht, ohne daß diese Aufschläge der Wirtschaft als Einkommen zufließen.

In der Bundesrepublik werden die Steuern nach einem *Mischsystem* auf die verschiedenen staatlichen Ebenen verteilt. Derzeit fließt dem Bund etwas mehr als die Hälfte, den Ländern gut ein Drittel und den Gemeinden weniger als ein Sechstel des Steueraufkommens zu. Die Gemeinschaftssteuern werden nach einem bestimmten Schlüssel aufgeteilt. Dazu zählen etwa die Einkommen- und Umsatzsteuer.

Auch die Aufteilung der Steuereinnahmen kann nur bedingt die unterschiedlichen Wirtschaftsstrukturen in den einzelnen Bundesländern und Gemeinden ausgleichen. Einige Länder sind finanziell überdurchschnittlich gut ausgestattet, während andere aus eigener Kraft ihre Aufgaben nicht angemessen erfüllen können. Im Grundgesetz wird aber die »Einheitlichkeit der Lebensverhältnisse« im Bundesgebiet gefordert, es sieht deshalb einen *Finanzausgleich* vor. Zum einen findet ein *vertikaler* Ausgleich statt: Vom Aufkommen aus der Lohn- und Einkommensteuer stehen Bund und Ländern jeweils 42,5 Prozent und den Gemeinden 15 Prozent zu. Zudem gewährt der Bund den finanzschwachen Ländern aus seinem Umsatzsteueranteil sogenannte *Ergänzungszuweisungen (Bundesfinanzausgleich)*, und die Länder ihrerseits geben den Gemeinden »allgemeine und spezielle Finanzanweisungen« *(kommunaler Finanzausgleich)*. Im *horizontalen* Finanzausgleich dagegen müssen Bundesländer mit überdurchschnittlicher Steuerkraft Zuschüsse an die sogenannten ausgleichsberechtigten Länder leisten (Länderfinanzausgleich).

Ein dermaßen umständliches Regelwerk zieht schon von Natur aus Kritik auf sich. Doch die Skeptiker stören sich nicht so sehr an den schwierigen Berechnungsmethoden, sondern vielmehr an den absurden Anreizwirkungen, die der Länderfinanzausgleich entfaltet. Denn das Interesse der Länderpolitiker an der Standortpflege wird alles andere als gestärkt: Was auf der einen Seite durch eine gute Wirtschaftspolitik an höheren Steuereinnahmen gewonnen wird, geht auf der anderen Seite im Finanzausgleich verloren. Deshalb sind sich die Ökonomen schon lange einig, daß der Länderfinanzausgleich reformbedürftig ist.

Bund und Länder haben sich 1993 im sogenannten *Solidarpakt* auf die Einbeziehung der neuen Länder in den bundesstaatlichen Finanzausgleich geeinigt. Diese Regelung gilt seit 1995 und ist in wesentlichen Teilen bis Ende 2004 befristet. Von dem Gesamtbetrag, der auf verschiedenen Stufen und zu unterschiedlichen Zwecken vom Bund auf die Länder und zwischen den Ländern verteilt wird, fließen etwa 85 Prozent in die neuen Länder. Bayern und Baden-Württemberg sind deshalb vor das Bundesverfassungsgericht gezogen, weil sie diese Verteilung für verfassungswidrig halten.

Der Staat beteiligt sich auch unmittelbar am Leben der Wirtschaft. In seinem Besitz befinden sich *Domänen* (wie der landwirtschaftliche Besitz genannt wird), Forsten, Industriebetriebe und Kapitalbeteiligungen, Banken und Verkehrsanstalten. Er tritt dabei teils wie ein privater Unternehmer auf, teils verwaltet er einen bestimmten Bereich in hoheitlicher Form – etwa Bahn und Post, die nach deutschem Recht keine Gewerbebetriebe sind. Viele dieser Unternehmen werden nach gemeinwirtschaftlichen Grundsätzen betrieben. Es herrschen also keine privat- oder erwerbswirtschaftlichen Grundsätze vor, sondern es werden auch außerökonomische oder allgemeinpolitische Ziele berücksichtigt.
Dies gilt auch und vor allem bei den *Privatisierungen*, wenn also staatliche Betriebe in private Hände übergehen. Bei der »Entstaatlichung« werden nicht nur fiskalische, sondern auch ordnungspolitische Ziele verfolgt. Dazu gehört etwa die Beteiligung der Arbeitnehmer am Produktivvermögen ihrer Unternehmen. Bei allen privatisierten Bundesunternehmen wurden beispielsweise den Mitarbeitern Belegschaftsaktien angeboten.
In Deutschland steht eine Vielzahl privatisierungsfähiger Bereiche zur Diskussion. Von der Abfallbeseitigung über Krankenhäuser, von Landesbanken und Sparkassen über Versicherungen, Versorgungsunternehmen bis hin zu Zoos.
Gegner der Privatisierungspolitik wenden ein, daß dem Bund durch den Verkauf seiner Beteiligungen langfristig Haushaltsverluste drohen. Dem einmaligen Privatisierungserlös, so ihre Argumentation, stehe ein dauerhafter Verzicht auf Dividendeneinnahmen gegenüber. Doch auf der anderen Seite kann man sagen, daß der Dividendenausfall durch eine dauerhafte Zinsersparnis ausgeglichen wird, wenn zum Beispiel der Priva-

tisierungserlös zur Schuldentilgung oder zur Verringerung der Nettokreditaufnahme verwendet wird.
Daß der Staat als Unternehmer häufig versagt, hat viele Gründe: Ihm fehlen die Signale des Marktes, bürokratische Verfahren verzögern oft wichtige Entscheidungen, eine wirksame Kostenkontrolle ist in der Regel nicht vorhanden – und damit mangelt es auch an Anreizen für eine möglichst kostengünstige Angebots-Kalkulation. Auch unterliegen öffentlich kontrollierte Betriebe nicht dem permanenten Anpassungsdruck, der privatwirtschaftliche Unternehmen im harten Wettbewerb zur Verbesserung ihrer Leistungen zwingt. Erwirtschaften die Staatsfirmen Verluste, ist dies oft weniger tragisch – der Fehlbetrag wird aus öffentlichen Töpfen, sprich mit dem Geld der Steuerzahler, ausgeglichen.
Sinn der Entstaatlichung ist es aber nicht allein, die höhere Wirksamkeit und den Einsatz privater Unternehmerinitiativen auszunutzen. Es geht auch um den Handlungsspielraum des Staates, der vor lauter Pflichten kaum noch weiß, wie die großen Zukunftsausgaben finanziell bewältigt werden sollen. Steuern werden nicht nur zur Finanzierung der Haushalte von Bund, Ländern und Gemeinden erhoben. Sie sind zugleich wichtige ordnungs- und wirtschaftspolitische Instrumente.
Als das Bundesverfassungsgericht 1995 über die Vermögensteuer urteilte, sie sei in der geltenden Form nicht verfassungsgemäß, kam damit zugleich die gesamte bundesdeutsche Steuergesetzgebung auf den Prüfstand. Der Grund: Die obersten Bundesrichter sahen das *Hälftigkeitsprinzip* verletzt, wonach die Steuerbelastung in der Summe die Marke von 50 Prozent nicht wesentlich überschreiten darf.
Ein bedeutender Baustein in der Neukonstruktion des deutschen Steuersystems ist deshalb die Abschaffung der Gewerbekapitalsteuer zum 1. Januar 1998. Zum einen ist dies ein wichtiger Beitrag zur Einhaltung des steuerlichen Hälftigkeitsprinzips. Zum anderen stärkt der Wegfall einer vom Ertrag unabhängigen Steuer insbesondere die Wettbewerbsfähigkeit vieler ums Überleben kämpfender Betriebe. Der Hintergrund: Die Steuer war unabhängig davon fällig, ob der Betrieb Gewinn erwirtschaftete. Wenn also Unternehmen rote Zahlen schrieben, griff die Gewerbekapitalsteuer direkt in die betriebliche Sub-

stanz ein – und konnte so eine Firma mit dünner Eigenkapitaldecke bei dauerhaften Verlusten sogar in den Konkurs treiben. Natürlich war diese Abschaffung nur auf dem Weg eines Kompromisses möglich. So steht nun den Gemeinden ein höherer Anteil an der Gewerbeertragsteuer zu. Die Besteuerungsgrundlage ist dabei der ermittelte Gewinn.

### 6.2.2 *Viel Leistung ohne Gegenleistung: was der Staat ausgibt*

Um die Gesamtwirkung des Staatshaushalts abschätzen zu können, dürfen natürlich nicht nur die Einnahmen analysiert werden. Ganz wesentlich kommt es darauf an, wofür der Staat die vereinnahmten Gelder ausgibt. Erst eine Gegenüberstellung von Einnahmen und Ausgaben ergibt ein umfassendes Bild und ermöglicht damit eine Beurteilung der öffentlichen Finanzpolitik.

Staatsausgaben, die nicht durch Steuern oder sonstige Einnahmen gedeckt sind, müssen durch Verschuldung bei der Notenbank, auf dem Markt für kurzfristige Gelder oder auf dem Markt für langfristiges Kapital finanziert werden. Die Kreditfinanzierung der öffentlichen Haushalte, ursprünglich als Instrument zur Konjunktursteuerung gedacht, ist zur Dauererscheinung geworden. Mit Beginn der 70er Jahre ist die Schuldenlawine zunächst durch die Reformpolitik und nach dem wirtschaftlichen Einbruch infolge der Ölkrise von 1975 an ins Rutschen geraten.

Die Diskussion um die *Staatsverschuldung* steht immer stellvertretend für die politische Frage nach der »richtigen« Finanzpolitik. Je nachdem, welche Vorstellungen man von der politischen Aufgabe des Staates in Wirtschaft und Gesellschaft hat, wird diese Frage anders beantwortet werden.

Von der Verfassung (Art. 115 Grundgesetz) ist die Kreditzunahme zugelassen. Sie ist aber nur auf der Grundlage eines Gesetzes möglich, zum Beispiel des Haushaltsgesetzes. In einer »wirtschaftlichen Normallage« dürfen die neuaufgenommenen Kredite die Höhe der Investitionsausgaben nicht überschreiten. Eine zunehmende Staatsverschuldung bei gleichbleibenden Einnahmen hat zur Folge, daß immer mehr Geld für Zinszahlungen verbraucht wird. Die bequeme Art, sich durch Kredite bei der eigenen Zentralbank die fehlenden Einnahmen zu verschaffen, hat in jüngerer Vergangenheit zu zwei Inflationen geführt und jedesmal die Währung ruiniert. Diese Angst vor dem Griff zur Notenpresse ist der wichtigste Grund, warum der Bundesbank eine weitgehende Unabhängigkeit gegenüber der Regierung eingeräumt wurde.

Fast die Hälfte der Staatsausgaben entfällt auf die sogenannten *Transferzahlungen.* Hierzu zählen die »Einkommensübertragungen ohne Gegenleistung«, also die Zahlungen aus den Sozialversicherungen, Wohn- und Kindergeld sowie Sozial- und Arbeitslosenhilfe. Auch die Sparprämien gehören zu den Transferausgaben.

Die Grundidee des *vermögenswirksamen Sparens* stammt aus dem Jahr 1960. Damals wurde das erste Vermögensbildungsgesetz, das sogenannte 312-Mark-Gesetz, verabschiedet. Die maximalen Sparbeträge wurden zwar vom Staat regelmäßig erhöht, zuletzt auf 936 Mark jährlich. Wer eine bestimmte Summe pro Jahr regelmäßig spart, erhält am Jahresende vom Staat eine Prämie ausgezahlt. Gleichzeitig wurde jedoch der Staatszuschuß auf inzwischen zehn Prozent reduziert. Eine zehnprozentige Zulage des Staates ergibt somit heute einen jährlichen Zuschußbeitrag von 93,60 Mark. Außerdem wird sie erst nach der sechsjährigen Festlegungsfrist ausgezahlt. Inzwischen ist es in nahezu allen Unternehmen üblich, teilweise sogar tarifvertraglich geregelt, daß der Arbeitgeber die Hälfte, teilweise sogar die gesamte Sparrate aus seiner Tasche zahlt.

Das dritte *Vermögensbeteiligungsgesetz* ist 1999 in Kraft getreten. Es sieht vor, zusätzlich zur Sparförderung nach dem 936-DM-Gesetz auch Betriebs- oder Fondsbeteiligungen staatlich zu unterstützen. Im Westen sind hierfür 800 Mark zusätzlich zulagebegünstigt, im Osten 1000 Mark. Die Sparzulage von zehn Prozent ist für Anlagen in Produktivkapital auf 20 Prozent in West- und 25 Prozent in Ostdeutschland erhöht worden. Der höhere Zulagensatz in den neuen Ländern ist allerdings auf sechs Jahre befristet. Das Gesetz führt zu Steuermindereinnahmen von einer Milliarde Mark pro Jahr.

Seit Mitte der 50er Jahre versucht der Staat, Folgen der Vermögenskonzentration, bei der Reiche immer reicher und Arme

immer ärmer werden, zu mildern, indem er Normalverdienern mit solchen Sparprämien finanziell unter die Arme greift. Das Resultat ist enttäuschend. Die Kluft zwischen Arm und Reich wächst, statt, wie erhofft, zu schrumpfen. Die Vermögenseinkommen steigen weitaus stärker als Löhne und Gehälter. Dennoch hat die Vermögensbildung durch Arbeitnehmer in Deutschland einen geringen Stellenwert.
Mit der Wiedervereinigung erlebte die vermögenspolitische Diskussion Anfang der 90er Jahre eine Renaissance. Zum einen wurde die Frage aufgeworfen, wie man eine breitere Streuung des Eigentums an Unternehmen erreichen kann. Zum anderen wurde der Ruf nach Investivlohnfonds laut, um damit für den Aufbau Ost zusätzliche Mittel zu mobilisieren. In jüngerer Zeit stehen hingegen neue, ertragsorientierte Lohn- und Gehaltssysteme stärker im Mittelpunkt des Interesses.
Grundsätzlich gibt es zwei Wege, die Belegschaft an ihrer Firma zu beteiligen:

1. *Erfolgs-Modell.* Hier wird der Arbeitnehmer am Unternehmensergebnis beteiligt – sein Gehalt setzt sich aus einem festen Grundlohn und einem Bonus zusammen. Der Bonus steigt, wenn der Betrieb floriert, und sinkt, wenn die Firma rote Zahlen schreibt. Der Mitarbeiter erwirbt damit jedoch keine Anteile am Unternehmen. Dieses Modell bietet die Chance, Tarifrunden zu entkrampfen. Es steigen die Chancen, marktgerechte und damit zugleich auch beschäftigungsorientierte Löhne auszuhandeln. Rezessive Entwicklungen schlagen nicht mehr so stark auf die Beschäftigung durch, weil der Entlassungsdruck durch geringere Arbeitskosten gemildert wird.
2. *Beteiligungs-Modell.* Hier werden die Arbeitnehmer Miteigentümer der Firma – etwa über Belegschaftsaktien. Auch in diesem Fall schwankt das Einkommen aus Grundgehalt und Beteiligung im Konjunkturverlauf: Wenn es der Firma gut geht, fällt die Dividende üppiger aus als in der Flaute. Dieses Modell kommt all denen entgegen, die eine breitere Streuung des Produktivvermögens anstreben. Auch dieser »Investivlohn« hilft, Beschäftigung zu sichern, indem er die Eigenkapitalbasis der Unternehmen stärkt. Für den Mit-

arbeiter kann er außerdem zu einer wichtigen Säule seiner Altersversorgung werden.

Unmittelbar als Nachfrager tritt der Staat bei den Investitionen, überwiegend beim Bau, auf. Dies ist aber nur der kleinste Anteil der sogenannten *Realausgaben.* Beim Staatsverbrauch entfällt etwa je die Hälfte auf Personal- und Sachbedarf.
Im finanzpolitischen Tagesgeschäft spielen die Staatsausgaben kaum eine Rolle. Sie kommen insbesondere für kräftige Anstöße in Betracht, wenn eine konjunkturelle Talfahrt aufgehalten werden soll. Im Gegensatz zu den Möglichkeiten, durch die Steuerpolitik die Konjunktur beeinflussen zu wollen, kann die Ausgabenpolitik *unmittelbar* zu einer Ausweitung der volkswirtschaftlichen Gesamtnachfrage führen. Der Aktionsspielraum beschränkt sich jedoch im wesentlichen auf das Gebiet der öffentlichen Investitionen. Eine konjunkturpolitische *Drosselung* der Ausgaben ist nämlich kaum möglich. Dafür sind die großen Ausgabenblöcke viel zu starr; man denke nur an die öffentliche Sicherheit, Bildung und Verteidigung und die Personalausgaben. In einem föderativen – d.h. nach eigenständigen Ländern gegliederten – Staatswesen wie der Bundesrepublik, in dem zwei Drittel der Investitionen auf Länder und Gemeinden entfallen, kann zudem der Bund nur den Kurs angeben, aber nicht steuern.

### 6.2.3 *Das Stabilitätsgesetz*

Theoretisch stehen einer wirksamen Handhabung der Finanzpolitik als Mittel der Konjunktur- und Wirtschaftspolitik Hindernisse entgegen. So sind die Haushalte aufgrund der gesetzlichen Bindung der Einnahmen und Ausgaben oder auch wegen der von der Verfassung garantierten Unabhängigkeit und Selbständigkeit der Haushalte von Bund und Ländern relativ unbeweglich.
Diese Hindernisse sollten durch das 1967 verabschiedete *Gesetz zur Förderung der Stabilität und des Wachstums der Wirtschaft* (kurz: *Stabilitätsgesetz)* abgebaut werden. Hier ist verankert, daß die politischen Maßnahmen so getroffen werden, daß sie im Rahmen der marktwirtschaftlichen Ordnung gleichzeitig

zur Stabilität des Preisniveaus, zu einem hohen Beschäftigungsstand, zum außenwirtschaftlichen Gleichgewicht und zu einem stetigen und angemessenen Wirtschaftswachstum beitragen. Dieses Gesetz bietet der *volkswirtschaftlichen Globalsteuerung* eine solide Grundlage. Sie will die staatliche ökonomische Aktivität auf die Beeinflussung von Investitionen, Konsum oder Spartätigkeit beschränken, also die gesamtwirtschaftliche Nachfrage lenken. Diesem Ziel sollen sich Bund, Länder, Gemeinden und die Bundesbank unterordnen. Eine Schlüsselrolle fällt dabei der *antizyklischen Finanzpolitik* zu. Der Staat soll in der Rezession, also bei Arbeitslosigkeit und brachliegenden Produktionsanlagen, stützend eingreifen und fehlende Nachfrage durch öffentliche Ausgaben ersetzen und/oder das Wirtschaftswachstum durch Senkung der Steuern wieder ankurbeln. Diese zusätzlichen Ausgaben werden entweder durch Kredite (deficit spending) oder aus Rücklagen im Haushalt finanziert, die in Boomzeiten gebildet wurden. In der Hochkonjunktur, also bei steigenden Preisen und überbeanspruchten Produktionsfaktoren, soll es dagegen die Aufgabe des Staates sein, durch Drosselung seiner Ausgaben und durch Erhöhung der Steuern zu einer Dämpfung der konjunkturellen Entwicklung beizutragen. Die freigewordenen Mittel und die Steuermehreinnahmen sollen bei der Notenbank »stillgelegt« werden. Die *öffentliche* Nachfrage kann durch folgende Maßnahmen gesteuert werden:

1. In Zeiten der Hochkonjunktur ist die Bildung einer Konjunkturausgleichsrücklage von Bund und Ländern bei der Bundesbank vorgesehen sowie die Rückzahlung von Krediten an die Bundesbank. Dementsprechend sind in der Rezession zusätzliche Ausgaben zu finanzieren. Außerdem kann die Bundesregierung den Finanzminister ermächtigen, etwa zu Beginn von Baumaßnahmen und das Eingehen von finanziellen Verpflichtungen zu Lasten künftiger Rechnungsjahre von seiner Einwilligung abhängig zu machen.
2. Für Bund, Länder und Gemeinden kann die Kreditaufnahme begrenzt werden.
3. Die Träger der Rentenversicherung und die Bundesanstalt für Arbeit können gezwungen werden, liquide (flüssige)

Mittel durch Erwerb von Geldmarktpapieren der Bundesbank einzufrieren.

Auch die *private* Nachfrage kann gesteuert werden:

1. So darf die Bundesregierung steuerliche Maßnahmen ergreifen. Sie kann Vorschriften erlassen, nach denen Einkommensteuer, Lohnsteuer und Kapitalertragsteuer um höchstens zehn Prozent herabgesetzt oder erhöht werden. Entsprechendes gilt unter anderem für die Gewerbesteuer. Die Gewerbesteuer wird nicht von den Finanzbehörden, sondern von den Gemeinden erhoben, denen das Gewerbesteuer-Aufkommen zufließt.
2. Die Investitionsnachfrage soll durch Prämien angeregt oder durch Aussetzung vorteilhafter Abschreibungsverfahren gedämpft werden – so wie es die gesamtwirtschaftliche Situation verlangt.

Die fast ausschließliche Ausrichtung auf nachfrageorientierte Maßnahmen hat das Stabilitätsgesetz sehr schnell aus den Brennpunkten der konjunkturpolitischen Diskussion verschwinden lassen. Seine Instrumente werden kaum noch genutzt.

Dies gilt auch für die *Konzertierte Aktion.* Dieser informelle Gesprächskreis, 1967 zum ersten Mal einberufen, sollte dazu dienen, wichtige gesellschaftliche Gruppen (also vor allem Gewerkschaften und Arbeitgeberverbände) in die konjunkturpolitische Willensbildung und Verantwortung mit einzubinden. Es sollte erreicht werden, daß die Finanzpolitik nicht durch »lohnpolitisches Fehlverhalten« unterlaufen wird. Die Freude am wohlwollenden Miteinander nahm in den Rezessionsjahren der 70er Jahre ab. Die Fronten verhärteten sich, als 1976 die Arbeitgeber Klage gegen das Mitbestimmungsgesetz einreichten. Seither ist die Konzertierte Aktion nicht mehr einberufen worden.

Ähnlich bedeutungslos ist inzwischen der *Konjunkturrat,* der entsprechend der Konzertierten Aktion auf allen Ebenen des Staates die vom Bund angestrebte Konjunkturpolitik sichern sollte. Als selbständiges Gremium hat sich 1975 der *Ausschuß für Kreditfragen der öffentlichen Hand* gebildet, dem bei der Abstimmung der öffentlichen Kreditpolitik eine große Bedeutung zukommt. Wenig erfolgreich operiert auch der gesetzlich vorgeschriebene *Finanzplanungsrat.* Hier sitzen der Bundeswirtschafts- und Finanzminister mit den Finanzministern der Bundesländer, vier Vertretern der Gemeinden und der Bundesbank zusammen, um Empfehlungen für die Koordinierung der Finanzplanungen von Bund, Ländern und Gemeinden zu geben. Er ermittelt volks- und finanzwirtschaftliche Annahmen für die Zukunft und macht Vorschläge für Schwerpunkte bei den öffentlichen Aufgaben. Nur selten ist bisher eine gemeinsame Position gefunden worden.

## 6.3 Korrekturen des Marktes: die Sozialpolitik

### 6.3.1 *Den Eckpfeiler errichtet der Staat*

Die Prinzipien, auf denen das soziale Netz beruht, sind Solidarität und Eigenverantwortung. Das heißt, Besserverdienende tragen eine größere Beitragslast und stützen damit die Einkommensschwächeren. Die Rechtsordnung in Deutschland garantiert jedem ein menschenwürdiges Dasein und verpflichtet ihn gleichzeitig, alles ihm Mögliche zu tun, um sich mit Hilfe der Gemeinschaft aus eigener Kraft aus der Notlage zu befreien.

Die Bevölkerung in Deutschland teilt sich in zwei Gruppen. Auf der einen Seite stehen 46 Millionen Berufstätige, auf der anderen 46 Millionen Menschen, die nicht, nicht mehr oder noch nicht arbeiten, also Arbeitslose, Rentner, Hausfrauen, Kleinkinder, Schüler und Studenten.

Rund ein Drittel der gesamten Wirtschaftsleistung (Bruttoinlandsprodukt) wird für Sozialausgaben verwendet. Insgesamt summieren sich die jährlichen Kosten des sozialen Netzes auf gut 1,2 Billionen Mark – in Ziffern: 1200000000000 Mark. Rund ein Drittel dieser gewaltigen Summe wird allein für die gesetzliche Rentenversicherung benötigt. Kranken- und Arbeitslosenversicherung zusammen beanspruchen ein weiteres Drittel. Insgesamt ist das soziale Netz aus mehr als zwei Dutzend Einzelpositionen geknüpft.

Der Staat hat im Laufe der letzten Jahre seinen Anteil an den Ausgaben zurückgeschraubt. Dafür wurden der gesetzlichen Sozialversicherung höhere Verpflichtungen aufgebürdet. Der Trick dabei: Der Staat braucht nicht die Allgemeinheit zur Kasse zu bitten (etwa über eine höhere Mehrwertsteuer), sondern bürdet die Lasten nur den Beitragszahlern auf, also den versicherten Arbeitnehmern und ihren Betrieben. Wenn etwa die Bundesanstalt für Arbeit Bildungs- und Umschulungsmaßnahmen finanzieren muß, so sind das Leistungen, die mit dem eigentlichen Zweck der Arbeitslosenversicherung nichts zu tun haben.
Die Sozialversicherung ist der Eckpfeiler der sozialen Sicherung. Sie sieht ihre Aufgabe darin, in erster Linie Arbeiter, Angestellte und Auszubildende bei bestimmten Wechselfällen des Lebens zu schützen. Die Sozialversicherung gliedert sich nach Risikoarten in fünf Versicherungszweige:

- Arbeitslosenversicherung
- Rentenversicherung
- Krankenversicherung
- Unfallversicherung
- Pflegeversicherung

Beschäftigte sind – sofern sie nicht mit ihrem Verdienst über einem bestimmten Betrag liegen *(Beitragsbemessungsgrenze)* –automatisch Mitglieder dieser Versicherungsgemeinschaften *(Versicherungsprinzip)*. Mit der Mitgliedschaft in der Sozialversicherung geht die Pflicht zur Beitragszahlung einher. Die Versicherungsbeiträge richten sich nach dem Einkommen des Versicherten, also nach seiner wirtschaftlichen Leistungsfähigkeit *(Prinzip des sozialen Ausgleichs)*. Reichen die Einnahmen der Sozialversicherung nicht mehr, um für Arztkosten, Renten, Arbeitslosengeld u. a. aufzukommen, müssen die Versicherten das Loch über höhere Beiträge stopfen. Steuergelder werden teilweise ebenfalls zur Finanzierung der Leistungen verwendet.
Sozialpolitiker und Sozialrechtler zitieren gerne einen Satz aus dem Grundgesetz. In Artikel 20 Absatz 1 heißt es: »Die Bundesrepublik Deutschland ist ein demokratischer und sozialer Bundesstaat.« Doch befindet sich die Sozialpolitik in einem Ab-

hängigkeitsverhältnis zur Wirtschaftspolitik. Je leistungsfähiger die Wirtschaft ist, desto leichter lassen sich sozialpolitische Probleme mit ökonomischen Mitteln lösen. Doch seit 1975 gibt es erhebliche finanzielle Schwierigkeiten in der Sozialversicherung. Jedes Jahr fallen seitdem um die 30 Prozent des Sozialprodukts als Sozialausgaben an; die Sozialquote, also das Verhältnis der Sozialausgaben zum Bruttosozialprodukt, steigt.
Am deutlichsten werden die Strukturen und Zusammenhänge des Systems der sozialen Sicherung im Sozialbudget der Bundesregierung. Diese seit 1970 jährlich erstellte Zusammenstellung bietet in einer Gliederung nach Institutionen einen Überblick über die sozialen Leistungen der staatlichen Einrichtungen, der öffentlichen Körperschaften und der Arbeitgeber. Die Mittel zur Finanzierung des Sozialbudgets werden zu rund 32 Prozent von Unternehmen, zu rund 40 Prozent von privaten Haushalten aufgebracht.
Schwierigkeiten haben sich in der jüngeren Vergangenheit vor allem durch Finanzierungsengpässe bei der Rentenversicherung und bei den gesetzlichen Krankenkassen ergeben. Ein Grund dafür ist der unausgewogene Altersaufbau der Bevölkerung, der nicht mehr einer Pyramide, sondern einer Urne gleicht. Stark ins Gewicht fallen auch die sogenannte Kostenexplosion im Gesundheitswesen und die hohe Arbeitslosigkeit
Die hehren Ziele der Sozialpolitik sind Gerechtigkeit und Sicherheit. Die wirtschaftliche und/oder gesellschaftliche Stellung der als schwach angesehenen Personen soll verbessert werden.
Dies ist so, seit sich im Laufe der industriellen Revolution die Sozialstrukturen der Großfamilie auflösten. Zu Beginn des 19. Jahrhundertes kam bei den Militärs Unruhe auf. Wie sollten sie Rekruten auf den Wehrdienst vorbereiten, wenn die in ihrer psychischen und physischen Entwicklung geschädigt waren? Die Angst um den Bestand der preußischen Armee beflügelte die Generäle. Sie setzten durch, daß Kinder erst ab ihrem neunten Lebensjahr regelmäßig in Bergwerken und Fabriken arbeiten durften. Das war im Jahr 1839.
Obgleich diese Klagen bei den Staatsorganen Gehör fanden (1869 wurde die Kinderarbeit verboten), war durchaus keine Sozialreform im Sinne des Arbeiterschutzes geplant. Durch

diese Politik sollten vielmehr die Arbeiter ihre Liebe zum monarchischen Obrigkeitsstaat entdecken. In der großen Masse der Besitzlosen müsse, so erläuterte Reichskanzler Bismarck einmal seine »Zähmungspolitik«, die »konservative Gesinnung erzeugt werden, welche das Gefühl der Pensionierung mit sich bringt«. In seiner Thronrede am 17. November 1881 verkündete Kaiser Wilhelm I. die Richtlinien einer Arbeiterversicherung, die diese gegen Krankheit, Unfall, Invalidität und Altersarmut absichern sollte. In dieser »Magna Charta« billigte er zudem den Arbeitern einen Rechtsanspruch auf diese Leistungen zu. Weiter wurde hier die Grundlage der Gegenseitigkeit und der Selbstverwaltung dieser Versicherungen verankert. Auch heute dient die staatliche Sozialpolitik nicht nur dazu, wirtschaftliche Ungleichheiten zwischen Gruppen einzuebnen, sondern auch dazu, den inneren Frieden zu sichern.

### 6.3.1 *Arbeitslos in einem reichen Land*

*Arbeitslos – was ist das?*

Monat für Monat dasselbe Ritual. In Nürnberg präsentiert der Präsident der Bundesanstalt sein Zahlenwerk – fein säuberlich aufgeschlüsselt nach Bezirken, Alter, Geschlecht –, aus dem sich dann die *Arbeitslosenquote* errechnet.

Zu den *Erwerbspersonen* gehören aus statistischer Sicht sowohl die Erwerbstätigen als auch die Erwerbslosen: Erwerbspersonen = Erwerbstätige + Erwerbslose. *Erwerbstätig* – also berufstätig – sind alle Personen, die in einem Arbeitsverhältnis stehen *(abhängig Beschäftigte)*, sowie alle Selbständigen, Freiberufler und mithelfenden Familienangehörigen. Ob es sich um eine hauptberufliche Tätigkeit oder eine Nebentätigkeit handelt und wie hoch das Entgelt ist, spielt für die Zuordnung keine Rolle. *Erwerbslos* sind alle Nichtbeschäftigten, die sich um eine Arbeitsstelle bemühen, unabhängig davon, ob sie beim Arbeitsamt registriert sind oder nicht. Als Arbeitslose gelten hingegen nur diejenigen Personen, die beim Arbeitsamt als solche gemeldet sind – ohne sonstige Erwerbslose.

Seit 1985 werden zwei *Arbeitslosenquoten* veröffentlicht. Bei

der einen, der höheren, wird die Zahl der Arbeitslosen in Beziehung gesetzt zur Zahl der abhängig Beschäftigten. Bei der zweiten, der niedrigeren Quote, wird eine Relation hergestellt zur – höheren – Zahl aller Erwerbspersonen. Für internationale Vergleiche ist die zweite Berechnungsart besser geeignet. In der Berichterstattung der Medien wird der Bezug auf die abhängig Beschäftigten bevorzugt – allein schon deshalb, weil man die Quote bis 1985 nur so errechnete.
Dem gegenüber stehen die *offenen Stellen*, worunter die von den Arbeitgebern zum Monatsende angeforderten, aber noch nicht vermittelten Arbeitskräfte verstanden werden. Die Statistik gibt also nur darüber Auskunft, wie viele Bürger den Weg zum Arbeitsamt gefunden haben; sie erfaßt nur die *registrierte* Arbeitslosigkeit.
Nicht in die Rechnung einbezogen ist die *versteckte* Arbeitslosigkeit. Zur *stillen Reserve* gehören Menschen, die ihr Glück auf eigene Faust versuchen. Sie verschwinden ebenso in der

**Herbstgutachten**

# Keine Trendwende am Arbeitsmarkt erwartet

**Experten sehen 1999 ein Wirtschaftswachstum von 2,3 Prozent**

**Bonn/Berlin.** Die Zahl der Arbeitslosen in Deutschland wird nach Einschätzung der führenden Wirtschaftsinstitute auch im kommenden Jahr nicht unter die Vier-Millionen-Marke sinken. Es zeichne sich mit einem Minus von 300 000 Erwerbslosen in diesem und im nächsten Jahr nur eine leichte Besserung am Arbeitsmarkt ab, erklärten die Experten gestern bei der Präsentation ihres Herbstgutachtens. Danach erwarten sie für 1999 ein Wirtschaftswachstum von nur noch 2,3 Prozent. Im Frühjahr waren die Institute noch von 2,7 Prozent ausgegangen.

**Ostdeutschland erholt sich langsamer**

Die Wirtschaft in den neuen Ländern erholt sich nach Einschätzung her aber nur eine Wende in Westdeutschland zu sehen.

In Ostdeutschland sei der Anstieg der Beschäftigung und der Rückgang der Arbeitslosenzahl ausschließlich Folge der kräftigen Ausweitung arbeitsmarktpolitischer Maßnahmen und „insofern kein Marktergebnis". Zuletzt seien 270 000 Personen mehr in Arbeitsbeschaffungs- und Strukturanpassungsmaßnahmen gefördert worden als Anfang des Jahres. „Die weiterhin unbefriedigende Lage auf dem ersten Arbeitsmarkt in Ostdeutschland ist sowohl Reflex des schwachen gesamtwirtschaftlichen Produktionswachstums als auch Folge des an der Produktivität gemessenen Lohnkostennachteils", wird argumentiert.

Die Institute sehen geringe Chancen, daß in den neuen Ländern demnächst der Abschwung bei den gewerblichen Bauinvestitionen zum Stillstand kommt. Es gebe weiterhin hohe Leerstände bei Bürogebäuden und Einzelhandelsflächen. Zudem seien die Baugenehmigungen im ersten Halbjahr deutlich geringer ausgefallen als im Vorjahr.

Der CDU-Wirtschaftsexperte Friedhelm Ost wertete die Prognose des Herbstgutachtens als „eher zu optimistisch". Er untermauerte seine Position mit den außenwirtschaftlichen Risiken. Dagegen nannte der SPD-Politiker Ernst Schwanhold die Prognose für 1999 eine „schallende Ohrfeige für die scheidende Bundesregierung, die noch zuletzt bis zu drei Prozent Wachstumserwartung glauben machten wollte". (AP/dpa)

Dunkelziffer wie diejenigen, die bei Arbeitslosengeld und -hilfe leer ausgehen, wie etwa Schulabgänger oder Hochschulabsolventen. Unberücksichtigt bleiben auch die Ausländer, die in ihre Heimat zurückgekehrt sind, und die Kurzarbeiter, die ja »teilarbeitslos« sind. Es wird geschätzt, daß die Zahl der tatsächlich Arbeitslosen die der amtlichen Statistik um 50 Prozent übersteigt.
Man unterscheidet die *Fluktuationsarbeitslosigkeit*, auch *friktionelle* Arbeitslosigkeit genannt, die durch kurzfristige Anpassungsschwierigkeiten, Arbeitsplatzwechsel oder Umschulung entsteht, von der *saisonalen* Arbeitslosigkeit in witterungsabhängigen Branchen wie Bau sowie der *konjunkturellen* Arbeitslosigkeit, die ihre Ursache in der allgemein schlechten Wirtschaftslage hat.
Als Instrument zur Eindämmung der konjunkturellen Arbeitslosigkeit gilt die *Teilzeitarbeit.* Hier wird dem Wunsch vieler Frauen entsprochen, die Doppelrolle von Beruf und Familie besser meistern zu können. Die Unternehmen ihrerseits versprechen sich von der Nutzung der Teilzeit Kostenvorteile und Produktivitätsgewinne. Die Nachfrage nach Teilzeitkräften ist dort besonders dynamisch, wo sich der Dienstleistungssektor zügig entwickelt hat.
Den kurzfristigen Arten von Beschäftigungslosigkeit steht die *strukturelle* Arbeitslosigkeit gegenüber, die durch langfristige Veränderungen in einzelnen Wirtschaftssektoren oder Branchen, etwa durch neue Technologien, entsteht. Das klassische Beispiel hierfür ist jene Maschine, die die Weber zu Beginn der industriellen Revolution arbeitslos machte. Die verbesserte Ausstattung mit Maschinen, die effektivere Nutzung technischer Hilfsmittel und besser ausgebildete Arbeitskräfte bewirken eine Steigerung der *Produktivität.*
Die Produktivität – genaugenommen die Arbeitsproduktivität – gibt an, welche Produktionsleistung in einer Arbeitsstunde erzielt wird. Durch den Einsatz von Maschinen und Werkzeugen steigt die Produktivität der Arbeit. Die Produktivität unterschiedlicher Arbeiten ist oft schwer zu vergleichen: Ein Werkzeugmechaniker fertigt 45 Zangen in der Stunde. Seine Produktivität ist leicht zu messen. Ein Einkäufer bearbeitet in derselben Zeit drei Aufträge. Seine Produktivität ist

schon schwieriger zu messen. Und wie produktiv ein Forschungsingenieur ist, läßt sich kaum noch errechnen. Die Gesamtproduktivität des Betriebes ergibt sich aus der Summe der Leistungen aller Mitarbeiter geteilt durch die Summe der geleisteten Arbeitsstunden.

Doch Produktivität ist auch immer eine Sache der Nachfrage. Wenn ein Betrieb 10000 Autos baut, die niemand kaufen will, ist die Produktivität gleich null. Von Produktivität kann man also nur sprechen, wenn die Produkte auch verkauft werden. Die wirtschaftliche Stärke eines Landes entscheiden also nicht subjektive Größen wie Fleiß oder Bemühen, sondern der Produktionserfolg. So muß sich ein Arbeiter in einer hochmechanisierten Wirtschaft möglicherweise kaum anstrengen, um in wenigen Stunden ein Fahrrad oder ein Radiogerät herzustellen. In einer technisch rückständigen Wirtschaft sind solche Leistungen nicht einmal mit großem Kraftaufwand möglich, d.h., die Produktion pro Arbeiter oder pro Arbeitsstunde nimmt zu. *Technischen Fortschritt* nennt man es, wenn neue, bisher unbekannte Produkte genutzt werden können. Außerdem wird darunter der Übergang zu Produktionsverfahren verstanden, die es gestatten, kostengünstiger herzustellen.

Daraus ergibt sich: Die Produktivität wird wesentlich durch den Einsatz und die Qualität des Kapitals bestimmt. Dabei sind mit dem Begriff Kapital nicht nur die Maschinen gemeint, die natürlich möglichst günstig produzieren und ausgelastet sein müssen. Zum produktivitätssteigernden Kapital zählt in fortgeschrittenen Volkswirtschaften zunehmend auch das sogenannte *Humankapital*, die Ausbildung der Arbeitnehmer.

Für das Wachstum einer Wirtschaft läßt sich grundsätzlich sagen: Je höher die Produktivität ist, um so mehr kann eine Volkswirtschaft wachsen. Das ist wichtig für neue Investitionen, für die Sicherung alter und die Schaffung von neuen Arbeitsplätzen. Es gilt die Regel: Wenn die Löhne nur so stark steigen wie die Produktivität, dann bleibt das Verhältnis der Verteilungsgrößen der Volkswirtschaft (im wesentlichen also Lohnsumme, Zinseinkommen und Unternehmensgewinne) unverändert.

Steigen die Arbeitskosten jedoch stärker als die Produktivität, kommt ein gefährlicher Kreislauf in Gang. Die Preise klettern, die Arbeitnehmer fordern mehr Lohn, daraufhin ziehen die Preise noch stärker an… Dieser Kreislauf wird *Lohn-Preis-Spirale* genannt; sie drückt die Gewinne in den Keller. Die Folge: Es wird weniger investiert, Arbeitsplätze gehen verloren.

Zu den wirtschaftlichen Strukturproblemen kommt erschwerend hinzu, daß die Bevölkerungsentwicklung gerade nach 1980 geburtenstarke Jahrgänge ins Erwerbsleben hat einrücken lassen, was sich erst wieder in den nächsten Jahren einpendeln wird.

Es sieht so aus, als ob weder moderate Löhne noch sinkende Soziallasten allein in den nächsten Jahren für mehr Beschäftigung sorgen könnten. So gehen Experten davon aus, daß es zu einer Umverteilung von Arbeit mit höchst flexiblen Beschäftigungsmodellen und gleichzeitig zu einer Umverteilung des Produktivvermögens kommen muß. Die Bundesbürger sollten, so die Meinung, etwa über Beteiligungslohn an Produktivitätszuwächsen teilhaben, damit sie künftig außer Lohn- auch Kapitaleinkünfte hätten. Nur dies könne Ausgleich schaffen für real sinkende Arbeitseinkommen.

### *Geld vom Arbeitsamt*

Am 1. Januar 1998 ging in der Arbeitsmarkt- und Sozialpolitik eine Ära zu Ende. Nach fast 30 Jahren wurde das Arbeitsförderungsgesetz vom *Sozialgesetzbuch III* (SGB III) abgelöst. Es brachte für Arbeitslose Verschlechterungen. Allerdings gibt es eine Übergangsregelung beim Arbeitslosengeld. Sie gilt für die meisten Arbeitnehmer, die vor dem 6. April 1999 ihren Job verlieren und sich spätestens an diesem Tag arbeitslos melden. Neu definiert wurde der Begriff »Arbeitslosigkeit«: Arbeitslos ist demnach jeder unter 65, der nicht oder weniger als 15 Wochenstunden arbeitet, dem Arbeitsamt zur Verfügung steht und selbst alle Möglichkeiten nutzt, eine zumutbare Beschäftigung zu finden. Nach einem halben Jahr ist eine Beschäftigung zumutbar, deren Nettoverdienst mindestens so viel beträgt wie das Geld vom Amt. Sie muß nicht der Qualifikation oder bisherigen Tätigkeit entsprechen.

Arbeitnehmer, die arbeitslos wurden, mußten sich bislang beim Arbeitsamt melden, das aber lediglich zu Beginn ihrer Arbeitslosigkeit, nach einer Zwischenbeschäftigung und dann, wenn sie dazu aufgefordert wurden. Das neue Recht hat eine für den Leistungsanspruch wichtige Änderung gebracht: Nun müssen Arbeitslose mindestens alle drei Monate zum Arbeitsamt – persönlich und unaufgefordert. Das neue Gesetz sieht auch ausdrücklich vor, daß Arbeitslose verpflichtet sind, »alle Möglichkeiten« zu nutzen, ihre Arbeitslosigkeit zu beenden. Die Vorschrift geht an die Adresse derer, die bisher der Auffassung waren, es sei allein Sache des Arbeitsamtes, ihnen wieder eine Arbeitsstelle zu beschaffen. Für sie brachen neue Zeiten an. Ein Arbeitsloser, der nicht nachweisen kann, daß er sich um eine neue Beschäftigung bemüht, verliert seinen Anspruch auf Arbeitslosengeld.

Vor 1914 herrschte die Meinung vor, daß, wer keine Arbeit gefunden hat, dafür selbst verantwortlich sei. Der Gedanke, daß die jeweilige Arbeitsmarktlage damit zu tun haben könnte, erschien abwegig. 1918 wurde als Folge des Ersten Weltkriegs eine staatliche Erwerbslosenfürsorge eingeführt, die aber nur dann zahlte, wenn jemand wegen des Krieges arbeitslos und bedürftig war. Die Idee, Arbeitsvermittlung und Arbeitslosenversicherung rechtlich zu verknüpfen, wurde 1927 in die Praxis umgesetzt. 1952 wurden diese Aufgaben dann der *Bundesanstalt für Arbeit* (BA) in Nürnberg übertragen. 1969 löste das *Arbeitsförderungsgesetz* die rechtlichen Bestimmungen aus dem Jahr 1927 ab. 1990 wurden die Bestimmungen des Gesetzes auf die neuen Bundesländer ausgedehnt.

Um ihre Aufgabe erfüllen zu können, erhebt die Bundesanstalt von Arbeitnehmern und Arbeitgebern Beiträge, welche die Arbeitgeber an die Krankenkassen abführen, die ihrerseits die gezahlten Beiträge an die BA weiterleiten. Die BA muß vor allem sogenannte *Lohnersatzleistungen* bei Arbeitslosigkeit und Kurzarbeit erbringen. Das sind Maßnahmen der passiven Arbeitsmarktpolitik, wozu vor allem Umschulung, Weiterbildung, aber auch die Berufsberatung zählen. Es werden berufliche Rehabilitationsmaßnahmen angeboten und umfangreiche Statistiken erstellt, die bei der Lenkung der Wirtschaft helfen sollen. Die zentrale Aufgabe der Arbeitsämter besteht darin,

Beschäftigungslose in ein neues Arbeitsverhältnis zu vermitteln.
Die Selbstverwaltungsorgane der BA setzen sich zu je einem Drittel aus Vertretern der Arbeitnehmer, der Arbeitgeber und der öffentlichen Körperschaften (Bund, Länder und Gemeinden) zusammen. Die Rechtsaufsicht obliegt dem Bundesarbeitsministerium. Die Bundesanstalt gliedert sich in eine Hauptstelle in Nürnberg, zehn Landesarbeitsämter und 181 Arbeitsämtern mit über 600 Nebenstellen.
Spätestens seit 1969, als die BA von einer Behörde für Arbeitsvermittlung und Arbeitslosenversicherung zur Bundesanstalt für Arbeit umgewandelt wurde, gibt es Spannungen zwischen dieser Institution und der Bundesregierung. Es geht ums liebe Geld. 1975 mußte die Bundesregierung den Nürnbergern zum ersten Mal mit einem Zuschuß unter die Arme greifen. Anfang der 80er Jahre wurden die Leistungen gekürzt, die Möglichkeiten der beruflichen Bildung eingeschränkt. Doch seit 1986 gerät die Bundesanstalt immer wieder in die roten Zahlen.
Langfristig soll der *Bundeszuschuß* auf null zurückgefahren werden – vorausgesetzt die Arbeitslosenzahlen sinken. Während 1998 noch rund 14 Milliarden Mark an Bundeszuschüssen an die Bundesanstalt flossen, sollen es 1999 noch elf Milliarden sein, im Jahr 2000 noch fünf und 2001 nur noch zwei. Im Jahr 2002 sollen die Zahlungen ganz eingestellt werden.
Auch sonst verschiebt sich lediglich die Belastung der öffentlichen Kassen. Da immer mehr Erwerbslose länger beschäftigungslos bleiben, erlischt ihr Anspruch auf Arbeitslosengeld. Sie bekommen Arbeitslosenhilfe, die der Bund zahlt, oder sie müssen gar auf die Sozialhilfe zurückgreifen, die aus den Kassen der Kommunen finanziert wird.
Kann dem Arbeitslosen keine Stelle vermittelt werden, erhält er *Arbeitslosengeld*. Die Dauer der Zahlung richtet sich beim alten wie beim neuen Recht nach Lebensalter und Beschäftigungsdauer. Allerdings wurden die Altersgrenzen im SGB III um drei Jahre nach oben verschoben. Bisher konnte man schon ab dem 42. Geburtstag bis zu 18 Monate Arbeitslosengeld beziehen. Im neuen Recht geht das erst ab dem 45. Geburtstag. Auf die Höchstdauer von 32 Monaten Arbeitslosengeld, die

man nach altem Recht schon ab dem 54. Geburtstag beziehen kann, muß man in Zukunft bis zum 57. warten.
Arbeitslosengeld kann nur derjenige erhalten, der in der sogenannten *Rahmenfrist* von drei Jahren mindestens zwölf Monate beschäftigt war. Die Unterstützung beträgt 60 Prozent des letzten Nettolohnes, wenn Kinder zu versorgen sind, 67 Prozent.
Kein Arbeitslosengeld bekommen Arbeitnehmer, die in Folge eines Arbeitskampfes arbeitslos werden, wenn sie selbst streiken oder ausgesperrt werden. Der Grund: Bei Arbeitskämpfen ist die BA zur Neutralität verpflichtet. Durch die Zahlung von Arbeitslosengeld würde sie in die Arbeitskämpfe eingreifen und ihre Neutralität aufgeben.
Wer als Arbeitsloser keinen Anspruch mehr oder noch keinen Anspruch auf Arbeitslosengeld hat, kann ohne zeitliche Begrenzung *Arbeitslosenhilfe* bis zu 57 Prozent (ohne Kind 53) des letzten Nettoarbeitsentgelts erhalten. Er muß allerdings »bedürftig« sein, das heißt, sein sonstiges Vermögen und das Einkommen der mit ihm im gemeinsamen Haushalt lebenden Verwandten wird angerechnet. Eine schmerzhafte Erfahrung machen die Arbeitslosen, die ihr Arbeitsverhältnis selbst aufgegeben haben. Sie bekommen für die ersten zwölf Wochen ihrer Arbeitslosigkeit kein Geld vom Arbeitsamt. *Sperrfrist* heißt das im Amtsdeutsch. Wer allerdings einen »wichtigen Grund« für sein Ausscheiden geltend machen kann, braucht die Sperrfrist nicht hinzunehmen.
Kann ein Arbeitgeber wegen Zahlungsunfähigkeit den Lohn nicht mehr aufbringen, wird vom Arbeitsamt *Konkursausfallgeld* gezahlt. In der Höhe entspricht das Konkursausfallgeld dem rückständigen Nettogehalt der letzten drei Monate. Auch die noch offenen Sozialversicherungsbeiträge werden vom Arbeitsamt nachgezahlt.
Um bei vorübergehendem Arbeitsausfall die Arbeitsplätze zu erhalten und zum Ausgleich des Verdienstausfalles wird *Kurzarbeitergeld* gezahlt. Es wird bis zu sechs Monate (in außergewöhnlichen Fällen bis 24 Monate) und bis zu 60 Prozent des ausfallenden Nettoeinkommens gewährt (mit Kindern 67 Prozent). Es wird gezahlt, wenn der Arbeitsausfall branchenüblich oder saisonbedingt ist oder auf betriebsorganisatorischen Gründen beruht.

Da die Bauwirtschaft witterungsabhängig ist und deshalb eine ganzjährige Beschäftigung nicht immer garantieren kann, zahlt das Arbeitsamt in der Zeit von Januar bis Ende Februar und vom 15. bis zum 31. Dezember zwei Mark je geleisteter Arbeitsstunde *Wintergeld.*

Die Arbeitsämter sind durch die Erfüllung aller dieser Aufgaben an die Grenze ihrer Leistungsfähigkeit gestoßen. Deshalb wurde ihr Monopol auf Arbeitsvermittlung in Frage gestellt. Doch das Alleinrecht der Arbeitsverwaltung auf Vermittlung von Arbeits- und Ausbildungsstellen ist die Konsequenz schlechter Erfahrungen. Sie reichen bis weit ins letzte Jahrhundert zurück. Damals nutzten skrupellose gewerbliche Stellenvermittler die Notlage der Arbeitssuchenden aus. Wegen dieser Befürchtungen schreckten die Politiker lange davor zurück, das Monopol des Arbeitsamtes aufzubrechen. Für eng begrenzte Bereiche, etwa Künstleragenturen und die Vermittlung von Managern durch Personalberater, war eine private gewerbliche Arbeitsvermittlung seit jeher erlaubt. Anfang 1994 ist dann die umfassende private gewerbliche Arbeitsvermittlung zugelassen worden.

*Umstritten: Arbeitsbeschaffungsmaßnahmen*

Vor allem in Ostdeutschland haben sich die *Arbeitsbeschaffungsmaßnahmen (ABM)* zu einem wichtigen Instrument entwickelt, auch wenn die Möglichkeit, auf diese Weise die Arbeitslosigkeit wirksam zu bekämpfen, umstritten ist. Das Schlagwort vom *zweiten Arbeitsmarkt* war schnell gefunden. So fordern die Gewerkschaften einen Quasi-Rechtsanspruch auf ABM zu Tarifen, die auch auf dem ersten Arbeitsmarkt gelten. Die Unternehmen halten allenfalls zusätzliche Beschäftigung in Form von Gemeinschaftsarbeiten mit niedrigeren Tarifen für sinnvoll.

ABM sind aber oftmals weniger ein Mittel der Beschäftigungs- als der Sozialpolitik. Besonderen Problemgruppen soll der völlige soziale Abstieg erspart bleiben; wenn sie schon keine regulären Arbeitsplätze mehr finden, sollen sie zumindest eine Arbeit haben.

ABM unterliegt besonderen Vergabekriterien. Sie muß gemeinnützig sein und darf nicht in Konkurrenz zur Arbeit privatwirtschaftlicher Unternehmen stehen. ABM-Kräfte sanieren verfallene Industriestandorte und Innenstädte, reinigen vergiftete Böden, legen Wanderwege an und helfen in Kindergärten, nehmen also den Handwerkern und den mittelständischen Unternehmen kaum Aufträge weg. Im Westen gibt es für jede ABM-Stelle einen Lohnkostenzuschuß von 50 bis 75 Prozent; im Osten übernimmt das Arbeitsamt sogar bis zu 90 Prozent. Die Beschäftigung ist zunächst auf ein Jahr befristet und kann um ein weiteres Jahr verlängert werden. Seit 1996 müssen 95 statt bis dahin 60 Prozent der ABM-Teilnehmer Langzeitarbeitslose sein.

Volkswirtschaftlich gesehen tragen sich die ABM-Stellen beinahe selbst. Den Kosten für die Arbeitsverwaltung stehen Minderausgaben beim Arbeitslosengeld sowie der Arbeitslosen- und Sozialhilfe gegenüber. Zudem zahlen ABMler höhere Rentenbeiträge und Steuern als Arbeitslose.

ABM gibt es nicht erst seit Inkrafttreten des Arbeitsförderungsgesetzes 1969. Bereits 1927 wurden unter dem Begriff *Notstandsarbeiten* ABM eingeführt, und Adolf Hitler ließ seine Autobahnen von ABM-Kräften bauen.

Als *Sonder-ABM*, gar als *arbeitsmarktpolitische Innovation* gelten die Maßnahmen des »249 h«. Der 249 h ist ein neuer Paragraph, der Anfang 1993 in das Arbeitsförderungsgesetz eingefügt wurde. Die Vorschrift soll der verheerenden Situation auf dem Arbeitsmarkt der neuen Länder besser entsprechen. Doch ist diese Regelung 1994 auch auf von Strukturkrisen besonders betroffene Regionen in Westdeutschland ausgedehnt worden. Der neue Paragraph sieht einen Finanzierungsmix vor, bei dem die Arbeitsämter auf Partnersuche gehen müssen. Aus Nürnberg kommt nur ein Lohnkostenzuschuß. Den Rest muß der Projektpartner – Land, Kommune, Treuhand – zahlen. Während ABM gänzlich vom Arbeitsamt finanziert werden, so ist durch 249 h ein riesiger Verschiebebahnhof mit Steuergeldern und Versicherungsbeiträgen entstanden.

Als weiteres Instrument gegen Arbeitslosigkeit wurden in Ostdeutschland *Beschäftigungsgesellschaften* gegründet. Bei einer solchen Gesellschaft werden die Sach- und Verwaltungskosten vom Staat getragen, die Mitarbeiter vom Arbeitsamt bezahlt.

Beschäftigen und Qualifizieren statt Entlassen ist das Prinzip dieser Gesellschaften. In vielen Regionen haben sich diese *Gesellschaften für Arbeitsbeschaffung, Beschäftigung und Strukturentwicklung (ABS)* zu den größten Arbeitgebern entwickelt. 1992, auf dem Höhepunkt der Umstrukturierung, gab es mehr als 300 solcher Gesellschaften, in denen über 100000 Personen beschäftigt waren.
Inzwischen existieren auch im Westen Beschäftigungsgesellschaften. Voraussetzungen für die Gründung sind eine schwerwiegende strukturelle Verschlechterung der Lage des Wirtschaftszweiges und außergewöhnliche Verhältnisse auf dem betroffenen Arbeitsmarkt.

### 6.3.2 *Die Rentenversicherung, ein Vertrag zwischen den Generationen*

Die gesetzliche Rentenversicherung will alte Menschen, Berufs- und Erwerbsunfähige sowie Hinterbliebene vor dem sozialen Abstieg bewahren. Im Alter ist die Rente Alterslohn für Lebensarbeitsleistung. Je höher und länger die Beitragszahlungen, desto mehr Rente kann jeder beanspruchen.
Versicherungsträger in der Rentenversicherung sind die *Bundesversicherungsanstalt für Angestellte (BfA)* und – für die Arbeiter – die regional tätigen *Landesversicherungsanstalten.* Außerdem gibt es die *Bundesknappschaft* (nur für Beschäftigte im Bergbau), die *Seekasse* sowie die *Bundesbahn-Versicherungsanstalt.*
Arbeitnehmer sind in der gesetzlichen Rentenversicherung zwangsversichert. Für Landwirte und Handwerker besteht weitgehend Versicherungspflicht. Selbständige brauchen der gesetzlichen Rentenversicherung nicht anzugehören. Wer nicht der Versicherungspflicht unterliegt, wie etwa eine Hausfrau, kann sich freiwillig versichern.
Niemand spart seine eigene Rente selbst an. Dafür gibt es den *Generationenvertrag*. Dies ist ein – unausgesprochener und nicht schriftlich festgelegter – Vertrag zwischen den Generationen, nämlich der beitragszahlenden und der rentenempfangenden Generation. Inhalt des Vertrages ist die Verpflichtung der heutigen Generation zur Beitragszahlung, wobei sie erwartet,

daß die nach ihr folgende Generation die gleiche Verpflichtung übernimmt. Da die Bevölkerungszahl (ohne Ausländer) und die Zahl der Beitragsleistenden sinkt, geht der Generationenvertrag zu Lasten der heutigen Kinder.

Vordergründig gibt es durchaus positive Effekte eines Bevölkerungsrückganges. Dazu zählt die Entlastung der Umwelt, die Schonung von Ressourcen. Schrumpfende Gesellschaften verzeichnen zudem in der ersten Phase einen erheblichen Wohlstandsgewinn. Ursache: Ersparte Kosten, weil es weniger Kinder gibt. Bis Ende der 90er Jahre errechnet sich nach heutigem Geldwert die Summe von zwei Billionen Mark als »Wohlstandsgewinn«, den die jetzige Generation als Nutzen des Kinderverzichts für sich verbuchen kann.

Doch dem stehen beängstigende negative Auswirkungen gegenüber. Schon macht die bissige Parole des »Bürgerkrieges der Generationen« die Runde. Heute kommen, grob gerechnet, zwei Berufstätige auf einen Rentner – im Jahr 2035 wird es nur noch einer sein. 2030 werden die über 60jährigen mehr als ein Drittel der deutschen Bevölkerung stellen. Sechs Prozent werden älter als 80 sein. Zudem steigt die Zeit des Rentenbezugs. Zur Zeit beträgt sie bei männlichen Angestellten 14 Jahre, bei Frauen 15,4 Jahre. Das sind dreieinhalb bzw. zweieinhalb Jahre mehr als noch 1970.

Nicht nur die Kinderfeindlichkeit in unserer Gesellschaft ist schuld an dieser Misere (die »Nettoreproduktionsrate«, die bei einem Wert von 1,0 langfristig eine gleichbleibende Bevölkerung anzeigen würde, ist seit 1970 unter diesen Wert gesunken), sondern auch die Politik. Allerdings konnte sich 1957, als die erste große Reform verwirklicht wurde, niemand vorstellen, daß die Zahl der Kinder so drastisch zurückgehen könnte. So wurde denn mit gutem Gewissen die bruttolohnbezogene *dynamische Rente* eingeführt. Seitdem steigen die Leistungen im gleichen Maß wie die Löhne und Gehälter; dadurch sollten die Rentner am steigenden Wohlstand beteiligt werden.

In die eigentliche Finanzmisere ist die Rentenversicherung aber erst 1972 durch die »kleine« Reform gestürzt worden. Die damalige Opposition von CDU/CSU erzwang unter anderem die Einführung der flexiblen Altersgrenze, die es bestimmten Versicherungspflichtigen gestattete, mit 63 Jahren »in Rente«

zu gehen, und die Öffnung der Rentenversicherung für Freiberufler. Selbständige, die kurz vor dem Rentenalter waren, zahlten liebend gern Beiträge nach und verbanden dies häufig gleich mit dem Rentenantrag. Die kurzfristige Geldschwemme reichte allerdings bei weitem nicht für die langfristigen Verpflichtungen.
Seit 1992 gilt in ganz Deutschland das gleiche Rentensystem. Gleichzeitig trat die Rentenreform in Kraft. Von der bruttolohnorientierten Rentenanpassung wurde Abschied genommen. Jeweils zum 1. Juli werden nun die Renten nur noch im Gleichschritt mit den Nettolöhnen angehoben. Das Rentenniveau pendelt bei etwa 70 Prozent des durchschnittlichen Nettoverdienstes. Vom Jahr 2001 an sollen die Altersgrenzen von 60 und 63 Jahren auf die Regelaltersgrenze von 65 Jahren angehoben werden.
Mit der Rentenreform 1997 ist die höhere Lebenserwartung in die Rentenformel eingebaut worden. Dieser Demographiefaktor bewirkt, daß das Standard-Rentenniveau von heute 70 auf 64 Prozent im Jahr 2030 sinken wird, selbst wenn der Beitragssatz dann fast 23 Prozent beträgt – ein Zehntel mehr als heute. Diese Entwicklung hat dramatische Auswirkungen. Bei einem angenommenen Rentenniveau von 64 Prozent wird eine wachsende Zahl von Versicherten zusätzliche Mittel benötigen.
Mitschuld an der Rentenmisere trägt auch der schwindende Bundeszuschuß. Da die Rentenversicherungen auch »Fremdleistungen« erbringen, bekommen sie Gelder vom Bund. Dazu zählt zum Beispiel die Zahlung von Renten an Spätaussiedler, die niemals eine Mark in die Rentenkasse eingezahlt haben. Dieser Bundeszuschuß ist kontinuierlich von 1957, als er 35 Prozent der Gesamtausgaben ausmachte, zusammengestrichen worden. Kritiker verweisen aber darauf, daß sich diese Fremdleistungen, die den Beitragszahlern durch politische Entscheidungen aufgebürdet wurden, auf fast 30 Prozent der Rentenausgaben belaufen. Doch läßt sich das Finanzierungsproblem der Rentenversicherung durch eine Aufstockung des Bundeszuschusses auch nicht lösen. Schließlich wird dieser Zuschuß aus dem Steueraufkommen finanziert. Steigende Steuern erhöhen die Abgabenbelastung im Endeffekt nicht anders als steigende Beiträge zur Rentenversicherung.

*Pensionen*

Die zunehmende Überalterung der Bevölkerung wird auch für die öffentlichen Haushalte zu steigenden Belastungen führen. Die Lohnsteuereinnahmen werden langsamer steigen, das Gewicht der Ausgaben für die Versorgung der Ruhestandsbeamten zunehmen; denn auch im öffentlichen Dienst wird sich das Verhältnis der Aktiven zu den Senioren ungünstiger entwickeln. Die Zahl der Pensionsempfänger wird bis zum Jahr 2030 schneller zunehmen als die der Rentner. Pensionsausgaben werden so zu wahren Sprengsätzen für die öffentlichen Haushalte. Pro Jahr kosten die Pensionen bereits 56 Milliarden Mark – das sind Tag für Tag mehr als 150 Millionen Mark. Nach Hochrechnungen werden sich die Zahlungen in den nächsten 30 Jahren mehr als vervierfachen.

*Betriebliche Altersversorgung*

Die betriebliche Altersversorgung hat in Deutschland eine lange Tradition. Schon um die Mitte des 19. Jahrhunderts begannen fortschrittliche Unternehmer, ihren Mitarbeitern Versorgungsleistungen zu gewähren. Die betriebliche Altersversorgung ist eine freiwillig übernommene Verpflichtung des Arbeitgebers im Rahmen des Arbeitsvertrages. Sie soll als eine der Säulen der Alterssicherung zur Erhaltung des Lebensstandards im Rentenalter beitragen.
Durch das Gesetz zur Verbesserung der betrieblichen Altersversorgung vom 19. Dezember 1974 wurde die betriebliche Altersversorgung erstmals gesetzlich geregelt. Das Gesetz beseitigt weitgehend die Verfallbarkeit von Versorgungsanwartschaften bei vorzeitigem Ausscheiden des Arbeitnehmers aus dem Unternehmen und verpflichtet die Arbeitgeber, alle drei Jahre eine Anpassung der Betriebsrenten zu prüfen. Zudem wird der Arbeitnehmer durch den *Pensions-Sicherungsverein* vor dem Verlust betrieblicher Versorgungsleistungen bei Zahlungsunfähigkeit des Arbeitgebers geschützt. Mitglieder sind alle diejenigen Unternehmen, die Betriebsrenten als Direktzusage oder über eigene Unterstützungskassen gewähren. Sie müssen eine jährliche Prämie an den Verein

abführen, deren Höhe sich nach den Pensionsverpflichtungen bemißt.
Diese zweite Säule der Altersvorsorge ist aber auch in die Diskussion geraten. Heute besitzt nur noch die Hälfte der Arbeitnehmer Anspruch auf eine betriebliche Altersvorsorge. Auch bei den Führungskräften ist die Tendenz rückläufig. Jedes zehnte Unternehmen hat seine Leistungen auf diesem Gebiet in den vergangenen Jahren reduziert. Ihnen scheint die klassische Form der direkten Pensionszusage oft als zu inflexibel und bürdet Risiken auf.

### 6.3.3 *Krankheit ist teuer: die Krankenversicherung*

Die Grundidee der gesetzlichen Krankenversicherung lehnt sich an das Solidarprinzip der Rentenversicherung an. Ein Junggeselle bezahlt den gleichen Betrag wie ein Familienvater mit fünf Kindern oder ein Rentner, der vielleicht Dauerpatient ist. Das Solidarprinzip wird auch zwischen Gesunden und Kranken beschworen. Die jüngeren Versicherten tragen die höheren Krankheitsrisiken der Älteren mit. Die erhöhten Aufwendungen für die Rentner werden von der Kranken- und nicht von der Rentenversicherung getragen. Ein pflichtversicherter Rentner zahlt die Hälfte des gesetzlich festgelegten Beitragssatzes der Krankenversicherung. Die andere Hälfte zahlt die Rentenversicherung für ihn.
Ende der 80er Jahre war die gesetzliche Krankenversicherung in eine schwere Finanzkrise geraten. Die Ausgaben waren seit 1960 fast dreimal so stark gestiegen wie die Löhne. Die Gründe: eine Ausweitung der Leistungen, die Zunahme des Bevölkerungsanteils alter Menschen, die kostenintensive »Apparatemedizin«, steigende Arzneimittelpreise – und nicht zuletzt das mangelnde Preisbewußtsein der Patienten aufgrund des anonymen Abrechnungsverfahrens per Krankenschein.
Um den vorhersehbaren Zusammenbruch des Systems zu verhindern, trat 1989 eine mehrstufige Gesundheitsreform in Kraft. Die großen Prinzipien Solidarität und Eigenverantwortung wurden neu gewichtet. So sind die Kassenleistungen jetzt weitgehend am Maß des medizinisch Notwendigen ausgerich-

tet und Mißbrauchsmöglichkeiten eingeschränkt. Der Zahnersatz hat sich für den Versicherten erheblich verteuert. Überhaupt keinen Zuschuß zum Zahnersatz bekommen grundsätzlich die ab 1979 Geborenen.
Träger der gesetzlichen Krankenversicherung sind *Ortskrankenkassen* (zuständig für alle, die nicht bei einer anderen Pflichtkasse versichert sind), *Betriebskrankenkassen* (für die Arbeitnehmer eines Betriebes, der eine solche Kasse eingerichtet hat), *Innungs-* (für bestimmte Handwerkszweige) und *landwirtschaftliche Krankenkassen* und sogenannte *Ersatzkassen* (für diejenigen, die eigentlich einer Pflichtkasse angehören, aber auf eigenen Wunsch dieser Kasse beitreten), die finanziell und organisatorisch selbständig sind. In der gesetzlichen Krankenversicherung sind fast 90 Prozent der Bevölkerung versichert. Die Versicherungspflicht ist vom Einkommen abhängig. Wer oberhalb der sogenannten *Versicherungspflichtgrenze* ist, kann sich entweder privat krankenversichern oder in der gesetzlichen Krankenkasse freiwillig weiterversichern.
Seit 1996 können alle Mitglieder – auch Arbeiter – von Orts-, Betriebs- und Innungskrankenkassen genauso wie Angestellte zwischen verschiedenen Krankenkassen wählen. Zudem gab es grundlegende Eingriffe in die Selbstverwaltung der Krankenkassen. Als weitere Bestandteile des *Gesundheitsstrukturgesetzes* gibt es seit 1994 einen Finanzausgleich zwischen allen Krankenkassen durch Verteilung der Einnahmen, den sogenannten *Risikostrukturausgleich*. Alle Arbeitnehmer sind automatisch pflichtversichert, wenn der regelmäßige Brutto-Arbeitsverdienst eine bestimmte Höchstgrenze pro Jahr nicht übersteigt. Diese Pflichtversicherungsgrenze in der Krankenversicherung steigt jährlich mit der Entwicklung der Löhne und Gehälter.
Ein wichtiges organisatorisches Element sind die *Kassenärztlichen Vereinigungen*. Hier sind die zur Kassenpraxis zugelassenen Ärzte zusammengeschlossen. Die Krankenversicherer schließen mit diesen Vereinigungen und den Krankenhäusern Verträge ab, in denen die Ärzte sich verpflichten, eine gleichmäßige und ausreichende Versorgung der Kassenmitglieder sicherzustellen. Als Gegenleistung zahlen die Krankenkassen *Gesamtvergütungen*, die die Vereinigungen unter den Kassenärzten aufteilen.

*Unfallversicherung*

Die gesetzliche Unfallversicherung wurde 1884 begründet. Sie wird allein aus Arbeitgeberbeiträgen finanziert, da die Gefährdung durch Arbeitsunfälle und Berufskrankheiten von den Unternehmen ausgeht. Auch der Hin- und Rückweg zur Arbeit ist versichert. Bisher vergeblich haben sich die Arbeitgeber dafür eingesetzt, daß die Wegeunfälle künftig nicht mehr zur gesetzlichen Unfallversicherung gehören, weil sie mit der Arbeit direkt nichts zu tun haben. Die Beiträge werden nach der im abgelaufenen Jahr im Unternehmen gezahlten Lohnsumme festgelegt, wobei nach Branchen bestimmte Gefahrenklassen zugrundegelegt werden. Der *Gefahrtarif* mit seinen Gefahrklassen berücksichtigt die unterschiedliche Unfallbelastung der jeweiligen Branche. Erfolge der Unternehmen beim Gesundheitsschutz und der Unfallverhütung gehen in die Beitragsfestsetzung mit ein. Im Klartext: Wer weniger Unfälle und Berufskrankheiten verursacht, bekommt einen Beitragsnachlaß, im umgekehrten Fall gibt es Zuschläge.
Die Träger der Unfallversicherung sind seit mehr als hundert Jahren die *Berufsgenossenschaften*. Jeder einzelne Betrieb ist Mitglied in der für seinen Gewerbezweig zuständigen Berufsgenossenschaft. Diese werden durch ihre Mitglieder (Unternehmer) und Versicherten (Arbeitnehmer) paritätisch selbstverwaltet. Zum Ausgleich von Einkommensverlusten zahlt die Berufsgenossenschaft Verletztengeld. Ist die Erwerbsfähigkeit beeinträchtigt, erhält der Verletzte eine Rente. Doch ist es eine der Hauptaufgaben der Berufsgenossenschaften, Unfälle zu verhindern. Allein dafür geben sie eine Milliarde Mark im Jahr aus. Sie überwachen und beraten die Betriebe und bilden Sicherheitsfachkräfte aus.

### 6.3.5 *Pflegeversicherung*

Jüngster Baustein und fünfte Säule der Sozialversicherung ist die 1995 geschaffene Pflegeversicherung. In Deutschland leben etwa zwei Millionen pflegebedürftige Menschen. Im Jahr 2030 werden es drei Millionen sein, ohne daß bislang eine Sozialversicherung originär für sie zuständig war. Mitglieder der gesetz-

lichen Krankenversicherung werden automatisch Mitglied der Pflegeversicherung. Privatversicherte und Beamte müssen sich in der Regel selbst versichern.
Der Versicherungsbeitrag zur gesetzlichen wie zur privaten Pflegeversicherung beträgt 1,7 Prozent des monatlichen Bruttoeinkommens. Arbeitnehmer und Arbeitgeber zahlen je die Hälfte des Beitrags. Um die Wirtschaft nicht mit weiteren Kosten zu belasten, hat der Gesetzgeber ihr als Ausgleich die Streichung eines Feiertags zugestanden. Die meisten Bundesländer haben sich dafür entschieden, daß am Buß- und Bettag gearbeitet wird. Da Sachsen keinen Feiertag aufgegeben hat, beteiligen sich die Arbeitgeber hier nur mit 0,35 Prozent, der Arbeitnehmer trägt 1,35 Prozent.

### 6.3.6 *Sozialhilfe*

Die Sozialhilfe ist das »letzte Netz« des sozialen Sicherungssystems. Einen Anspruch hat nach den Kriterien des Bundessozialgesetzes aus dem Jahr 1962 derjenige, der nicht in der Lage ist, aus eigener Kraft seinen Lebensunterhalt zu bestreiten, oder sich in besonderen Lebenslagen nicht selbst helfen kann. Hilfeempfänger müssen eine zumutbare Arbeit annehmen, sonst entfällt der Anspruch auf Sozialhilfe. Unter Umständen müssen auch Familienangehörige für Sozialhilfe aufkommen. Nach dem Familienrecht besteht zwischen Verwandten eine allgemeine Unterhaltspflicht. Diese wird von der Sozialhilfe nicht aufgehoben.
Die Träger der Sozialhilfe, insbesondere die Gemeinden, klagen über die steigende Belastung ihrer Etats durch die Folgekosten der anhaltend hohen Arbeitslosigkeit, für die eigentlich der Bund aufzukommen hat. Immer mehr Menschen werden vor allem durch die Kürzungen nach dem Arbeitsförderungsgesetz in die Sozialhilfe »entlassen«.

### 6.3.7 *Wohngeld*

Immer mehr Haushalte müssen staatliches Wohngeld in Anspruch nehmen, um ihre Wohnkosten aufbringen zu können. Das Wohngeld soll auch Haushalten mit niedrigem Einkommen ein angemessenes und familiengerechtes Wohnen ermöglichen. Wohngeld ist kein Almosen: Wer zum Kreis der Berechtigten gehört, hat darauf einen Rechtsanspruch. Wie viel Wohngeld auf Antrag gezahlt wird, hängt vom Einkommen, von der Größe der Familie und von der Höhe der monatlichen Miete oder Belastung ab. Seit 1997 wird das Wohngeld in den neuen und alten Bundesländern nach den Bestimmungen des Wohngeldgesetzes berechnet. Das Wohngeld zahlen Bund und Länder je zur Hälfte. Je nachdem, ob es Mietern oder Eigentümern von Wohnraum gezahlt wird, spricht man von *Miet-* bzw. *Lastenzuschuß*.

### 6.3.7 *Sozialgerichtsbarkeit*

Das geltende Sozialrecht ist kaum überschaubar. Das Sozialgesetzbuch ist bislang nur ein Konglomerat aus neuen und alten Regelungen. Hier werden nur gewisse ausgewählte Gebiete des Sozialrechts zusammengefaßt. Für alle Streitigkeiten auf dem Gebiet der Sozial- und Arbeitslosenversicherung und der übrigen Aufgabenfelder der Bundesanstalt für Arbeit gibt es eine besondere, von den Verwaltungsbehörden getrennte Sozialgerichtsbarkeit. An der Rechtsprechung wirken Berufsrichter und ehrenamtliche Richter (Laienrichter) mit. Der Instanzenweg ist dreistufig: Sozialgericht, Landessozialgericht, Bundessozialgericht in Kassel. Das Sozialgericht verhandelt und entscheidet in Kammern und ist mit drei Richtern (einem Berufsrichter und zwei ehrenamtlichen) besetzt. Das Landes- und das Bundessozialgericht treten in Senaten (drei Berufs- und zwei ehrenamtliche Richter) zusammen. Das Landessozialgericht entscheidet über die Berufung, das Bundessozialgericht über die Revision.

## 6.4 Den Überfluß verwalten: die Agrarpolitik

In jedem Jahr setzen die EU-Landwirtschaftsminister die für das folgende Wirtschaftsjahr geltenden Agrarpreise fest. Diese Sitzungen stehen regelmäßig im Brennpunkt des öffentlichen Interesses. Schließlich wird hier über die Einkommen von 8,2 Millionen Agrarbetrieben in der EU bestimmt. Die Entscheidungen berühren Millionen in der Agrarwirtschaft beschäftigte Menschen; und schließlich wollen auch die 320 Millionen Verbraucher wissen, wie tief sie künftig für Lebensmittel in die Haushaltskasse greifen müssen. Nicht zuletzt beanspruchen die Agrarausgaben mehr als die Hälfte des gesamten Haushalts der EG.

Noch vor wenigen Jahren als Inbegriff der europäischen Einigung gepriesen, lastet die Agrarpolitik heute als schwere Hypothek auf der Europäischen Union. Die Finanzminister der EU-Länder wollen und können nicht mehr Jahr für Jahr höhere Zuschüsse aufbringen; die Verbraucher murren über die Preise für Lebensmittel, die zum Teil weit über dem Weltmarktniveau liegen; die Landwirte klagen, weil trotz großzügiger Unterstützung oft nicht genug Geld zum Überleben in der Kasse bleibt; die Länder der Dritten Welt sind empört, weil sie die Zollschranken der EU kaum überwinden können.

Dabei fing alles so verheißungsvoll an: Die EG hatte bei ihrer Gründung 1958 noch Bedarf an Nahrungsmitteln. So wurde die Verabschiedung der EG-Agrarmarktordnung als großer Erfolg der europäischen Integration gefeiert. Das Grundprinzip war recht simpel. Droht bei Angebotsüberschuß ein Preisverfall, dann kauft die Gemeinschaft den Markt leer und stabilisiert so den Preis. In schlechten Jahren sollten die Märkte von den Lagern aus bedient werden, damit die Preise nicht ins Unermeßliche steigen. Daß es aber in nur wenigen Jahren zu bislang undenkbaren Produktivitätssteigerungen kommen würde, hatte niemand vorausgesehen. So verdoppelten sich beispielsweise in nur 20 Jahren die Getreideerträge.

In Deutschland hat die Sonderstellung der Landwirtschaft Tradition. 1878 setzten die ostdeutschen Großlandwirte Getreidezölle durch, um die amerikanische Konkurrenz abzuwehren. Kurze Zeit nach dieser Geburtsstunde der Agrarprotektion folgten Beschränkungen für Zucker und Kartoffelspiritus. Das Streben nach »Nahrungsautarkie«, der Unabhängigkeit von Nahrungsmittelimporten, setzte sich über den Ersten Weltkrieg, als es ernsthafte Probleme bei der Versorgung der Bevölkerung gab, bis zum nationalsozialistischen »Reichsnährstand« fort. Die »Erzeugungsschlacht« war das Schlüsselwort für wirtschaftlichen Fortschritt.

# Keine Einkommensverluste durch EU-Agrarreform

## Brüsseler Kommissar Fischer stellt zwei Studien vor

**Brüssel.** Die umstrittenen Brüsseler Pläne zur Reform der EU-Agrarpolitik werden zwei wissenschaftlichen Studien zufolge nicht zu den befürchteten Einkommensverlusten für die Landwirte führen. EU-Agrarkommissar Franz Fischler stellte die Untersuchungen der Universitäten Bonn und Amsterdam gestern in Brüssel vor. Bis zum Jahr 2005 wird demnach das Einkommen je Arbeitskraft in der Landwirtschaft je nach Berechnungsmodell um 22 bis 34 Prozent im Vergleich zu 1992 bis 1996 steigen.

Gleichzeitig räumte Fischler ein, daß die Einkommenszuwächse nach der Umsetzung der Agrarreform im Rahmen der Agenda 2000 niedriger ausfallen werden als bei einer Beibehaltung der aktuellen Situation. Dies sei aber eine rein theoretische Feststellung. Ohne Änderung der Agrarpolitik gerate die EU in Gefahr, auf den Weltmärkten an den Rand gedrängt zu werden. Zudem werde es ohne Reform unannehmbar hohe Überschüsse geben, deren Beseitigung teurer werde als die Reform. Deren Kosten bezifferte Fischler auf 6,6 bis 8,2 Milliarden Mark jährlich.

Als weitere positive Auswirkung der geplanten Agrarreform nannte Fischler Einsparungen für die Verbraucher. Laut Studien können die Konsumenten in der EU beim Kauf von Lebensmitteln durch sinkende Agrarpreise insgesamt 19,5 bis 33 Millarden Mark sparen. Mit dem Reformpaket Agenda 2000 will die EU-Kommission die Union auf den Beitritt mittel- und osteuropäischer Länder vorbereiten. Kern der Agrarreformpläne ist eine Senkung der garantierten Preise für Rindfleisch, Getreide und Milch um bis zu 30 Prozent. Als Ausgleich sollen die Landwirte direkte Beihilfen bekommen. Deutschland und die Mehrheit der EU-Länder lehnen die Pläne strikt ab. (dpa)

Auch in der Zeit nach dem Zweiten Weltkrieg litten viele Menschen Hunger, so daß sich kaum Protest erhob, als 1950 durch den Aufbau von Agrarmarktordnungen die Marktwirtschaft für die Landwirte außer Kraft gesetzt wurde. Die Preise entstehen nicht durch Angebot und Nachfrage, der Absatz ist vielmehr durch einen festgelegten Mindestpreis garantiert, Wachstum erfolgt somit nicht über Wettbewerb, sondern weitgehend auf Staatskosten.

Die ersten beiden Jahrzehnte nach dem Zweiten Weltkrieg waren für die deutschen Bauern eine Zeit günstigster Bedin-

gungen. Zehn Millionen Menschen strömten ins Land, und der schnell wachsende Massenwohlstand ließ die Nachfrage nach Nahrungsmitteln kaum versiegen. Jährliche Wachstumsraten von zehn Prozent waren die Regel. Doch die modernen Produktionsmethoden haben die volkswirtschaftliche Stellung der Landwirtschaft in wenigen Jahrzehnten von Grund auf geändert. Zudem kamen die »Ernährer der Nation« ins Gerede. Der Einsatz von chemischen Hilfsmitteln und die Massentierhaltung stießen auf vehemente Ablehnung.
In dieser Ausgangslage einigten sich die Landwirtschaftsminister 1962 auf die *Gemeinsame Agrarpolitik (GAP)*, deren drei Grundsätze heute noch gelten:

1. *Markteinheit:* Zum Schutz ihrer Landwirte vor ausländischer Konkurrenz hatten die Nationalstaaten *Marktordnungen* erlassen, etwa durch Zölle auf Einfuhren oder Beihilfen für die Landwirtschaft. Die GAP der EWG-Staaten erließ deshalb gemeinsame, für alle Staaten verbindliche und gleiche Marktordnungen. Nur so ließ sich eine Verzerrung des Wettbewerbs verhindern. Mehr als 20 solcher Marktordnungen gibt es, unter anderem für Getreidearten, Milchprodukte, Rindfleisch, Zucker. Absatz- und Preisgarantien sollten das Einkommen der Bauern erhöhen.
2. *Finanzielle Solidarität:* Die durch die Marktordnungen entstehenden Kosten galt es nun aus einem gemeinsamen Haushalt zu finanzieren. Die EWG-Staaten gründeten dazu den *Europäischen Ausrichtungs- und Garantiefonds für die Landwirtschaft.*
3. *Gemeinschaftspräferenz:* Drittstaaten können Agrarprodukte mitunter günstiger produzieren. Deshalb belastete die EWG die Einfuhren mit veränderbaren Zöllen *(Abschöpfungen)*, um sie dadurch zu verteuern und die eigenen Landwirte vor Konkurrenz zu schützen (die Abschöpfungen waren so bemessen, daß die Einfuhren teurer waren als die Produkte der Gemeinschaft). Die Agrarprodukte aus der Gemeinschaft erhielten also Präferenz.

Mit dem Ergebnis von Marktordnungen, Preis- und Absatzgarantien und den agrarmonetären Regeln kann jedoch niemand

zufrieden sein. Selbst die Bauernverbände, die die Subventionen mit Klauen und Zähnen verteidigen, kommen an den Fakten nicht vorbei. Das Angebot an Agrarerzeugnissen stieg so rasant, daß sich in den 80er Jahren die Nachteile der Agrarpolitik deutlich zeigten: Es wurde weit über Bedarf produziert – schließlich verdienten die Landwirte um so mehr, je mehr sie herstellten. Die Getreide-, Rindfleisch- und Butterberge waren praktisch unverkäuflich. Folge: Die Überschüsse werden bearbeitet, gelagert und, wenn die Lager aus allen Nähten platzen, weit unter Preis verkauft oder vernichtet.
1992 einigten sich die europäischen Agrarminister deshalb nach fast eineinhalbjährigen Verhandlungen auf eine Reform der Agrarpolitik. Der neue Ansatz heißt: direkte Einkommenshilfen statt Marktstützung. Die Kernpunkte der Reform:

- Senkung der subventionierten Garantiepreise,
- Ausgleich der dadurch entstehenden Einkommensverluste durch Direktzahlungen, wenn der Landwirt an einer Flächenstillegung teilnimmt,
- zusätzliche Absicherung der Reform durch verstärkte Förderung umweltfreundlicher Produktionsweisen, verstärkte Förderung der Aufforstung. Einführung einer Vorruhestandsregelung (die Ende 1996 in Deutschland dem Rotstift des Finanzministers zum Opfer fiel).

Der Abbau der Preisgarantien bei gleichzeitigem Ausgleich durch direkte Einkommenszahlungen durch die Mitte 1996 abgeschlossene GAP-Reform wurde mit viel Beifall bedacht. Denn das bislang für die teure Lagerhaltung und für Exportsubventionen verwendete Geld soll nun den Bauern direkt zufließen. Aber die produktbezogenen Beihilfen haben mindestens einen entscheidenden Nachteil: Sie führen zu einer Aufblähung der Bürokratie. Für jedes geregelte Produkt gibt es eine besondere Beihilfeverordnung mit detaillierten Bestimmungen – der Landwirt wird vollends zum Auftragswirt.
Auf diesem Weg will die Europäische Kommission weitergehen. Die im Juli 1997 vorgelegte »Agenda 2000«, in der die Kommission ihre Positionen zur künftigen Entwicklung der

Gemeinschaft veröffentlichte, sieht vor, die Preisstützungsmaßnahmen zugunsten direkter Einkommenszahlungen weiter zu reduzieren, für die Landwirte alternative Einkommens- und Beschäftigungsmöglichkeiten zu schaffen (z.B. Urlaub auf dem Bauernhof) und Umweltziele in die GAP einzubeziehen.
Die Vorschläge stießen bei Bauernverbänden und Regierungen auf harsche Kritik: Sie befürchten Einkommenseinbußen für die Landwirte, sollten die Preisstützungen abnehmen. Außer Frage steht jedoch, daß die EU um weitere Reformen in der Agrarpolitik nicht herumkommt, will sie weitere Staaten aufnehmen. Die Brüsseler Kommission weiß, daß die Aufnahme der strukturschwachen Länder den EU-Haushalt ohne grundlegende Agrarreform sprengen würde.
Für die nationale Agrarpolitik werden die Spielräume angesichts der Brüsseler Übermacht immer geringer. Welche Hilfen erlaubt sind und welche nicht, entscheidet immer häufiger die EU-Kommission. Ein wichtiges Instrument für den Bundesernährungsminister ist die Agrarstrukturpolitik. Denn daß die deutschen Landwirte seit Jahren im europäischen Einkommensvergleich lediglich einen mittleren Platz einnehmen, hängt auch mit den vergleichsweise ungünstigen Strukturen zusammen, also mit Bodenqualitäten, Betriebsformen und Betriebsgrößen. So haben größere Betriebe tendenziell bessere Chancen als kleine.
Diese Tatsache hat durch die Wiedervereinigung noch an Brisanz gewonnen. Denn die Nachfolgebetriebe der inzwischen aufgelösten *Landwirtschaftlichen Produktionsgenossenschaften (LPG)* der DDR sind nach wie vor wesentlich größer als die westdeutschen Höfe, die im Mittel auf 23 Hektar kommen. Die ostdeutschen Betriebe liegen aufgrund des radikalen Neubeginns bei durchschnittlich 180 Hektar und können es so zum Teil selbst mit US-Großfarmen aufnehmen.
Der Strukturwandel in der vom bäuerlichen Familienbetrieb dominierten westdeutschen Landwirtschaft ist trotz der massiven Subventionen nicht zum Stillstand gekommen. Und er wird weitergehen. Gab es 1949 noch 1,6 Millionen landwirtschaftliche Betriebe, sind es jetzt noch 500000. Von den überlebenden Haupterwerbsbetrieben hat nur ein Drittel ausreichend Eigenkapital. Über die Hälfte der Bauern muß außerhalb des eige-

nen Hofs dazuverdienen (wenn über die Hälfte des Gesamteinkommens aus der Landwirtschaft kommt, nennt man das *Zuerwerb*; von *Nebenerwerb* spricht man, wenn weniger als die Hälfte des Gesamteinkommens auf dem Hof erwirtschaftet wird).
So schrumpft die gesamtwirtschaftliche Bedeutung der Landwirtschaft: 2,3 Prozent der Erwerbstätigen steuern nur noch 0,8 Prozent zum Bruttoinlandsprodukt bei. Doch unstrittig ist, daß es in Deutschland auch in Zukunft Bauern geben muß. Landwirte produzieren nicht nur Nahrungsmittel, sondern erhalten auch die Kulturlandschaften.

## 6.5 Zwischen Fusionen und Subventionen: die Wettbewerbspolitik

### 6.5.1 *Fusionen*

Ohne Wettbewerb ist eine Marktwirtschaft sinnlos. Nur wenn die Konkurrenz vollkommen ist, wenn also die Zahl selbständiger Anbieter gleicher Güter möglichst groß, der einzelne Anbieter im Kreise seiner Konkurrenten nicht zu mächtig ist und keiner von ihnen den Marktpreis außer Kraft setzen kann – nur dann ist die Marktwirtschaft in der Lage, ihre Vorteile voll zu entfalten. Dasselbe soll für die Nachfrager gelten. So jedenfalls besagt es das Konzept der Marktwirtschaft.
Wettbewerbspolitik ist also Ordnungspolitik – Politik, die die Grundvoraussetzungen der Wirtschaftsordnung sichern will. Doch vor allem in den letzten Jahren beherrschen immer wieder Nachrichten über neue Unternehmenszusammenschlüsse die Schlagzeilen.
Schon mehren sich die Warnungen, daß der Wettbewerb als tragende Säule der sozialen Marktwirtschaft ausgehebelt wird und demnächst Großkonzerne die Preise diktieren könnten. Damit eine solche Konzentration nicht ausufert, mittelständische und kleine Firmen auch weiterhin wettbewerbsfähig sind, und um zu verhindern, daß nur noch wenige Unternehmen oder gar nur ein Unternehmen die Preise und die Zahl der Arbeitsplätze bestimmen, gibt es Kartellbehörden und Fusionskontrolleure. Sie können sich auf zwei Gesetze stützen: das *Ge-*

*setz gegen den unlauteren Wettbewerb (UWG)* und das *Gesetz gegen Wettbewerbsbeschränkungen (GWB).*
Das UWG, 1909 in Kraft getreten und zuletzt 1986 novelliert, geht zum Beispiel gegen unwahre oder irreführende Werbung, gegen Imitation fremder Produkte oder gegen die systematische Abwerbung von Arbeitskräften vor. Ferner regelt es Aus- und Räumungsverkäufe im Handel. Insgesamt soll das UWG Konsumenten und Wettbewerber vor unfairem Verhalten von Anbietern schützen. Verstöße gegen das Gesetz führen zu Ansprüchen auf Unterlassung und unter Umständen auch auf Schadensersatz.

# Aktionäre besiegeln die Hochzeit der Sterne

**Fusion der Autokonzerne Daimler-Benz und Chrysler nach Umtauschaktion perfekt**

Der Mercedes-Stern

Der Chrysler-Stern

**Stuttgart** (AP). Die Fusion von Daimler-Benz mit dem US-Hersteller Chrysler zum drittgrößten Automobilhersteller der Welt ist perfekt. Wie der größte deutsche Konzern gestern in Stuttgart mitteilte, wurden rund 97 Prozent der Unternehmensaktien in Papiere der neuen Daimler-Chrysler AG umgewandelt. Daimler-Chef Jürgen Schrempp sagte, dies sei ein überwältigendes und historisches Ergebnis. „Ich freue mich sehr darüber." Damit seien die Weichen gestellt, daß Daimler-Chrysler zu einem globalen Unternehmen ausgebaut werden könne.

Bei der größten Umtauschaktion in der deutschen Aktiengeschichte waren einen Monat lang 800 000 Aktionäre zum freiwilligen Eintausch aufgerufen. Der Stuttgarter Autobauer erreichte damit sein selbstgestecktes Ziel einer Umtauschquote von mehr als 90 Prozent und kann somit die gewinnschonendste Form des Zusammenschlusses wählen. Dieses Ergebnis sei auch ein Vertrauensbeweis in das Management, sagte Schrempp.

Zugleich verlängerte der Konzern entsprechend den Regeln der US-Wertpapieraufsicht die Umtauschfrist um zehn Geschäftstage bis zum 6. November, da nunmehr ein verbessertes Umtauschverhältnis gilt. Schrempp sagte, mit der Verschmelzung der beiden Unternehmen könne nun planmäßig ab Mitte November begonnen werden.

Der Handel mit den Papieren der Daimler-Chrysler AG an der Börse unter dem Kürzel DCX erfolgt ab Mitte November.

Als »Grundgesetz der Marktwirtschaft« wird häufig das Gesetz gegen Wettbewerbsbeschränkungen bezeichnet. Es trat 1958 in Kraft und wurde seither mehrmals den veränderten Wettbewerbsbedingungen angepaßt. Man nennt es auch *Kartellgesetz*. Dieser Name sagt, um was es geht: Das GWB soll Kartelle verhindern, also freiwillige Zusammenschlüsse von rechtlich selbständigen Unternehmen mit dem Ziel, den Wettbewerb einzuschränken.

Strenge Regelungen gegen Wettbewerbsbeschränkungen waren in Deutschland früher unbekannt. Noch zu Anfang des Jahrhunderts galten – anders als in den USA – Kartelle als Selbstverständlichkeit. Während der Weimarer Republik wurde zwar eine Kartellverordnung gegen Mißbräuche erlassen, doch Kartelle generell wurden nicht verboten. Kohle-, Kali- und Stahlsyndikate entwickelten sich. Diese Strukturen konnten die Nationalsozialisten dann für ihre Zwecke als Lenkungsinstrumente nutzen: Zwangskartelle und Zwangsbewirtschaftungen wurden eingeführt. Nach dem Zweiten Krieg machten sich die Alliierten an die Entflechtung der deutschen Wirtschaft.

Verantwortlich für die Überwachung des Wettbewerbs und für die Kontrolle der Kartelle ist in der Bundesrepublik in erster Linie das 1958 gegründete *Bundeskartellamt,* das infolge des Regierungsumzuges von Berlin nach Bonn wechselt. Es ist dem Bundeswirtschaftsministerium unterstellt. Die zehn nach Branchen gegliederten Beschlußabteilungen des Kartellamts entscheiden unabhängig. Bei regionalen Fällen entscheiden teilweise auch die Landeskartellämter.

Nach dem GWB sind Kartelle grundsätzlich verboten, Ausnahmen von diesem Verbot jedoch möglich. Das Gesetz unterscheidet anmeldepflichtige und genehmigungspflichtige Kartelle. Anmeldungspflichtige Kartelle sind grundsätzlich erlaubt, müssen den Kartellbehörden aber mitgeteilt werden. Dazu gehört zum Beispiel das *Konditionenkartell.* Hierbei verpflichten sich die Mitglieder des Kartells, bestimmte Geschäftsbedingungen (z.B. Liefer- oder Zahlungsbedingungen) einheitlich anzuwenden.

Die Erlaubnis für genehmigungspflichtige Kartelle ist auf drei Jahre begrenzt. Beispiel für ein genehmigungspflichtiges Kartell ist das *Strukturkrisenkartell.* Dabei soll nach einem Nach-

frageeinbruch in einer Branche die verbleibende Nachfrage auf die Unternehmen aufgeteilt werden. Ziel ist es, den Schaden des Nachfrageeinbruchs für das einzelne Unternehmen zu begrenzen. Ausnahmsweise kann auch ein *Rationalisierungskartell* erlaubt werden, wenn der mit ihm erreichte Rationalisierungserfolg in einem angemessenen Verhältnis zur damit verbundenen Wettbewerbsbeschränkung steht. Die Kartellteilnehmer ergreifen einheitliche Maßnahmen zur Steigerung der Leistungsfähigkeit oder Wirtschaftlichkeit. Alle Kartelle müssen ins Kartellregister eingetragen und im Bundesanzeiger, einem öffentlichen Bekanntmachungsblatt, veröffentlicht werden. In *Konditionenkartellen* ist die einheitliche Anwendung allgemeiner Geschäfts-, Liefer- und Zahlungsbedingungen erlaubt. Die im Kartell vereinbarten Regelungen dürfen sich nicht auf Preise oder Preisbestandteile beziehen.
Da mit der gemeinsamen Euro-Währung auch die europäischen Märkte weiter zusammenwachsen sollen, sind Anfang 1999 die Rabattkartelle sowie die Ausfuhr- und Einfuhrkartelle von der Ausnahmeliste gestrichen worden. Weitere Änderungen im deutschen Kartellrecht wurden wirksam, um das nationale mit dem europäischen Kartellrecht zu harmonisieren:

- Alle Zusammenschlüsse mit Ausnahme von Bagatellfällen müssen wie im EG-Recht angemeldet werden. Die untere Grenze liegt bei einem Umsatz von 30 Millionen Mark.
- Wegen Mißbrauchs kann unmittelbar vor einem Zivilgericht geklagt werden, ohne daß eine Kartellbehörde tätig werden muß.
- Märkte können wirtschaftlich weit über die nationalen Grenzen hinausreichen.
- Der Verkauf unter Einstandspreis ist ausdrücklich verboten. Ausgenommen sind sachlich gerechtfertigte Verkäufe unter Einstandspreis, wie etwa bei leicht verderblicher Ware.
- Verlangen Großunternehmen von kleineren Unternehmen, wie zum Beispiel Zulieferern, Rabatte, kann eine entsprechende Anzeige beim Kartellamt auch anonym vorgetragen werden. Hintergrund: Bislang kam es immer wieder vor, daß Großunternehmen drohten, die Geschäftsbeziehungen bei einer Anzeige vollständig abzubrechen.

Weitaus wichtiger als die Überwachung von Kartellen ist für die Wettbewerbshüter in den vergangenen Jahren die *Fusionskontrolle*, die im August 1973 in das deutsche Wettbewerbsrecht eingeführt wurde. Unter Fusionen versteht man den Zusammenschluß von ehemals selbständigen Unternehmen. Fusionen reichen also viel weiter als Kartelle. Denn während bei Kartellen trotz Zusammenarbeit in bestimmten Teilgebieten die rechtliche Selbständigkeit ihrer Mitglieder erhalten bleibt, geht mit jeder Fusion ein Stück marktwirtschaftlicher Vielfalt verloren. Folge ist eine Unternehmenskonzentration, die zur Bildung von Marktmacht führt. Wer aber Macht besitzt, neigt dazu, sie zu mißbrauchen. Und je größer ein Unternehmenszusammenschluß ist, desto weniger Einfluß bleibt seinen Konkurrenten, desto größer ist die Gefahr, daß aus der Marktmacht Marktbeherrschung wird – mit allen negativen Folgen, die diese für Angebotsvielfalt und Preise haben kann.
Und nicht nur für die. Denn Marktmacht kann auch dazu führen, daß ein Unternehmen seine überragende Stellung sowohl gegenüber seinen Wettbewerbern und Kunden als auch gegenüber der Politik mißbraucht. Welche Regierung kann einem Riesenkonzern mit mehreren hunderttausend Beschäftigten in einer Krise schon die finanzielle Unterstützung versagen, wenn das Unternehmen damit droht, anderenfalls viele Tausende von Arbeitsplätzen zu streichen?
Das Bundeskartellamt beobachtet die Fusionsentwicklung mit Argusaugen. Seinem Eingreifen sind jedoch Grenzen gesetzt. Nach den Vorschriften des GWB kann das Amt nur tatig werden, wenn sich der Beteiligungserwerb auf mindestens 25 Prozent des stimmberechtigten Kapitals beläuft. Solche Beteiligungsabsichten sind beim Kartellamt vorher anzumelden *(vorbeugende Fusionskontrolle)*. Die Beteiligung kommt erst zustande, wenn die Wettbewerbshüter keinen Einspruch erheben. Aus der Firmenehe wird hingegen nichts, wenn die Behörde nach Prüfung des Falles zu dem Schluß kommt, daß durch die Fusion eine marktbeherrschende Stellung entsteht oder verstärkt wird. Ausnahmen kann allerdings der Bundeswirtschaftsminister erlauben *(Ministererlaubnis)*. Voraussetzung ist, daß die Wettbewerbsbeschränkung von gesamtwirtschaftlichen Vorteilen des Zusammenschlusses aufgewogen wird oder die

Fusion durch ein überragendes Interesse der Allgemeinheit gerechtfertigt ist.
Aber nicht nur der Tatbestand der Marktbeherrschung bereitet den Wettbewerbshütern Kopfzerbrechen. So mußten sie in den vergangenen Jahren immer häufiger mit ansehen, wie die vorbeugende Fusionskontrolle unterlaufen wurde. Viele Unternehmen haben den Trick angewandt, lediglich 24,9 Prozent des stimmberechtigten Kapitals zu erwerben. Aber auch ohne solche Finten bleibt das Fusionskarussell in der Bundesrepublik in Fahrt. Die Zahl der Unternehmenszusammenschlüsse bzw. Beteiligungsübernahmen von mehr als 25 Prozent des Kapitals oder der rechtlich gleichgestellten Gemeinschaftsgründungen ist in den 80er Jahren stetig angestiegen und hat 1991 eine bisherige Rekordmarke erreicht.
In der Statistik nicht erfaßt sind neben den Beteiligungen von 24,9 Prozent die Verflechtungen der diskreteren Art, etwa durch Banken, die im Aufsichtsrat konkurrierender oder sich wechselseitig beliefernder Unternehmen sitzen.
Die Gründe für die gegenwärtige »Fusionitis« sind vielfältig. Man wird kaum etwas dagegen einwenden können, wenn sich ein Unternehmen an einem Unternehmen derselben Branche beteiligt *(horizontale Konzentration)*, um sein Tätigkeitsfeld abzurunden und bestimmte Aufgaben innerhalb der Unternehmensfamilie lösen zu können, die zuvor für teures Geld von Dritten erledigt werden mußten. Meist lassen sich durch Fusionen Kosten sparen und Doppelarbeiten vermeiden, so daß ein Rationalisierungseffekt erreicht wird. Häufig werden Zusammenschlüsse auch mit einem *Synergie-Effekt* begründet. Dabei rechnet man damit, daß die Wirkung des neuen Firmenverbunds größer sein wird als die Wirkung der Einzelunternehmen (1+1=3-Effekt), weil etwa durch eine Kombination der Forschungs- und Entwicklungsarbeit ein größerer Nutzen entsteht.
Sinnvoll erscheint es auch, wenn sich Unternehmen in ihre Zulieferbranchen einkaufen, etwa um die Versorgung mit Rohstoffen abzusichern. Dies wäre der Fall, wenn sich ein phosphatverarbeitendes Chemieunternehmen an einer Phosphatmine beteiligte. Gewiß läßt es sich aus der Sicht des Unternehmens auch begründen, wenn ein Seifenhersteller einen Her-

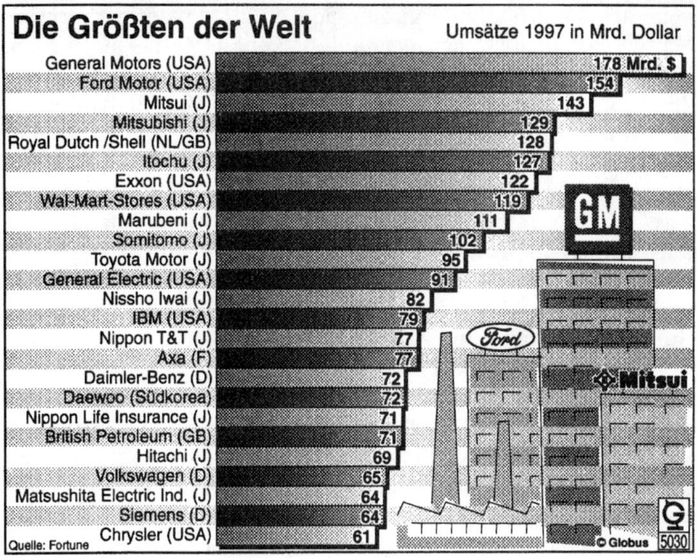


steller von Damenoberbekleidung übernimmt. Hier dürfte als Motiv dann Risikostreuung ins Feld geführt werden, denn der Seifenmacher könnte ja Einbußen in seinem Stammgeschäft durch gute Gewinne aus dem Geschäft mit Damenmode ausgleichen. Nicht selten werden Unternehmen aber ganz einfach deshalb übernommen, weil man es sich aufgrund hervorragender Gewinne leisten kann – weil die »Kriegskassen« prall gefüllt sind.

Man kauft mit diesem Geld lieber ein etabliertes Unternehmen, statt auf die Fähigkeiten der eigenen Mitarbeiter zu bauen und durch die Entwicklung und Umsetzung neuer Geschäftsideen aus sich heraus zu wachsen. Mit den oft gepriesenen Unternehmertugenden Fantasie und Risikobereitschaft hat diese Strategie freilich nichts zu tun.

Seit Beginn der 80er Jahre ist noch ein weiteres Motiv für die Fusionswelle hinzugekommen: die Internationalisierung der Märkte. Immer mehr Unternehmer begründen ihre »Beutezüge« damit, daß größere Märkte – etwa der europäische Bin-

nenmarkt – größere Unternehmenseinheiten nötig machten. Nur so könne man sich gegenüber Konkurrenten in Europa, aber auch gegenüber Wettbewerbern in den USA und Japan durchsetzen (wenn von diesen drei großen Wirtschaftsblöcken der Welt – Europa, USA und Japan – die Rede ist, spricht man häufig auch von der *Triade*).
Durch das Argument der Internationalisierung der Märkte wird aber der Tatbestand der Marktbeherrschung, den das Kartellamt für seine Entscheidungen in Deutschland zugrundelegt, stark relativiert. Tatsächlich kann ein neuer Konzern, der auf dem deutschen Markt eine beherrschende Stellung erreicht, im Binnenmarkt »nur« im Mittelfeld rangieren.
In der letzten Zeit hat eine noch nie dagewesene Konzentrationsbewegung die Wirtschaft erfaßt. In Europa, den USA, aber auch in Japan schließen sich Woche für Woche Großbanken, Telefonkonzerne, Pharmafirmen und Flugzeugfabrikaten zu neuen, gigantischen Konzernen zusammen. Die Manager überbieten sich geradezu im Schmieden neuer Mega-Fusionen. Die Wirtschaftskraft dieser Konzerne ist manchmal größer als die ganzer Länder. Angeheizt werden die Fusionen durch den Börsenboom, der vielen Firmen viel Geld brachte, das nun gewinnbringend angelegt werden muß. Denn die Aktionäre verlangen unter dem Schlagwort *Shareholder Value* nach immer weiter steigenden Renditen – und wenn diese nicht selbst zu erwirtschaften sind, dann muß das Umsatzplus eben eingekauft werden.
Zudem wollen die Firmen im Zeichen der Globalisierung dem steigenden Wettbewerbsdruck begegnen. Gemeinsam läßt sich oft günstiger einkaufen, die Produktion besser rationalisieren und den Vertrieb organisieren. Selbst für große, finanzkräftige Unternehmensgruppen wird die weltweite Konkurrenz immer härter. Konzentration auf Kerngeschäftsfelder heißt daher die Devise. Wer weltweit in einem Markt nicht auf einem der vorderen Plätze mitspielen kann, der muß sich zurückziehen oder nach Verbündeten Ausschau halten. Wer nicht frißt, der wird gefressen …
Gekauft wird nicht mit Bargeld wie bei der großen Fusionswelle der 80er Jahre. Die Zusammenschlüsse erfolgen nun fast ausschließlich über Aktientausch. Diese sind für die Aktionäre

in der Regel steuerfrei und erlauben deshalb geringere Aufgelder für Aktien des übernommenen Unternehmens. Die Konkurrenz kommt durch die Mammut-Firmenhochzeiten in Zugzwang. Die großen Zusammenschlüsse ziehen meist Nachahmer nach sich. Geradezu panikartig versuchen kleinere Unternehmen auf das Übernahmekarussell aufzuspringen – aus Angst, sonst in der Bedeutungslosigkeit zu versinken. Verlierer dieser Entwicklung sind oftmals die Beschäftigten, die den weltweit agierenden Wirtschaftsführern immer machtloser gegenüberstehen. Die Internationale Arbeitsorganisation ILO in Genf hat ausgerechnet: Es gibt heute 40000 Multis weltweit, die 80 Millionen Menschen beschäftigen. Von den Multis sind ungefähr 250000 verbundene Unternehmen abhängig. Für diesen gesamten Komplex arbeiten etwa 200 Millionen Menschen. Die Ordnungspolitik steht dem Treiben der Riesen relativ hilflos gegenüber. Globale Mega-Konzerne können leicht außer Kontrolle geraten. Nicht nur, daß sie durch geschickte Wahl ihres Hauptsitzes die Kartellbestimmungen unterlaufen und sich den Steuerzahlungen entziehen können. Allein durch ihre schiere Größe machen sie Regierungen erpreßbar, und zwar durch angedrohte Standortwechsel, aber auch, weil es womöglich um Hunderttausende von Arbeitsplätzen geht. Konzerne fusionieren über Kontinente hinweg, die Politik kann Fusionen aber nicht über Erdteile hinweg kontrollieren. Die internationale Wettbewerbsordnung hat nicht gleichgezogen mit dem, was auf den Märkten stattfindet.

Eine Welt-Wettbewerbsbehörde gibt es nicht, wird es vielleicht niemals geben. Allerdings existiert seit 1990 eine europäische Fusionskontrolle. Sage und schreibe 16 Jahre haben die Mitgliedsstaaten darum gerungen! Ziel ist es, sämtliche Unternehmenszusammenschlüsse zu kontrollieren, die Auswirkungen auf die Wettbewerbsstruktur der EU haben. Die EU-Fusionskontrolle besteht aus zwei Prüfungsphasen: Die erste dauert vier Wochen. Wenn die Prüfer in diesem Zeitraum zu dem Schluß kommen, daß die Fusionspläne gegen EU-Wettbewerbsregeln verstoßen könnten, muß ein Ermittlungsverfahren eröffnet werden. Diese zweite Phase muß nach weiteren vier Monaten mit einer endgültigen Entscheidung abgeschlossen werden.

Die Wirksamkeit der Euro-Fusionskontrolle ist umstritten. Denn die Kontrolleure werden erst tätig, wenn recht hohe Schwellen erreicht werden. Folgende Kriterien müssen erfüllt sein, damit die Brüsseler Beamten ihres Amtes walten dürfen:

1. Gesamtumsatz der beteiligten Unternehmen von mehr als zehn Milliarden Mark.
2. EU-Umsatz bei mindestens zwei Unternehmen von jeweils mehr als 500 Millionen Mark und
3. höchstens zwei Dritteln des EU-Umsatzes in nur einem Mitgliedsland.

Kritiker vertreten zudem die Meinung, daß die EU-Fusionskontrolle leicht für die Durchsetzung einer staatlichen Industriepolitik mißbraucht werden könne, wie sie das Ideal Frankreichs und Italiens sei. Diese beiden Länder sind dafür bekannt, daß sie nichts gegen staatlich beeinflußte und finanzierte Großkonzerne einzuwenden haben, die zu Lasten des Wettbewerbs auf dem Binnenmarkt im Weltmaßstab mithalten können. Im Gegenteil: Sie mischen sich bewußt durch politische Unterstützung und finanzielle Förderung in den Wettbewerb der Unternehmen ein, während Länder wie Deutschland einer solchen Industriepolitik eher ablehnend gegenüberstehen.

Die Entscheidungspraxis der Brüsseler Kontrolleure macht deutlich, daß sie andere Prinzipien anwenden als die Wettbewerbshüter des Berliner Kartellamts. Die Internationalisierung der Märkte bedeutet zwar, daß die nationalen Teilmärkte nicht mehr der Nabel der Welt sind. Aber sie muß nicht unbedingt bedeuten, daß nun gleich der gesamte Binnenmarkt der für die Unternehmen »relevante Markt« ist. So sind Wettbewerbsverzerrungen auf Teilmärkten nicht automatisch deshalb auszuschließen, weil die betreffende Fusion für den gesamten Wettbewerb der EU kein Problem ist. Die unterschiedliche Entscheidungspraxis hat dazu geführt, daß die Brüsseler Wettbewerbshüter Fusionen ihren Segen gegeben haben, die das Bundeskartellamt nach Einschätzung von Experten vermutlich abgelehnt hätte.

Alle zwei Jahre gibt die *Monopolkommission* in einem Gut-

achten einen Überblick über den Stand der Unternehmenskonzentration und die Anwendung der gesetzlichen Vorschriften heraus. Diese 1974 ins Leben gerufene Kommission besteht aus fünf unabhängigen Fachleuten – zwei Hochschulprofessoren (ein Jurist, ein Ökonom) und drei Vertretern der Wirtschaft – und kann auch Vorschläge zur Verbesserung des Wettbewerbsgesetzes machen.
Seit Jahren spielt die Konzentration im Lebensmitteleinzelhandel im Bericht der Wettbewerbsexperten eine herausragende Rolle. In dieser Sparte des Einzelhandels sind Unternehmenszusammenschlüsse besonders fortgeschritten, und Verfechter eines schärferen Wettbewerbsrechts weisen immer wieder auf das »Negativbeispiel Lebensmitteleinzelhandel« hin. Tatsächlich befindet sich diese Branche seit vielen Jahren in einem tiefgreifenden Strukturwandel. Der Siegeszug der Selbstbedienung und der immer noch anhaltende Trend zur Filialisierung – ein Unternehmen eröffnet Läden an verschiedenen Orten mit einem überwiegend gleichen Sortiment und zentralem Einkauf – hat vor allem den kleinen Handelsbetrieben mit Bedienung, den »Tante-Emma-Läden«, den Garaus gemacht.
Gewinner waren die Großbetriebsformen des Einzelhandels wie Warenhäuser, SB-Warenhäuser, Verbrauchermärkte oder Fachmärkte (Baumärkte, Märkte für Unterhaltungselektronik).
Vor allem in den neuen Bundesländern konnte sich ein eigenständiger Lebensmitteleinzelhandel erst gar nicht entwickeln. Nach der Wiedervereinigung dehnten sich die großen westdeutschen Handelskonzerne nach Osten aus, nicht selten herbeigelockt durch günstige Standorte und großzügige Gewerbeförderungsprogramme von Gemeinden, die ihren Bürgern den eigenen Verbrauchermarkt auf der »grünen Wiese« nicht vorenthalten wollten.
Inzwischen ist die Konzentration so weit fortgeschritten, daß nicht mehr nur die Großen die Kleinen schlucken. Nun fusionieren auch die Handelsriesen. Schiere Größe ist an sich kein Makel, aber die kleinen Händler wittern bei den Handelsriesen Machtmißbrauch. Sie beklagen vor allem, daß die Großen in der Lage seien, manche Produkte unter Einkaufspreis zu verkaufen, um auf diese Weise Kunden in die Läden zu locken

*(Lockvogelpreise).* Außerdem werfen sie ihnen vor, aufgrund ihrer Nachfragemacht bei der Industrie weitaus bessere Einkaufskonditionen durchsetzen zu können, als die Hersteller den Kleinen gewähren *(Rabatt-Spreizung).* Nicht die Leistung des Kaufmanns sorge für Rabatte, sondern allein die Größe des Handelsunternehmens.
Unter dem Eindruck der Konzentrationswelle im Lebensmitteleinzelhandel hat die Bundesregierung das Kartellgesetz novelliert. Seit dem 1. Januar 1990 kann das Bundeskartellamt leichter gegen weitere Machtzusammenballungen in der Spitzengruppe des Lebensmittelhandels vorgehen. Die Umgehung der Fusionskontrolle wurde erschwert: Die Wettbewerbshüter müssen nicht erst eine Beteiligung von 25 Prozent abwarten, um Marktbeherrschung vermuten zu können.
Hat die anhaltende Konzentration im Lebensmittelhandel zu einem nachlassenden Wettbewerb geführt? Müssen die Verbraucher also höhere Preise bezahlen, weil *Oligopolisten* – wenige Anbieter, denen viele Nachfrager gegenüberstehen – ihre marktbeherrschende Stellung ausnutzen?
Die Monopolkommission kam zu dem Schluß, daß es trotz einer Konzentration Wettbewerb gebe. Und auch die immer wieder befürchtete Nachfragemacht des Handels gegenüber der Industrie konnte nicht entdeckt werden. Deshalb wendet sie sich gegen eine weitere Verschärfung des Kartellgesetzes. Ziel des Gesetzes müsse der Schutz des Wettbewerbs und nicht der Schutz eines Teils der Wirtschaft, nämlich des Mittelstands sein.
Tatsächlich macht das Beispiel des Lebensmitteleinzelhandels deutlich, daß der Gesetzgeber mit schärferen Vorschriften vorsichtig umgehen muß. Denn man kann die Unternehmenskonzentration in dieser Branche als einen vom Kunden gewünschten Strukturwandel ansehen, den der Staat nicht aufhalten darf, weil er sich andernfalls in den Markt einmischen würde. Jede Entscheidung des Gesetzgebers kommt deshalb einer Gratwanderung gleich: Er darf den vom Markt gewollten Strukturwandel nicht stoppen, er muß aber den Verdrängungswettbewerb eindämmen.
Ziehen wir an dieser Stelle eine Zwischenbilanz: Wettbewerb ist in einer Marktwirtschaft ein kostbares Gut. Doch das gilt

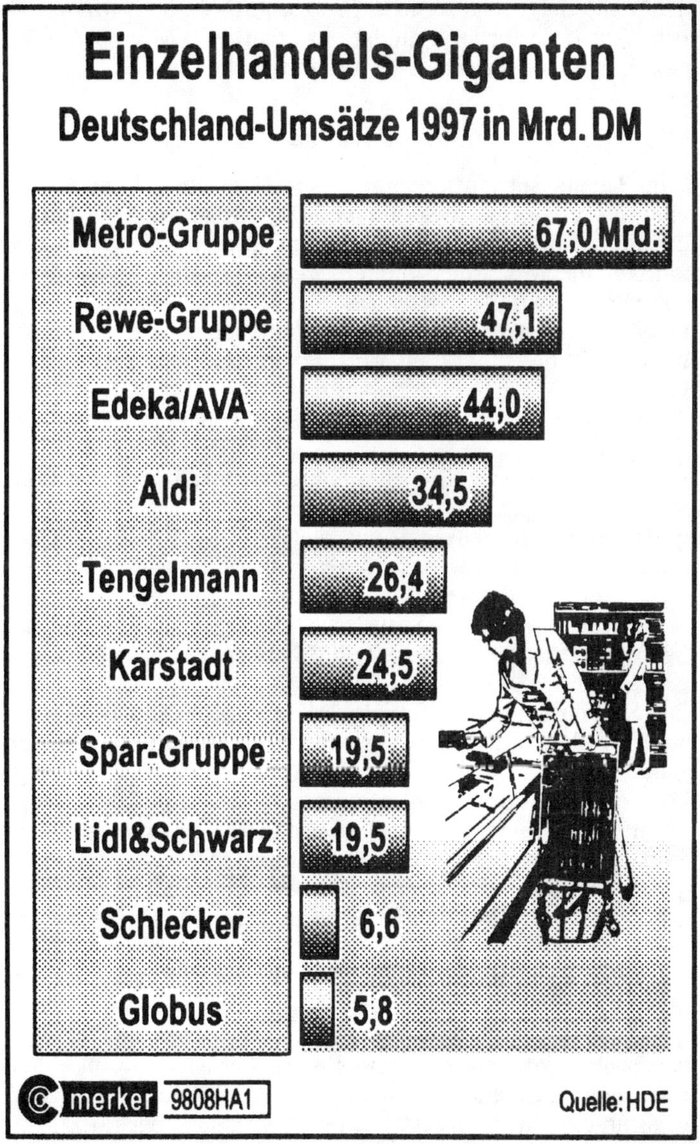
Einzelhandels-Giganten
Deutschland-Umsätze 1997 in Mrd. DM
Metro-Gruppe
67,0 Mrd.
Rewe-Gruppe
47,1
Edeka/AVA
44,0
Aldi
34,5
Tengelmann
26,4
Karstadt
24,5
Spar-Gruppe
19,5
Lidl&Schwarz
19,5
Schlecker
6,6
Globus
5,8
© merker 9808HA1
Quelle: HDE

nicht um jeden Preis. Wenn es gesellschaftliche oder wirtschaftliche Gründe erfordern, duldet der Staat auch Monopole oder andere marktbeherrschende Zusammenschlüsse.

### 6.5.2 *Das süße Gift der Subvention*

Beim Thema Subventionen gibt es in Deutschland nur Experten. *Alle* reden mit. Seit Jahr und Tag kritisieren strikte Verfechter der Marktwirtschaft und kompromißlose Ordnungspolitiker die Milliardensummen, mit denen die Regierung in den Markt eingreift, aber auch in der Öffentlichkeit herrscht die Meinung vor, die Subventionstöpfe seien zu reichlich gefüllt. Selbst die Bundesregierung gibt zu, daß Subventionen

- den Wettbewerb und den Ausleseprozeß über den Markt stören,
- den marktwirtschaftlichen Steuerungsprozeß über den Preis beeinträchtigen,
- die Leistungsbereitschaft und den Willen zur Selbsthilfe bei Unternehmen, die im Krisenfall mit öffentlicher Hilfestellung rechnen können, schwächen und
- die Weichen für den Strukturwandel falsch stellen und das wirtschaftliche Wachstum beeinträchtigen.

Sind Subventionen also Teufelswerk? Ein genauerer Blick zeigt zunächst einmal, daß Subventionen nicht gleich Subventionen sind.
Also zunächst zur Begriffsbestimmung. Die Bundesregierung hat alle zwei Jahre im Subventionsbericht Auskunft zu geben über die »Bundesmittel, die für bestimmte Zwecke an Stellen außerhalb der Bundesverwaltung gegeben werden«. Es wird zwischen *Finanzhilfen* und *Steuervergünstigungen* unterschieden:

**Finanzhilfen** sind allgemein Geldleistungen des Bundes. Finanzhilfen können Erhaltungshilfen sein, wie zum Beispiel die Subventionen für die Landwirtschaft und den Bergbau. Ziel: Produktionskapazitäten sollen stabilisiert werden, obwohl ihnen keine entsprechende Nachfrage gegenübersteht. Konsequenz: Strukturen werden konserviert, Veränderungen abgeblockt.

Finanzhilfen können auch *Anpassungshilfen* sein. Dazu zählen etwa die Subventionen für die Werften oder die Wirtschaftsförderung in den neuen Bundesländern. Ziel: Einer Branche soll die Anpassung an neue wirtschaftliche Bedingungen erleichtert werden.
Finanzhilfen können schließlich *Produktivitätshilfen* sein. Diese Subventionen zielen darauf ab, Zukunftstechnologien den Durchbruch zum Markt zu erleichtern. Beispiel: Die Förderprogramme des Bundesforschungsministeriums für neue Werkstoffe, Mikrosystemtechnik oder Umweltforschung.
Ebenfalls zu den Finanzhilfen zählen die Mittel aus dem *ERP*-Sondervermögen. ERP steht für European Recovery Plan (Europäisches Wiederaufbauprogramm). 1947 von dem damaligen amerikanischen Außenminister und späteren Friedensnobelpreisträger *George C. Marshall* initiiert, hatte das auch unter dem Namen *Marshall-Plan* bekannte Programm zum Ziel, das vom Krieg zerstörte Europa mit Lebensmitteln, Düngemitteln, Roh- und Treibstoffen zu versorgen. Die Lieferungen aus dem Marshall-Plan wurden von der US-Regierung an die amerikanischen Exporteure von Hilfsgütern in Dollar bezahlt. Die deutschen Importeure brauchten keine Devisen aufzuwenden, mußten die Lieferungen aber in DM bezahlen. Die auf diese Weise entstandenen DM-Gegenwerte wurden als Sondervermögen zusammengefaßt und der deutschen Wirtschaft in Form von langfristigen Darlehen zum Wiederaufbau zur Verfügung gestellt. Seit Abschluß des Wiederaufbaus dient das ERP-Sonderprogramm ausschließlich der Förderung der deutschen Wirtschaft. Formal nicht zu den Subventionen zählen die Kosten für die EG-Landwirtschaftspolitik, die *Marktordnungsausgaben*.
**Steuervergünstigungen** sind »steuerliche Regelungen, die für die öffentliche Hand zu Mindereinnahmen führen«. Diese Vergünstigungen werden dabei für die gleichen Zwecke gewährt wie für Finanzhilfen.
Niemand weiß so recht, wie hoch die Summe der Finanzhilfen und Vergünstigungen wirklich ist. Der Grund sind die verschiedenen Meßkonzepte und Begriffsabgrenzungen. So weist das Statistische Bundesamt in der Volkswirtschaftlichen Gesamtrechnung für 1997 ein Subventionsvolumen von 66,9 Milliarden

Mark aus. Hier werden allerdings nur die direkten Finanzhilfen des Staates an den Unternehmenssektor erfaßt.
Wirft man einen Blick in den Subventionsbericht des Bundesfinanzministeriums, sieht man, daß der Berg der Unterstützungszahlungen schon wesentlich höher ist – immerhin werden 115,2 Milliarden Mark ausgewiesen. Die Bonner Beamten berücksichtigen neben den Finanzspritzen auch jene Steuervergünstigungen, die Bund, Länder, Gemeinden und Sondervermögen gewähren. Außerdem sind Teile der Agrarsubventionen im Gesamtbetrag enthalten. Seltsam ist, daß der Staat Beihilfen an seine eigenen Unternehmen ausklammert. So hat er ehemals große Subventionsempfänger wie Bahn und Treuhandanstalt außer acht gelassen.
Um dem wahren Ausmaß der staatlichen Alimentierung auf die Spur zu kommen, haben die großen Wirtschaftsforschungsinstitute in den 80er Jahren einen wesentlich breiteren Subventionsbegriff entwickelt. Neue, auf diesem Konzept basierende Subventionsrechnungen ermitteln für 1997 ein Volumen der finanziellen Wohltaten von 187,2 Milliarden Mark. Hierbei sind alle staatlichen Hilfen an Unternehmen außerhalb und innerhalb der Bundesverwaltung erfaßt, sofern damit einzelne Branchen oder wirtschaftliche Tätigkeiten gefördert werden.
Noch spitzer rechnet das Kieler Institut für Weltwirtschaft. Es prüft, ob eine Leistung grundsätzlich privat angeboten werden kann. Wenn dies der Fall ist, der Staat für die Bereitstellung aber trotzdem zahlt, handelt es sich nach Meinung der Forscher um eine öffentliche Alimentierung. Nach dieser Definition zählen auch staatliche Hilfen an Kindertagesstätten, Theater und Museen sowie Kirchen zu den Subventionen. So ergibt sich für 1997 ein Subventionsvolumen von über 290 Milliarden Mark – das sind rund acht Prozent des Bruttoinlandsprodukts oder 36 Prozent des Steueraufkommens.
Wenn man diese Subventionsrechnung auf die begünstigten Wirtschaftssektoren aufschlüsselt, erhellt sich die ganze Dramatik: Zwei Drittel der Staatshilfen entfallen auf Landwirtschaft, Bergbau, Verkehr und Wohnungswesen, also auf Wirtschaftszweige, die man wirklich nicht als Motoren des Wachstums bezeichnen kann. Deren Anteil an der gesamtwirtschaftlichen Wertschöpfung beträgt gerade einmal 20 Prozent.

Je nachdem, welches Ziel man verfolgt, kann man Subventionen verteufeln oder rechtfertigen. Erstaunlicherweise sind sich alle Politiker und Verbandsfunktionäre – unabhängig von ihrer Parteizugehörigkeit – darin einig, daß sie abgebaut werden müssen. Doch das gilt nach dem altbekannten Sankt-Florians-Prinzip: nie für die eigene Wähler- oder Kundschaft, immer nur für andere. Subventionen sind aber nicht nur teuer, sie sind auch gefährliche Jobkiller, weil sie sterbende Branchen künstlich am Leben erhalten und die nachwachsende Industrie behindern. Zudem verzerren sie die Entscheidungen der Marktteilnehmer. Ob als Anpassungshilfe im Strukturwandel oder zur Finanzierung industriepolitischer Vorhaben gewährt – Subventionen verhindern marktgerechte Preise, da sie die Produktion von Gütern künstlich verbilligen. Um an die Subventionstöpfe zu kommen, sind Beziehungen zu den Entscheidungsträgern zudem oft wichtiger als ein schlüssiges Sanierungs- oder Zukunftskonzept. Und natürlich belasten Subventionen die öffentlichen Haushalte. Selten werden sie nämlich zeitlich begrenzt, sondern in der Regel unbefristet gewährt. Folge: Die subventionierten Bereiche wachsen ständig. Für den Fiskus werden die milliardenschweren Beihilfen zu einer immer schwereren Bürde – erst recht, wenn die Haushaltslöcher konjunkturell bedingt größer werden.
Der Sachverständigenrat zum Thema: »Subventionen sind meistens Kinder der Not. Aber oft bestehen sie fort, wenn die Not vorbei ist. Ja, sie werden nicht selten zu einem Besitzstand.« Und deshalb braucht man sich nicht zu wundern, daß Vorschläge für eine Eindämmung des Subventions(un)wesens – sei es durch Einfrieren, automatischen Rückgang oder zeitliche Befristung – bisher nicht besonders ernstgenommen wurden.

## 6.6 Hilfe für die geschundene Natur: die Umweltpolitik

### 6.6.1 *Wachstum durch die »Wohlstandslüge«?*

Zwei Drittel der Bäume in Deutschland sind krank; kohlendioxydhaltige Emissionen aus Kohlekraftwerken, Hausheizungen und Automotoren bedrohen das weltweite Klima. Auf den Straßen herrschen Staus und Lärm. Der Nord- und Ostsee geht

die Luft aus, weil Industrieabwässer und Stickstoffe der Landwirtschaft über die Flüsse ins Meer gelangen. Die Müllberge sind so groß geworden, daß es auf Deponien keinen Platz mehr gibt. In Afrika führt die übermäßige Nutzung von Weiden durch das Vieh zur Bodenerosion. In Südamerika muß der tropische Regenwald, ein für das weltweite Klima unschätzbar wichtiges Ökosystem, Straßen und Siedlungen weichen. Und die weltweite Bevölkerungsexplosion, vor allem in den Ländern der Dritten Welt, wird den Energieverbrauch in den nächsten Jahren weiter in die Höhe schnellen lassen.
Diese – längst nicht vollständige – Aufzählung zeigt: Stets geht es um die übermäßige Nutzung von Umweltgütern – von Rohstoffen, Boden, Wasser oder Luft. Der Raubbau an der Natur ist lange verharmlost worden. Man hat ihn als Preis für das Wirtschaftswachstum hingenommen, als häßliche, angeblich unvermeidbare Kehrseite der Wohlstandsmehrung. Erst als Ende der 60er Jahre der schwedische Biologe *Jacob von Uexküll* den Begriff »Umwelt« prägte, begann auch das Wort »Ökologie« Karriere zu machen. Nun erwachte auch die Politik. Im Oktober 1969 hatte die neugebildete sozialliberale Bundesregierung den Umweltschutz zu einem »Schwerpunkt« ihrer Arbeit erklärt. 1970 begann sie mit der Entwicklung eines Sofortprogramms, das ein Jahr später fertig war. Ein Sachverständigenrat für Umweltfragen wurde berufen, 1971 das Bundesumweltamt gegründet.
Der Schutz der natürlichen Lebensgrundlagen ist aber erst 1994 als Staatsziel im Grundgesetz verankert worden. Aufgabe des Staates ist es demnach, »auch in Verantwortung für künftige Generationen die natürlichen Lebensgrundlagen« zu schützen (Artikel 20a). Immer häufiger wird eine nachhaltige, daß heißt dauerhaft umweltverträgliche Wirtschaftsentwicklung gefordert. Ressourcen sollen möglichst nur in dem Umfang genutzt werden, wie sie erneuert werden können. Das Leitbild der nachhaltigen Entwicklung, das unter dem anglo-amerikanischen Fachbegriff *sustainable development (to sustain* = »erhalten«) firmiert, ist 1992 einmütig auf der Konferenz der Vereinten Nationen für Umwelt und Entwicklung in Rio verabschiedet worden. Grob vereinfacht bedeutet »nachhaltig«, daß sich eine Entwicklung nicht auf Kosten der kommenden Generationen voll-

ziehen darf; die Menschen sollen heute so wirtschaften, daß auch für ihre Kinder noch genügend Spielraum zum Leben bleibt. Allein, es besteht noch wenig Konsens darüber, was das genau heißt. Weder gibt es bislang einen Katalog von konkreten Zielen, noch ist klar, wie weit wir von diesen entfernt sind und ob wir uns auf sie zubewegen.

Das Prinzip der Nachhaltigkeit ist in der Forstwirtschaft entwickelt worden: Der Wald wird »nachhaltig« genutzt, wenn nur so viel Holz geschlagen wird, wie auch nachwächst. Allgemein formuliert bedeutet Nachhaltigkeit in diesem Sinne, natürliche Ressourcen, die der Mensch nutzt, so zu bewirtschaften, daß ihr Potential auf Dauer erhalten bleibt.

In der allgemeinen wirtschafts- und umweltpolitischen Diskussion wird der Nachhaltigkeitsbegriff inzwischen umfassender verstanden. Neben der ökologischen Komponente schließt er auch ökonomische und soziale Dimensionen mit ein.

Was es heißt, *nicht* zu Lasten künftiger Generationen zu wirtschaften, läßt sich anhand der drei sogenannten *Managementregeln der Nachhaltigkeit* konkretisieren:

1. Regeneration. Erneuerbare Naturgüter wie zum Beispiel Holz oder Fischbestände dürfen auf Dauer nur im Rahmen ihrer Regenerationsfähigkeit genutzt werden, anderenfalls gehen sie künftigen Generationen verloren.
2. Substitution. Nicht-erneuerbare Naturgüter wie zum Beispiel Mineralien und fossile Energieträger dürfen nur in dem Maße genutzt werden, wie ihre Funktionen durch andere Materialien oder durch andere Energieträger ersetzt werden können.
3. Anpassungsfähigkeit. Die Freisetzung von Stoffen oder Energie darf auf Dauer nicht größer sein als die Anpassungsfähigkeit der Ökosysteme – zum Beispiel des Klimas, der Wälder und der Ozeane; nur dann ist die Aufrechterhaltung ihrer Funktionen gewährleistet.

Wie schwer man sich in Deutschland mit dem Schutz der Natur noch immer tut, ist am *Umweltrecht* abzulesen, das einem Dschungel gleicht, in dem sich selbst Experten kaum noch zurechtfinden. Es besteht heute aus etwa 20 Bundesgesetzen, Hunderten von Verordnungen, technischen Anleitungen, europäischen Normen. Vor diesem Hintergrund ist es kaum verwunderlich, daß schon seit Jahren die Forderung nach einem einheitlichen Umweltgesetzbuch erhoben wird. Wie vor hundert Jahren das Bürgerliche Gesetzbuch das zersplitterte Zivilrecht gebündelt hat, so soll das Umweltgesetzbuch das Dickicht Umweltrecht lichten. Erste Vorarbeiten hat das Bundesumweltamt schon in den 70er Jahren geleistet. Vor acht Jahren hat eine Wissenschaftlerrunde einen ersten Teilentwurf vorgelegt. Kurz darauf ist eine eigene Sachverständigenkommission ins Leben gerufen worden. Sie hat ihr Werk im Herbst 1997 präsentiert. Seitdem wird an diesem Gesetzeswerk gearbeitet.

### 6.6.2 *Die Arzneimittel der Umweltpolitik*

Die Umweltpolitik hat im Prinzip vier Möglichkeiten, den Umweltschutz zu fördern, wobei die folgenden »Arzneimittel« auch kombiniert »verschrieben« werden können:

1. Sie kann an die Beteiligten – Wirtschaft und Konsumenten – unter Hinweis auf Verantwortungsbewußtsein und Vernunft appellieren, umweltschädliches Verhalten zu unterlassen. Dies ist die schwächste Waffe. Gedankenlosigkeit, Bequemlichkeit und die Gewißheit, daß weiteres umweltzerstörendes Verhalten keine Strafen nach sich zieht, werden in der Regel dazu führen, daß eine Verhaltensänderung unterbleibt.
2. Sie kann umweltbewußteres Verhalten finanziell fördern. Ein Beispiel ist die steuerliche Begünstigung von Autos mit Katalysator in den 80er Jahren. Auch Investitionskostenzuschüsse für umweltfreundliche Produktionsanlagen gehören dazu. Die finanzielle Förderung setzt darauf, daß der einzelne als *Homo oeconomicus* agiert, da er bei umweltgerechtem Verhalten Geld spart.
3. Sie kann die verschiedenen Möglichkeiten des Ordnungsrechts nutzen und beispielsweise umweltschädliche Produkte verbieten. Das Produkt- oder Stoffverbot ist besonders dann angebracht, wenn die Gesundheit der Verbraucher in Gefahr ist. Beispiel für ein Stoffverbot ist der Verwendungsstop für das als Ozonkiller bekannte Kühlmittel Fluorchlorkohlenwasserstoff (FCKW) im Jahr 1994.
4. Sie kann marktwirtschaftliche Instrumente wie Steuern und Abgaben nutzen. Die Umweltpolitiker setzen dabei beim Preis an, einer der zentralen Bestimmungsgrößen für Angebot und Nachfrage in einer Marktwirtschaft. Wie funktioniert das? Man geht davon aus, daß die Umweltverschmutzung deshalb so groß ist, weil sie den Verursacher so wenig kostet. Denn bei Umweltgütern wie Luft oder Wasser wird so getan, als stünden sie in guter Qualität unendlich zur Verfügung. Tatsächlich aber zählen sie zu den knappen Gütern, deren Knappheit sich nach der marktwirtschaftlichen Theorie im Preis ausdrücken muß – genauso wie bei Erdöl, Kohle oder Gold. Statt dessen führt die »Preisgünstigkeit« der Umweltressourcen zur Verschwendung. Und das hat immense Folgen für die gesamte Volkswirtschaft. Denn die Umweltverschmutzung kostet Geld. Bezahlen muß freilich zu selten der Verursacher der Umweltzerstörung, und zu oft die Allgemeinheit – der Steuerzahler. Ziel der marktwirt-

schaftlichen Instrumente ist es deshalb, die Kosten der Umweltnutzung dem Verursacher anzulasten. Das Verursacherprinzip soll gelten. Damit, so die Verfechter dieses Ansatzes, produziere die Umweltpolitik selbst keine Kosten, sie ordne sie lediglich verursachergerecht zu. Folge: Die Preise würden ökologisch ehrlicher und regten so zu einem sparsameren Umgang mit knappen Umweltgütern an. Beispiel für ein marktwirtschaftliches Instrument im Umweltschutz ist eine Steuer auf den Energieverbrauch.

### 6.6.3 *Die schwierige Versöhnung zwischen Ökonomie und Ökologie*

Ordnungsrecht und marktwirtschaftliche Instrumente kosten Geld. Während die Wirtschaft die Kosten des Umweltschutzes in wirtschaftlich guten Zeiten relativ gelassen hinnimmt, gilt der Umweltschutz den Unternehmen im Konjunkturabschwung als Jobkiller und Kostentreiber.

Gefährdet der Umweltschutz den Wirtschaftsstandort Deutschland? Diese Befürchtung hält einer näheren Betrachtung nicht stand – ganz im Gegenteil. Der Kostenfaktor Umweltschutz spielt für Unternehmen nur eine geringe Rolle. Im produzierenden Gewerbe macht er zum Beispiel im Schnitt weniger als ein Prozent aus. Bezieht man also nicht nur die Kosten für Umweltschutzmaßnahmen, sondern auch die Möglichkeiten zur Einsparung in die Gesamtrechnung mit ein, zeigt sich, daß Umweltschutz die heimischen Unternehmen nicht belastet.

Das wachsende Umweltbewußtsein in der Bevölkerung schafft neue Märkte: In den vergangenen zehn Jahren hat sich die Zahl der Anbieter von Umweltschutzgütern vervierfacht. Die Palette reicht von ökologisch angebautem Gemüse bis zum Sonnenkollektor, von der Öko-Bank bis zur Solartankstelle für Autos.

Im Umweltbereich arbeiten eine Million Beschäftigte, das entspricht 2,7 Prozent aller Erwerbstätigen. Die Öko-Branche gibt damit ebenso vielen Menschen Arbeit wie die Automobilindustrie und deren Zulieferbetriebe. Wegen des Nachholbedarfs in den neuen Bundesländern ist zudem in den nächsten zehn Jahren mit weiteren 250 000 Arbeitsplätzen zu rechnen.

Doch ohne die Hilfe der Politik werden es die Umwelt-Unternehmen schwer haben. Erst wenn etwa eine Ökosteuer die verdeckten Kosten der Umweltzerstörung auch in den Preisen sichtbar macht, haben grüne Produkte eine Chance, sich durchzusetzen.

Auch entstehen völlig neue Berufsbilder. Vor wenigen Jahren gab es nur einen Umweltberuf: den Entsorger, einen Facharbeiter in der Abwassertechnik. Heute gibt es bereits 88 verschiedene Berufe im Öko-Markt – den Kunststoff-Facharbeiter in Recycling-Anlagen zum Beispiel, oder den Verfahrenstechniker mit Schwerpunkt Thermodynamik in Verbrennungsanlagen.

Argumentieren die Befürworter, Umweltpolitik stimuliere durch hohe Umweltstandards eine wachsende Umwelttechnik-Industrie und damit die Wirtschaft insgesamt, sind dagegen die Gegner der Ansicht, daß es für die Umweltpolitik keine Entlastung sei, wenn andere Standortfaktoren wichtiger sind als die Kosten des Umweltschutzes. Wenn Lohnkosten und Steuerbelastungen bereits hoch seien, gebe es für kostenträchtigen Umweltschutz selbst dann keinen Spielraum, wenn Umweltschutz nicht zu den harten Standortfaktoren zähle.

Diese Kontroverse bringt letztlich nichts. Der Gedanke, wie eine andere, wachstumsfördernde Umweltpolitik aussehen könnte, kommt zu kurz. Experten nennen folgende Kriterien:

1. Sie muß eine Kombination von Ordnungsrecht und marktwirtschaftlichen Instrumenten sein. Marktwirtschaftliche Instrumente sollten Vorrang haben, um die Akzeptanz der Umweltpolitik zu steigern. Unternehmen in einer Marktwirtschaft lehnen es zu Recht ab, wenn der Staat sich in ihre Entscheidungen einmischt.
2. Sie muß gemeinsam mit Forschungspolitik und Wirtschaft Innovationsfelder bestimmen und finanziell fördern. Nachgeschaltete Umwelttechniken zur Reduzierung von Emissionen – die sogenannten *end-of-pipe-technologies* – müssen durch eingebaute Techniken zur Vermeidung von Emissionen bereits in der Produktion *(clean technologies)* ersetzt werden.
3. Sie muß gemeinsam mit der Finanzpolitik Wege suchen,

um das Steuersystem für umweltpolitische Ziele zu nutzen. Der Verbrauch von Energie und Rohstoffen muß verteuert, die Belastung der Arbeitskräfte durch Steuern und Abgaben dagegen abgebaut werden. Dies wurde von der neuen Bundesregierung unter dem Motto »Ökologisierung des Steuersystems« oder »Ökologische Steuerreform« auf den Weg gebracht. Ihre Maßnahmen sind aber umstritten.
4. Sie muß für Unternehmen und Privatpersonen langfristig kalkulierbar bleiben. Statt abrupter Gesetzgebung nach Umweltskandalen sollten Stufenregelungen vorgesehen werden.
5. Sie muß das Verursacherprinzip durchsetzen. Dies gilt auch, im Schulterschluß mit der Rechtspolitik, für Umwelthaftung und Umweltstrafrecht.
6. Sie muß möglichst international abgestimmt sein. Nationale Alleingänge führen zu Wettbewerbsverzerrungen zu Lasten der regulierten Volkswirtschaft, wenn Konkurrenten niedrigere Umweltstandards beibehalten können.

Allerdings kann gerade die letzte Aussage als Killer-Argument gegen jede umweltpolitische Maßnahme mißbraucht werden. Denn die Ausgangslage der Volkswirtschaften selbst in der EU ist sehr unterschiedlich. Die Einführung des deutschen Umweltrechts in Spanien oder Portugal würde die Wirtschaft dieser Länder erheblich belasten.
Noch gravierender ist der Vergleich zwischen Industrie- und Entwicklungsländern. Mit Recht können die armen Länder des Südens von den reichen Ländern des Nordens Verhaltensänderungen verlangen. Warum, so fragen sie, macht der Norden uns Vorschriften über die Nutzung unserer Regenwälder, während die Motorisierung der Industrieländer die Wälder doch ebenfalls massiv geschädigt hat?
In der Tat hat das Wohlstandsmodell des Nordens die größten internationalen Umweltprobleme verursacht. Dies läßt sich zum Beispiel an der Verteilung der weltweiten Emissionen des als Treibhausgas gefürchteten Kohlendioxyds ($CO_2$) ablesen. Die unterschiedlichen Interessen der einzelnen Nationen und Nationengruppen erschweren internationale Umweltschutzabkommen enorm. Meist trifft man sich auf dem kleinsten ge-

meinsamen Nenner – mit wenigen konkreten Absichtserklärungen, vagen Zeitplänen und schwammigen Formulierungen über die Finanzierung der angestrebten Maßnahmen. Oft streiten die Unterhändler stundenlang über die Bedeutung eines Halbsatzes oder sogar eines Kommas.
Das war bei der Konferenz der Vereinten Nationen über Umwelt und Entwicklung (UNCED) im Juni 1992 in Rio de Janeiro nicht anders. So wurden beim »Erd-Gipfel«, der größten Konferenz aller Zeiten, zwar Konventionen über den Artenschutz und den Klimaschutz, Erklärungen über den Schutz der Wälder und der Wüsten sowie die Agenda 21, ein umfangreiches umwelt- und entwicklungspolitisches Pflichtenbuch für Nord und Süd für das 21. Jahrhundert, verabschiedet. Mittlerweile sind auch rund zwei Drittel aller Industrie- und Entwicklungsländer dem Ruf der Konferenz gefolgt und haben nationale Umweltpläne erarbeitet. Ein konkretes Zeitraster für die Umsetzung der Ziele enthalten die Dokumente nicht. Immerhin hat die Konferenz wie noch keine Veranstaltung zuvor den Zusammenhang zwischen Umweltschutz und Entwicklungspolitik in den Mittelpunkt gerückt. Der Rio-Folgeprozeß wird noch sehr lange dauern.
Auf dem *Weltklimagipfel* 1997 im japanischen Kyoto wurde festgelegt, daß in den Industrieländern im Zeitraum 2008 bis 2012 im Vergleich zu 1990 die Treibhausgase um 95 Prozent reduziert werden müssen. Die EU-Länder sollen ihre Emissionen um acht Prozent, die USA um sieben sowie Japan und Kanada um jeweils sechs Prozent senken. Die Europäer sattelten noch eins drauf und haben das Reduktionsziel zwischen den Mitgliedsländern aufgeteilt. Deutschland trägt dabei die Hauptlast – es muß 75 Prozent des EU-Solls übernehmen. Doch sind die Reduktionszahlen eigentlich beliebig. Es ist nämlich ein Handel mit Emissisonsrechten erlaubt: Will ein Land mehr ausstoßen als erlaubt, kann es einem anderen Land diesen Anteil abkaufen. Begehrter Handelspartner ist dabei Rußland, dessen Ausstoß an Treibhausgasen wegen des Zusammenbruchs der Industrie seit 1990 um rund 30 Prozent abgenommen hat. Der Umwelt nutzt ein solcher Handel wenig.

### 6.6.4 *Was tun gegen den Müll?*

Mit der jährlich in Deutschland anfallenden Menge Müll ließe sich ein Güterzug in der Länge von Berlin nach Zentralafrika füllen. Statistisch gesehen erzeugt jeder Bundesbürger – vom Säugling bis zum Greis – rund 500 Kilogramm Hausmüll im Jahr, davon allein ein Drittel Verpackungsabfall. Die Abfallentsorgung ist zu einem fast undurchschaubarem Labyrinth verschiedenfarbiger Tonnen geworden. Doch wohin mit dem Müll? Die Kapazitäten der Hausmülldeponien sind begrenzt, so daß nicht mehr alles, wie früher üblich, in die Hausmülltonne geworfen werden kann.

Um die Abfallvermeidung noch stärker zu unterstützen, ist im Oktober 1996 das *Kreislaufwirtschafts- und Abfallgesetz* verabschiedet worden. Es löste das erst zehn Jahre alte Abfallgesetz ab und stellte die Abfallentsorgung in Deutschland auf eine völlig neue Grundlage. Der Abfallvermeidung wird absoluter Vorrang eingeräumt. So sieht eine neue Produktverantwortung vor, daß jeder, der Güter herstellt, verkauft oder konsumiert, für die Vermeidung, Verwertung und Beseitigung von dabei entstehenden Abfällen grundsätzlich selbst verantwortlich ist. Produkte sollen mehrfach verwendbar, langlebig und reparaturfreundlich sein. Kann man sie nicht mehr nutzen, sollen sie unproblematisch verwertet und entsorgt werden können.

Es werden klare Prioritäten gesetzt:

- Abfallvermeidung: Oberstes Gebot ist die Vermeidung von Abfällen – sowohl in puncto Volumen als auch in Sachen Schädlichkeitsgrad.
- Abfallverwertung: Nicht vermeidbare Abfälle müssen grundsätzlich verwertet werden.
- Abfallbeseitigung: Müll, der weder vermeidbar noch verwertbar ist, ist dauerhaft und umweltverträglich zu entsorgen.

Damit ist das Verursacherprinzip konsequent umgesetzt worden. Die Unternehmen sollen ihre Produkte möglichst so konstruieren, herstellen und vertreiben, daß deren umweltverträgliche Verwertung und Beseitigung von vornherein sicherge-

stellt ist. Die frühere Rollenverteilung in der Abfallwirtschaft, wonach die Wirtschaft herstellt und die Gemeinden und Kreise auf Kosten der Allgemeinheit die Abfälle entsorgen müssen, gilt nicht mehr.
Die strengen Umweltvorschriften in Deutschland und der Europäischen Union haben zu Versuchen geführt, Giftmüll ins Ausland, vor allem in die Dritte Welt, zu schaffen. Hier sind in den letzten Jahren eine ganze Reihe von Riegeln vorgeschoben worden. Der wichtigste: Im März 1994 ratifizierte der Bundestag das *Basler Übereinkommen*, mit dem der Export von Abfällen, die nicht zur Verwertung bestimmt sind, untersagt wird. Illegale Exporte aus Deutschland müssen demnach zu Lasten der Absender wieder nach Deutschland zurückgeholt werden – notfalls auch auf Kosten des für die Kontrolle zuständigen Bundes.

### *Das Duale System*

Kaum eine umweltpolitische Maßnahme hat bislang in Deutschland für soviel Zündstoff gesorgt wie die Verpackungsverordnung von 1991 und die damit verbundene Einführung des *Dualen Systems Deutschland (DSD)*. Duales System heißt diese seit Mitte 1991 aktive Recyclingorganisation des deutschen Handels, der Konsumgüterhersteller, der Verpackungsfirmen und der privaten Entsorger, weil sie zusätzlich zur Müllentsorgung der Kommunen etabliert wurde. Schon wesentlich weniger Diskussion löste die Weiterentwicklung des Systems Mitte 1997 aus. Hierbei wurde unter anderem festgelegt, daß Hersteller und Vertreiber, die sich nicht am dualen System beteiligen, ebenfalls die Erfüllung von Verwertungsquoten nachweisen müssen; damit soll kostenloses »Trittbrettfahren« unterbunden werden.
Ursprünglich war in der Verpackungsverordnung – das ist die Rechtsgrundlage für das Duale System – eine Pfand- und Rücknahmepflicht für bestimmte Verpackungen direkt im Laden geplant. Dahinter stand der Gedanke der *Produktverantwortung*. Handel und Industrie sollten gemäß dem Verursacherprinzip nicht nur für Produktion und Vertrieb ihrer Waren verantwortlich sein, sondern sich auch Gedanken über die Entsorgung machen.

Weil aber vor allem der Einzelhandel nicht zur »Müllhalde der Nation« werden wollte, stimmte die Bundesregierung einer anderen Regelung zu: Der Abfall sollte nicht von den Kunden in den Laden zurückgebracht werden. Vielmehr sollte er in Verantwortung der Wirtschaft, aber in Verbindung mit den Kommunen, bei den Haushalten abgeholt werden. Durch Vorgabe von Recyclingquoten sollte sichergestellt werden, daß der Abfall nicht einfach auf der Deponie entsorgt wird. Soweit die ordnungsrechtlichen Vorgaben.

Das Duale System enthält aber auch marktwirtschaftliche Anreize. Denn Unternehmen, die ihre Produktion durch das DSD entsorgen lassen wollen, müssen dafür eine Lizenzgebühr bezahlen. Das ist der Preis für das Lizenzzeichen »Grüner Punkt«, das auf allen vom DSD erfaßten Verpackungen prangt. Diese Lizenzgebühr wird von den Herstellern auf den Produktpreis aufgeschlagen – letztlich muß also der Endverbraucher dafür bezahlen.

Einen Anreiz zur Kostensenkung haben die Hersteller nun dadurch, daß die Gebühr für den »Grünen Punkt« nach den tatsächlichen Entsorgungskosten des Einzelmaterials berechnet wird. Papier kostet weniger als der teuer zu entsorgende Kunststoff. Leichtere Verpackungen sind billiger als schwere. Durch optimale Materialauswahl kann der Hersteller Lizenzgebühren sparen – und damit den Endverbraucherpreis drücken. Insofern ist die Lizenzgebühr eine private Abfallabgabe, denn das Gebührensystem verantwortet allein das Duale System. Der Staat mischt sich dabei nicht ein.

So sinnvoll dieses Prinzip auch sein mag – das Duale System hat seit seiner Gründung viel Kritik einstecken müssen: So wird moniert, daß das Abfallrecycling im Mittelpunkt steht, wo doch Abfallvermeidung das Ziel sein müsse. Für falsch halten es die Gegner auch, daß die fehlenden Verwertungsanlagen für Kunststoff im Inland zum Export von deutschem Plastikabfall in fast alle Welt geführt hätten – bei hohen Transport- und Verwertungskosten. Kritisch wird zudem angemerkt, daß im DSD auch Einwegverpackungen gesammelt würden. Und selbst den Befürwortern des Systems ist es ein Dorn im Auge, daß seine Einführung die Konzentration in der deutschen Entsorgungswirtschaft zu beschleunigen scheint.

*Öko-Audit*

Unternehmen achten heute aus eigenem Interesse mehr denn je auf ihr Image. Umweltschädliche Produkte oder Aktionen, die die Umwelt gefährden, schaden dem Ansehen. Daher wenden sich viele einer »ökologischen Unternehmensführung« zu. *Öko-Audit* ist eine Möglichkeit, sich dabei hervorzutun. In Deutschland sind dies bislang etwa 1400 Betriebe, mehr als in allen anderen Mitgliedstaaten der EU zusammen.
Die Öko-Audit-Verordnung ist eine Art »Umwelt-TÜV« für Unternehmen in ganz Europa, die 1993 von den EG-Umweltministern erlassen wurde. (Das Wort *audit* kommt aus dem Lateinischen und bedeutet »Überprüfung«). Mit seiner Hilfe können Gewerbetreibende seit 1995 den Umweltschutz am betrieblichen Standort verbessern und ein eigenes, umfassendes Umweltmanagementsystem erarbeiten. Seit Februar 1998 können auch Verwaltungen, etwa Krankenhäuser oder Hochschulen, außerdem Reisebüros und Banken teilnehmen.
Dazu werden zunächst Bestandsaufnahmen gemacht. Man listet auf, welche Belastungen für Luft, Boden, Gewässer und Abwasser, welche Abfall- und Sondermüllmengen, wieviel Lärm und Verkehr durch den Produktionsbetrieb entstehen. Auch die innerbetriebliche Organisation wird mit Blick auf den Umweltschutz, Gefahrgutrisiken und Störfallpläne durchleuchtet.
Am Ende stehen nach dem Aufbau eines Umweltmanagementsystems eine Umwelterklärung, die veröffentlicht werden muß, und regelmäßige weitere Betriebsprüfungen im Abstand von zwei oder drei Jahren. Ob ein Betrieb wirklich als umweltverträglich gelten und damit das Öko-Zertifikat erhalten kann, entscheidet ein Umweltgutachter – ein Beruf, der vom deutschen *Umweltauditgesetz* neu geschaffen wurde.

## 7. Im Spannungsfeld des Arbeitslebens: Regeln für Arbeitgeber und -nehmer

Im Gegensatz zu vielen anderen Rechtsgebieten sind das Arbeits- wie auch das Sozialrecht sehr jung. Ihre Anfänge gehen in die Epoche der Industrialisierung im 19. Jahrhundert zurück. Durch Massenarbeit und Arbeitsteilung wurde das Wirtschaftsleben umgekrempelt. Die Landflucht und die Zerstörung alter Handwerkskulturen leisteten dem Entstehen des »Massenproletariats« Vorschub, mit dem die Arbeitgeber schalten und walten konnten, wie sie wollten.

Das Arbeitsrecht, das eigentlich »Recht der abhängig Beschäftigten« heißen müßte, gilt für die große Mehrheit der aktiven Bevölkerung. Zwischen ihnen und ihren Arbeitgebern bestehen Interessengegensätze: Je höher die Löhne und je kürzer die Arbeitszeit, desto stärker steigen die Kosten. Zum anderen gibt es naturgemäß immer dort Autoritätskonflikte, wo Menschen von Weisungen anderer abhängig sind.

Obwohl bereits Mitte des vorigen Jahrhunderts die Erkenntnis gewonnen wurde, daß der Bürger im Arbeitsleben geschützt werden muß, hat es der Staat trotz mehrerer Anläufe nicht geschafft, alle Vorschriften in einem Arbeitsgesetzbuch zusammenzufassen. So besteht das Arbeitsrecht aus zahlreichen Einzelgesetzen. Dies führt dazu, daß die Arbeitsgerichte durch sogenanntes *Richterrecht* Regeln schaffen und das Arbeitsrecht so weiterentwickeln.

Wenn sich ein Streit zwischen Arbeitgeber und Arbeitnehmer oder zwischen den Tarifpartnern nicht mehr vermeiden läßt, geht der Weg vor die Arbeitsgerichte. Diese unterscheiden sich von den ordentlichen Zivilgerichten (Amtsgericht, Landgericht, Oberlandesgericht und Bundesgerichtshof) vor allem dadurch, daß in allen Instanzen nicht allein Berufsrichter urteilen, sondern Laienrichter aus Kreisen der Arbeitgeber und Arbeitnehmer gleichberechtigt beteiligt sind. Sie werden auf Vorschlag der Gewerkschaften und Arbeitgeberverbände berufen.

Es besteht ein dreigliedriger Gerichtsaufbau: Arbeitsgericht, Landesarbeitsgericht und als Revisionsinstanz das Bundesarbeitsgericht in Kassel. Jedes Arbeitsgerichtsverfahren beginnt

mit der *Güteverhandlung*. Eine gütliche Beilegung des Streits ist auch während der eigentlichen Verhandlung möglich. Der Gesetzgeber honoriert einen solchen Vergleich mit Gebührenfreiheit. Pro Jahr werden in der Bundesrepublik weit über 600000 arbeitsgerichtliche Verfahren eingeleitet. Etwa acht Prozent werden durch Urteil entschieden, in den übrigen Fällen wird meist ein Vergleich geschlossen.
Die Anwaltskosten müssen in erster Instanz von den Parteien selbst getragen werden.

## 7.1. In eigener Verantwortung: Tarifrecht und Betriebsvereinbarung

Für die meisten Arbeitsverhältnisse sind Arbeitsbedingungen maßgebend, die tarifvertraglich festgelegt werden. Die verfassungsrechtlich geschützte Tarifautonomie berechtigt die Tarifpartner – das sind Gewerkschaften und Arbeitgeberverbände oder auch einzelne Arbeitgeber –, Tarifverträge in eigener Verantwortung abzuschließen.
Die Tarifverhandlungen werden in einzelnen, meist nach Bundesländern eingeteilten Tarifbezirken geführt. Die Verträge gelten generell nur für die Mitglieder der betreffenden Gewerkschaft und die Mitglieder des betreffenden Arbeitgeberverbandes. Tarifverträge sind »unabdingbar«. Ihre Regelungen kommen grundsätzlich vor dem Einzelarbeitsvertrag, falls dieser eine Schlechterstellung des Arbeitnehmers bewirken würde. Die Bedingungen, welche die organisierten Arbeitnehmer und Arbeitgeber ausgehandelt haben, können auch für Nichtorganisierte Gültigkeit erlangen. Dies geschieht vor allem durch die *Allgemeinverbindlichkeitserklärung* des Bundesarbeitsministers. Nicht organisierte Arbeitnehmer können aber auch durch eine *Betriebsvereinbarung* (ein Vertrag zwischen Arbeitgeber und Betriebsrat) oder durch einen entsprechenden Hinweis im jeweiligen Arbeitsvertrag einbezogen werden.
Der Gesetzgeber hat im Tarifvertragsgesetz lediglich einen groben Rahmen vorgegeben, die Ausfüllung aber den Tarifpartnern überlassen. Die Mindestbedingungen bringen den Arbeitnehmern einen Grundschutz; sie gleichen die Bedingungen der Arbeitsverträge an und sorgen während der Laufzeit der

Verträge für Frieden im jeweiligen Tarifgebiet, da Arbeitskämpfe untersagt sind.
Die Geschichte des Tarifvertragssystems ist über hundert Jahre alt. Den ersten bedeutsamen Tarifvertrag setzten die Buchdrucker 1873 durch. Im Jahr 1918 wurden Tarifverträge gesetzlich anerkannt.
Tarifverträge werden in der Regel großflächig auf der Ebene von Branchen abgeschlossen. Typischerweise erfassen sie Klein-, Mittel- und Großbetriebe gleichermaßen. Sie werden deshalb *Verbands-* oder *Flächentarifverträge* genannt. Auch die von den Gewerkschaften mit einzelnen (nicht in Arbeitgeberverbänden organisierten) Unternehmen abgeschlossenen *Haus-Tarifverträge* orientieren sich grundsätzlich an den Branchentarifverträgen. Lohnunterschiede zwischen Betrieben unterschiedlicher Größen sind deshalb geringer als in den meisten anderen europäischen Staaten. Diese »Ordnungsfunktion« des Tarifvertrages sorgt unter anderem dafür, daß überall nahezu gleiche Konkurrenzbedingungen herrschen. Außerdem wird so verhindert, daß das ökonomische Ungleichgewicht zwischen großen Konzernen und kleinen Zulieferbetrieben zu einer ungleichen Entlohnung führt.
Bei den Tarifverträgen unterscheidet man zum einen die *Rahmentarifverträge*, auch *Lohn-* und *Gehaltsrahmentarifverträge* genannt, in denen die Lohngruppen festgelegt werden, zum anderen den *Manteltarifvertrag*, in dem die allgemeinen Arbeitsbedingungen (etwa Arbeitszeit, Urlaub) geregelt werden. In Lohntarifverträgen wird die Lohnhöhe bestimmt. Der wichtigste Punkt der Verhandlungen ist zumeist der Ecklohn, der Lohn für einfache Facharbeiten. Die anderen Lohngruppen stehen in einem prozentualen Verhältnis zum Ecklohn. Wenn der Arbeitgeber mehr bezahlt als diesen Tariflohn, wird dies *Effektivlohn* genannt.
Die Chance, frei von Einflüssen des Staates ihr eigenes Recht zu gestalten, haben die Sozialpartner wahrgenommen. Seit 1949 wurden mehr als 250000 Tarifverträge geschlossen. Beim Bundesarbeitsministerium wird ein Tarifregister geführt, in das alle im Bundesgebiet abgeschlossenen Tarifverträge eingetragen werden. Das Register ist öffentlich, so daß jeder Einsicht nehmen kann.

Da es gerade auf Baustellen gravierende Probleme mit ausländischen Arbeitskräften gab, die weit unter Tarif entlohnt wurden, ist 1996 das *Arbeitnehmer-Entsendegesetz* verabschiedet worden. Es soll insbesondere im Baubereich Lohndumping durch ausländische Billiglohn-Anbieter und die daraus resultierenden Wettbewerbsverzerrungen zu Lasten inländischer Unternehmen und der in ihnen bestehenden Arbeitsplätze verhindern. Zu diesem Zweck verpflichtet das Gesetz insbesondere im Baubereich alle Arbeitgeber mit Sitz im Ausland dazu, ihren nach Deutschland entsandten Arbeitnehmern bestimmte, auch für inländische Arbeitgeber zwingend geltende Arbeitsbedingungen zu gewähren. Die Einhaltung des Gesetzes durch in- und ausländische Arbeitgeber wird von der Bundesanstalt für Arbeit und den Hauptzollämtern überwacht. Bei Verstößen können Bußgelder bis zu 100000 Mark verhängt, in schweren Fällen Unternehmen von der Vergabe öffentlicher Aufträge ausgeschlossen werden.

## 7.2 Vom Streit zum Streik: das Arbeitskampfrecht

Daß die Gewerkschaften und Arbeitgeberverbände als maßgebliche Institutionen für die Regelung der Arbeitsbedingungen gesetzlich anerkannt wurden, wirkt sich offensichtlich mäßigend bei Arbeitskämpfen aus. In der Bundesrepublik waren bisher Arbeitskämpfe – auch im internationalen Vergleich – selten. Der Streik wird als Mittel des Arbeitskampfes maßvoll eingesetzt.

Ein Streik darf immer nur um tariflich regelbare Ziele geführt werden. Er muß sich gegen den Tarifvertragspartner als sozialen Gegenspieler richten, weil nur dieser einen Tarif abschließen kann. Demnach können Meinungsverschiedenheiten bei der Verhandlung um unternehmenspolitische Entscheidungen wie die Stillegung eines Betriebes oder auch Sympathiekundgebungen für einen Kollegen niemals ein rechtmäßiger Grund für eine Arbeitsniederlegung sein.

Streik ist nur rechtmäßig, wenn er von einer tariffähigen Gewerkschaft organisiert wird. Tariffähigkeit wird einer Arbeiternehmervereinigung zugestanden, wenn sie unabhängig ist und überbetriebliche Ziele verfolgt und vor allem mächtig genug

ist, auf den sozialpolitischen Gegenspieler Druck auszuüben. Wilde Streiks von Belegschaften, die nicht von der zuständigen Gewerkschaft gedeckt sind, sind rechtswidrig. Das Signal zum Arbeitskampf muß immer die Gewerkschaft geben.
Der Streik darf nicht gegen die tarifvertragliche Friedenspflicht verstoßen. So kann auch nach Ablauf der vertraglichen Friedenspflicht ein Streik rechtswidrig sein, wenn noch nicht alle Verhandlungsmöglichkeiten ausgeschöpft sind.
Alle Arbeitskämpfe müssen unter dem Gebot der Verhältnismäßigkeit stehen. Die wirtschaftlichen Gegebenheiten sind zu berücksichtigen, und das Gemeinwohl darf nicht verletzt werden. Der Arbeitskampf darf immer nur das letzte Mittel sein. Auch in einem rechtmäßigen, mit Unterstützung der Gewerkschaft geführten Arbeitskampf dürfen keine rechtswidrigen Mittel eingesetzt werden, wie etwa die Blockade des Betriebs. Es dürfen keine Eingänge besetzt werden. Es darf keine Betriebsbesetzungen geben und auch keine Gewalttätigkeiten gegen Streikbrecher. Das öffentliche Dienstrecht verbietet Beamten, Richtern und Soldaten jeglichen Arbeitskampf.
Ist der Streik das typische Kampfmittel der Arbeitnehmer, so stellt die *Aussperrung* das als Abwehr gedachte Verteidigungsmittel der Arbeitgeber dar. Obwohl die Zulässigkeit einer Aussperrung bei Wissenschaftlern und Juristen umstritten ist, hat das Bundesarbeitsgericht dieses Kampfmittel nicht grundsätzlich verboten. Doch es wurden bestimmte Voraussetzungen als notwendig herausgestellt: Der Grundsatz der Verhältnismäßigkeit ist zu beachten. So darf der Arbeitgeber auf einen eng begrenzten Teilstreik nicht mit der Aussperrung sämtlicher Beschäftigter des Tarifgebiets für eine unbefristete Zeit reagieren. Streik und Aussperrung haben zur Folge, daß das Arbeitsverhältnis ruht. Der Arbeitgeber braucht also keinen Lohn zu zahlen, und die Mitarbeiter müssen nicht arbeiten. Arbeitswillige Arbeitnehmer müssen aber beschäftigt werden; können sie aus organisatorischen Gründen nicht eingesetzt werden, so haben sie ebenfalls keinen Anspruch auf Lohn.
Die *Tarifautonomie* der Sozialpartner verlangt auch bei Arbeitskämpfen vom Staat Neutralität. So ist die Bundesanstalt für Arbeit verpflichtet, nicht durch Zahlung von Arbeitslosen-

geld, Arbeitslosenhilfe und Kurzarbeitergeld in Arbeitskämpfe einzugreifen.
Doch selbstverständlich schließt die Tarifautonomie nicht aus, daß der Staat bei den Lohnverhandlungen für die im öffentlichen Dienst tätigen Angestellten und Arbeiter als Partei auftritt. Da das Ringen um einen neuen Tarifvertrag nicht durch ein staatliches Machtwort beendet werden kann, sind Schlichtungsabkommen zwischen den Sozialpartnern üblich, die alle Streitigkeiten unabhängig von einzelnen Tarifverträgen erfassen sollen. Die paritätisch besetzten Schlichtungsstellen werden tätig, wenn die Verhandlungen zwischen den Sozialpartnern gescheitert sind. Der Einigungsvorschlag der Schlichtungsstelle ist aber unverbindlich.

## 7.3 Ein Grundgesetz für den Betrieb: das Betriebsverfassungsgesetz

Das »Grundgesetz«, welches das Mit- und Gegeneinander von Arbeitgeber und Belegschaft in Bahnen lenkt, ist das 1952 verabschiedete und 1972 novellierte Betriebsverfassungsgesetz (BetrVG). Ihre Rechte fielen den Arbeitnehmern nicht in den Schoß, sondern mußten von ihnen in langen Jahren erkämpft werden. In den Frühzeiten des Kapitalismus regelten vom Arbeitgeber erlassene *Fabrikordnungen* das Miteinander auf dem Firmengelände. 1891 wurden als Vorläufer der heutigen Betriebsräte erstmals die *Arbeiterausschüsse* in die Gewerbeordnung aufgenommen – von einigen Gewerkschaftern zunächst mißtrauisch als »Unternehmerschutztruppen« beäugt. Die ersten Betriebsräte traten nach dem Ersten Weltkrieg und der November-Revolution 1918 ihr Amt an – nun unter den mißtrauischen Blicken von Unternehmern und leitenden Angestellten.
Die Idee wurde in der Bundesrepublik übernommen und weiterentwickelt. Heute ist von den rund 200000 Betriebsräten, die in der Bundesrepublik bestehen, die große Mehrzahl in Großbetrieben aktiv. Rund 70 Prozent der Betriebe mit 50 bis 99 Mitarbeitern haben einen Betriebsrat, 90 Prozent der Betriebe mit 100 bis 300 Mitarbeitern und nahezu 100 Prozent der Betriebe mit 300 bis 1000 und mehr Mitarbeitern.

Das BetrVG erfaßt Betriebe mit mindestens fünf ständigen, wahlberechtigten Arbeitnehmern. Größe und Zusammensetzung des Betriebsrats richten sich nach der Anzahl der im Betrieb beschäftigten Arbeitnehmer. Auf Unternehmensebene wird ein Gesamtbetriebsrat, auf Konzernebene ein Konzernbetriebsrat eingerichtet.
Doch auch die Arbeitnehmer denken mittlerweile global. Erste Zugeständnisse hatten sie schon mit dem Euro-Betriebsrat 1994 vor der EU-Kommission erkämpft. Doch nun wird die Dimension Europa zu klein. Wenn deutsche Unternehmen sich mit Wettbewerbern in Amerika und Asien zusammentun, wollen auch die Arbeitnehmer über die Kontinente hinweg kommunizieren. Die ersten Weltbetriebsräte sind in Gründung.
In allen Unternehmen mit mehr als 100 Beschäftigten wird ein Wirtschaftsausschuß gebildet. Die Mitglieder des Wirtschaftsausschusses werden vom Betriebsrat bestimmt. Er hat die Aufgabe, wirtschaftliche Angelegenheiten mit der Unternehmensleitung zu beraten.
Keinen Betriebsrat gibt es in Verwaltungen und Betrieben des Bundes, der Länder, der Gemeinden und in Institutionen des öffentlichen Rechts. Hier gelten das *Personalvertretungsgesetz* (beim Bund) oder die verschiedenen Landespersonalvertretungsgesetze.
Um Betriebsräte selbstbewußter zu machen, genießen sie Kündigungsschutz. Der Betriebsrat übt ein ihm gesetzlich übertragenes, privatrechtliches Ehrenamt aus. Er handelt nicht als Vertreter im Namen der Arbeitnehmer, sondern im eigenen Namen. An Weisungen einzelner Arbeitnehmer oder der Betriebsversammlung ist er nicht gebunden. Die Betriebsversammlung dient der Information. Mindestens einmal im Jahr muß der Arbeitgeber über die wirtschaftliche Lage und die Entwicklung des Betriebes informieren.
Das Betriebsverfassungsgesetz soll der Demokratisierung im Arbeitsleben dienen. Ihm liegt der Gedanke betrieblicher Partnerschaft zugrunde. Es nimmt Arbeitgeber und Betriebsrat in die Pflicht, »zum Wohl des Betriebs und seiner Arbeitnehmer unter Berücksichtigung des Gemeinwohls zusammenzuarbeiten«. Ein echtes Mitbestimmungsrecht wird dem Betriebsrat in

sozialen Angelegenheiten eingeräumt. Hierzu zählt vor allem die Regelung der Arbeitszeit, aber auch die des Urlaubs.
Ein weiterer wichtiger Teil der Mitbestimmung betrifft die personellen Angelegenheiten. Dabei geht es unter anderem um Einstellung und Versetzung. Wichtig ist auch die Bestimmung, daß der Betriebsrat vor jeder Kündigung zu hören ist. Wenn gegen dieses Mitbestimmungsrecht verstoßen wird, ist die Kündigung unwirksam. Bedeutsam ist zudem die Mitbestimmung des Betriebsrates bei den sogenannten wirtschaftlichen Angelegenheiten. Hier ist insbesondere die Erstellung eines Sozialplanes zu nennen. Diesen Mitbestimmungsrechten steht eine Mitwirkungspflicht gegenüber. Von einem bloßen Anhörungsrecht bis zum echten Vetorecht reicht die Palette. So kann die Arbeitnehmervertretung unternehmerische Entscheidungen teilweise blockieren und die Überweisung an eine Einigungsstelle erzwingen.
Dort sitzen gleich viele vom Arbeitgeber und vom Betriebsrat bestellte Beisitzer einem unparteiischen Vorsitzenden gegenüber, auf dessen Person sich beide Parteien einigen müssen. Im Streitfall benennt das Arbeitsgericht einen Vorsitzenden. Dessen Spruch ersetzt die Einigung und hat damit die Qualität einer Betriebsvereinbarung. Häufigster Zankapfel ist die Umsetzung der Arbeitszeitverkürzung sowie der Einsatz von Kontroll- und Überwachungseinrichtungen. Ärger bereiten regelmäßig die Kosten des Verfahrens. Zwar ist festgelegt, daß der Arbeitgeber zu zahlen hat, aber wie teuer eine Schlichtung sein darf, ist nicht geregelt, ebensowenig der Honorarrahmen für den Vorsitzenden und die Beisitzer. Auch ist nicht bestimmt, auf welcher Basis die Vergütung zu berechnen ist.
*Leitende Angestellte* werden nicht durch den Betriebsrat vertreten. In Betrieben mit mindestens zehn leitenden Angestellten werden seit 1990 Sprecherausschüsse gewählt. Die Aufgabe dieser Ausschüsse besteht in Unterrichtung und Beratung der Belegschaft über personelle und wirtschaftliche Angelegenheiten. Die Ausschüsse können die Arbeit der Betriebsräte nicht blockieren und auch Vereinbarungen zwischen Arbeitgeber und Betriebsrat nicht gerichtlich zu Fall bringen. Wer als leitender Angestellter gilt, richtet sich nach den Funktionen und nach dem Gehalt.

## 7.4 Mitbestimmung im Unternehmen

Nach dem Zweiten Weltkrieg wäre der schnelle Wiederaufbau der Betriebe nicht ohne den zum Teil selbstlosen Einsatz der Beschäftigten möglich gewesen. Dieses Verantwortungsbewußtsein wurde mit Beteiligungsrechten in der Unternehmensverfassung »belohnt«. Die Arbeitnehmer sind von jeder betrieblichen oder unternehmerischen Entscheidung unmittelbar betroffen. Sie haben daher auch abgestufte Rechte auf Teilhabe an diesen Entscheidungen. Die Mitbestimmung der Beschäftigten ist ein bedeutender Faktor zur Stabilisierung der Wirtschafts- und Sozialordnung und gleichzeitig Ausdruck der demokratischen Prinzipien. Mitbestimmung setzt auf verschiedenen Ebenen an: Am Arbeitsplatz des einzelnen, im Betrieb und im Unternehmen. Eine Mitbestimmung der Arbeitnehmer besteht jedoch nicht in der Frage, ob eine wirtschaftliche Entscheidung getroffen wird, sondern nur darin, wie eine solche Entscheidung ausgeformt werden soll.

Die Mitbestimmungsgesetze, das Betriebsverfassungsgesetz sowie für den öffentlichen Dienst die Personalvertretungsgesetze des Bundes und der Länder regeln die Mitwirkung und Mitbestimmung der Beschäftigten in Betrieb und Verwaltung.

**„Mitbestimmung kostet 1000 DM pro Mitarbeiter"**

**Köln** (dpa) – Für die betriebliche Mitbestimmung geben Unternehmen im Jahr durchschnittlich 1090 DM pro Mitarbeiter aus. Das ergab eine Umfrage des arbeitgebernahen *Instituts der deutschen Wirtschaft (IW)* bei 29 Unternehmen mit insgesamt fast 875 000 Arbeitnehmern von 1997/98. Die Ergebnisse könnten nicht mit Befragungen früherer Jahre verglichen werden, da diesmal nur Unternehmen mit mindestens 2000 Beschäftigten befragt worden seien. Der größte Kostenfaktor sei die Betriebsratstätigkeit mit jährlich rund 517 DM pro Mitarbeiter. Damit würden die Freistellung der Betriebsräte von ihrer Arbeit sowie Büro- und Reisekosten bezahlt. Mit knapp 490 DM pro Beschäftigtem schlagen die Aufwendungen für Betriebsversammlungen ins Gewicht. Die Kosten von Einigungsverfahren summieren sich der Umfrage des Arbeitgeber-Institutes zufolge auf jährlich knapp 44 DM pro Mitarbeiter. Für die Jugendvertretung und -versammlung werden jährlich weniger als fünf DM je Angestellten ausgegeben.

### 7.4.1 *Mitbestimmung in Klein- und Großunternehmen*

Mitbestimmung im Unternehmen bedeutet vor allem ein Mitentscheidungsrecht bei der Kontrolle, Bestellung und Abberufung der Personen, die das Unternehmen leiten. In kleineren Unternehmen, d.h. Kapitalgesellschaften mit 500 bis 2000 Beschäftigten, sowie in Aktiengesellschaften, die vor dem 10. August 1994 gegründet worden sind (auch bei weniger als 500 Beschäftigten), muß der Aufsichtsrat zu einem Drittel mit Arbeitnehmervertretern besetzt sein. Bei dieser Drittelbeteiligung haben die Arbeitnehmervertreter zwar kaum die Möglichkeit mit zu entscheiden, erhalten jedoch wichtige Informationen aus der Unternehmenspolitik.
In größeren Kapitalgesellschaften, die nicht zur Montan-Industrie zählen, muß der Aufsichtsrat je zur Hälfte mit Vertretern der Anteilseigner und der Arbeitnehmer besetzt sein. Das gilt für Unternehmen einschließlich möglicher Tochtergesellschaften mit mehr als 2000 Arbeitnehmern. Dabei kann der Aufsichtsratsvorsitzende – in der Praxis ein Vertreter der Anteilseigner – bei Stimmengleichheit im Entscheidungsfall eine zweite Stimme abgeben und somit eine Mehrheitsentscheidung herbeiführen.
Abhängig von der Zahl der Arbeitnehmer setzt sich der Aufsichtsrat aus

- zwölf (bis zu 10000 Beschäftigten),
- 16 (10000 bis 20000 Beschäftigten) bzw.
- 20 (über 20000 Beschäftigte)

Mitgliedern zusammen.
Anteilseigner und Arbeitnehmer stellen dabei jeweils zu gleichen Teilen die Vertreter, wobei auf der Seite der Arbeitnehmer ein leitender Angestellter vertreten sein muß. Der Aufsichtsrat kann größer sein als im Gesetz vorgesehen, wenn die Satzung des Unternehmens dies bestimmt. Ein per Gesetz zwölfköpfiger Aufsichtsrat kann so auf 16 oder 20 Mitglieder erhöht werden.
Gewerkschaften, die im Unternehmen vertreten sind, haben Anspruch auf einen Teil der Aufsichtsratssitze der Arbeitneh-

mer. Ihnen stehen zwei Sitze im zwölf- oder 16köpfigen, drei in einem 20köpfigen Aufsichtsrat zu.
In Unternehmen mit bis zu 8000 Arbeitnehmern werden die Vertreter per Urwahl gewählt. Die Arbeitnehmer können jedoch mehrheitlich beschließen, ihre Vertreter durch Delegierte wählen zu lassen.
In Unternehmen mit mehr als 8000 Arbeitnehmern verhält es sich umgekehrt. Vom Gesetz ist hier die Wahl durch Delegierte vorgesehen, bei Mehrheitsbeschluß ist aber auch eine Urwahl möglich. Zur Wahl können sich Unternehmensangehörige sowie externe Gewerkschaftsvertreter stellen.
Der Vorsitzende des Aufsichtsrats und sein Stellvertreter werden mit Zweidrittelmehrheit von allen Aufsichtsratsmitgliedern gewählt. Ein zweiter Wahlgang ist notwendig, wenn ein Kandidat die erforderliche Mehrheit nicht erreicht. Abweichend vom ersten Wahlgang wählen dann die Kapitalvertreter die Person des Vorsitzenden und die Arbeitnehmervertreter diejenige des Stellvertreters.
Der Aufsichtsrat bestellt bzw. ruft die Mitglieder des Vorstands ab. Dazu gehört auch der Arbeitsdirektor als gleichberechtigtes Mitglied der Unternehmensleitung. Für die Wahl ist in beiden Fällen eine Zweidrittelmehrheit nötig. Kommt diese nicht zustande, wird zunächst ein Vermittlungsausschuß gebildet. Wird dann immer noch keine absolute Mehrheit erreicht, hat der Aufsichtsratsvorsitzende in der weiteren Abstimmung eine zweite Stimme und kann damit die Wahl entscheiden.

### 7.4.2 *Mitbestimmung in der Montan-Industrie*

Die älteste und weitestgehende Form der Mitbestimmung in Unternehmen ist die sogenannte *Montan-Mitbestimmung*. Sie gilt seit 1951 in den Kapitalgesellschaften des Bergbaus und der eisen- und stahlerzeugenden Industrie mit mehr als 1000 Beschäftigten.
Der Aufsichtsrat in Montan-Unternehmen besteht normalerweise aus elf Mitgliedern. Er kann bei größeren Unternehmen jedoch auf 15 oder 21 erhöht werden. Auch hier bildet eine jeweils gleiche Zahl von Arbeitnehmer- und Kapitalvertretern

den Aufsichtsrat. Im Unterschied zu Unternehmen anderer Branchen kommt jedoch noch ein weiteres Mitglied, ein sogenannter *Neutraler*, hinzu.
Die Beschäftigten des Unternehmens stellen einen Teil der Aufsichtsratsmitglieder. Die außerbetrieblichen Arbeitnehmervertreter sind in der Regel Gewerkschafter. In einem elfköpfigen Aufsichtsrat sind also von fünf Arbeitnehmervertretern zwei betriebsangehörige Beschäftigte und mindestens zwei außerbetriebliche Gewerkschaftsmitglieder vertreten.
Die Mitglieder des Vorstands werden vom Aufsichtsrat bestellt und abberufen. Im Unterschied zu Nicht-Montan-Unternehmen kann der Arbeitsdirektor nicht gegen die Stimmen der Arbeitnehmervertreter bestellt oder abberufen werden. Sie muß also in jedem Fall das Vertrauen der Arbeitnehmervertreter besitzen.

### 7.4.3 *Europa AG*

Die Europa AG ist als eigenständige Organisationsform europäischen Rechts gedacht und soll Unternehmen in der Europäischen Union bestimmte grenzüberschreitende Zusammenschlüsse erleichtern. Bereits 1970 hatte die Europäische Kommission einen ersten Entwurf für ein Statut vorgelegt, auf den sich die Mitgliedsstaaten jedoch nicht einigen können. Unterschiedliche Auffassungen bestehen immer noch bei der Frage, wie die Beteiligung der Arbeitnehmer in einer europäischen Aktiengesellschaft ausgestaltet werden soll.
Das neueste Konzept sieht vor, daß Arbeitnehmer und Arbeitgeber Art und Umfang der Mitbestimmung in einer zu gründenden Europa AG völlig frei aushandeln. Auf seiten der Arbeitnehmer wird hierzu ein spezielles Gremium gebildet. Können sich die Parteien nicht einigen, greift eine Auffangregel. Sie führt allerdings nicht dazu, daß in jedem Fall des Scheiterns ein einheitliches Mitbestimmungsmodell gilt. Statt dessen sollen die unterschiedlichen nationalen Systeme berücksichtigt und die bestehenden Rechte der Arbeitnehmer gewahrt werden. Schließen sich also mitbestimmte Gesellschaften aus mehreren Staaten zusammen, so soll für die neu gegründete Europa AG jenes nationale Modell übernommen werden, das den

Beschäftigten den höchsten Grad an Mitwirkung in den Gesellschaftsorganen sichert.
Dies hat zur Folge, daß bei einer deutschen Beteiligung an einer Europa AG in aller Regel das weitreichende deutsche Mitbestimmungssystem übernommen werden müßte. Die deutschen Wirtschaftsverbände befürchten deshalb, daß deutsche Unternehmen kaum noch als Partner in Frage kämen, da aus Sicht ausländischer Investoren die deutsche Mitbestimmung zu weit gehe.
Auf die Europa AG muß die europäische Wirtschaft also wohl noch länger warten. Bessere Chancen hat da die geplante europäische Rechtsform für den Mittelstand. Die sogenannte *Société Privée Européenne (SPE)* ähnelt der deutschen GmbH. Sie soll ein Grundkapital von mindestens 50 000 Mark haben und auf Unternehmen mit maximal 500 Beschäftigten beschränkt werden – das sind immerhin rund 90 Prozent aller 15 Millionen Unternehmen in der EU.

## 7.5 Ein Riegel gegen die Willkür: der Arbeitsschutz

Ganz selbstlos ist der Staat nicht, wenn er in den Betrieben eine gewisse Kontrolle zum Schutz der Arbeitnehmer ausübt. Er will den sozialen Frieden sichern und die Belastung der öffentlichen Sozialeinrichtungen möglichst niedrig halten. Der Schutz des Arbeitsverhältnisses dient dazu, die Abhängigkeit des Arbeitnehmers vom Arbeitgeber zu mindern und ihn vor Willkür und Überforderung zu schützen. Diese Schutzbestimmungen ergeben sich daraus, daß Unselbständige nichts als ihre Arbeitskraft zu verkaufen haben. Ihre wirtschaftliche Existenz hängt von den Bedingungen ab, zu denen sie Beschäftigung finden.
Im September 1996 ist ein neues *Arbeitsschutzgesetz* in Kraft getreten. Es enthält allgemeine Verhaltensvorschriften für den betrieblichen Arbeitsschutz, die einheitlich für alle Tätigkeitsbereiche in der Privatwirtschaft und im öffentlichen Dienst gelten. Das Gesetz setzt die europäische Rahmenrichtlinie zum Arbeitsschutz in deutsches Recht um. Danach muß der Arbeitgeber die Gefährdungssituation in seinem Betrieb beurteilen und die notwendigen Schutzmaßnahmen treffen. Die Beschäf-

tigten müssen vom Arbeitgeber hierüber unterrichtet und unterwiesen werden. Sie sind aber auch verpflichtet, ihn bei seinen Schutzmaßnahmen zu unterstützen.
Im Mittelpunkt steht das *Kündigungsschutzgesetz*. Es soll Arbeitnehmer vor Entlassungen ohne sachlichen Grund schützen. Der allgemeine gesetzliche Kündigungsschutz besteht für Arbeitnehmer in einem Betrieb mit mehr als zehn Arbeitnehmern bzw. Arbeitnehmerinnen, wobei Auszubildende nicht und Teilzeitbeschäftigte anteilig berücksichtigt werden. Das Arbeitsverhältnis muß allerdings seit mindestens sechs Monaten bestehen.
Der allgemeine Kündigungsschutz gilt nicht für Kleinbetriebe mit bis zu zehn Mitarbeitern. Nach dem Kündigungsschutzgesetz darf niemand entlassen werden, wenn dies sozial ungerechtfertigt ist. Die Kündigung gilt als sozial ungerechtfertigt, wenn sie nicht durch Gründe bedingt ist, die in der Person oder im Verhalten des Arbeitnehmers liegen, oder aber wenn keine dringenden betrieblichen Erfordernisse geltend gemacht werden können. Eine Kündigung ist zudem unwirksam, wenn es im betreffenden Betrieb einen Betriebsrat gibt und dieser vor der Kündigung nicht angehört wurde.
Verschiedene Gruppen von Arbeitnehmern genießen einen besonderen Kündigungsschutz: Bei der Kündigung von Schwerbehinderten muß die Hauptfürsorgestelle zugestimmt haben. Bei Wehrdienstleistenden und Mitgliedern von Arbeitnehmervertretungen wie Betriebs- und Personalräten sowie bei Mitgliedern von Wahlvorständen nach dem Betriebsverfassungsgesetz und den Personalvertretungsgesetzen ist eine ordentliche Kündigung grundsätzlich unzulässig. Auszubildende können nach Ablauf der Probezeit nicht ordentlich gekündigt werden. Ein absolutes Kündigungsverbot gilt während einer Schwangerschaft, innerhalb der ersten vier Monate nach der Entbindung und während des Erziehungsurlaubs.
1990 hat das Bundesverfassungsgericht die unterschiedliche Länge der Kündigungsfristen für Arbeiter und Angestellte für verfassungswidrig erklärt, 1993 wurde das Urteil umgesetzt. 1996 faßte man die gesetzlichen Kündigungsfristen des Bürgerlichen Gesetzbuches dann neu. Die Grundkündigungsfrist, die Arbeitnehmer und ihr Arbeitgeber einhalten müssen, beträgt

vier Wochen zum 15. oder zum Ende eines Kalendermonats. Grundsätzlich gilt: Je länger ein Arbeitsverhältnis in einem Unternehmen besteht, um so länger ist auch die Kündigungsfrist.
Die Tarifpartner können für die jeweiligen Teilbereiche Kündigungsfristen frei vereinbaren, also sowohl kürzere als auch längere Kündigungsfristen als die gesetzlichen vorsehen. Einzelvertraglich kann grundsätzlich nur eine Verlängerung gesetzlicher Kündigungsfristen geregelt werden.
Neben dem allgemeinen Arbeitsschutz, der für alle Arbeitnehmer gilt, gibt es für besonders gefährdete Berufsgruppen Sondervorschriften. So stehen nicht nur werdende Mütter und Schwerbehinderte, sondern auch Jugendliche und Heimarbeiter unter dem Schutz eigens für sie geschaffener Gesetze. Aber auch Gesetze, denen man die Schutzbestimmungen nicht auf den ersten Blick ansieht, enthalten Mindestbedingungen, die nicht zu Lasten der Arbeitnehmer unterschritten werden dürfen. Hierunter fallen etwa das Lohnfortzahlungsgesetz, das Bundesurlaubsgesetz und die Arbeitszeitordnung.
1994 ist ein neues *Arbeitszeitgesetz* in Kraft getreten. Durch dieses Gesetz wurde die aus dem Jahre 1938 stammende Arbeitszeitordnung abgelöst. Es setzt den Rahmen dafür, wann und wie lange Arbeitnehmer höchstens arbeiten dürfen. Im Vordergrund steht der Gesundheitsschutz. Unter anderem enthält es besondere Vorschriften für Nacht- und Schicht-Arbeitnehmer sowie eine umfassende Regelung der Sonn- und Feiertagsruhe. Den Tarifvertragsparteien und Betriebspartnern räumt das Arbeitszeitgesetz Spielräume für die flexible Ausgestaltung ihrer Arbeitszeitregelungen ein. Die höchstzulässige tägliche Arbeitszeitdauer beträgt acht Stunden. Sie kann jedoch auf bis zu zehn Stunden verlängert werden. In Krankenhäusern und Pflegeeinrichtungen, in Gaststätten, in Verkehrsbetrieben, beim Rundfunk, in der Landwirtschaft gelten Ausnahmen. Niemand darf länger als sechs Stunden ohne Ruhepause arbeiten; vorgeschrieben sind mindestens 30 Minuten.
Kinder und Jugendliche sind durch das 1997 neu gefaßte *Jugendarbeitsschutzgesetz* besonders geschützt. So dürfen in Deutschland beispielsweise Personen unter 15 Jahren grundsätzlich nicht arbeiten. Für Jugendliche sind Akkordarbeit und

gefährliche Arbeiten verboten. Im Bergbau dürfen Jugendliche unter 16 Jahren nicht beschäftigt werden. Grundsätzlich ist die Arbeitszeit von Jugendlichen auf acht Stunden täglich und 40 Stunden wöchentlich beschränkt. In Ausnahmefällen darf die Arbeitszeit unter der Woche 8,5 Stunden betragen, wenn die Arbeit freitags früher beendet wird. In der Regel darf sie nicht vor sechs Uhr morgens beginnen.

Das *Mutterschutzgesetz* regelt den Schutz von Frauen während und nach der Schwangerschaft. Es schützt sie vor Gefahren, Überforderung und Gesundheitsschädigung am Arbeitsplatz, Kündigung und finanziellen Nachteilen. Dies gilt unabhängig von Staatsangehörigkeit oder Familienstand für alle Frauen, die in einem Arbeits- oder Ausbildungsverhältnis stehen und deren Arbeitsort in Deutschland liegt.

# 8. Der lange Weg zur Einheit: Deutschland und die Europäische Union

## 8.1 Entwicklung und Verfassung der Gemeinschaft

Als Zeitungsleser hat man mitunter den Eindruck, als gehe in der Europäischen Union (EU) nichts voran, als würden sich lediglich hochbezahlte Politiker darin gefallen, nach aufreibenden Marathonsitzungen schließlich doch ohne Ergebnis auseinanderzugehen. Außer Spesen nichts gewesen?

So einfach sollte man es sich nicht machen. Denn verglichen mit dem politischen Zustand Europas nach dem Zweiten Weltkrieg hat sich doch vieles bewegt. Und lebte *Winston Churchill*, der britische Premierminister, noch, würde er sich wundern. Im September 1946 schon, als Europa noch in Schutt und Asche lag, hatte er in Zürich »die Schaffung der Vereinigten Staaten von Europa« vorgeschlagen. Doch es sollten noch knapp vier Jahre vergehen, bis der erste Grundstein für den Staatenbund gelegt wurde. Am 9. Mai 1950 schlug der französische Außenminister *Robert Schuman* im Namen der französischen Regierung vor, die gesamte französisch-deutsche Kohle- und Stahlproduktion zusammenzulegen. Andere europäische Länder, so Schuman, sollten ebenfalls beitreten können. Das war eine kühne Idee. Denn zum erstenmal sollten Regierungen einen Teil ihrer Eigenständigkeit, wenn auch nur in einem begrenzten Bereich, an eine gemeinsame *Hohe Behörde* – so wurde das Leitungsgremium der neuen europäischen Organisation genannt – abtreten.

Diese erste europäische Organisation hieß *Europäische Gemeinschaft für Kohle und Stahl* (EGKS) oder auch *Montanunion*. Der Gründungsvertrag trat am 23. Juli 1952 in Kraft. Die Mitgliedsstaaten Bundesrepublik, Belgien, Frankreich, Luxemburg, Italien und Holland überantworteten ihre Befugnisse unter anderem in Sachen Steuerhoheit, Festlegung von Höchst- und Mindestpreisen, Anwendung von rechtlichen Zwangsmitteln und Fusionskontrolle der EGKS.

Als eigentlicher Geburtstag der EG gilt jedoch der 25. März 1957. An diesem Tag unterzeichneten in Rom die sechs EGKS-Mitglieder die Verträge über die *Europäische Wirtschaftsge-*

*meinschaft* (EWG) und über die *Europäische Atomgemeinschaft (EAG* oder *Euratom)*, die sich die Zusammenarbeit bei der friedlichen Nutzung der Kernenergie zum Ziel gesetzt hatte. Diese *Römischen Verträge* bilden zusammen mit dem Vertrag zur Gründung der EGKS die Charta, also den Grundlagenvertrag des Vereinten Europas. Ziel aller Verträge ist die Steigerung des Wirtschaftswachstums und die Erhöhung des Lebensstandards, andererseits aber auch die politische Union der europäischen Völker.

Beispiel EWG-Vertrag: Er hatte den Aufbau einer Zollunion zum Ziel, um den freien Warenverkehr zwischen den Mitgliedsstaaten zu ermöglichen, den Abbau von Beschränkungen und Handelshemmnissen aller Art und die Verwirklichung des freien Personen-, Dienstleistungs- und Kapitalverkehrs. Aber mehr noch: Die Vertragspartner wollten auch eine gemeinsame Politik auf den Weg bringen, so zum Beispiel eine gemeinsame Landwirtschafts-, Verkehrs- und Wettbewerbspolitik sowie eine Politik zur Angleichung der innerstaatlichen Rechtsvorschriften. Sogar eine gemeinsame Außenpolitik schwebte ihnen damals schon vor.

Zehn Jahre nach den Römischen Verträgen und nach manchem Rückschlag machte die Gemeinschaft einen weiteren wichtigen Schritt nach vorn: Am 1. Juni 1967 trat der am 8. April 1965 unterzeichnete Vertrag zur Einsetzung eines Gemeinsamen Rates und einer gemeinsamen Kommission der Europäischen Gemeinschaften in Kraft: Die »Fusion der Exekutiven« wurde vollzogen. Von nun an wurde die Bezeichnung *Europäische Gemeinschaft (EG)* als Sammelbegriff für diese drei Europäischen Gemeinschaften verwendet. Seit damals gibt es nur noch eine Kommission der Europäischen Gemeinschaften – sie ersetzte die Hohe Behörde der EGKS und die Kommissionen von EWG und Euratom – und einen Ministerrat.

1993 wurde dann mit dem *Maastrichter Vertrag* die *Europäische Union (EU)* gegründet, die auf drei Säulen ruht: der Europäischen Gemeinschaft, dem Einstieg in eine Gemeinsame Außen- und Sicherheitspolitik und der »Zusammenarbeit der Justiz- und Innenminister«.

Bei der Europäischen Union handelt es sich um einen Verbund souveräner Staaten, deshalb gibt es auch keine EU-Verfassung.

Mit den drei Europäischen Gemeinschaften schufen ihre Gründer in den 50er Jahren übernationale Organisationen. An sie gaben ihre Mitglieder gewisse Hoheitsrechte ab. Die Organe sind:

- der Rat der Europäischen Union
- die Europäische Kommission
- das Europäische Parlament
- der Europäische Gerichtshof
- der Europäische Rechnungshof.

Welche Aufgaben haben diese Organe?

Der **Rat der Europäischen Union:** Im Rat sind die einzelnen Mitgliedsstaaten durch die jeweiligen Fachminister ihrer Regierungen vertreten. Der Ministerrat wechselt seine Zusammensetzung je nach Beratungsgegenstand: So treffen sich im *Allgemeinen Rat* die Außenminister der EU-Mitgliedsstaaten, die Verkehrsminister bilden den *Verkehrsrat*, die Umweltminister den *Umweltrat*.
Vor dem Inkrafttreten des Vertrages von Maastricht war der Rat die alleinige gesetzgebende (legislative) Gewalt in der EU. Bei der Erarbeitung von Gesetzen war zwar auch das Europäische Parlament beteiligt – im Zweifelsfall behielt aber der Rat das letzte Wort. Heute arbeiten Rat und Parlament bei der Gesetzgebung eng zusammen.
Der Rat beschließt auf Vorschlag und Initiative der Kommission:

- *Verordnungen*: Sie haben innerstaatliche Gültigkeit und sind Bestandteil der nationalen Rechtsordnung. Kein Parlament, keine Regierung, sondern nur der europäische Gerichtshof können daran etwas ändern.
- *Richtlinien*: Diese verpflichten die Mitgliedsstaaten, in einem bestimmten Bereich gemäß einem vorgegebenen Ziel tätig zu werden, überlassen aber die gesetzliche Umsetzung den nationalen Parlamenten. Mitunter fallen sie so detailliert aus, daß einzelstaatliche Abweichungsmöglichkeiten nahezu unmöglich sind.
- Der Ministerrat gibt *Empfehlungen* und deutet damit die

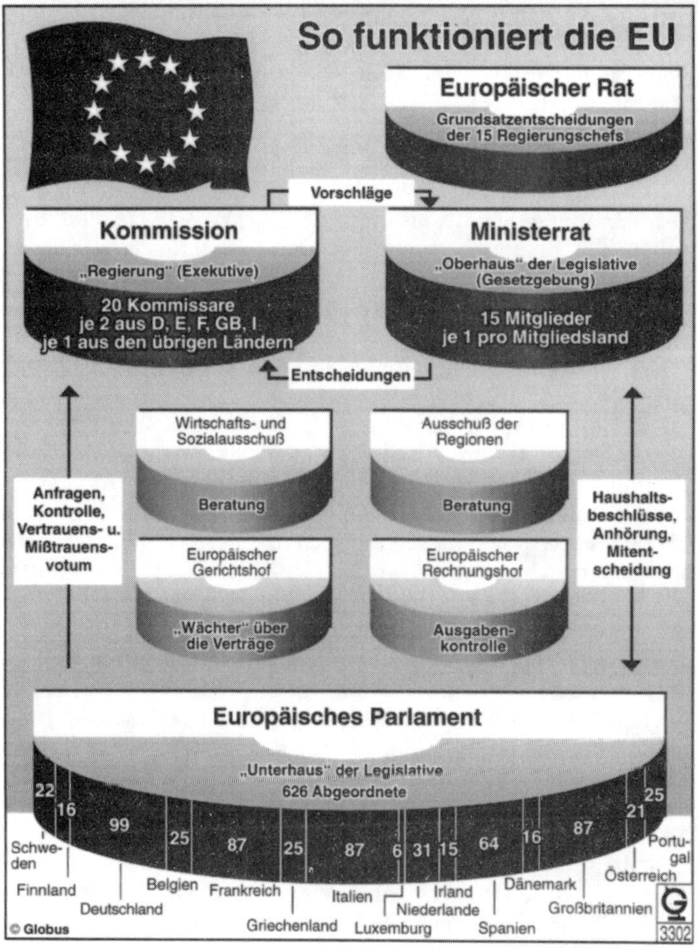


Richtung an, in die seiner Ansicht nach die Politik gehen sollte.

Wenn sich anstelle der Fachminister die Regierungschefs treffen, spricht man vom *Europäischen Rat*. Er tritt seit 1975 meist dreimal jährlich zusammen; auch die Außenminister nehmen daran teil. Der Europäische Rat soll der Gemeinschaft neue Impulse geben und neue Ziele setzen. Der Ministerrat hat seinen Sitz in Brüssel.

Die **Europäische Kommission**: Sie gilt als »Motor der Gemeinschaftspolitik« und als »Hüterin der Gemeinschaftsinteressen«. Die Kommission unterbreitet dem Rat Vorschläge und Entwürfe für gemeinschaftliche Aktionen *(Initialrecht der Kommission)*. Darüber hinaus wacht sie über die Einhaltung und Anwendung der Gründungsverträge und der Rechtsakte, die von den Gemeinschaftsorganen erlassen worden sind. Sie muß gegen jede Verfehlung einschreiten und notfalls den Europäischen Gerichtshof anrufen. Außerdem verwaltet sie die Finanzmittel der Europäischen Union. Sie besteht aus 20 Kommissaren. Die größeren Mitgliedsstaaten benennen jeweils zwei Kommissare, die übrigen einen. Jeder Kommissar wird auf fünf Jahre ernannt, eine Verlängerung ist möglich. Die Kommission vertritt, so die Idee, das Gemeinschaftsinteresse. Die Kommissare sollen sich also wie Europäer verhalten und nicht wie Italiener, Deutsche oder Briten, die einzelstaatliche Interessen durchboxen wollen. Sie dürfen Anweisungen von einer Regierung weder anfordern noch entgegennehmen. Berufen werden die Kommissare von den Regierungen der Mitgliedsländer. Die Kommission handelt als Kollegium, kann also Beschlüsse nur als Organ mit der Stimmenmehrheit der Mitglieder fassen. Dennoch hat jedes Mitglied spezielle Aufgabenbereiche, für die es federführend ist.
Nach der nächsten Erweiterung der Europäischen Union wird sich die Zusammensetzung der Kommission ändern. Danach soll jeder Mitgliedsstaat künftig nur noch einen Kommissar stellen. Außerdem wird der Präsident der Kommission neue Kompetenzen erhalten. Er wird »politische Führung« ausüben können und gegenüber den anderen Mitgliedern der Kommission disziplinarische Rechte erhalten. Sitz der Kommission ist ebenfalls Brüssel.

Das **Europäische Parlament:** Dies ist die direkt gewählte demokratische Vertretung der Bürger der Europäischen Union.

Je mehr Staaten der EU beitraten, desto größer ist auch das Parlament geworden. Nach der jüngsten Erweiterungsrunde zählt es jetzt 626 Mitglieder. Die Abgeordneten arbeiten in länderübergreifend und parteipolitisch gebildeten Fraktionen zusammen. Seit 1979 wird das Parlament in allgemeiner direkter Wahl gewählt. Die Wahlperiode dauert fünf Jahre. Die traditionelle Rolle eines Parlaments in einer Demokratie, nämlich die Rolle des Gesetzgebers *(Legislative)*, übt das Europäische Parlament freilich nur in Ansätzen aus. Es kann die Kommission mit Zweidrittelmehrheit zum Rücktritt zwingen, kontrolliert ihre Politik und ist an der Ernennung der Kommissionsmitglieder beteiligt. Zusammen mit dem Rat bildet das Parlament die Haushaltsbehörde und ist an der Annahme des Haushaltsplans der Gemeinschaft beteiligt.
Allerdings: Bei den sogenannten *obligatorischen Ausgaben* – dazu gehört der »dicke Brocken« des Agraretats – hat der Rat das letzte Wort und nicht das Parlament, das dabei nur eine beratende Funktion ausübt. Lediglich bei den übrigen Ausgaben – etwa der Hälfte des Gesamthaushalts – entscheiden die Europaabgeordneten. Seit dem Maastrichter Vertrag ist die Volksvertretung dem Rat gleichgestellt, beispielsweise beim Verbraucherschutz, in Fragen der Bildung, Kultur und Gesundheit.
Ähnlich wie die Kommission oder der EU-Ministerrat hat sich die Volksvertretung zu einem bürokratischen Koloß entwickelt. Sichtbares Zeichen dafür ist der neue Parlamentsbau in Brüssel: Ein 2,4 Milliarden Mark teurer, gigantischer Bürokomplex für 3500 Beamte und Mitarbeiter. Hinzu kommen Finanzierungskosten von bis zu 800 Millionen Mark in den nächsten zehn Jahren. Zusätzliche Kosten in Millionenhöhe verursacht ein teurer »Wanderzirkus«: Zwölf einwöchige Plenarsitzungen pro Jahr finden in Straßburg statt. Mit Sack und Pack müssen die Abgeordneten regelmäßig umziehen, nur weil die EU aus historischen Gründen den Standort Straßburg nicht aufgeben will.
Für die Diäten der Europaabgeordneten sind allein die Mitgliedsstaaten zuständig. Sie erhalten eine Vergütung, die den Gehältern der jeweiligen nationalen Volksvertreter entspricht. Die Folge: Im Europäischen Parlament sitzen Arm

und Reich zusammen. So erhält beispielsweise ein spanischer Abgeordneter 4800 Mark monatlich von seinem Heimatland überwiesen. Dagegen kann sich sein italienischer Kollege über 18400 Mark freuen. Die Deutschen liegen mit rund 12000 Mark im oberen Mittelfeld. Zudem erhält jeder Parlamentarier eine Bürokostenpauschale von 6560 Mark und eine monatliche Mitarbeiterpauschale von 19000 Mark. Während der Sitzungswochen gibt es ein Tagesgeld von 460 Mark. Diese Zulagen werden im Gegensatz zu den Diäten direkt aus dem EU-Haushalt gezahlt.

Der **Europäische Gerichtshof (EuGH):** Seine 15 Richter haben die Aufgabe, die Wahrung des Rechts bei der Auslegung und Anwendung von Gemeinschaftsverträgen und Rechtsvorschriften sicherzustellen. Unterstützt werden die Richter von neun Generalanwälten. Diese sind zwar Mitglieder des Gerichts und bereiten anhängige Streitsachen auf, nehmen aber nicht an den Urteilsberatungen und Abstimmungen teil. Richter und Generalanwälte werden von den Regierungen der EU-Mitglieder auf jeweils sechs Jahre im gegenseitigen Einvernehmen ernannt.

Der 1957 errichtete EuGH, der seinen Sitz in Luxemburg hat, ist Verfassungsgericht, Verwaltungsgericht, Arbeits- und Sozialgericht, Zivilgericht sowie Schiedsgericht zugleich. Er kann von einem Mitgliedsstaat oder einem Organ der Europäischen Union angerufen werden und befindet über Klagen zwischen Mitgliedsstaaten und Organen der Gemeinschaft und über Streitigkeiten der Mitgliedsstaaten untereinander.

Der Zwang, jede wirksam eingelegte Klage zu entscheiden, war dafür verantwortlich, daß es in den 80er Jahren fast zum Kollaps des Gerichts gekommen wäre. Damals hatten Klagen großer Unternehmen drastisch zugenommen, verfassungsrechtliche Fragen – also die eigentliche Aufgabe des EuGH – waren in den Hintergrund getreten. Luft verschaffte 1988 die Gründung des *Gerichts erster Instanz (EuG)*, einem Gremium mit ebenfalls 15 Richtern. Dieser Ableger ist zuständig für Klagen von Einzelpersonen – natürlichen und juristischen – gegen Entscheidungen von Kommission und Rat. Zentrales Thema vor dem EuG ist das Wettbewerbsrecht. Es geht um Preisabspra-

chen, Mißbrauch marktbeherrschender Stellungen oder Beihilferecht.
Ob EuGH oder EuG – jeder Mitgliedsstaat der EU entsendet einen Richter. Damit sollen die sehr verschiedenen Rechtssysteme ausreichend berücksichtigt werden. Auch bei den Generalanwälten, einer Anleihe aus dem französischen Recht, soll zumindest jedes große EU-Land vertreten sein, für die kleineren gilt ein Rotationssystem.

Der **Europäische Rechnungshof** wurde 1975 zur externen Finanzkontrolle der EG in Luxemburg eingerichtet. Er wacht darüber, daß die EU ihre Gelder nach den Regeln der Wirtschaftlichkeit für die vorgesehenen Zwecke verwendet. Natürlich muß dabei das Haushaltsrecht der EU eingehalten werden. Der Rechnungshof überprüft alle Einnahmen und Ausgaben der EG-Organe. Auch in den Ländern außerhalb der Union, die Gelder aus EU-Programmen erhalten, kann der Rechnungshof die Verwendung kontrollieren.
Seine Ergebnisse werden in einem Jahresbericht zusammengefaßt, der nach Abschluß jedes Haushaltsjahres erstellt und im Amtsblatt der EU veröffentlicht wird. Dieses Dokument bildet die Grundlage für die Entscheidung des Parlaments im Hinblick auf die Entlastung der Kommission. Seine Kontrolltätigkeit übt der Rechnungshof unabhängig aus. Ihm gehören 15 Mitglieder an, je eines aus jedem EU-Mitgliedsstaat. Sie werden nach Anhörung des Parlaments einstimmig vom Rat ernannt.

### 8.1.1 *Verschiebebahnhof EU-Haushalt*

Die Finanzierung des EU-Budgets unterscheidet sich grundsätzlich von der Finanzierung der öffentlichen Haushalte der Mitgliedsstaaten. Diese haben eine eigene Finanzhoheit und können so für ihre Einnahmen durch Steuern selbst sorgen. Die EU-Haushaltsmittel werden dagegen von den Mitgliedsstaaten erhoben und der Europäischen Union zur Verfügung gestellt. Der Haushalt wird aus Einnahmen finanziert, die der EU nach einem bestimmten Schlüssel zufließen. Diese Eigenmittel umfassen

- Agrarzölle und Zuckerabgaben
- Zölle, die an den EU-Außengrenzen bei der Einfuhr erhoben werden
- einen festgesetzten Anteil der Mehrwertsteuereinnahmen der EU-Staaten
- einen veränderlichen Anteil am Bruttosozialprodukt der einzelnen Mitgliedsstaaten

Zehn Prozent der Agrarabschöpfungen und der Zölle stehen den Mitgliedsstaaten zur Deckung der anfallenden Kosten zu. Neben den Eigenmitteln gibt es noch die »sonstigen Einnahmen«, zu denen Überschüsse aus dem Vorjahr, Einnahmen aus Verwaltungstätigkeiten und das Aufkommen aus der Steuer auf die Einkommen der EU-Bediensteten zählen. Die Aufnahme von Krediten ist der Kommission nicht gestattet; so soll ein unkontrolliertes Ausufern der Ausgaben verhindert werden. Der Vorteil dieser Festlegung: Die Gemeinschaft kann sich – anders als ihre Mitglieder – nicht verschulden.
Bei den Ausgaben ist der Posten »Gemeinsame Agrarpolitik« der mit Abstand größte: Rund die Hälfte ihrer Einnahmen überweist die EU auf die Konten der Landwirte in der Europäischen Union. Die Agrarausgaben gehören zu den obligatorischen Ausgaben, das heißt, daß sie sich durch die Verträge oder die Rechtsakte zwingend ergeben. Im Gegensatz dazu sind die *nichtobligatorischen Ausgaben* freiwillig. Die meisten dieser Ausgaben fließen in die Strukturmaßnahmen; sie sind traditionell der zweitgrößte Haushaltsposten. Relativ gering im Vergleich dazu sind die Mittel für die *internen* (Bildung, Energie, Forschung, Umwelt etc.) und *externen* Politikbereiche (Nahrungsmittel- und humanitäre Hilfe, Zusammenarbeit mit den Entwicklungsländern).
Den verabschiedeten Haushalt setzt die Kommission um. Die Ausnahmen: Rat, Parlament, Gerichtshof und Rechnungshof verwalten ihre Etats eigenverantwortlich. Jedes Organ hat deshalb auch eine eigene Finanzkontrolle. Weil für die tatsächliche Auszahlung von rund 80 Prozent der EU-Mittel die Mitgliedstaaten und nicht die Kommission zuständig sind, kann die Brüsseler Behörde die meisten Ausgaben lediglich nachträglich prüfen.

Die Europäische Union ist eine Solidargemeinschaft, in der in der Regel reichere Länder mehr in die gemeinsame Kasse zahlen und ärmere Mitglieder mehr herausbekommen. Deutschland ist mit Abstand der größte Nettozahler zum EU-Haushalt – 60 Prozent der Nettobeiträge kommen aus der Bundesrepublik. Deshalb bemüht sich Bonn, diese Quote bei der Neuordnung der europäischen Finanzen zu senken, die bis Ende 1999 unter Dach und Fach sein soll.

### 8.1.2 *Die EU wächst weiter – ein Blick gen Osten*

Die EU wächst nicht nur enger zusammen, sondern vergrößert sich auch um neue Mitgliedsstaaten. In die Union kann jeder europäische Staat aufgenommen werden, der demokratisch ist und die Menschenrechte achtet. Voraussetzung für den Beitritt ist außerdem eine marktwirtschaftliche Wirtschaftsordnung.
Den sechs Gründerstaaten Belgien, Bundesrepublik, Frankreich, Italien, Luxemburg und Holland, die mit den Römischen Verträgen 1957 den Grundstein für den Bund gelegt hatten, schlossen sich 1973 Dänemark, Irland und Großbritannien an – aus der Gemeinschaft der sechs wurde die Gemeinschaft der neun. Griechenland folgte im Januar 1981. Spanien und Portugal wurden im Januar 1986 in den Staatenbund aufgenommen. 1995 traten Österreich, Finnland und Schweden bei. Die Norweger hatten sich in einem Referendum gegen die Mitgliedschaft in der EU ausgesprochen.
Beitrittsanträge haben auch die Türkei, Malta (Antrag ruht), Zypern, die Schweiz (Antrag ruht) sowie Polen, Ungarn, Bulgarien, Rumänien, Tschechien, die Slowakei, Estland, Lettland, Litauen und Slowenien gestellt. Wenn die Zahl der Mitgliedsstaaten zwanzig übersteigt, soll eine neue Regierungskonferenz die Bestimmungen zur Zusammensetzung und zum Funktionieren der Organe der EU umfassend prüfen.
Der Beitritt zur Union bedeutet für jedes neue Mitgliedsland einen umfassenden Neuanfang. Wenn ein Staat Mitglied der EU wird, übernimmt er deren gesamte bis dahin geschaffene Rechtsordnung.
Im Juli 1997 hat die Europäische Kommission mit der *Agenda 2000* ein Grundsatzdokument vorgelegt, das umfassende Lö-

sungsvorschläge für die in den nächsten Jahren anstehenden Aufgaben der Europäischen Union enthält. Im Mittelpunkt der Agenda 2000 stehen die Erweiterung der EU, die Reform der Struktur- und die Agrarpolitik sowie die Festlegung des künftigen Finanzrahmens.

## 8.2 Der Binnenmarkt und die »vier Freiheiten«

So stromlinienförmig dieser kurze Rückblick auf die Geschichte der Gemeinschaft aussehen mag – Rückschläge und Hindernisse auf dem Weg zum vereinten Europa gab es mehr als genug. Zum Beispiel gelang es zwar nach der Gründung der EWG, Zölle und mengenmäßige Begrenzungen abzuschaffen; die Zollunion wurde schon 1968 Wirklichkeit. Aber einen wirklichen freien Markt gab es damals noch nicht. Die Verwirklichung der sogenannten »vier Freiheiten« – der freie grenzüberschreitende Verkehr von Waren, Personen, Dienstleistungen und Kapital – kam nur schleppend voran. Nationale Regelungen bei Verbraucher-, Umwelt- und Gesundheitsschutz standen einem freien Warenverkehr häufig im Weg. Unterschiedliche Berufsbefähigungsnachweise verhinderten, daß sich die Bürger eines Mitgliedsstaates in anderen Ländern niederlassen konnten. Beschränkungen des Kapitalverkehrs verzerrten Investitions- und Anlageentscheidungen.
Anfang der 80er Jahre war der Stillstand mit Händen zu greifen: Angesichts der wirtschaftlichen Schwierigkeiten war vielen Mitgliedsstaaten das nationale Hemd wieder näher als der europäische Rock. Aber man war immerhin bereit, eine Bestandsaufnahme zu machen. Im Juni 1985 legte die EG-Kommission dem Ministerrat ein »Weißbuch« vor. Darin wurden Unzulänglichkeiten festgestellt und Maßnahmen beschlossen, die innerhalb von sieben Jahren, also bis Ende 1992, verwirklicht werden sollten: vom Abbau der Schlagbäume an den Grenzen bis zur Abschaffung der technischen und steuerlichen Hemmnisse. Der einheitliche Wirtschaftsraum, der inzwischen mehr als 30 Jahre alte Traum, sollte endlich wahr werden. Europa sollte eine neue Vision bekommen – den *Binnenmarkt 1992*.
Stellte die Vorlage des Weißbuchs den ersten Schritt auf dem

Weg zum Gemeinsamen Markt dar, so war die Verabschiedung der »Einheitlichen Europäischen Akte« im Februar 1986 der zweite. Ihr Inkrafttreten am 1. Juli 1987 bedeutete die umfassendste Änderung der Gemeinschaftsverfassung seit Abschluß der Römischen Verträge 1957. In der Europäischen Akte wurde festgelegt, daß die in den ursprünglichen Verträgen bestimmte Einstimmigkeit für bestimmte Entscheidungen, die der Schaffung des Binnenmarkts dienen, durch die qualifizierte Mehrheit ersetzt wird. Das Gebot der Einstimmigkeit hatte sich in der Vergangenheit allzu oft als Bremse für den Fortschritt erwiesen. In einem dritten Schritt bewilligten die EG-Regierungschefs im Februar 1988 schließlich das für die Verwirklichung des Binnenmarkt-Konzepts nötige Geld. Damit war der Weg frei für den Binnenmarkt.
Was hat sich seit dem l. Januar 1993, dem Starttermin für den Binnenmarkt, geändert? Sind die »vier Freiheiten« erreicht worden? Die Antwort lautet: im wesentlichen ja.

**Freiheit eins: der ungehinderte Warenverkehr.** Das sichtbarste Zeichen für den Start des Binnenmarktes war der Wegfall der Warenkontrollen an den Binnengrenzen. Mit dem Start des Binnenmarkts wurden auch die öffentlichen Beschaffungsmärkte liberalisiert. Das öffentliche Auftragswesen ist mit dem Ziel neu geregelt worden, daß bei der Vergabe von Aufträgen durch Behörden nationale Lieferanten nicht mehr bevorzugt werden.

**Freiheit zwei: Freizügigkeit für die Bürger der Gemeinschaft**. Arbeitnehmer und Angehörige der gewerblichen und der freien Berufe (etwa Rechtsanwälte oder Architekten) können sich im Land ihrer Wahl niederlassen; für das Handwerk ist die Niederlassungsfreiheit bereits seit 1964 Wirklichkeit. Hochschul-Diplome, die in einem Mitgliedsstaat nach einer Ausbildung von mindestens drei Jahren erworben wurden, werden für den Berufszugang in allen Ländern der Gemeinschaft anerkannt. Eine vorherige Harmonisierung der Ausbildungswege und -inhalte ist nicht nötig. Allerdings können die Mitgliedsländer zusätzliche Praxisjahre verlangen.

**Freiheit drei: schrankenlose Dienstleistungen**. Für die Anbieter von Finanzdienstleistungen (Banken, Wertpapierfirmen, Versicherungen) reicht es aus, wenn diese Unternehmen nur noch durch die Behörden eines EU-Landes – des Landes, in dem das Unternehmen seinen Sitz hat – zugelassen und beaufsichtigt werden. Eine Bank ist berechtigt, ohne zusätzliche Zulassung in allen Mitgliedsstaaten Zweigstellen zu eröffnen und grenzüberschreitend Leistungen anzubieten. Auch die Liberalisierung der Märkte für Verkehr und Telekommunikation ist auf den Weg gebracht worden.

**Freiheit vier: die Liberalisierung des Kapitalverkehrs**. Sie ist schon vor dem Start des Binnenmarkts Wirklichkeit geworden, nämlich zum 1. Juli 1990. Ziel ist es, durch einen freien Fluß der Kapitalströme die Wirksamkeit und Innovationskraft der Märkte zu stärken und die Finanzierung des grenzüberschreitenden Waren- und Dienstleistungsverkehrs zu erleichtern.

Ohne die vorherige Beseitigung vieler Handelshemmnisse wäre eine Öffnung der Grenzen für Menschen, Waren, Dienstleistungen und Kapital im Binnenmarkt nicht möglich gewesen. Dies gilt besonders für die steuerlichen Schranken zwischen den Mitgliedsstaaten der EU. Wären die Grenzen ohne Harmonisierung der Steuern geöffnet worden, hätte dies in einigen Mitgliedsstaaten zu Wettbewerbsverzerrungen, Umsatzrückgängen im Handel und Steuerausfällen geführt. Vor der Steuerharmonisierung gab es etwa bei der Mehrwertsteuer innerhalb der Gemeinschaft Sätze zwischen 0 und 38 Prozent, zusätzlich kompliziert durch Regelsätze, ermäßigte Sätze für Güter des täglichen Bedarfs und Luxussteuersätze. Vor allem die Mitgliedsländer mit höheren Sätzen fürchteten, daß ohne eine Annäherung der Steuerbelastung der Wettbewerb verzerrt würde. Zurecht: Denn wer ohne Probleme über Grenzen hinweg einkaufen kann, wird es dort tun, wo moderate Steuersätze den Verkaufspreis vergleichsweise niedrig halten. Höhere Steuersätze führen insofern tendenziell zu Einnahmeverlusten für Staat und Unternehmen.

Für die Mehrwertsteuer gilt seit 1993 EU-weit eine Übergangsregelung, die einen Mindestsatz von 15 Prozent vorsieht. Die ermäßigten Mehrwertsteuersätze müssen mindestens fünf Prozent betragen. Dies betrifft unter anderem Zeitungen, Nahrungsmittel und Medikamente. Eine endgültige Regelung steht allerdings noch aus. Denn vorerst zahlen Unternehmen die

Mehrwertsteuer noch in dem Land, in das die Ware eingeführt wird. Die Kontrollen bei der gewerblichen Wareneinfuhr wurden durch ein Meldesystem von der Grenze in die Betriebe verlagert. In Zukunft sollen auch die Unternehmen beim Einkauf die Mehrwertsteuer in dem Land entrichten, aus dem die Ware stammt.
Die direkten Steuern, etwa die Lohn- und Einkommensteuer, sind von der Steuerharmonisierung weitgehend unberührt geblieben. Lediglich im Bereich der grenzüberschreitenden Zusammenarbeit von Unternehmen gibt es bisher zwei Richtlinien: die sogenannte *Mutter-Tochter-Richtlinie* sieht vor, daß der Gewinn von Firmen, bei denen Mutter- und Tochtergesellschaften jeweils in verschiedenen Mitgliedsstaaten der Europäischen Union ansässig sind, nicht zweimal besteuert werden. Zudem soll die *Fusionsrichtlinie* steuerliche Hindernisse für die Umstrukturierung von grenzüberschreitend tätigen Unternehmen aus dem Weg räumen.
Die Schaffung des Binnenmarkts wurde von den Staaten und Staatengruppen außerhalb der Gemeinschaft eher mit gemischten Gefühlen beobachtet. Sie befürchteten, daß die Europäer zwar für die eigene Staatenfamilie einen freien Markt etablieren, sich aber gleichzeitig gegenüber Nicht-Mitgliedsländern abschotten würden. Das Wort von der »Festung Europa« brachte diese Sorgen auf den Punkt. Obwohl alle Mitglieder mehr oder weniger deutlich einer möglichst freien Handelspolitik das Wort reden, lehrt die Praxis oft das Gegenteil.
So besteht ein weitreichender Schutz der europäischen Landwirte vor Importen. Auch der europäische Automarkt unterliegt Einfuhrbeschränkungen. Und für weltweites Kopfschütteln sorgte im Juli 1993 die Einführung einer *Bananenmarktordnung.* Die ehemaligen Kolonialmächte Großbritannien, Frankreich, Spanien und Portugal wollten die Bananen-Plantagen in Guadeloupe und Martinique sowie die 69 *AKP-Entwicklungsländer* (**A**frika, **K**aribik, **P**azifik) – sie sind der Gemeinschaft seit 1974 durch das »Lomè-Abkommen« verbunden – schützen. So wurden die Einfuhren lateinamerikanischer Bananenproduzenten in die EG beschränkt und mit hohen Zöllen belegt. Dagegen reichte Deutschland vor dem Europäischen Gerichtshof Klage ein. Die Verordnung verstoße gegen

die Regeln des freien Wettbewerbs, sei diskriminierend, widerspreche den GATT-Verpflichtungen und fördere den Bürokratismus. Da auch die Welthandelsorganisation WTO im April 1997 die EU-Einfuhrbeschränkungen für unhaltbar erklärte, kam es im Juni 1998 zu einem Kompromiß: Von 1999 an wurden die Kontingente für die sogenannten »Dollar-Bananen« aus Lateinamerika aufgestockt und die Einfuhrkosten für diese Früchte verringert.

Noch ist es zu früh, eine Bilanz des »Projekts Binnenmarkt« zu ziehen. Doch die EG-Kommission war schon 1988 von den Vorteilen des Binnenmarktes überzeugt. Sie setzte eine internationale Expertengruppe ein. Diese nach ihrem Vorsitzenden benannte Gruppe legte den »Cecchini-Bericht« vor: eine 6000 Seiten umfassende Studie, die auf einer Befragung von 11 000 Unternehmen und Modellrechnungen beruhte. Demnach sollte der Wegfall der Handelsbarrieren zu Einsparungen von 430 Milliarden Mark, einem zusätzlichen Wachstum von 4,5 Prozent, etwa 1,8 Millionen neuen Arbeitsplätzen und sinkenden Verbraucherpreisen führen. Vor allem Sozial-, Umwelt- und Verbraucherorganisationen kritisierten die Ergebnisse und warnten vor der Gefahr, daß der schärfere Wettbewerb zu einer Angleichung von Standards nach unten führe. Die Kommission und der Ministerrat hingegen fühlten sich durch den bestellten Bericht bestätigt.

Obwohl der Binnenmarkt in vielen Details verbessert werden muß – für die internationalen Konkurrenten ist er auf jeden Fall eine Herausforderung, die eigene Position neu zu bestimmen. Die Mitglieder der *Europäischen Freihandelszone EFTA* (European Free Trade Association) haben dies bereits getan. Die EFTA war 1960 auf Initiative Großbritanniens gegründet worden, nachdem der britische Vorschlag einer großen Freihandelszone mit 17 europäischen Ländern gescheitert war. Die EFTA entstand, weil London eine Benachteiligung durch die damals noch junge EWG fürchtete. Ihr Ziel war es, den Handel mit Industriegütern untereinander zu liberalisieren, wobei sie aber keine weitergehende politische Integration anstrebte. Gründungsmitglieder waren Großbritannien, Schweden, Norwegen, Dänemark, Österreich, die Schweiz und Portugal. Ihnen schlossen sich Island (1961) und Finnland (1986) an. Die

EFTA konnte sich der Anziehungskraft der Europäischen Gemeinschaft nicht lange entziehen. Immer mehr Staaten wechselten zur EU.
Die übriggebliebenen Länder haben die Annäherung an die Europäische Union beschlossen, die 1994 im *Europäischen Wirtschaftsraum (EWR)* festgeschrieben wurde. Er besteht aus den Ländern der Gemeinschaft und den EFTA-Mitgliedern Finnland, Island, Liechtenstein, Norwegen, Österreich und Schweden. Das EFTA-Mitglied Schweiz ist nicht dabei – die Eidgenossen erteilten dem EWR-Abkommen 1992 in einem Referendum eine Absage. Der EWR-Vertrag sichert den EFTA-Mitgliedern neben den »vier Freiheiten« vor allem gleiche Wettbewerbs- und Beihilfebedingungen.
Die 1995 auf vier Mitglieder (Island, Liechtenstein, Norwegen, Schweiz) geschrumpfte »Mini-EFTA« will ihre eigenständige Rolle im Rahmen des EWR-Vertrags weiter wahrnehmen.
Im Gefolge des Binnenmarkts und des EWR hält der Trend zur Bildung von großen Handelsräumen an: Ebenfalls zum 1. Januar 1994 schlossen sich die USA, Kanada und Mexiko zur *Nordamerikanischen Freihandelszone NAFTA* (North American Free Trade Association) zusammen.

## 8.3 Von Währungsschlangen und künstlichem Geld: das Europäische Währungssystem (EWS)

Ein einheitlicher Wirtschaftsraum bleibt ohne eine gemeinsame Währung unvollendet, da die Schwankungen der Wechselkurse ein Handelshemmnis sind. Schon früh faßte die Gemeinschaft deshalb das Ziel einer Wirtschafts- und Währungsunion ins Auge. Wäre es zum Beispiel nach dem damaligen luxemburgischen Ministerpräsidenten und Finanzminister *Pierre Werner* gegangen, dann wären die nationalen Instrumente zur Steuerung der Wirtschafts- und Währungspolitik schon 1980 vergemeinschaftet worden. Das jedenfalls sah der »Werner-Plan« vom Oktober 1970 vor.
Einen Strich durch diese Rechnung machte der Gemeinschaft die Dollarkrise im Jahr 1971, die gleichzeitig das Ende des auf festen Wechselkursen basierenden Weltwährungssystems von Bretton Woods aus dem Jahr 1944 einläuten sollte. Zu un-

terschiedlich war die wirtschaftliche Entwicklung in den Mitgliedsstaaten des Bretton-Woods-Systems (dem die Bundesrepublik seit 1952 angehörte) verlaufen, als daß zu Beginn der 70er Jahre noch an festen Wechselkursen hätte festgehalten werden können. Länder mit einer hohen Geldentwertung konnten wegen des Preisauftriebs ihre Güter auf den internationalen Märkten nur noch mit Mühe absetzen, schreckten aber vor der notwendigen Abwertung ihrer Währung – die zu einer Verbilligung der Waren geführt hätte – zurück. Auch die Leitwährung Dollar zählte damals wegen der beträchtlichen Zahlungsbilanzdefizite in den USA zu den überbewerteten Währungen. Die Importe, eine wichtige Ursache der Zahlungsbilanzschwäche, führten dazu, daß die ausländischen (vor allem europäischen) Lieferanten der US-Wirtschaft über erhebliche Dollarguthaben verfügten. Dieses Geld wurde – und das sehr kurzfristig – in Ländern angelegt, die einen Zinsvorteil versprachen oder in denen ein Aufwertungsgewinn zu erwarten war.

Als dann jedoch die Erwartung überwog, die amerikanische Währung müsse über kurz oder lang doch abgewertet werden, begannen die Spekulanten, ihre Euro-Dollars abzustoßen, d.h. sie in starke Währungen wie die Mark umzutauschen. Im Falle der Bundesrepublik erhöhte der Devisenzufluß die Nachfrage und damit die Inflationsgefahr. Als sich die Bundesbank und andere Notenbanken deshalb weigerten, die Dollars weiterhin umzutauschen, war das System der festen Wechselkurse von Bretton Woods gescheitert – an die Verpflichtung, die inländische Währung jederzeit in die Währungen der angeschlossenen Staaten umzutauschen (sogenannte *freie Konvertibilität*), die von deutscher Seite aus seit 1958 besteht, und bei Zahlungsbilanzungleichgewichten zur Kursstützung die eigene Währung zu kaufen oder zu verkaufen, wollte sich niemand mehr halten. Die Bundesrepublik gab denn auch die feste Bindung an den Dollar vorübergehend auf und ließ die Mark schwanken (daher der Begriff *Floating*). Erst mit dem Währungsabkommen von Washington im Dezember 1971, das unter anderem die Abwertung des Dollars und die Aufwertung der Mark brachte, kam die Rückkehr zu relativ festen Dollarkursen.

Auch die damals sechs Mitgliedsländer der EG versuchten

nach der Dollarkrise, wieder Ordnung in ihr Währungsgefüge zu bringen. Im April 1972 beschlossen die Bundesrepublik, Belgien, Holland, Luxemburg, Frankreich, Italien, die drei künftigen EG-Mitglieder Großbritannien, Irland und Dänemark sowie die beiden Nicht-Mitglieder Norwegen und Schweden, die Wechselkurse nur noch maximal 2,25 Prozent nach oben und unten voneinander abweichen zu lassen. Gegenüber den Währungen anderer Länder und vor allem gegenüber dem Dollar sollten die Kurse aber floaten *(Gruppenfloating)* – die sogenannte *Währungsschlange* war geboren.
Neue Impulse erhielten die währungspolitischen Bemühungen der Gemeinschaft am 13. März 1979 mit der Gründung des *Europäischen Währungssystems*. Das EWS, das den *Europäischen Währungsverbund* (die Währungsschlange) ablöste, hat das Ziel, eine stabile Währungszone in Europa zu schaffen und starke Wechselkursschwankungen zwischen den Mitgliedswährungen zu vermeiden. Denn sollen die Unternehmen der EG die Vorteile des Binnenmarktes wirklich nutzen können, müssen sie die Gewißheit haben, daß längerfristige Investitionen in den EG-Staaten nicht durch unerwartete Wechselkursschwankungen zunichte gemacht werden. Mitglieder des EWS sind inzwischen alle EG-Staaten. Griechenland, Italien und Großbritannien beteiligen sich derzeit allerdings nicht an dem System. Für die beteiligten Währungen ließ das EWS, wie schon die Währungsschlange seit der Gründung bis zum August 1993, grundsätzlich Kursschwankungen in einer Bandbreite nach oben und nach unten von 2,25 Prozent zu. Im August 1993 wurden die Bandbreiten deutlich auf 15 Prozent nach oben und nach unten ausgedehnt; lediglich zwischen Deutschland und den Niederlanden gilt weiter die alte Bandbreite von 2,25 Prozent.
Die Ausweitung der Schwankungsbreiten bedeutete einen währungspolitischen Kurswechsel, wie er schärfer kaum hätte ausfallen können: Das bisherige Festkurssystem wurde durch ein System schwankender – floatender – Währungen ersetzt. Gegenüber Währungen außerhalb des EWS werden die Kurse im freien Handel gebildet. Droht eine Währung gegenüber einer anderen ihren oberen oder unteren Interventionspunkt zu durchbrechen, sind die Zentralbanken der betroffenen Län-

der zum Eingreifen auf den Devisenmärkten verpflichtet. Das heißt: Die Zentralbank der starken Währung kauft die schwache Währung, mit der Folge, daß der Kurs der schwachen Währung steigt, während die Notenbank der schwachen Währung die starke Währung verkauft (mit der Folge, daß deren Kurs auf dem Markt sinkt).
Um die Interessen der Mitgliedsstaaten zu wahren, die nicht bereits 1999 an der Währungsunion teilnehmen, wird das EWS I zum *EWS II* weiterentwickelt. Ziele:

- Allzu große Währungsschwankungen zwischen dem Euro und den Währungen der Nichtteilnehmer werden verhindert.
- Die Währungsunion darf Europa nicht in zwei Hälften teilen.
- Von den Vorteilen des Binnenmarktes können alle EU-Staaten in vollem Umfang profitieren.

Dies soll auf zwei Wegen erreicht werden:

1. durch die Entwicklung einer engen finanz- und währungspolitischen Zusammenarbeit und
2. durch die Festschreibung von Mechanismen und Regeln, die allzu große Währungsschwankungen vermeiden helfen.

Die *Pre-ins* – die Staaten, die noch nicht sofort an der EWWU teilnehmen – sind zum einen im *Erweiterten Rat der Europäischen Zentralbank* vertreten. Dieses Organ soll den Dialog und die Konzertierung zwischen allen Zentralbanken der EU sicherstellen. Zum anderen erarbeiten sie im *ECOFIN-Rat* (Rat der EU-Finanzminister) gemeinsam mit den EWWU-Teilnehmerstaaten Leitlinien der Wirtschaftspolitik.

Die Prinzipien des EWS II:

- Höchste Priorität muß sowohl bei den Teilnehmern als auch bei den nichtteilnehmenden Staaten die eigenverantwortliche Sicherung der Preisstabilität haben.
- Der Euro ist der Anker des Systems, nach ihm richten sich die zukünftigen Leitkurse, ihm gegenüber werden die zulässigen Schwankungsbandbreiten definiert.

# Dänen und Griechen bald im EWS II

**EU-Finanzministertreffen in Wien / Schritte zur Steuerharmonisierung**

old. **Wien** (Eigener Bericht) – *Dänemark und Griechenland wollen ab Beginn des nächsten Jahres am neuen europäischen Wechselkursmechanismus (EWS II) teilnehmen. Der Entschluß der beiden Staaten, ihre nationale Währung eng an den Euro zu koppeln, ist am vergangenen Wochenende von den EU-Finanzministern und Notenbankchefs, die sich in Wien trafen, begrüßt worden. Nicht einigen konnten sich die Minister über wichtige Fragen der Außenvertretung der Euro-Zone, beispielsweise beim* Internationalen Währungsfonds (IWF). *Die Ministerrunde war sich einig, die geplante Einführung einer Mindestquellensteuer für Zinserträge rasch voranzubringen.*

Die dänische Krone wird mit einer Schwankungs-Bandbreite ihrer Leitkurse von plus/minus 2,25 Prozent zum Euro dem EWS II beitreten. Es bestehe ein „hohes Maß an Konvergenz zu den Maastricht-Kriterien“, betonte der Präsident der Deutschen Bundesbank, Hans Tietmeyer. Innerhalb des bestehenden Europäischen Währungssystems I sei die Parität der dänischen Krone seit Januar 1997 unverändert. Die griechische Drachme wird mit einer Schwankungsbreite ihrer Leitkurse von plus/minus 15 Prozent gegenüber dem Euro am EWS II teilnehmen. Das EWS II ist ein freiwilliges Wechselkurssystem, an dem Länder teilnehmen können, die nicht von Anfang an der Europäischen Währungsunion angehören werden. In dem System werden zentrale Kurse gegenüber dem Euro festgelegt. Um diese Kurse können die Währungen in einer festgelegten Bandbreite schwanken.

### Zuvor ein Referendum

Diplomatische Beobachter gingen davon aus, daß sowohl Dänemark als auch Griechenland mittelfristig an der Währungsunion teilnehmen wollen. Dänemarks Finanzministerin Marianne Jelved betonte allerdings, daß die Dänen in einem Referendum über die Einführung des Euros entscheiden müßten. Schweden und Großbritannien haben sich noch nicht für eine Teilnahme am EWS II entschieden.

Die EU-Finanzminister haben sich in Wien über die technische Vorgehensweise bei der Einführung des Euros geeinigt. So erfolgt die Festlegung der unwiderruflichen Umrechnungskurse der elf Währungen zum Euro am 31. Dezember 1998 um 11.30 Uhr. Die Kommission wird zu diesem Zeitpunkt den endgültigen offiziellen Ecu-Wechselkurs für die teilnehmenden Währungen berechnen. Nach Konsultation der *Europäischen Zentralbank (EZB)* wird der Rat am Nachmittag des 31. Dezember eine Verordnung über den Euro-Umrechnungskurs annehmen. Bundesbankpräsident Tietmeyer bezeichnete alle Angaben über den künftigen Euro-Umrechnungskurs zum gegenwärtigen Zeitpunkt als Spekulation. Bisher stehen nur die bilateralen Kurse unter den Teilnehmern der Währungsunion fest. Es sind die Leitkurse im Wechselkursmechanismus. Nach dem Maastrichter Vertrag muß der Wert eines Euros dem Wert der europäischen Korbwährung Ecu entsprechen (1 Ecu = 1 Euro).

Differenzen innerhalb der EU gab es über die Außenvertretung der Euro-Zone. Die Minister wollen eine Lösung bis zur informellen Ratstagung der Finanzminister Anfang Dezember erreichen. Vor allem die kleineren Euro-Staaten fordern, daß der jeweilige EU-Ratspräsident die Euro-Länder bei den Treffen der sieben wichtigsten Industrienationen (G 7) in allen wirtschaftspolitischen Fragen vertritt. Frankreich schlug dagegen vor, daß die großen Staaten, die schon jetzt in der G 7 vertreten sind – Deutschland, Frankreich oder Italien –, die elf abwechselnd bei der G 7 repräsentieren. Was die Geldpolitik im engeren Sinn betrifft, soll der EZB-Präsident beim Internationalen Währungsfonds und bei der G-7-Gruppe einen Beobachterstatus erhalten.

Beim Treffen der Euro-11-Gruppe am Freitag hatte Bundeswirtschaftsminister Günter Rexrodt (FDP) den österreichischen Finanzminister Rudolf Edlinger scharf angegriffen. Rexrodt warf Edlinger vor, das Gremium zu einer Art Wirtschaftsregierung ausbauen zu wollen. Die Unabhängigkeit der Europäischen Zentralbank dürfe nicht in Frage gestellt werden, meinte der Bundeswirtschaftsminister.

### Verhaltenskodex

Über eine EU-weite einheitliche Besteuerung von privaten Sparzinsen soll bis Mitte 1999, dem Ende der deutschen EU-Ratspräsidentschaft, entschieden werden. Um Kapitalflucht zu verhindern, will die Gemeinschaft mit Drittstaaten über einen Verhaltenskodex verhandeln. Strittig ist nach wie vor die Höhe der Mindestsätze für die Quellensteuer. Ein Richtlinienvorschlag der Kommission sieht einen Mindestsatz von 20 Prozent vor. Unterschiedliche Positionen gibt es nach wie vor in der Frage der Unternehmensbesteuerung. Die Bundesregierung wolle sich nur auf einen Verhaltenskodex gegen unfaire Steuerpraktiken einlassen, hieß es aus deutschen Delegationskreisen.

- Das neue System wird flexibler sein als das alte EWS, um Spekulationen auf den Devisenmärkten auf ein Mindestmaß zu begrenzen. Die Standardbandbreite wird wie im EWS I 15 Prozent, bezogen auf die Leitkurse, betragen.
- Die Mitgliedschaft soll allen EU-Staaten möglich sein, sie ist aber nicht obligatorisch.

Als rechnerische Bezugsgröße stand der *ECU* im Mittelpunkt des EWS. ECU steht für *European Currency Unit (= Europäische Währungseinheit*; im 13. Jahrhundert war in Frankreich übrigens auch eine Goldmünze namens Ecu im Umlauf). Im EWS hatte der ECU vier Aufgaben: Er diente als Bezugsgröße für den Wechselkursmechanismus, als Grundlage für den Abweichungsindikator (mit dem Spannungen im System frühzeitig erkannt werden sollen); ferner war er Rechengröße für Finanz-Transaktionen und wurde als Zahlungsmittel und Reserveinstrument unter den Zentralbanken des EWS verwendet. So wurde beispielsweise der EG-Haushalt in ECU erstellt.
Der ECU setzte sich aus den Währungen der Mitgliedsstaaten zusammen; er war ein sogenannter *Währungskorb*. Das bedeutet, daß die einzelnen EG-Währungen je nach der Wirtschaftskraft des betreffenden Landes einen Teil zum Wert des ECU beitrugen. Die ECU-Geldpolitik wurde nicht von einer, sondern von allen beteiligten Notenbanken bestimmt. Der ECU war also keine Währung im klassischen Sinne.
Vor 1993 wurde der Anteil (das *Gewicht)* der Währungen alle fünf Jahre überprüft und, wenn erforderlich, verändert. Zum letzten Mal war dies 1989 der Fall. Seit Ende 1993 setzte sich der ECU-Währungskorb aus festen nationalen Beträgen zusammen. Der ECU wurde mit Beginn des Jahres 1999 im Verhältnis 1:1 durch den Euro ersetzt.

## 8.4 Die Europäische Union: der Vertrag von Maastricht und die Wirtschafts- und Währungsunion

Bereits im Sommer 1989 legte eine Kommission unter Leitung des Präsidenten der EG-Kommission, *Jacques Delors*, einen Drei-Stufen-Plan vor, an dem die Zentralbankchefs aller EG-

Staaten mitgearbeitet hatten. Der Delors-Bericht sah vor, daß die Mitgliedsstaaten ihre nationale geld- und währungspolitische Souveränität schrittweise aufgeben.
Erst zweieinhalb Jahre später, am 9. und 10. Dezember 1991, billigte der EG-Gipfel in der niederländischen Stadt Maastricht den Entwurf eines »Vertrages über die Europäische Union«. Er wurde am 7. Februar 1992 unterzeichnet und trat zum 1. November 1993 in Kraft – nach zum Teil heftigen nationalen Diskussionen, die in Deutschland zu Beschwerden beim Bundesverfassungsgericht führten. Die Karlsruher Richter wiesen die Beschwerden zwar am 12. Oktober 1993 zurück und erklärten das Vertragswerk für verfassungskonform und mit dem demokratischen Prinzip für vereinbar. Gleichzeitig aber formulierten sie Vorbehalte, zum Beispiel, daß der Beitritt Deutschlands zum Vertrag nicht automatisch zur Währungsunion führen muß. Außerdem bestimmten die Richter, daß bei wesentlichen Änderungen des Vertrags die Zustimmung des Bundestags erforderlich ist. Karlsruhe installierte also Notbremsen am deutschen Europazug.
Neben Regelungen zur gemeinsamen Innen-, Außen- und Sicherheitspolitik und zur Einführung einer Unionsbürgerschaft ist die Europäische Wirtschafts- und Währungsunion (EWWU) ein zentraler Bestandteil des Maastricht-Vertrags. Die EWWU ist gemäß dem Drei-Stufen-Plan von Delors verwirklicht worden:

**Stufe 1** trat am 1. Juli 1990 in Kraft und endete mit Ablauf des Jahres 1993. Ziel war es, die nationale Wirtschafts- und Währungspolitik auf die Ziele Geldwertstabilität und sparsame Haushaltspolitik auszurichten. Die bestehenden Unterschiede in den nationalen wirtschaftspolitischen Zielen, Methoden und Maßnahmen sollten vermindert werden. Es sollte, wie die Fachleute sagen, mehr »Konvergenz«, also Annäherung, erreicht werden. Die Gemeinschaft sollte zu einer Stabilitätsgemeinschaft entwickelt werden. Leitbild war ein anhaltendes Wachstum ohne Inflation bei hoher Beschäftigung. Dies sollte durch ein internationales Überwachungsverfahren gefördert werden. In der Geldpolitik, also in der Arbeit der Zentralbanken, war eine stärkere Zusammenarbeit geplant.

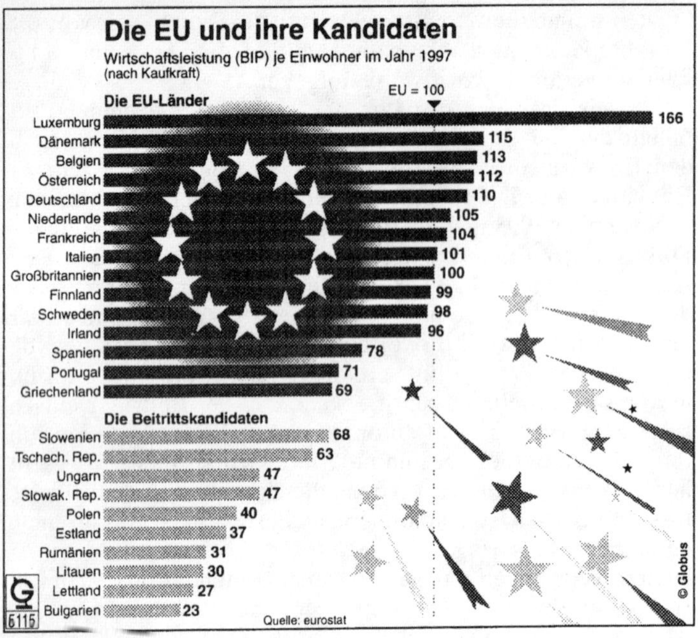


**Stufe 2** trat am 1. Januar 1994 in Kraft. Das *Europäische Währungsinstitut (EWI)* nahm in Frankfurt/Main seine Arbeit auf. Am 1. Juni 1998 beendete das EWI seine Tätigkeit und übergab die Geschäfte an die neu errichtete *Europäische Zentralbank*. Das EWI hatte die Geldpolitik der EU-Mitglieder und des EWS überwacht und die geldpolitische Verfassung für das *Europäische System der Zentralbanken (ESZB)* entworfen. Um den Übergang zur dritten und letzten Stufe am 1. Januar 1999 zu schaffen, mußten sich die EU-Mitglieder bemühen, einen »volkswirtschaftlichen Härtetest« zu bestehen. Vier *Konvergenzkriterien* waren zu erfüllen:

1. *Stabiles Preisniveau*: Inflationsrate höchstens 1,5 Prozentpunkte über dem Durchschnitt der drei stabilsten Länder.
2. *Gesunde Staatsfinanzen*: Haushaltsdefizit höchstens drei Prozent des Bruttoinlandsprodukts. Das Verhältnis öffent-

licher Schuldenstand zum BIP durfte einen Referenzwert von 60 Prozent nicht überschreiten.

3. *Stabile Wechselkurse*: Teilnahme am EWS der engen Bandbreiten, und zwar zwei Jahre lang ohne größere Kursschwankungen und ohne Abwertung.
4. *Zinsniveau*: Langfristige Zinsen höchstens zwei Prozentpunkte über dem Durchschnitt der drei stabilsten Länder.

**Stufe 3** begann für die elf Staaten, welche die Konvergenzkriterien erfüllt haben – Belgien, Deutschland, Finnland, Frankreich, Irland, Italien, Luxemburg, die Niederlande, Österreich, Portugal und Spanien – am 1. Januar 1999. In Frankfurt übernahm an diesem Tag die Europäische Zentralbank (EZB) die alleinige Verantwortung für die Geldpolitik in den EWWU-Ländern. Die Nationalbanken bilden nun zusammen das von der EZB geleitete Europäische Zentralbanksystem. Ihm ist die Zuständigkeit für die Erarbeitung und Umsetzung der Geldpolitik übertragen worden. Zudem obliegt ihm die Wechselkurssteuerung, die Verwaltung der Devisenreserven der Mitgliedsstaaten sowie das ordnungsgemäße Funktionieren der Zahlungssysteme. Das Recht zur Ausgabe von Banknoten geht von den nationalen Zentralbanken auf den Rat der Europäischen Zentralbank über.

## 8.5 Der Weg zum Euro: im Sparen vereint

Bei der Währungsunion handelt es sich nicht um eine Währungsreform, bei der das Geld an Wert verliert. Alle Geldgrößen wie Bargeld, Sparguthaben, Schulden, Löhne und Gehälter, Renten und Pensionen, Preise und Mieten, Lebensversicherungen und Hypotheken sind mit ein- und demselben Umstellungsfaktor von der nationalen Währung in Euro umgerechnet worden. Also ein rein technischer Vorgang.

Über den Erfolg entscheidet letztlich, ob die Konvergenzkriterien eingehalten werden. Um dies zu erreichen, hat der Europäische Rat im Dezember 1996 einen *Stabilitäts- und Wachstumspakt* beschlossen. Demnach darf ein EWWU-Mitglied die Obergrenze für die Neuverschuldung in Höhe von drei Prozent des Bruttoinlandsprodukts nicht überschrei-

ten. Bei Verstößen gegen dieses Prinzip drohen empfindliche Geldbußen.
Ein Beispiel: Deutschland hätte für sein Defizit 1996 (3,4 Prozent des Bruttoinlandsprodukts) etwa 8,5 Milliarden Mark unverzinslich bei der EU-Kommission hinterlegen müssen. Der entgangene Zinsertrag belastet zwei Jahre lang das öffentliche Budget mit jeweils rund 500 Millionen Mark. Falls nach zwei Jahren festgelegt wird, daß keine wirksamen Maßnahmen zur Reduzierung des Defizits getroffen wurden, wird diese Einlage in eine Geldbuße umgemünzt. Das Geld wird dann unter den Ländern verteilt, welche die Referenzwerte einhalten.
Die Gefahr einer Abwärtsspirale von Defiziten, Sanktionen, noch höheren Defiziten und erneuten Sanktionen ist nicht von der Hand zu weisen. Auch das Risiko eines politischen Tauschhandels ist nicht gebannt. Die Sanktionen werden nämlich nicht automatisch eingeleitet, sondern von der Mehrheit des Europäischen Rates beschlossen.
Der Wille, die Eurohürden zu überspringen, hat die meisten Staaten der Union in den vergangenen Jahren zu einem rigiden Sparkurs veranlaßt, die Raten der jährlichen Neuverschuldung sanken auf Rekordtiefen. Die Kehrseite dieser Politik: Gibt die öffentliche Hand weniger Geld aus, bedeutet dies auch weniger Investitionen. Geringe Investitionen führen wiederum zu geringeren Beschäftigungsraten – das Heer der Arbeitslosen wächst. Die Erfüllung der Kriterien von Maastricht ist zweifellos ein Grund für die Zunahme der Arbeitslosigkeit. Andererseits hilft eine solide Haushaltspolitik, die langfristigen Zinsen niedrig zu halten. So werden Mittel für Investitionen und Verbrauch freigesetzt, was sich wiederum positiv auf dem Arbeitsmarkt niederschlägt.

### 8.5.1 *Mit 50 schon ins Grab: Abschied von der D-Mark*

Westdeutschland im Juni 1948. Es gibt kaum etwas zu kaufen. Die Jagd nach dem Lebensnotwendigen bestimmt den Alltag. Die alte Reichsmark ist praktisch wertlos. Für die kargen Rationen braucht man Lebensmittelkarten, Verbrauchsausweise, Bezugs- und Berechtigungsscheine. Der Schwarzmarkt blüht.

Dort ist fast alles zu haben, aber nicht gegen Geld, sondern vorzugsweise im Tausch gegen Zigaretten.
Sechs Kriegs- und drei schwere Nachkriegsjahre haben die Menschen zermürbt. Und so lauschen sie mißtrauisch der krächzenden Stimme, die im Radio die Gesetze zur Umstellung der deutschen Währung verliest. Am 21. Juni ist es soweit. In langen Schlangen wartet das Volk vor den Ausgabestellen, um die neuen Geldscheine in Empfang zu nehmen.
Pro Kopf gibt es 40 Mark. Und das Wunder geschieht: Die leeren Regale füllen sich, die Menschen fassen Vertrauen in die D-Mark. Das Wirtschaftswunder nimmt seinen Lauf. Die Mark entwickelt sich zu einer der stabilsten Währungen der Welt.
Dagegen galt das am 24. Juni 1948 eingeführte DDR-Geld von Beginn an als benachteiligte Stiefschwester der stolzen D-Mark. Schon der Druck in der damaligen sowjetischen Besatzungszone klappte nicht. Die neuen Geldscheine lagen zum Stichtag nicht vor. Deshalb wurden kurzerhand alte Scheine in Handarbeit mit Kupons überklebt – ein denkbar schlechter Start für die Ostmark. Sie sollte über ihre gesamte, rund 40jährige Geschichte vor sich hin darben.
So weinte ihr kaum jemand eine Träne nach, als am 1. Juli 1990 der heißersehnte Umtausch in die D-Mark begann. In einer historisch beispiellosen Aktion ersetzte die D-Mark die DDR-Mark zu einem allgemeinen Umtauschkurs von eins zu zwei. Vor allem das Tempo der Währungsunion sorgte zwischen Bundesbank und Bundesregierung für einen der größten Konflikte. Die Frankfurter Währungshüter rieten von einer schnellen Einführung der D-Mark im Osten ab. Der damalige Bundesbank-Präsident Karl Otto Pöhl bezeichnete die Währungsunion als »Desaster« und trat ein Jahr später zurück. Die rasche Ernüchterung nach dem ersten Konsumrausch der Ostdeutschen zeigte, daß das neue Geld allein nicht wie eine Wunderdroge alle Probleme der maroden DDR-Wirtschaft heilen konnte.
Die D-Mark, die sich seit 1948 vom schwächlichen Besatzungskind zum unumstrittenen Symbol der Bundesrepublik entwikkelte, ist seit der Euro-Einführung am 1. Januar 1999 nur noch Schein. Sie existiert lediglich noch als Recheneinheit, ehe sie am 1. Juli 2002 endgültig in Rente geht.

Die Europäische Währungsunion trifft die Deutschen nicht nur im Geldbeutel, sondern tut vielen auch in der Seele weh. Für die ungewöhnliche emotionale Bindung einer Nation an ihre Währung gibt es vor allem zwei Gründe: Die bittere Erfahrung mehrerer Geldentwertungen und die wichtige Rolle der D-Mark beim Neuanfang nach der Katastrophe des Nationalsozialismus. Im Westen war die D-Mark die erste Errungenschaft, auf die die Menschen stolz sein konnten. Für viele DDR-Bürger wurde die D-Mark bald das Ziel ihrer Träume. Über Intershops und Westfernsehen wurde die Westwährung nicht nur Symbol für Wohlstand, sondern auch für Freiheit. Nun ist mit der D-Mark ein Symbol gegangen, mit dem Euro ein Zahlungsmittel gekommen. Unter diesen Voraussetzungen mußte der Abschied von der Mark geradezu zwangsläufig Verlustängste auslösen, die weit über die Sorge um die künftige Stabilität des Euro hinausgehen. Eine Erklärung bietet die Psychologie an: Ist der Wert des Geldes bedroht, droht all jenen Kontroll- und Identitätsverlust, die ihren Selbstwert über den Wert des Geldes definieren. Die Angst wird verstärkt, da auch die Bundesbank als institutionalisierter Garant der Mark aufgelöst wurde.

In der Tat haben das deutsche Geld und seine Hüter in der Bundesbank über viele Jahre das europäische Währungsgeschehen dominiert. Mit Beginn des Euro-Zeitalters haben sich die Verhältnisse umgekehrt. Doch sorgt die Konstruktion des Europäischen Systems der Zentralbanken dafür, daß der deutsche Hang zur Geldwertstabilität auch dem Euro seinen Stempel aufgedrückt hat. So folgt die Struktur der neuen »Macht am Main« weitgehend dem deutschen Vorbild. Am Kapital der Europäischen Zentralbank von rund vier Milliarden Euro ist die Bundesbank sogar mit rund 30 Prozent beteiligt.

### 8.5.2 *Die neue Rolle der Bundesbank*

Die wichtigste Aufgabe, die Volkswirtschaft mit Geld und Krediten zu versorgen, gehört für die Bundesbank der Vergangenheit an. Und auch die früher mit Spannung erwarteten Sitzungen dieses Gremiums, dessen Beschlüsse häufig rund um den Globus höchste Aufmerksamkeit erregten, sind kaum noch eine Meldung wert. Die Herren des Geldes haben ihren Einfluß und ihre Aufgaben verloren: Die Wechselkurse für die Währungen der Teilnehmerstaaten sind festgezurrt. Außerdem ist das Europäische System der Zentralbanken für die Geldpolitik der Europäischen Union verantwortlich. So ist den Frankfurtern die Festlegung des Diskontsatzes entzogen worden. Wer nun aber glaubt, die Bundesbank und die Landeszentralbanken seien nur noch Papiertiger, ausführende Organe, die sich um die Geldversorgung kümmern und das Land mit ihren bewährten statistischen und volkswirtschaftlichen Analysen versorgen, der irrt gewaltig.

Auch unter dem Zeichen des Euro bleibt die Bundesbank die Bank der Banken und des Bundes. Sie regelt den Bargeldumlauf und betreut die Währungsreserve. Sie läßt die Euro-Banknoten in Deutschland drucken und verteilt das Bargeld. Ihr obliegt zudem die Feinsteuerung des Geldmarktes. Sie spielt die Schlüsselrolle bei der Kreditaufnahme, verkauft die Papiere des Bundes und übernimmt die Mittlerrolle zu den Banken. Und auch die föderale Struktur mit der Zentrale in Frankfurt und den neun Landeszentralbanken ist bestehen geblieben.

Unbestritten ist eine leistungsfähige Geld- und Währungsordnung, die der Versorgung der Wirtschaft mit Geld dient, Voraussetzung für eine funktionierende Volkswirtschaft. Dabei versteht man unter *Geldpolitik* alle Maßnahmen der öffentlichen Hand, den Wert des Geldes im Inland stabil zu halten; Währungspolitik zielt auf einen stabilen Außenwert des Geldes ab. Dabei wirkt die Geldpolitik nicht im Vakuum: Sie muß vielmehr mit der Wirtschafts- und Finanzpolitik abgestimmt werden. Der Grund dafür liegt auf der Hand: Für die Abläufe in einer modernen Volkswirtschaft spielt das Geld als Steuerungsinstrument eine herausragende Rolle. Längst sind die Zeiten einer geldlosen Wirtschaft vorbei, in der der Naturaltausch vorherrschte (zwei Ziegen für eine Kuh). Heute ist Geld – seien es Münzen, Banknoten oder das von den Kreditinstituten geschaffene *Buch-* oder *Giralgeld* – ein Ausdruck für Kaufkraft. (Erhält man etwa im folgenden Monat weniger für sein Geld, weil die Preise gestiegen sind, ist die Kaufkraft gesunken. Umgekehrt steigt sie, wenn die Preise sinken.)

Auch für den reibungslosen Ablauf des bargeldlosen Zahlungsverkehrs im Inland und mit dem Ausland ist nach wie vor die Bundesbank verantwortlich. Das andere wichtige wirtschaftspolitische Ziel, »die Währung zu sichern«, muß sie nun teilen.

### 8.5.3 *Eine Zentralbank für Europa: Geldpolitik für alle*

Am 1. Januar 1999 ging die geldpolitische Verantwortung von den nationalen Notenbanken auf die Europäische Zentralbank über. Der EZB-Rat legt den geldpolitischen Kurs für alle EWU-Länder fest. Ihm gehören die Mitglieder des Direktoriums – Präsident, Vizepräsident und vier weitere Mitglieder – sowie die Zentralbankpräsidenten der elf Mitgliedsländer an.
Der Maastrichter Vertrag hat dem Europäischen System der Zentralbanken strenge Richtlinien gesetzt. Vorrangiges Ziel ist die Erhaltung der Preisstabilität. Um diesen Auftrag auch in Konfliktsituationen erfüllen zu können, erhielt es in den Statuten ein hohes Maß an Unabhängigkeit. Die Mitglieder des EZB-Rates unterliegen keinen Weisungen der nationalen Behörden oder der Gemeinschaftsinstitutionen. Die Amtszeit der Direktoriumsmitglieder beträgt acht Jahre; sie sind nicht wiederernennbar. Die Amtszeit der ersten Direktoriumsmitglieder ist zwischen vier und acht Jahren gestaffelt. Dadurch wird verhindert, daß alle Mitglieder zum gleichen Zeitpunkt ausscheiden. Die Präsidenten der nationalen Zentralbanken amtieren mindestens fünf Jahre und können wiederernannt werden.
Die Europäische Zentralbank hat – wie auch die nationalen Zentralbanken – die Aufgabe, die Wirtschaft so mit Geld zu versorgen, daß einerseits das Wachstum unterstützt, andererseits die Inflation im Zaum gehalten wird. Ist das Angebot an Geld groß, sinkt der Zins, der Preis für das Geld. Kredite werden billiger. Das tut zwar dem Wachstum gut, kann aber die Inflation anheizen. Ist dagegen das Angebot an Geld gering, steigt der Zins. Unternehmen stellen Investitionen zurück, die Konjunktur schwächt sich ab, es gibt mehr Firmenzusammenbrüche und Arbeitslose.
Diese – vereinfachten – Zusammenhänge machen klar, daß

## Volkswirte loben Euro-Zentralbank

**Geldmengenstrategie stößt auf Lob / Weitere Zinssenkungen in Europa nicht ausgeschlossen**

he. **Frankfurt** (Eigener Bericht) – *Die Bekanntgabe der Strategie der Europäischen Zentralbank (EZB) hat bei Volkswirten ein positives Echo gefunden. Gelobt wurden die Orientierung an einer breiten Geldmengengröße, die im Dezember festgelegt und mit einem Ziel versehen wird, sowie die angekündigte Transparenz der Notenbank. Inzwischen schlossen Mitglieder des Zentralbankrats der Bundesbank weitere Zinssenkungen nicht aus.EZB-Präsident Wim Duisenberg hatte weltweiten einheitlichen Zinssenkungen eine Absage erteilt.*

Der EZB-Rat hat sich auf eine geldpolitische Strategie festgelegt, welche die Orientierung an einer mittelfristigen Geldmenge in den Mittelpunkt stellt. Flankiert werden die Vorgaben durch ein Inflationsziel, das unter zwei Prozent liegt. Inflationsprognosen sollen allerdings nicht bekannt gegeben werden. Nach einer Umfrage von Reuters sind die Volkswirte der Banken von der Strategie angetan. Thomas Mayer (Goldman Sachs) sprach vom Optimalen unter den gegebenen Umständen. Er erwartet mehr Ermessensspielraum als beim Bundesbank-Konzept.

Ulrich Hombrecher (WestLB) begrüßt es, daß sich die EZB das bewährte Konzept der Bundesbank zu eigen gemacht hat. Auch Uwe Angenendt (BHF-Bank) sieht das Bundesbank-Konzept „sehr weit“ durchgesetzt. In Zeiten einer flachen Zinskurve mit angenäherten kurzen- und langfristigen Zinsen werde es zum Euro-Start aber Schwierigkeiten mit der Interpretation geben.

Duisenberg war - wie in einem Teil der Auflage berichtet – auch auf die Lage in der Weltwirtschaft und in Euroland eingegangen. Er nannte Rufe nach einheitlichen weltweiten Zinssenkungen „unangemessen“, weil sie den eigentlichen Problemen nicht auf den Grund gehen. Er zeigte sich gegenüber politischem Druck aus Deutschland und Frankreich zu Zinssenkungen unbeugsam. „Wir werden unsere eigene Analyse machen und unsere eigenen Beschlüsse verfolgen“, sagte er. Derweil hält in Deutschland die Diskussion um Zinssenkungen an.

Mitglieder des Zentralbankrats der Bundesbank, wie Klaus-Dieter Kühbacher, Reimut Jochimsen oder Ernst Welteke schlossen weitere Zinssenkungen in Europa nicht aus. Welteke nannte konkret eine mögliche Rücknahme von 3,3 Prozent auf 3,0 Prozent bei den deutschen Wertpapierpensionsgeschäften, allerdings nur im Einklang mit anderen europäischen Notenbanken. Zur Lage der Weltwirtschaft sagte Duisenberg, angesichts des weltweit verschlechterten Umfeldes sollte politischer Aktionismus vermieden werden, der der Komplexität der Fragen und Probleme nicht gerecht wird. Damit würde der Unsicherheit der Finanzmärkte nur neue Nahrung gegeben. Besser seien mehr Transparenz, stärkere Banksysteme und eine festere Einbindung des privaten Sektors in die Bewältigung der Finanzkrisen.

Für den Euro-Raum selbst hat Duisenberg keine aktuellen Konjunkturzahlen parat. Einzelne Indikatoren deuteten aber auf ein anhaltendes Wachstum hin. Die Zinssätze für Dreimonatsgeld im Euro-Währungsgebiet hätten einen Stand von 3,8 Prozent erreicht, was einen Rückgang um 15 Basispunkte seit Ende August bedeutet. Die bis zum Jahresende nötige Annäherung der Zinsen sei also im Gange.

Eingehend auf die geldpolitische Strategie wies Duisenberg auf Ungewißheiten beim Übergang auf den Euro hin. Deshalb sollten erfolgreiche Konzepte einzelner Notenbanken für Kontinuität sorgen. Zu den Elementen der Strategie zähle die Festlegung auf Preisstabilität und der herausragenden Rolle der Geldmenge als Referenzwert für das Wachstum. Die Abweichungen vom Geldmengenziel würden sorgfältig analysiert und regelmäßig der Öffentlichkeit erläutert.

eine Zentralbank zwischen Konjunkturdämpfung und Inflationsgefahr gefangen ist. Sie muß also sehr vorsichtig agieren. Ansatzpunkte ihrer Geldpolitik sind der Preis und die Menge des Geldes. Setzt sie bei den Preisen an, beeinflußt sie die Geldbeschaffungskosten der Banken: Sie verbilligt oder verteuert ihre Refinanzierung. Setzt sie bei der Menge an, verknappt oder vergrößert sie dasjenige Geldvolumen, das den Banken zur Kreditvergabe zur Verfügung steht: Sie beeinflußt die Liquidität der Banken.

Mit welcher Strategie will die EZB nun die Preisstabilität sichern? Die Zentralbanker standen dabei vor der Wahl zwischen einem strengen Geldmengenziel, wie es in Deutschland Tradition hatte, und der Vorgabe eines direkten Inflationsziels, wie es beispielsweise die Bank von England und die schwedische Reichsbank verfolgen.

Bei der *Geldmengenstrategie* nach dem Modell der Bundesbank versuchen die geldpolitischen Institutionen, die Preisentwicklung indirekt über eine Steuerung der Geldmenge zu kontrollieren. Eine solche Strategie setzt voraus, daß eine stabile

Beziehung zwischen Geldmenge und Preisniveau besteht und die Notenbank die Geldmengenentwicklung kontrollieren kann. Sie geht davon aus, daß ein zu rasches Wachstum der Geldmenge automatisch für höhere Inflation sorgt. Die Bundesbank versuchte deshalb, die Geldmenge in einem Korridor zu halten und auf diese Weise eine Beschleunigung des Preisauftriebs zu vermeiden. Meist am Ende eines Jahres gab die Bundesbank das Geldmengenziel für das kommende Jahr bekannt; sie teilte Unternehmen, privaten Haushalten und der öffentlichen Hand mit, welches Wachstum der volkswirtschaftlichen Geldversorgung sie für wünschenswert und realistisch hielt, wobei sie natürlich stets ihr Hauptziel – die Stabilitätssicherung – im Auge hatte.

Die Geldmengensteuerung hat den Vorteil, daß die Öffentlichkeit die Geldmengenentwicklung direkt beobachten kann. Sie kann daher frühzeitig überprüfen, ob sich die Notenbank entsprechend ihrer Zielsetzung verhält. Von den 23 Geldmengenzielen, welche die Bundesbank seit 1975 verkündet hat, wurden 13 nicht erreicht. Das Geldmengenkonzept ist gescheitert, da die Bundesbank nicht allein über die Geldmenge verfügt und sie deshalb auch nicht exakt steuern kann. Die Geldmenge ist eben auch von den Aktivitäten der privaten Unternehmen, der Geschäftsbanken und der Haushalte abhängig.

Bei der Definition, was alles zur Geldmenge zählt, benutzte die Bundesbank unterschiedliche Maßstäbe. Seit 1988 wurde die sogenannte *Geldmenge M3* zugrundegelegt. Enthalten waren darin alles Bargeld, die Guthaben auf Girokonten, Spareinlagen mit gesetzlicher Kündigungsfrist und bis zu vier Jahren angelegtes Kapital, die sogenannten Termingelder.

Die Geldmengenpolitik geht auf Überlegungen der Monetaristen unter den Nationalökonomen zurück. Sie nehmen an, daß es einen langfristigen, gleichgerichteten Zusammenhang zwischen der Veränderung der volkswirtschaftlichen Geldversorgung und der Inflationsrate gibt. Mit anderen Worten: Je schneller die Notenpresse rotiert, desto höher sind die Preise.

Die andere Möglichkeit ist, direkt ein *Inflationsziel* vorzugeben. Bei diesem Konzept spielen Inflationsprognosen eine zentrale Rolle. Gerät die Inflationsrate aus dem Ruder, senkt oder erhöht die Zentralbank zum Beispiel die Zinsen, um die Teue-

rung in die gewünschte Richtung zu bewegen. Die Orientierung an der Inflationsrate hat den Nachteil, daß sie erst dann überprüft werden kann, wenn eine Fehlentwicklung bei der Preisstabilität bereits eingetreten ist.
Da beide Strategien das angestrebte Ziel oft verfehlen, ist man auf die Idee verfallen, die beiden Konzepte zu verbinden. So soll dem Geldmengenziel Priorität eingeräumt werden, aber die Strategie durch regelmäßige Inflationsprognosen ergänzt werden. Aber auch diese Strategie birgt erhebliche Gefahren, da die Ausgangslage der EZB einzigartig ist. Die künftige Entwicklung der Geldmenge in den wirtschaftlich sehr unterschiedlichen Teilnehmerländern der Währungsunion über einen längeren Zeithorizont ist schwer vorherzusagen. Kritiker meinen, es gebe überhaupt keine Alternative. Denn Geldpolitik sei keine Wissenschaft, sondern eine Kunst.
Wie bei der Bundesbank gibt es auch bei der EZB zwei Instrumente, welche die Ober- und Untergrenze für Schwankungen des Geldmarktzinses darstellen. Die Obergrenze wird von der *Spitzenrefinanzierungsfazilität* (welch herrlicher Begriff!) gebildet. Sie unterscheidet sich kaum von der vorherigen *Lombardpolitik* der Bundesbank.
Einen *Lombardkredit* gewährte die Bundesbank den Geschäftsbanken, wenn diese bestimmte Wertpapiere als Pfand hinterlegten. Es handelte sich dabei also um eine Beleihung. Wurden die Kredite zurückgezahlt, gab die Bundesbank die Wertpapiere wieder heraus. Als Preis für einen Lombardkredit berechnete die Bundesbank den *Lombardsatz*. Da der Lombardkredit die Banken mehr kostete als ein Wechselkredit, war es verständlich, daß sie sich Geld aus dieser Quelle nur dann besorgten, wenn ein dringender Refinanzierungsbedarf bestand. Auch bei der EZB können Kreditinstitute zu einem längerfristig festgelegten Zins grundsätzlich unbegrenzt ihren Liquiditätsbedarf decken.
An der Untergrenze gab es für deutsche Erfahrungen eine wesentliche Änderung. An Stelle des Diskontkredits ist die *Einlagenfazilität* getreten. Dieses EZB-Instrument bietet den Geschäftsbanken die Möglichkeit, jederzeit in unbegrenztem Umfang zum längerfristig festgelegten Zinssatz dieser Fazilität Geld anzulegen.

Innerhalb dieses Korridors erfolgt die Feinsteuerung des Geldmarktzinses durch Offenmarktgeschäfte. Hierbei stellen die wöchentlich angebotenen *Hauptrefinanzierungsgeschäfte* das zentrale Instrument dar. Mit deren Hilfe nimmt die EZB Einfluß auf die Geldschöpfung und damit indirekt auf die Entwicklung der Preise. Die Geschäftsbanken geben der Zentralbank Schuldverschreibungen *in Pension* und erhalten dafür das Zentralbankgeld, das sie für ihre Geschäfte mit Privaten benötigen. Sie zahlen der Zentralbank für die Ausleihung des Geldes einen Zinssatz, den diese variieren kann. In einer Hochkonjunkturphase wird sie den Satz heraufschrauben, um die Geldschöpfung der Geschäftsbanken zu dämpfen, in einer Phase schwächerer Inflation wird sie andersherum verfahren.
Dies entspricht praktisch den *Wertpapierpensionsgeschäften*, wie wir sie von der Bundesbank her kannten. Diese Geschäfte werden auf dem Geldmarkt abgewickelt, betreffen also Wertpapiere mit kurzen Laufzeiten. Kern eines jeden Pensionsgeschäfts ist die Rücknahmepflicht des *Pensionsgebers*, in diesem Fall der Geschäftsbanken. Festgelegt ist dabei neben dem Rückkauftermin der Zinssatz.
Wollen die nationalen Zentralbanken den Geldmarkt über ein Wertpapierpensionsgeschäft steuern, bieten sich ihnen zwei Möglichkeiten: der *Mengentender* und der *Zinstender*. Das Wort *tender* kommt aus dem Englischen und bedeutet »Angebot«.
Bei einem Zinstender wird ein Mindestzinssatz vorgegeben. Die Kreditinstitute teilen dann auf dieser Basis – ähnlich wie bei einer schriftlichen Versteigerung – mit, welchen Zins sie bezahlen und wieviel Geld sie haben wollen. Die Zentralbank kann zwischen Mengen- und Zinstender abwechseln, um die Banken nicht an eine Geschäftsart zu gewöhnen. Der Zinstender spiegelt freilich die Marktverhältnisse besser wider als der Mengentender, bei dem der Zinssatz vorgegeben ist. Bei einem Zinstender kommt darüber hinaus meist ein höherer Zinssatz zustande.
Wie sind nun Mengen- und Zinstender, also die Wertpapierpensionsgeschäfte, zu beurteilen? Deren kurze Laufzeit macht die Zentralbank flexibler. Zudem kann sie, was ja auch geplant ist, die Zinsen geräuschloser in die gewünschte Richtung steu-

ern – nicht abrupt, sondern kontinuierlich. »Zinspolitik im Trippelschritt« ist dieses Vorgehen bei der Bundesbank genannt worden. Daher galten schon lange vor der Europäischen Währungsunion nicht der Diskont- oder Lombardsatz als eigentlicher Leitzins, sondern der Zinssatz für die Wertpapierpensionsgeschäfte. Und daher ist es nur logisch, daß die Hauptrefinanzierungsgeschäfte der wichtigste Leitzins der EZB sind.

*Ein kurzer Blick zurück: die Diskontpolitik*

Die Diskontpolitik war das klassische Steuerungsmittel der Bundesbank. Es ist ihr aus der Hand genommen und durch die Einlagefazilität ersetzt worden. Die deutschen Währungshüter hatten sich die weite Verbreitung von Handelswechseln in der Wirtschaft zunutze gemacht. Weil die Bonitätsprüfung dieser Wechsel zu arbeitsintensiv sei, wurde eine EU-weite Diskontpolitik abgelehnt. Ehe dieser Sonderweg in Vergessenheit gerät, soll er hier noch einmal dargestellt werden.

Nehmen wir als Beispiel einen Fruchtsafthersteller. Von einem Obsthändler bezieht er Äpfel und Birnen als Rohstoffe für seine Säfte. Die Rechnung dafür möchte er aber nicht sofort begleichen, sondern erst dann, wenn einer seiner Abnehmer, eine große Supermarktkette, eine größere Lieferung Fruchtsaft bezahlt hat. Der Fruchtsaftfabrikant unterschreibt einen Wechsel. Damit verspricht er durch seine Unterschrift dem Obsthändler, die offene Rechnung an einem bestimmten Fälligkeitstermin, zum Beispiel in drei Monaten, zu begleichen. Wechsel sind also Zahlungsversprechen, eine Art Schuldschein. Für den Gläubiger, den Obsthändler, ist der Wechsel im wahrsten Sinne des Wortes ein Wertpapier. Braucht er nämlich selbst Geld, kann er den Wechsel bei seiner Hausbank verkaufen und erhält dafür Bargeld. Man spricht dabei von einem *Diskontgeschäft*.

Allerdings geht die Bank dieses Geschäft nicht umsonst ein. Dafür, daß sie dem Obsthändler durch Ankauf des noch nicht fälligen Wechsels einen Kredit eingeräumt hat, berechnet sie einen Zinssatz. Dieser Zinssatz heißt *Diskont (diskontieren* bedeutet also das Verkaufen einer später fällig werdenden Forde-

rung, wobei man einen bestimmten Zinsbetrag abzieht). Der Zins, den die Hausbank dem Obsthändler berechnet, ist abhängig von der Bundesbank. Wenn nämlich auch die Hausbank Geld benötigt, zum Beispiel zur Kreditvergabe, kann sie den Wechsel an die Notenbank weiterverkaufen *(rediskontieren)*. Der Zins, den sie den Währungshütern dafür bezahlen muß, heißt *Diskontsatz* oder *Bankrate* und ist der Preis, den die Bundesbank von den Geschäftsbanken für den Ankauf von Handelswechseln verlangt. Durch die Veränderung des Diskontsatzes kann die Bundesbank somit prinzipiell Einfluß auf die Kreditvergabe nehmen: Eine Anhebung der Bankrate verteuert Kredite, eine Senkung verbilligt sie.
Es war jedoch seit jeher umstritten, ob die Anwendung der Diskontpolitik allein etwas bewirkt. Nehmen wir an, die Bundesbank wolle in der Hochkonjunktur die Zinsen anheben, um die Inflation zu dämpfen. Die Investitionspläne der Unternehmen dürfte eine Diskonterhöhung in diesem Falle kaum beeinflussen, sind diese doch wegen der höheren Umsätze aufgrund der schon anziehenden Preise und der guten Gewinne ohne Schwierigkeiten in der Lage, die Zinserhöhung zu verkraften. Auch das Ausland kann der Bundesbank bei ihrer Politik des knappen Geldes einen Strich durch die Rechnung machen. Wenn nämlich der Zins steigt, wird die Mark für ausländische Anleger attraktiver: Geld aus dem Ausland fließt ins Inland und vergrößert die Geldmenge, obwohl doch eigentlich ihre Verknappung beabsichtigt war. Ob eine Erhöhung des Diskontsatzes die gewünschte Wirkung zeigt, hängt somit von der Konjunkturlage, von den Zukunftserwartungen der Unternehmen und Haushalte sowie vom Umfang der Zinserhöhung ab.

### *Die Mindestresenvenpolitik*

Der Maastricht-Vertrag sieht außerdem die Mindestreserve als geldpolitisches Steuerungsinstrument vor. Doch wird die Reserve, anders als es bei der Bundesbank war, verzinst. Mit der Verzinsung hat die EZB Rücksicht auf die Banken genommen, die über ihre Benachteiligung durch diese Zwangsabgabe geklagt haben und mit der Verlagerung von Geschäften außerhalb der Währungsunion drohten. Die Banken sind verpflichtet, eine Mindestreserve in Höhe von maximal 2,5 Prozent der Spareinlagen ihrer Kunden bei der Zentralbank zu hinterlegen. Der Umfang der Mindestreserve bemißt sich nach dem *Mindestreservensatz*. Das ist ein Prozentsatz, der auf die Einlagen der Kunden einer Geschäftsbank (Guthaben der Kundschaft auf Giro-, Termin- und Sparkonten) bezogen wird. Diese Guthaben der Kunden sind aus Sicht der Geschäftsbanken Verbindlichkeiten. Die Pflicht zur Mindestreservenhaltung bedeutet nun, daß die Geschäftsbanken das Geld ihrer Kundschaft nicht im vollen Umfang ihrerseits zur Kreditvergabe verwenden dürfen, sondern einen Teil davon, die Mindestreserve, an die EZB überweisen müssen. Dieser Teil steht ihnen also für ihr Kreditgeschäft nicht mehr zur Verfügung. Durch die Veränderung des Mindestreservensatzes hat die EZB einen direkten Zugriff auf den Umfang des ausleihbaren Gelds.

Eine Senkung der Mindestreservensätze bedeutet, daß die Geschäftsbanken über mehr Geld verfügen können. Das Kredit- und Geldangebot nimmt zu und damit in der Regel auch die Geldmenge, während das Zinsniveau nachgibt. Umgekehrt hat ein höherer Mindestreservensatz zur Folge, daß die Kreditinstitute über weniger Geld verfügen können. Das Kredit- und Geldangebot nimmt ab, was tendenziell zu einer Verknappung der Geldmenge und zu einer Zinssteigerung führen wird.

Vor Beginn der EWU wurde der Zahlungsverkehr in der EU noch auf der Basis von Korrespondenzbankverbindungen oder über konzerneigene Bankniederlassungen abgewickelt. Die Zersplitterung war teuer und verschlang viel Zeit. Deshalb hat die Zentralbank 1999 ein modernes Zahlungsverkehrssystem in Betrieb genommen, das den reibungslosen Geldverkehr zwischen Zentralbank und Geschäftsbanken garantieren soll. *Target* (Trans-European Automated Real-time Gross Settlement Express Transfer) arbeitet schneller als alle früheren Systeme. Ausleihungen sind in Minutenschnelle 24 Stunden am Tag möglich. Damit erhöhen die Europäer die internationale Wettbewerbsfähigkeit ihres Kapitalmarktes. An Target können alle Banken teilnehmen, die ein Konto bei einer nationalen Zentralbank der Teilnehmerländer unterhalten. Die Abwicklung von privaten Überweisungen über dieses System ist aber nicht möglich.

*Der Zentralbankgewinn – ein unsicherer Geldsegen*

Eigentümer der Deutschen Bundesbank ist der Bund. Erwirtschaftet die Bundesbank einen Gewinn, fließt dem Bundesfinanzminister der größte Teil davon zu. Die Bundesbank macht Gewinn, indem sie Geld gegen Zinsen verleiht, ihrerseits aber keine Zinsen für Einlagen zahlt. Die Höhe des Ertrags hängt vom Bargeldumlauf, dem Zinsniveau und den Einlagen der Kreditinstitute, der Mindestreserve, ab. Wie jedes Wirtschaftsunternehmen muß auch die Bundesbank am Ende des Jahres eine Bilanz sowie eine Gewinn- und Verlustrechnung aufstellen. Über ihren Überschuß kann sie aber nicht frei verfügen, sondern sie ist an genaue gesetzliche Verwendungsregeln gebunden. Den Löwenanteil darf der Bundesfinanzminister seiner chronisch leeren Staatskasse einverleiben. Der Bundesbankgewinn ist also kein zusätzlicher Geldsegen für Bonn, sondern dort fest einkalkuliert.
Allerdings kann der Ertrag der Währungshüter stark schwanken. Die Höhe des Gewinns hängt entscheidend vom Zinsniveau ab. In einer Niedrigzinsphase verdient die Bundesbank weniger an ihren Ausleihgeschäften mit der gewerblichen Kreditwirtschaft.
Es gehört auch zu den Aufgaben der Bundesbank, die Währungsreserven der Bundesrepublik zu verwalten. Der allergrößte Teil dieser Reserven ist in Dollar angelegt. Diese Dollar müssen in der Bilanz der Bundesbank bewertet werden. Nehmen wir an, die US-Währung steht zum Kurs von 1,7275 Mark in den Büchern der Notenbank. Ein Jahr später brauchte man aber für einen Dollar nur noch etwa 1,63 Mark bezahlen. Verglichen mit dem Bilanzkurs bedeutet das eine Differenz von neun Pfennig. Das heißt, der Dollar war tatsächlich mehr als neun Pfennig weniger wert, als von der Bundesbank veranschlagt worden war. Diesen Wertverlust berücksichtigt die Bank, indem sie den Wert entsprechend berichtigt. Man sagt: Sie muß ihre Dollarbestände *abschreiben*. Geht man davon aus, daß der Rückgang des Dollarkurses um einen einzigen Pfennig Abschreibungen auf die Währungsreserven von 400 Millionen Mark notwendig macht, kommt bei einer Wertdifferenz von neun Pfennig bereits eine Summe von 3,6 Milliarden Mark zusammen.

Doch damit nicht genug. Denn der Verfall des Dollarkurses trifft die Währungshüter nicht nur bei ihren Altbeständen. Werden sie international in die Pflicht genommen, und intervenieren sie auf den Devisenmärkten, um den Kursverfall des Dollars zu stoppen, kaufen sie Dollar zum Tageskurs. Auch auf diese neu erworbenen Dollarbestände muß die Bundesbank Abschreibungen vornehmen, wenn der Bilanzkurs niedriger als der aktuelle Kurs ist. Es versteht sich von selbst, daß die Bundesbank entsprechende Gewinne erwirtschaftet, wenn der aktuelle Dollarkurs höher ist als der bilanzierte Kurs.
Im Jahr 2000 wird die Gewinnabführung erstmals von der Geldpolitik der Europäischen Zentralbank beeinflußt. Denn von 1999 setzt sich der an den Bund zu verteilende Gewinn der Bundesbank aus Zinserträgen der ihr verbleibenden Währungsreserven sowie der anteiligen Gewinnabführung der EZB und sogenannten *monetären Einkünften* zusammen. Außerdem werden in den drei Jahren bis 2001 die unterschiedlichen nationalen Bargeldumläufe bei der Ermittlung der monetären Einkünfte nicht berücksichtigt. Andernfalls wären Einkünfte der Bundesbank aus hohem Bargeldumlauf – wie auch aus hohen Notenbankguthaben der Kreditinstitute – in die allgemeine Verteilungsmasse der EZB zugunsten anderer Länder eingegangen.

## 9. Die Krise der Entwicklungsländer und die Helfer in der Not

Wer einmal beobachtet hat, wie Menschen aus den Armenvierteln in Rio de Janeiro am frühen Morgen die Müll-Container der Luxushotels nach Essensresten absuchen, wer Flüchtlinge aus Malawi in erbärmlichen Hütten am Rande von Harare in Simbabwe gesehen hat oder an der Elfenbeinküste oder auf Sri Lanka angebettelt wurde, wer sehen mußte, wie sich alte Frauen hinter dem Roten Platz in Moskau stundenlang die Beine in den Bauch stehen, um eine Flasche Krimsekt gegen harte Währung zu verkaufen – wer all das als reicher Westeuropäer erlebt hat, der weiß zwar noch nicht wirklich, was Armut bedeutet. Aber er bekommt immerhin ein Gefühl dafür – und vermag seinen Wohlstand und seine Ansprüche vielleicht ein wenig zu relativieren.

Obwohl sich der Wohlstand in der Welt in den letzten 50 Jahren um das Siebenfache erhöht hat, ist der Abstand zwischen Arm und Reich in vielen Ländern größer geworden. Die Zahl der Armen in den Entwicklungsländern beträgt etwa 1,3 Milliarden, daß heißt, daß rund 30 Prozent der Bevölkerung dieser Länder arm sind. Insgesamt lebt damit jeder fünfte Mensch auf der Erde in Armut. Etwa die Hälfte dieser Armen fristet das Dasein in extremer Armut, daß heißt unter dem zum physischen Überleben eigentlich erforderlichen Minimum.

Die Lebenserwartung in den afrikanischen Ländern südlich der Sahara beträgt im Durchschnitt 51 Jahre – in den Entwicklungsländern insgesamt sind es 63 Jahre, in den westlichen Industrieländern 77 Jahre. Die Kindersterblichkeitsrate, bezogen auf 1000 Lebendgeburten, liegt in den ärmsten Ländern bei 106 – in den westlichen Industrieländern bei acht. Die ärztliche Versorgung ist miserabel. In den afrikanischen Ländern südlich der Sahara kommt ein Arzt auf 24000 Menschen – in den westlichen Industrieländern ist das Verhältnis 1:380. Knapp zwei Milliarden Menschen haben keinen Zugang zu akzeptablem Trinkwasser.

Rund 5,85 Milliarden Menschen leben auf der Erde, fast 80 Prozent von ihnen in Entwicklungsländern. Obwohl die Wachstumsrate der Weltbevölkerung gefallen ist (derzeit 1,4

Prozent) und dieser Trend anhält, nimmt die Weltbevölkerung jährlich um mehr als 86 Millionen Menschen zu. Fast der gesamte künftige Anstieg der Weltbevölkerung entfällt auf Asien, Afrika und Lateinamerika, über die Hälfte allein auf Afrika und Südasien, wo viele der ärmsten Staaten der Welt liegen – die Probleme werden sich also weiter verschärfen.
Armut ist kein statistisches Problem. Armut heißt: nicht genug zum Essen zu haben, hohe Kindersterblichkeit, niedrige Lebenserwartung, geringe Bildungschancen, schlechtes Trinkwasser, fehlende Gesundheitsversorgung, unzumutbare Unterkünfte. Zur Armut gehören auch immaterielle Defizite wie mangelnde Möglichkeiten einer selbstverantwortlichen Lebensgestaltung. Die Ursachen der Armut sind vielfältig. Soziale, ökonomische, kulturelle, politische und ökologische Gründe sind untrennbar miteinander verwoben. Armut ist auch im Zusammenhang mit Unfreiheit, Entwurzelung und dem Verfall traditioneller Sozialstrukturen zu sehen.

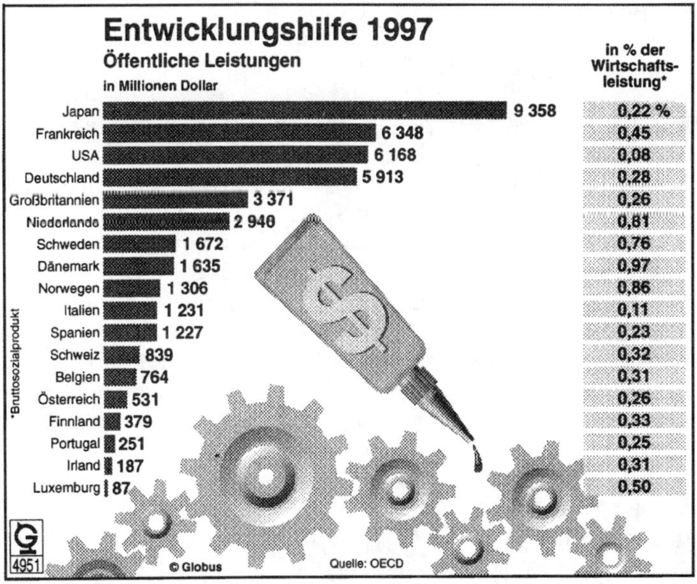

Obwohl diese Tatsachen schon dramatisch genug sind, ächzen die Entwicklungsländer und Reformländer zusätzlich unter einer Schuldenlast von gut 2200 Milliarden Dollar. Doch ist eine Verschuldung nicht grundsätzlich als Makel anzusehen. Der Aufbau und die Expansion von Unternehmen sind ohne Kreditaufnahme in der Regel nicht allein zu finanzieren. In gleicher Weise sind Entwicklungsländer auf den Zustrom ausländischen Kapitals angewiesen. Auch Auslandsverschuldung ist ein normaler und sinnvoller ökonomischer Vorgang, vorausgesetzt, daß damit Investitionen oder andere, die Produktivität steigernde Ausgaben finanziert werden, die später direkt oder mittelbar mindestens den entsprechenden Auslandsschuldendienst erwirtschaften. Erst wenn diese Grundbedingung nicht erfüllt ist oder wenn sich die weltwirtschaftlichen Rahmenbedingungen nachhaltig verschlechtern, kann aus einer wirtschaftlich sinnvollen eine problematische Verschuldung werden. Das Zusammentreffen mehrerer ungünstiger weltwirtschaftlicher Faktoren – sinkende Exporterlöse, steigende hohe Ölpreise und hohe Zinsen Anfang der 80er Jahre – sowie unwirtschaftliche Vorhaben und wirtschaftshemmende Rahmenbedingungen in den Entwicklungsländern führte dazu, daß die Verschuldung zur Krise wurde.

Für den Begriff »Entwicklungsländer«, der sich in Deutschland seit Beginn der 50er Jahre eingebürgert hat, gibt es keine einheitliche Definition. Die überwiegende Zahl dieser Staaten weist jedoch gemeinsame Merkmale auf. Die wichtigsten sind: ungenügende Versorgung mit Nahrungsmitteln, niedriges Pro-Kopf-Einkommen, schlechter Gesundheitszustand, Arbeitslosigkeit, niedriger Lebensstandard bei oft extrem ungleicher Verteilung. Eine weltweit verbindliche Liste der Entwicklungsländer gibt es nicht.

Als *Schwellenländer* werden Entwicklungsländer bezeichnet, die sich schon verhältnismäßig weit entwickelt haben. Sie stehen, deshalb der Name, an der »Schwelle« zum Industrieland. Etwa 25 bis 30 Staaten werden dieser Gruppe zugerechnet, beispielsweise Brasilien, Argentinien, Mexiko und Südafrika. Länder wie Taiwan, Singapur und Zypern sind schon besonders nahe an den Status eines Industrielands herangekommen. Am unteren Ende der Skala rangieren dagegen die *Least deve-*

*loped countries (LDC),* die ärmsten Länder. 34 Staaten Afrikas (z.B. Eritrea, Togo, Uganda), 13 Staaten Asiens und Ozeaniens (z.B. Afghanistan, Bangladesch) und in Lateinamerika Haiti gelten als LDC. Wer zu diesem Kreis gehört, wurde bis 1990 an den Kriterien Pro-Kopf-Einkommen, Industrieanteil am Bruttoinlandsprodukt und Alphabetisierungsrate gemessen. Um auch langfristige Wachstumshemmnisse besser berücksichtigen zu können, werden seither weiterreichende Kriterien miteinbezogen. Dazu gehört das Pro-Kopf-Inlandsprodukt (699 Dollar im Jahr), daneben ein Index, der Faktoren wie Lebenserwartung, Kalorienversorgung, Einschulungsrate, Stromverbrauch und Exportorientierung der Wirtschaft einrechnet.

Die reichen Länder haben versucht, mit Krediten zu helfen, doch dabei wurden auch Fehler gemacht. So sind die Ursachen der Schuldenkrise in der Politik der 70er Jahre zu suchen. Nach dem ersten Ölpreisschub 1973 verfügten die Länder der *Organisation erdölexportierender Staaten (OPEC)* über Hunderte von Milliarden der sogenannten *Petro-Dollars*. Da dieses Geld in den OPEC-Ländern nur teilweise ausgegeben werden konnte, versuchten die Banken, es in jene Teile der Welt umzuleiten, in denen Kapital für Investitionen knapp und die Zahlungsbilanzdefizite aufgrund der gestiegenen Ölpreise hoch waren: in die ölimportierenden Entwicklungsländer. Damals gingen sowohl die Banken als auch die Regierungen der Industrieländer davon aus, daß die Kredite zum Wachstum beitragen würden. Auch meinte man, daß dieses Wachstum den Umbau der Volkswirtschaften hin zu mehr Marktwirtschaft beschleunigen würde. Diese Rechnung ging zunächst auf. So wuchs die Wirtschaft Lateinamerikas zwischen 1970 und 1980 durchschnittlich um sechs Prozent; die Rate für Brasilien lag sogar bei 8,5 Prozent.

Der zweite Ölpreisschub 1978/79 machte jedoch alle Hoffnungen zunichte. Der weltweite Konjunkturabschwung stoppte das Wachstum auch in den Entwicklungsländern. In Lateinamerika erreichte es zwischen 1981 und 1983 nur noch durchschnittlich 1,3 Prozent. Angesichts dieser kargen Wachstumsaussichten waren die Banken nicht mehr bereit, Kredite im bisherigen Umfang zu gewähren. Die Kreditwürdigkeit nahm ab, weil Schuldenhöhe und Fähigkeit zum Schuldendienst nicht mehr im Einklang standen. Als Mexiko 1982 seine Tilgungszahlungen stoppte, trat die Schuldenkrise offen zutage. Hinzu kam, daß Anfang der 80er Jahre die Zinssätze außergewöhnlich stark stiegen. Die Folge waren ein schrumpfender Welthandel und abnehmende Exportmöglichkeiten der Entwicklungsländer sowie ein noch höherer Schuldendienst. Verschärft wurde die Lage dadurch, daß die Banken nach dem Zahlungsaufschub *(Moratorium)* für Mexiko den Geldhahn weiter zudrehten. Seither versucht man, die Schuldenkrise einzudämmen.

Die Sünden der 70er Jahre rächen sich noch heute. Die afrikanischen Länder südlich der Sahara zum Beispiel müssen einen immer größeren Teil ihrer Exporterlöse zur Bedienung ihrer Schulden aufwenden. Es wäre allerdings falsch, allein der Kreditpolitik von Banken und Regierungen der Industrieländer die Schuld an der Misere zu geben. Denn oft genug haben die Entwicklungsländer das geborgte Geld falsch eingesetzt. Statt die Wirtschaftsstruktur zu verbessern, wurden kostspielige Prestige-Bauten wie etwa Luxushotels aus dem Boden gestampft. Statt zu investieren, wurde das Geld für den Konsum verwendet, was die Einfuhr von Gütern förderte und die Zahlungsbilanzdefizite weiter in die Höhe trieb. Zu deren Finanzierung mußten dann wieder Kredite aufgenommen werden. Statt die Kredite tatsächlich im Land zu lassen, wanderten sie – oft auf dunklen Wegen – wieder ins Ausland und auf die Konten gerissener Geschäftsleute.

*Alfred Herrhausen*, der 1989 von Terroristen ermordete Vorstandssprecher der Deutschen Bank und Verhandlungsführer der deutschen Kreditinstitute im Fall Mexiko, hat die Lösungsansätze einmal in drei Phasen eingeteilt, die auch heute noch Bestand haben:

**Phase 1:** Die Banken stellten den Kreditnehmern neues Geld *(fresh money)* zur Verfügung, um ihnen die Aufrechterhaltung des Zinsendienstes zu ermöglichen. Das war durchaus kein Akt der Selbstlosigkeit. Hätten die Banken dies nicht getan, wären sie gezwungen gewesen, den Wert der Kredite in ihren Bilanzen zu reduzieren – man nennt das *wertberichtigen* –, was ihre Gewinne geschmälert hätte.

**Phase 2:** Hier standen und stehen Umschuldungen im Mittelpunkt, das *rescheduling.* Die Kredite werden mit einer längeren Laufzeit ausgestattet, mit dem Ziel, durch Streckung der Tilgungen die Schuldenlast auf einen längeren Zeitraum zu verteilen und dadurch zu mildern. Verbunden sind die Phasen 1 und 2 mit der Auflage, die Wirtschaftspolitik zu verbessern und so die Kreditwürdigkeit wiederzuerlangen. Diese Konditionalität spielt zum Beispiel eine wichtige Rolle bei der Vergabe von Krediten des Internationalen Währungsfonds.
**Phase 3:** Die Kreditwürdigkeit ist wiederhergestellt.

Die gigantische Schuldensumme von 2200 Milliarden Dollar zeigt jedoch, daß die dritte Phase noch lange nicht erreicht ist. Die Gründe hierfür sind vielfältig. Zum einen unterscheiden sich die wirtschaftliche und die politische Lage in den Schuldnerländern, was nur individuelle Lösungen erlaubt. Unterschiedlich ist aber auch die Bereitschaft der Banken gewesen, durch Wertberichtigungen »klar Schiff« zu machen. Aus steuerlichen Gründen waren die deutschen Banken – die ihre sogenannten *Länder-Risiken* oft schon weitgehend wertberichtigt haben – eher dazu bereit als Institute in den USA oder Japan. Zudem war man bis 1985 der Meinung, die Schuldnerländer könnten ihre Probleme am besten durch Sparsamkeit lösen *(Austerity-Politik, austerity* = »Sparmaßnahmen«). Begründet wurde dieser Ansatz damit, daß die eingesparten Ressourcen für den Schuldendienst verwendet werden könnten.
Erst der ehemalige US-Finanzminister *James Baker* brach mit dieser Auffassung. Im sogenannten *Baker-Plan* vertrat er Ende 1985 die Meinung, daß nur Wirtschaftswachstum den Weg aus der Krise weisen könne. Die Banken sollten in enger Abstimmung mit dem Internationalen Währungsfonds neue Kredite zur Verfügung stellen, um die Investitionsfähigkeit der Entwicklungsländer zu verbessern. Bakers Plan erwies sich letztlich aber als untauglich, denn neue Kredite bedeuteten höhere Schulden und höhere Zinszahlungen – und das bei Ländern, die ohnehin mehr als 30 Prozent ihrer Exporteinnahmen für Zinszahlungen ausgeben müssen.
Für einen radikalen Kurswechsel sorgte schließlich Bakers Nachfolger *Nicholas Brady.* Im März 1989 präsentierte der Fi-

nanzminister des damaligen US-Präsidenten George Bush den sogenannten *Brady-Plan*, der einen teilweisen Schuldenerlaß sowie Zinserleichterungen vorsah, die durch Zins- und Kreditgarantien des Währungsfonds und der Weltbank gestützt werden sollten.
Schuldenerleichterungen sind nach dem Brady-Plan auf zwei Wegen geplant:

1. durch den Umtausch von alten in neue Anleihen oder den Rückkauf von Schulden, jeweils mit einem Preisabschlag, oder
2. durch den Tausch von alten Bankschulden in Bankschulden mit dem gleichen Nennwert, aber einem niedrigeren Zinssatz.

So sind viele Entwicklungsländer auf dem Weg zu einer neuen Wirtschaftsstruktur durch Abbau von Subventionen, Korrektur unrealistischer Wechselkurse und Verringerung von Ausgaben für den öffentlichen Sektor schon ein gutes Stück vorangekommen. Zwar spricht man seit dem Mexiko-Moratorium 1982 von einem verlorenen Jahrzehnt für Lateinamerika, da das Pro-Kopf-Einkommen während der 80er Jahre im Schnitt um ein Fünftel gefallen ist. Doch oft werden die strukturellen Fortschritte auf der Haben-Seite der Bilanz vergessen: der Abbau der Schutzzölle, die Beschränkungen des Waren- und Kapitalverkehrs, die Entstaatlichung des Bankensektors oder die Reform der Steuersysteme. In Lateinamerika haben Mexiko und Chile die größten strukturellen Fortschritte gemacht. Mexiko gehört inzwischen, gemeinsam mit den USA und Kanada, der Nordamerikanischen Freihandelszone NAFTA an.
Es wäre jedoch auch falsch und ungerecht, allein den Entwicklungsländern die Verantwortung für ihr Schicksal zuzuschieben. Viel wäre schon getan, wenn die Industrieländer ihre Politik verändern würden. Immer noch haben viele von ihnen dem Protektionismus nicht abgeschworen, um ihre eigene Volkswirtschaft von der ausländischen Konkurrenz abzuschotten. Handelshemmnisse wie Zölle oder Einfuhrkontingente verhindern, daß Exporte aus den Entwicklungsländern ihren Weg auf

die Märkte der Industrieländer finden – und daß die Erlöse aus den Exporten den armen Ländern zugutekommen.
Es wird kein Weg daran vorbeiführen, daß die Industrieländer noch mehr Geld für die Entwicklungsländer zur Verfügung stellen. Als seit langem anerkannte Zielvorgabe der Vereinten Nationen gilt, daß die westlichen Industrieländer jährlich 0,7 Prozent der jeweiligen Wirtschaftsleistung aufwenden sollen. Addiert man alle Leistungen Deutschlands an die Entwicklungsländer – also neben den öffentlichen etwa auch Direktinvestitionen von deutschen Firmen oder Exportkredite –, kommt man auf 0,46 Prozent.

Eine besondere Rolle beim Ausgleich der wirtschaftlichen Interessen zwischen den armen Ländern des Südens und den reichen Industrieländern des Nordens – deshalb auch das Schlagwort vom »Nord-Süd-Konflikt« – spielt seit 1964 die *Welthandels- und Entwicklungskonferenz UNCTAD* (United Nations

## Zusätzliche Hilfe für ärmste Länder gefordert

**Unctad-Generalsekretär: Wachstum von 4,8 Prozent genügt nicht zur Bekämpfung der Armut**

jpk. **Genf** (Eigener Bericht) – *Der Generalsekretär der* UN-Organisation für Handel und Entwicklung (Unctad), *Rubens Ricupero, hat bei der Veröffentlichung des „Berichtes zur Lage der 48 am wenigsten entwickelten Länder 1998" am Mittwoch in Genf dringend zusätzliche Hilfsmaßnahmen der internationalen Gemeinschaft zur Unterstützung dieser ärmsten Staaten gefordert. Die internationale Gemeinschaft müsse neue Vorkehrungen zur Entschuldung einleiten und für eine bessere Integrierung dieser Länder in das multilaterale Handelssystem sorgen, betonte Ricupero.*

„Das 1997 von diesen Ländern erzielte Wachstum des Bruttosozialprodukts (BSP) von 4,8 Prozent liegt zwar über dem weltweiten Durchschnitt von 3,2 Prozent und setzt damit die Erfolge der beiden vorangegangenen Jahre – 1995 hatte die Wachstumsrate 4,5 und 1996 5,5 Prozent erreicht – fort, das Wachstum genügt aber nicht, um die in diesen Ländern weit verbreitete Armut zu überwinden", erklärte Ricupero auf einer Pressekonferenz in Genf. Überwunden werden könne die Armut und die internationale Marginalisierung dieser Länder erst, wenn ein stetes Wachstum von mindestens sechs Prozent erreicht werde.

Die positive Entwicklung der vergangenen Jahre werde zudem durch die enorme Verschuldung dieser Länder im Umfang von 134 Milliarden Dollar, die Auswirkungen der Asienkrise, sinkende Rohstoffpreise und durch die Auswirkungen von Naturkatastrophen gefährdet. Die hohe Schuldenlast der ärmsten Staaten verhindere zur Zeit jegliche kontinuierliche Entwicklung, betonte Ricupero. Verschiedene der ärmsten Länder seien trotz der guten wirtschaftlichen Entwicklung nicht mehr imstande die Schuldzinsen zu zahlen und die Schulden abzuzahlen.

Negativ werde sich in den kommenden Jahren vermutlich auch der anhaltende Verfall der Rohstoffpreise auswirken, erklärte Ricupero weiter. Nach Angaben der Unctad sind immer noch die meisten der ärmsten Länder für ihre Deviseneinnahmen auf den Export einiger weniger Rohstoffe angewiesen. Bei der Untersuchung vergleichbarer Exportdaten von 28 der ärmsten Staaten hatte die Unctad in den vergangenen Jahren nur bei fünf dieser Länder einen Rückgang der Abhängigkeit von den Rohstoffexporten feststellen können. 26 dieser Länder hängen für ihre Deviseneinnahmen zur Zeit noch zu über 70 Prozent vom Export weniger unverarbeiteter Rohstoffe ab.

Negativ wirkt sich nach Angaben Ricuperos zudem auch der äußerst schwache Kapitalzufluß in diese Länder aus. Von den 1996 in den 48 Ländern investierten 16 Milliarden Dollar stammten 14,2 Milliarden aus der öffentlichen Entwicklungshilfe. Die nichtstaatlichen Direktinvestitionen hätten 1996 zwar von 1,1 auf fast zwei Milliarden zugenommen, im Vergleich zu den weltweit getätigten Direktinvestitionen sei dies aber praktisch nichts. Als eine der Folgen der Asienkrise rechnet die Unctad zudem mit einer weiteren Verringerung des Kapitalflusses in diese Länder.

Zahlreiche der ärmsten Staaten in Afrika südlich der Sahara und in Asien hätten 1997 zudem stark unter den Auswirkungen von Naturkatastrophen als Folge des El Nino gelitten und bedeutende Ernteausfälle verkraften müssen, erklärte Ricupero weiter. Dies habe die Regierungen dieser Länder gezwungen, wertvolle Devisen zum Kauf der dringend benötigten Lebensmittel und zur Beseitigung der durch die Katastrophen verursachten Schäden einzusetzen.

Um die Lage der ärmsten Staaten zu verbessern, fordert die Unctad neben neuen Entschuldungsabkommen auch eine bessere Integration dieser Länder in das multilaterale Handelssystem der Welthandelsorganisation (WTO). Die meisten der ärmsten Länder könnten bisher nicht von den Vorteilen der allgemeinen Marktöffnung und Liberalisierung profitieren. Viele könnten nicht einmal an den Verhandlungen der WTO teilnehmen, da sie entweder noch nicht in die Organisation aufgenommen seien oder sich keine Vertretungen in Genf leisten könnten. Die WTO-Mitgliedstaaten fordert die Unctad auf, diesen Ländern möglichst vorteilhafte Bedingungen für den Zugang zu ihren Märkten zu gewähren.

Conference on Trade and Development). Der UNCTAD gehören 188 Mitgliedsstaaten an, die Entwicklungsländer haben die Stimmenmehrheit. Ihre Resolutionen haben aber nur empfehlenden Charakter. Die Konferenz hat bisher neunmal getagt, zuletzt 1996 in Südafrika. Dort wurde die Konzentration auf die wesentlichen Aufgaben beschlossen. Die Konferenz will sich künftig auf Tätigkeiten in den Bereichen Analyse, Konsensbildung und Beratung konzentrieren und so ihre Kompetenzen zur Welthandelsorganisation WTO abgrenzen. Die nächste Sitzung findet im Jahr 2000 in Bangkok statt.

Für viele Beobachter sind die zaghaften Erfolge der letzten Jahre freilich nicht mehr als ein Tropfen auf den heißen Stein. Sie vertreten die Meinung, daß nur eine Änderung der Weltwirtschaftsordnung zugunsten der Entwicklungsländer sowie ein genereller Schuldenerlaß den Weg für einen Neubeginn freimachen können. Die Industrieländer lehnen beides ab. Ein vollständiger Schuldenerlaß, so argumentieren sie, würde diejenigen Länder benachteiligen, die bisher ihren Schuldendienst oft unter erheblichen Anstrengungen geleistet hätten. Allerdings haben sich einige Industrieländer inzwischen dafür entschieden, auf die Forderungen gegenüber den ärmsten Ländern zu verzichten. Diese Politik verfolgt auch die Bundesregierung in Bonn.

## 9.1 Der Internationale Währungsfonds

In der internationalen Schuldenkrise spielen neben den Regierungen der Gläubigerstaaten, die sich im *Pariser Club* zusammengeschlossen haben, und den im *Londoner Club* zusammengefaßten Gläubigerbanken vor allem zwei internationale Institutionen eine Rolle: der *Internationale Währungsfonds (IWF)* und die *Weltbank*. Obwohl der IWF nicht ausschließlich mit dem Thema Verschuldung befaßt ist, soll er wegen seiner Rolle im Krisenmanagement an dieser Stelle vorgestellt werden.

Der IWF (auch *IMF* = International Monetary Fund) und die Weltbank, beides Organisationen der Vereinten Nationen, wurden im Juli 1944 anläßlich der Finanzkonferenz der Vereinten Nationen in Bretton Woods im US-Bundesstaat New Hampshire gegründet. Unter dem Eindruck der Weltwirtschaftskrise der

30er Jahre hatte es sich diese Konferenz zum Ziel gesetzt, die internationalen Finanzbeziehungen neu zu regeln und ein neues Währungssystem zu schaffen.
Hatten die Wirtschaftspolitiker bis dato in Krisenzeiten ihr Heil in außerwirtschaftlichen Beschränkungen (Kapitalverkehrskontrollen, Zöllen) gesucht, um ihre Volkswirtschaften vor dem Druck der ausländischen Konkurrenz zu schützen, so setzte mit Bretton Woods ein Umdenken ein. Geordnete Finanzströme und ein für jedes Mitglied verbindlicher Verhaltenskodex sollten den Welthandel und die Auslandsinvestitionen fördern. Freier Devisenverkehr, konvertible (das heißt jederzeit umtauschbare) Währungen, ein multilateraler Handels- und Zahlungsverkehr und vor allem feste Wechselkurse sollten Grundlage für die internationale währungspolitische Zusammenarbeit sein. Diese Kooperation galt als Voraussetzung für die Förderung von Handel und Investitionen, ohne die wiederum der Wiederaufbau nach dem Ende des Zweiten Weltkriegs nicht möglich erschien.
Kein Zweifel bestand jedoch daran, daß die Staaten dafür finanzielle Hilfen brauchen würden. Für alle mußte Geld zur Verfügung stehen, sollten bei Devisenknappheit nicht wieder die Fehler gemacht werden, die man mit dem neuen System doch eigentlich vermeiden wollte. Hier kam nun der Fonds ins Spiel, ein Topf, in den alle Mitgliedsländer einzahlen, um im Bedarfsfall etwas herausnehmen zu können. Der Fonds wurde damals mit sieben Milliarden Dollar ausgestattet. Dieses Geld sollten Mitglieder für die sogenannten *Ziehungen* (das heißt für den Kauf) von Devisen zum Ausgleich von kurzfristigen Zahlungsbilanzungleichgewichten verwenden können.
Solche Ungleichgewichte entstehen, wenn Länder nicht genug Devisen (also z.B. ausländische Zahlungsmittel in Form von Guthaben bei ausländischen Kreditinstituten, Wechsel und Schecks) zur Bezahlung ihrer Importe erlösen. Diese Devisen stammen aus verschiedenen Quellen. Die Erlöse aus den Exportprodukten gehören ebenso dazu wie die aus Dienstleistungen (Banken und Versicherungen). Auch das Geld, das Touristen im Land ausgeben, ist eine wichtige Devisenquelle. Geld fließt darüber hinaus durch die Investitionen ausländischer Kapitalanleger und Unternehmer ins Land. Im Falle von Entwick-

lungsländern kommen Devisen auch durch die Finanzhilfen der reichen Staaten in die Kassen.
Da das System von Bretton Woods auf festen Wechselkursen basierte, diese Kursstabilität bei Zahlungsbilanzungleichgewichten aber nicht mehr gewährleistet ist, kam dem Fonds zur Erhaltung des Systems eine besondere Bedeutung zu. Obwohl das System fester Wechselkurse 1973 durch ein System schwankender Wechselkurse ersetzt wurde, hat sich an dem Zweck des Währungsfonds, nämlich kurzfristige Verwerfungen im Gefüge der Zahlungsbilanz auszugleichen, im Prinzip nichts geändert.
Als der Fonds Ende 1945 in Washington seine Tätigkeit aufnahm, hatte er 39 Mitglieder; die Bundesrepublik trat 1952 bei. Zur Zeit gehören ihm 182 Staaten mit den unterschiedlichsten Wirtschaftssystemen an. Grundsätzlich kann sich jedes Land anschließen, das zu enger währungspolitischer Zusammenarbeit bereit ist. Nach dem Zusammenbruch des Ostblocks traten auch Länder wie Rußland, die Ukraine, Lettland, Estland oder die beiden Nachfolgestaaten der Tschechoslowakei bei.
Wie in einem Sportverein muß auch beim IWF jeder Beitrag zahlen, der Mitglied sein will. Dieser Beitrag heißt *Quote*.

### 9.1.1 *Quoten und Kredite*

Die Quoten sind zum einen Geldreserven zur Vergabe von Krediten an Mitglieder mit finanziellen Schwierigkeiten. Zum anderen bemißt sich nach ihnen aber auch die Summe, die ein Mitgliedsland ausleihen kann. Das Prinzip ist dabei dasselbe wie bei einem Sparbuch: Je mehr man einzahlt, desto mehr steht im Bedarfsfall zur Verfügung. Schließlich bestimmt die Höhe der Quote das Stimmrecht des betreffenden Mitglieds. Die Quote wird anhand einer Analyse des Wohlstands und der wirtschaftlichen Leistungsfähigkeit des jeweiligen Landes festgesetzt und alle fünf Jahre überprüft. Reiche Länder, die viel einzahlen können, haben also im Fonds mehr zu sagen als ärmere. Allein die Vereinigten Staaten verfügen aufgrund ihrer Wirtschaftskraft über knapp 18 Prozent der Quoten. Deutschland und Japan rangieren mit jeweils 5,6 Prozent auf Platz zwei.

Im November 1992 ist die bisher letzte Quotenerhöhung in Kraft getreten. Die Summe aller Quoten beträgt seither 160,4 Milliarden Dollar. Das entspricht 144,6 Milliarden Einheiten des IWF-Kunstgeldes SZR (siehe unten). Ein großer Teil dieser Riesensumme steht aber für Ausleihungen nicht zur Verfügung. Der Grund: Drei Viertel ihrer Quoten müssen die Mitglieder in ihrer Landeswährung einzahlen, 25 Prozent in starker (und damit konvertibler) Währung. Da aber für die meisten Landeswährungen international nur eine geringe Nachfrage besteht, kann ein großer Teil des Fondskapitals nicht verwendet werden. So kommen für die Kreditvergabe nur rund 50 Prozent der Quoten in Frage. Die wichtigste Rolle spielen dabei die starken Währungen.
Jedes Mitglied kann ein Mehrfaches seiner Quoten ausleihen. Das könnte bei großer Nachfrage nach Krediten dazu führen, daß die eingezahlten Quoten nicht ausreichen. Deshalb hat der Fonds auch bei Regierungen und Zentralbanken Kredite aufgenommen, die aber 60 Prozent des Gesamtwerts der Quoten nicht überschreiten dürfen.

## Indonesien und IWF einig über Auflagen

**Jakarta** (Reuters) – Indonesien und der Internationale Währungsfonds (IWF) haben sich über neue Auflagen für eine Kredittranche in Höhe von rund einer Milliarde Dollar verständigt. Eine Absichtserklärung wurde von beiden Seiten in Jakarta unterzeichnet, wie der IWF-Direktor für die Region Asien-Pazifik, Hubert Neiss, mitteilte. Die neue Vereinbarung sieht den Angaben zufolge vor allem eine Reform des angeschlagenen Bankensektors und die Bekämpfung der Arbeitslosigkeit durch höhere staatliche Ausgaben vor. Zudem ist ein Überwachungssytem für den Kapitalverkehr vorgesehen.

Neiss sagte, Kapitalverkehrskontrollen werde es nicht geben. Es sei lediglich eine Verbesserung der statistischen Erfassung des Kapitalverkehrs mit Hilfe des IWF geplant. An den bisherigen Konjunkturprognosen für das südostasiatische werde festgehalten. Bis März sei bei einer Inflationsrate von 80 Prozent mit einem Wachstumseinbruch von 15 Prozent zu rechnen. In der ersten Jahreshälfte 1999 werde sich die Wirtschaft stabilisieren und im zweiten Halbjahr wieder wachsen. Die mit dem IWF vereinbarten Reformen gehen von einem steigenden Wechselkurs der Landeswährung Rupie um 25 Prozent bis Ende dieses Jahres auf 10 000 Rupien pro Dollar aus. Neiss hält die Währung gegenwärtig für unterbewertet. Entscheidend sei der Erfolg des Reformprogramms. Für den mit notleidenden Krediten und Unterkapitalisierung kämpfenden Bankensektor wurde von der Regierung ein Programm zur Rekapitalisierung in Aussicht gestellt.

Nach Einschätzung von IWF-Direktor Neiss wird die Umstrukturierung der Branche zwei bis drei Jahren dauern. Auch die Aufsicht über die Banken müsse gestärkt werden. Bei Zustimmung des IWF-Exekutivausschusses zu der neuen Vereinbarung kann Neiss zufolge die letzte Tranche des Kredits an Indonesien Ende des Monats ausgezahlt werden.

Kredite vergibt der Fonds nur an Mitglieder, die mit Zahlungsbilanzproblemen zu kämpfen haben. Geld erhält ein Land erst dann, wenn es wirtschaftspolitische Maßnahmen zur Beseitigung dieser Schwierigkeiten ergreift. Diese sogenannte *Konditionalität* der Kreditvergabe begründet der IWF damit, daß die Mittel letztlich von allen Mitgliedern bereitgestellt werden. Der Fonds könne deshalb nur dann Geld verleihen, wenn zu erwarten sei, daß es effektiv eingesetzt wird. Die Reformmaßnahmen arbeitet der potentielle Kreditnehmer aus. Zu den Maßnahmen können zum Beispiel die Abwertung der (überbewerteten) Landeswährung oder der Abbau von Staatsschulden zählen.
Die Kredite stammen aus verschiedenen Töpfen, die *Fazilitäten (Facilities)* genannt werden. Überbrückungskredite für vorübergehende Zahlungsbilanzschwierigkeiten gewährt der IWF in der Regel für fünf, bei einigen Fazilitäten auch für bis zu zehn Jahre. Neben den normalen Kreditfazilitäten des IWF, die allen Mitgliedern mit Zahlungsbilanzproblemen gleichermaßen zustehen, hat der Fonds bestimmte Sonderfazilitäten geschaffen, die hauptsächlich den Entwicklungsländern unter den Fondsmitgliedern zugute kommen. Dazu gehört die Fazilität zur Finanzierung von Rohstoff-Ausgleichslagern. Die seit 1963 bestehende *kompensierende Finanzierungsfazilität* soll einen vorübergehenden Rückgang oder Ausfall von Exporterlösen ausgleichen (kompensieren). So stellt bei den meisten Entwicklungsländern der Verkauf von Rohstoffen die wichtigste Einnahme- und damit auch Devisenquelle dar. Vernichtet aber zum Beispiel eine Dürre die Baumwoll- oder Kaffee-Ernte, kann das ein Land an den Rand des Ruins führen.
Im März 1986 wurde die *Strukturanpassungsfazilität* für Länder mit geringem Pro-Kopf-Einkommen der Bevölkerung und anhaltenden Zahlungsbilanzproblemen geschaffen. Die *erweiterte Strukturanpassungsfazilität* hilft seit Ende 1987 den ärmsten Mitgliedern bei wachstumsorientierten Anpassungsprogrammen.
Eine Besonderheit des Währungsfonds sind die 1969 eingeführten *Sonderziehungsrechte SZR* (oder *SDR = Special Drawing Rights)*. Dabei handelt es sich um eine Art künstliches Geld, das die Währungsreserven ergänzen soll. Eingeführt

wurden die SZR, die der Fonds seinen Mitgliedern in einem bestimmten Verhältnis zur Quote zur Verfügung stellt, als in den 60er Jahren die bisherigen Hauptreservemittel Gold und US-Dollar knapp zu werden drohten. Seit 1974 wird der Wert des SZR nicht mehr nach dem US-Dollar allein, sondern nach den fünf wichtigsten Fonds-Währungen bewertet. Das SZR ist also eine sogenannte *Korbwährung* und damit ähnlich konstruiert, wie es die Kunstwährung im Europäischen Währungssystem, ECU, war. Ein SZR besteht zu 40 Prozent aus Dollar und zu 21 Prozent aus Mark, der französische Franc und das Pfund tragen jeweils elf Prozent dazu bei, der Yen 17 Prozent. Die zugeteilten Quoten können bei Notenbanken und anderen Finanzorganisationen in gängige Devisen umgetauscht werden.

### 9.1.2 *Die Organisation des IWF*

Der IWF hat über 1700 Mitarbeiter und residiert in Washington. An der Spitze steht der *Gouverneursrat*, dem jeweils ein Gouverneur und ein Stellvertreter aus jedem Mitgliedsland angehören. Gouverneure sind in der Regel Finanzminister oder Notenbankchefs des jeweiligen Landes.

Politisches Lenkungsgremium ist der *Interimsausschuß*. Mitglieder sind ebenfalls die Finanzminister oder Zentralbankpräsidenten aus 24 Ländern. Sie sollen den Gouverneursrat beraten, beispielsweise wenn im internationalen Währungssystem unerwartet Störungen auftreten.

Der *Entwicklungsausschuß* ist ein gemeinsames Gremium von Fonds und Weltbank und befaßt sich mit den Problemen der Entwicklungsländer.

Für das Tagesgeschäft des IWF zeichnet das aus Regierungsvertretern bestehende *Exekutivdirektorium* verantwortlich. Ihm gehören 24 Exekutivdirektoren an, davon fünf aus den Mitgliedsländern mit den höchsten Quoten (USA, Großbritannien, Deutschland, Frankreich, Japan). Drei Direktoren vertreten Rußland, Saudi-Arabien und China; die anderen 16 Direktoren repräsentieren Ländergruppen. Vorsitzender des Exekutivdirektoriums ist der Geschäftsführende Direktor des IWF, traditionsgemäß ein Europäer.

Bei Tagungen des IWF versammeln sich auch informelle Grup-

pen von Staaten. So steht *G 7* für die *Gruppe der Sieben* (USA, Kanada, Japan, Bundesrepublik, Italien, Großbritannien und Frankreich); der 1962 gegründeten *Gruppe der Zehn (G 10)* gehören mittlerweile mehr als zehn Länder an: Vollmitglieder sind die G 7-Länder sowie Belgien, die Niederlande, Schweden und die Schweiz. Die G 10 gibt Ländern in akuten Finanzkrisen Hilfe, falls die Mittel des IWF nicht ausreichen. Die *Gruppe der 24 (G 24)* wurde 1972 gegründet, um die Interessen der Entwicklungsländer bei den internationalen Organisationen geschlossener vertreten zu können. Der Gruppe gehören die Finanzminister von je acht Staaten aus Afrika, Asien sowie Latein- und Mittelamerika an.
Vor dem Hintergrund der Asienkrise 1998 ist die *Gruppe der 26 (G 26)* entstanden. Hier sitzen Vertreter der G 7 mit wichtigen Schwellenländern aus allen Kontinenten zusammen. Deutschland und andere EU-Länder stehen dieser Gruppe kritisch gegenüber, weil sie eine Nebenstruktur zu anderen IWF-Gremien schaffe und wichtige Staaten der G 10 nicht vertreten sind.

## 9.2 Die Weltbank und ihre Töchter

Die Weltbank, die ihren Sitz wie der IWF in Washington hat, heißt eigentlich *Internationale Bank für Wiederaufbau und Entwicklung* (oder International Bank for Reconstruction and Development = IBDR). Ebenfalls während der Konferenz von Bretton Woods gegründet, sollte sie Wiederaufbau und Entwicklung in ihren Mitgliedsländern nach dem Zweiten Weltkrieg finanzieren. Sie nahm ihre Tätigkeit im Juni 1946 auf. Die Bundesrepublik ist 1952 beigetreten.
Die Weltbank ist die größte Entwicklungsinstitution der Welt und vergibt ungefähr 75 Prozent des Kreditvolumens aller multinationalen Entwicklungsbanken. Zur Zeit gehören ihr 180 Staaten an. Nur Mitglieder des Fonds können Mitglieder der Weltbank werden. Die Struktur der Eigentümer lehnt sich an die des IWF an: Stimmrechte sind an Kapitalzeichnungen gebunden, die sich nach der relativen Wirtschaftsstärke der Mitgliedsländer richten. Größter Aktionär sind mit einem Stimmrechtsanteil von 17,18 Prozent die Vereinigten Staaten, gefolgt von Japan (6,64) und der Bundesrepublik (4,79).

Die außenstehenden Darlehen der Bank dürfen die Gesamtsumme ihres Kapitals, ihrer Überschüsse und ihrer Reserven nicht überschreiten. Deshalb muß das Kapital von Zeit zu Zeit aufgestockt werden, damit mehr Darlehen vergeben werden können. Die Weltbank hat seit ihrer Gründung von den Mitgliedern insgesamt 10,8 Milliarden Dollar eingezahltes Kapital erhalten und derzeit am Kapitalmarkt Mittel in Höhe von rund 108 Milliarden Dollar aufgenommen.
Das Geld für die Kredite besorgt sie sich überwiegend durch Anleihen auf den internationalen Kapitalmärkten. Die Weltbank-Darlehen haben in der Regel eine Laufzeit von zehn bis 15 Jahren. Dazu kommt ein tilgungsfreier Zeitraum von drei bis fünf Jahren. Der Preis, den Entwicklungsländer dafür zahlen müssen, hängt von den Zinssätzen ab, welche die Weltbank ihren Gläubigern auf den internationalen Kapitalmärkten zahlen muß, zuzüglich einer Bearbeitungsgebühr.
Allerdings ist die Weltbank nicht immer alleiniger Finanzier. Etwa bei der Hälfte der von ihr unterstützten Projekte mischen andere Geldgeber mit *(Kofinanzierung)*. Das können die jeweiligen nationalen Regierungen oder deren Institutionen, aber auch private Finanzierungs- oder Exportkreditorganisationen sowie private Geschäftsbanken sein.
Im Laufe der Jahrzehnte haben sich die Projektschwerpunkte verändert. Während bis in die 60er Jahre hinein zwei Drittel der Projekte Infrastrukturprojekte (Energieversorgung, Verkehr) waren, setzt die Bank nun den Schwerpunkt auf Vorhaben, die den Menschen in den Entwicklungsländern *direkt* helfen. So geht es bei Industrieprojekten jetzt zum Beispiel um die Schaffung von Arbeitsplätzen in Kleinunternehmen.
Etwa drei Viertel aller Darlehensmittel vergibt die Bank für konkrete Projekte.
Zu Beginn der 80er Jahre kamen darüber hinaus sogenannte *Struktur-* und *Sektoranpassungsdarlehen* hinzu. Strukturanpassungsdarlehen sollen die Umstrukturierung der Wirtschaft beschleunigen, mit dem Ziel, das Zahlungsbilanzdefizit innerhalb von drei bis fünf Jahren zu reduzieren. Teil der Strukturanpassung kann zum Beispiel die Privatisierung von Staatsunternehmen sein.
Seit Mitte der 80er Jahre sind Themen wie Umweltschutz, aber

auch die *sozialen Kosten der Strukturanpassung* stärker in den Mittelpunkt gerückt. Hinter diesem Begriffsungetüm verbergen sich im Einzelfall handfeste Probleme. So zum Beispiel die Frage, wie man Bauern helfen kann, die ihr Saatgut plötzlich teurer einkaufen müssen, weil als Bestandteil der Strukturanpassung staatliche Subventionen (und damit auch die Bezuschussung des Saatgutes) abgebaut werden.

### 9.2.1 *Organisation*

Geleitet wird die Weltbank von 177 *Gouverneuren*, die jeweils von den Regierungen der Mitglieder bestimmt werden. In der Regel handelt es sich bei ihnen um den Finanzminister oder Notenbankchef, im Falle der Bundesrepublik um den Minister für wirtschaftliche Zusammenarbeit.
Die meisten politischen Entscheidungen übertragen die Gouverneure den 24 *Exekutivdirektoren.* Wie beim IWF vertreten auch bei der Weltbank fünf Exekutivdirektoren jeweils die größten Eigentümer. Weitere 19 repräsentieren die anderen Mitgliedsstaaten.
Vorsitzender der Exekutivdirektoren ist der *Präsident* der Weltbank. Er wird auf fünf Jahre gewählt und kommt traditionsgemäß aus den USA.

### 9.2.2 *Die Töchter der Weltbank*

Im Laufe der Jahre hat die Mutter Weltbank einige Töchter »geboren«, die spezielle Aufgaben übernommen haben. Älteste Tochtergesellschaft ist die 1956 gegründete *International Finance Corporation (IFC).* Sie fördert und unterstützt private Investitionen in Entwicklungsländern, ohne daß eine Staatsgarantie wie bei den Weltbank-Darlehen notwendig ist. Die IFC kann auch (Minderheits-)Beteiligungen an Unternehmen eingehen, allerdings nicht auf Dauer. Häufig fungiert sie als Motor für Gemeinschaftsunternehmen in- und ausländischer Investoren *(Joint Ventures)*, führt also in- und ausländisches Kapital zusammen. Mitte 1998 ist an die Stelle des seit 1993 bestehenden IFC-Büros ein Deutschlandbüro der Weltbankgruppe getreten. Sein Ziel ist es, mit Information und Beratung deut-

sche – insbesondere mittelständische – Unternehmen bei der Anbahnung ihrer Geschäftskontakte mit der Weltbankgruppe zu unterstützen.
Die *Internationale Entwicklungs-Organiation* (International Development Association = *IDA*) wurde 1960 gegründet und gewährt Kredite an die Regierungen der ärmsten Entwicklungsländer, für die die Darlehensbedingungen der Weltbank zu streng sind. IDA-Kredite können Länder mit einem Pro-Kopf-Einkommen von bis 925 Dollar jährlich bekommen. Die IDA wird von Mitarbeitern der Weltbank verwaltet, die Zweckmäßigkeit von Projekten wird nach deren Kriterien beurteilt. IDA-Kredite sind zinslos bei zehn tilgungsfreien Jahren und einer Laufzeit von 35 bis 40 Jahren. Allerdings wird eine Bearbeitungsgebühr von 0,74 Prozent pro Jahr fällig. Das Geld für die IDA-Kredite stammt aus Kapitalzeichnungen ihrer Mitgliedsstaaten, Beiträgen der reicheren Mitgliedsländer und aus Zuweisungen aus Gewinnen der Weltbank. Alle drei Jahre muß über eine Auffüllung des IDA-Topfes verhandelt werden.
Das 1966 gegründete *Internationale Zentrum für die Beilegung von Investitionsstreitigkeiten (ICSID)* ist bemüht, stärkere Zuflüsse internationaler Investitionen zu fördern, indem es bei Streitigkeiten zwischen Regierungen und ausländischen Investoren die Voraussetzungen für einen Vergleich oder eine Schlichtung schafft. Außerdem übernimmt das ICSID im Zusammenhang mit den gesetzlichen Bestimmungen für Auslandsinvestitionen auch eine Reihe von Beratungsdiensten und Forschungsaufgaben.
Jüngstes Kind der Weltbankfamilie ist die 1989 gegründete *Multilaterale Investitions-Garantieagentur* (Multilateral Investment Guarantee Agency = *MIGA)*. Sie sichert nichtkommerzielle Risiken von Investitionen in Entwicklungsländern ab, zum Beispiel Enteignungsrisiko oder Vertragsbruch. Sie finanziert sich vorwiegend aus Prämien für Versicherungsleistungen.
Während die Weltbankgruppe ohne regionale Begrenzung tätig ist, finanzieren die multilateralen *regionalen Entwicklungsbanken* und deren Sonderfonds sowie zugehörige Spezialinstitute für den privaten Sektor nur Projekte und Programme in ihren jeweiligen regionalen kreditnehmenden Mitgliedsländern. Im übrigen operieren sie nach ähnlichen Prinzipien wie

die Weltbankgruppe: Überwiegend stellen sie für Investitionen im öffentlichen Sektor einen Teil der notwendigen Finanzierung zur Verfügung. Ferner finanzieren sie Devisenbedarf, der im Zuge von Strukturreformen im Wirtschafts- und Sozialbereich entsteht. In begrenztem Umfang arbeiten sie auch unmittelbar mit der privaten Wirtschaft zusammen.

Die *Interamerikanische Entwicklungsbank (IDB)* kann seit 1995 privatisierte Infrastrukturprogramme fördern, ohne daß die Regierung des Projektstandorts für den Kredit haftet. Zur IDB gehört seit einigen Jahren ein Spezialinstitut, die *Interamerikanische Investitionsgesellschaft (IIC)*, die wie die IFC der Weltbankgruppe Privatunternehmen, besonders Klein- und Mittelindustrie, durch Kredite und Eigenkapitalbeteiligung fördert.

Die *Afrikanische Entwicklungsbank (AfDB)* und die *Asiatische Entwicklungsbank (AsDB)* stellen weniger als fünf Prozent ihrer Zusagen direkt für Maßnahmen des privaten Sektors zur Verfügung. Die *Europäische Bank für Wiederaufbau und Entwicklung (EBWE)* soll sogar 60 Prozent ihrer Mittel für die Förderung des privatwirtschaftlichen Bereichs einsetzen. Sie kann sich auch am Eigenkapital von Firmen beteiligen.

Die Regionalbanken können aufgrund der Haftung der Industrieländer die jeweils niedrigsten gültigen Marktzinsen erhalten und reichen die Mittel mit einem Aufschlag von rund 0,5 Prozentpunkten an die Entwicklungsländer weiter. Den ärmsten kreditnehmenden Ländern werden zinsgünstige Kredite aus von den Geberländern gespeisten Sonderfonds gewährt.

### 9.2.3 *Unterschiedlicher Handlungsbedarf*

Für die einzelnen Weltregionen sieht die Weltbank unterschiedlichen Handlungsbedarf. Der größte Nachholbedarf wird für Afrika südlich der Sahara festgestellt, wo die Wiederherstellung der Rechtsstaatlichkeit sowie die Eindämmung des Mißbrauchs von Staatsgewalt höchste Priorität hat. In Ostasien werden in bezug auf die Leistungsfähigkeit des Staates kaum Probleme gesehen. In Südasien prangert man den Dirigismus und die Korruption an. In den Nachfolgestaaten der UdSSR wird die Erfolglosigkeit im Kampf gegen das organisierte Verbrechen sowie unzureichend geregelte Eigentumsrechte kritisiert. In Lateinamerika steht die Reform des öffentlichen Dienstes und des Sozialwesens aus. Im Nahen Osten und in Nordafrika ist dagegen die Arbeitslosigkeit das größte Problem.

### 9.2.4 *Annäherung zwischen Weltbank und IWF*

Obwohl Weltbank und Internationaler Währungsfonds ursprünglich unterschiedliche Ziele verfolgten, haben sich beide Organisationen unter dem (Ein-)Druck der Internationalen Schuldenkrise seit 1982 einander immer mehr genähert. Von der einstmals sauberen Trennung – hier Ausgleich kurzfristiger Zahlungsbilanzungleichgewichte, da Entwicklungshilfe – ist nicht viel übriggeblieben. Für beide ist die volkswirtschaftliche Strukturanpassung ein wichtiges Thema geworden. Beide machen ihrer »Kundschaft« oft harte Auflagen, und nicht selten sind gemeinsame Teams von IWF und Weltbank in den Entwicklungsländern tätig.

## 9.3 Die Kritik an den »Weltpolizisten« wächst

Die Schlüsselrolle und die Verantwortung, die beide Bretton-Woods-Institutionen in der internationalen Schuldenkrise übernommen haben (zum Teil übernehmen *mußten*), hat sie zur Zielscheibe der Kritik werden lassen – nicht zuletzt deshalb, weil der Schuldenberg noch gewachsen ist und sich an der Situation vieler Menschen in den Entwicklungsländern kaum etwas geändert hat. Dem IWF, der die Bereitstellung von neuen Beistandskrediten von neuen Geldzusagen der Privatbanken (fresh money) abhängig gemacht hat, wurde der Stempel »Weltpolizist« ebenso aufgedrückt wie der Weltbank.

Die Bedeutung von IWF und Weltbank hat seit dem Zusammenbruch des Ostblocks noch zugenommen, denn neben den klassischen Entwicklungsländern haben die beiden Organisationen in den osteuropäischen Ländern neue »Kunden« erhalten, deren Probleme denen der Entwicklungsländer kaum nachstehen.

Die herausragende Stellung der Industrienationen – sie verfügen in beiden Organisationen über eine Stimmenmehrheit von

rund 60 Prozent – wird von den Kritikern als Beweis dafür gesehen, daß IWF und Weltbank nur die Interessen der reichen Länder vertreten. Die oft rigiden Kreditauflagen, so wird kritisiert, würden den Menschen auch noch die letzte Luft zum Atmen nehmen. Die bittere Medizin, die IWF und Weltbank dem Patienten Dritte Welt verschrieben hätten, mache ihn nur noch kranker. Und so manches Großprojekt habe sich bestenfalls als sinnlos herausgestellt, wenn es nicht gar dazu beigetragen habe, den Raubbau an der Natur voranzutreiben.
Die Kritiker der Kritiker sind der Auffassung, daß es den »bösen Buben« in der Schuldenkrise gar nicht gibt. Dafür sei die Wurzel der Krise viel zu verästelt, die Situation in den einzelnen Entwicklungsländern viel zu unterschiedlich.
Doch inzwischen räumen selbst die Kontrolleure des IWF reumütig Fehler ein. Über Jahre hatte der IWF Entwicklungs- und Schwellenländer gedrängt, die Wechselkurse ihrer Währungen zu fixieren, um Vertrauen bei risikoscheuen Großanlegern zu schaffen. Eine Anbindung etwa an den Dollar, so das Credo, schaffe Glaubwürdigkeit bei ausländischen Unternehmen. Doch zeigte sich gerade in der Asienkrise des Jahres 1998, daß sich feste Wechselkurse bei freiem Kapitalverkehr nur halten lassen, wenn im Notfall alle anderen wirtschaftspolitischen Ziele aufgegeben werden.
So werden zwei Extrempositionen diskutiert: entweder den Wechselkurs freizugeben oder aber durch ein *Currency Board* festzuschreiben. Dabei wird nationales Geld nur gegen Devisen ausgegeben und somit die gesamte inländische Geldmenge durch Währungsreserven abgesichert. Doch eine solche Lösung bietet sich nur bei flexiblen Märkten wie etwa Hongkong an. Denn bei Kapitalabflüssen sinkt die Geldmenge sofort, die Zinsen ziehen unweigerlich an. Wenn dann Preise und Löhne nicht angepaßt werden, droht der wirtschaftliche Kollaps.
Kapitalverkehrskontrollen sind unter den maßgeblichen Mitgliedern des IWF nach wie vor unpopulär. Aber die Stimmung wandelte sich 1998 etwas. Weitgehend einig wurde man sich, daß es ein schwerer Fehler ist, Kapitalmärkte zu liberalisieren, solange es, wie in Südostasien, weder gesunde Banken noch eine verläßliche Bankenaufsicht gibt. Selbstverständlich erschweren Devisenkontrollen die Kapitalflucht und lassen des-

halb Zinssenkungen zu. Aber es ist ein Spiel mit dem Feuer: Die Kontrollen schrecken nicht nur Spekulanten ab, die mit winzigsten Preisunterschieden bei Wertpapieren ihr Geld verdienen und daher an hohen Umsätzen und schwankenden Kursen interessiert sind. Sie treffen auch alle anderen Investoren. Fallen die Maßnahmen zu radikal aus, dann schneidet sich das betreffende Land ganz von den internationalen Kapitalströmen ab und muß seine Entwicklung aus eigenen Ersparnissen finanzieren – ein kaum überwindbares Wachstumshindernis.

So hat sich der IWF erst einmal dazu entschlossen, nicht um jeden Preis Sparhaushalte zu befehligen und die Verteilung des Wechselkurses zu verordnen. Mehr Standards und Transparenz statt immer mehr Notkredite lautet der noch vage Bauplan. Das Kreditinstrumentarium wurde den veränderten Bedingungen angepaßt, neue Schwerpunkte – etwa beim Umweltschutz – gesetzt.

So hat die Weltbank 1991 gemeinsam mit den Organisationen der Vereinten Nationen für Umwelt *(UNEP)* und Entwicklung *(UNDP)* eine *Globale Umweltfazilität* geschaffen. Aus diesem Topf werden Umweltschutzmaßnahmen von weltweitem Interesse in den Entwicklungsländern, in Osteuropa und in der GUS unterstützt.

# Teil II

# Was sich in der Firma tut: die Unternehmensbericht-erstattung

## 1. Tante Emma und die Riesen: die Unternehmen in der Volkswirtschaft

Volkswirte und Betriebswirte sind sich oft nicht grün. Spiegelfechtereien zwischen Theorie und Praxis sind an der Tagesordnung. Doch gerade im Wirtschaftsteil der Zeitung sieht man Tag für Tag, daß sich die *Makroökonomie* (vom griechischen Wort *makros* = »groß«) und die *Mikroökonomie* (von *mikros* = »klein«, also die Ökonomie der Betriebe) gegenseitig bedingen und befruchten. Wirtschaftspolitik läßt sich nicht (auf Dauer) gegen die Betroffenen gestalten, und in den Unternehmen müssen sehr genau die Tendenzen in der Politik beobachtet werden. Dabei kennt der private Betrieb im marktwirtschaftlichen System – gleichgültig, ob er Tausende Mitarbeiter beschäftigt oder ein Ein Mann-Betrieb ist – nur ein Ziel: durch konsequentes Handeln nach dem wirtschaftlichen Prinzip einen möglichst hohen Gewinn zu erreichen.

Gewinn ist der Betrag, der übrigbleibt, wenn der Betrieb, bezogen auf einen bestimmten Zeitraum, alle Kosten gedeckt hat – also Erlös abzüglich der entstandenen Kosten. Über die Höhe des Gewinns herrschen irrige Vorstellungen. Bei einer Umfrage meinten neun von zehn Befragten, der Gewinn mache 20 bis 50 Prozent vom Umsatz aus. In Wirklichkeit erwirtschaften die Unternehmen im Durchschnitt auf eine Mark Umsatz zwei bis drei Pfennig Nettogewinn.

Das Gewinnstreben ist ein wichtiger Motor für alle im freien Wettbewerb stehenden Unternehmen. Der Gewinn ist die wesentliche Voraussetzung für die Weiterentwicklung der Produktion und die Erhaltung der Arbeitsplätze. Privatwirtschaftliche Unternehmen können ohne Gewinnerzielung langfristig nicht überleben. Oft wird der Gewinn als »Profit« bezeichnet, für den sich der Unternehmer teure Autos und eine Villa im Tessin leistet. Ein Unternehmer, der auf so etwas aus ist, wird aber nicht lange Unternehmer bleiben. Die Sicherstellung des wirtschaftlichen Erfolges erfordert Investitionen und wirtschaftlichen Einsatz des Kapitals.

Dies ist auch die Richtgröße für die Politiker. Die Wirtschaftspolitik kann nur Erfolg haben, wenn auch das Einzelunternehmen Erfolg hat. Dabei hat es nichts mit Mißachtung der Kleinen zu tun, wenn bei der Firmenberichterstattung in der Zeitung die Aktiengesellschaften im Vordergrund stehen. Man darf die Giganten nicht mit »der« Wirtschaft verwechseln. Doch muß die Zeitung als Mittler auftreten. Die zur Publizität verpflichteten Aktiengesellschaften müssen Rechenschaft ablegen, und die Leser erwarten von ihrer Zeitung, informiert zu werden. Nur zu leicht entsteht so ein Zerrbild bezüglich des Gewichtes kleinerer Betriebe. Doch sind die Großunternehmen und die mittelständische Wirtschaft aufeinander angewiesen. Die starken Unternehmen, die sich auf den Märkten mit ihrer industriellen Massenfertigung durchzusetzen vermögen, und die Mittelständler als Zulieferer und Spezialisten bilden eine fruchtbare Partnerschaft.

In die Schlagzeilen kommt der *Mittelstand* aber selten. Gleichwohl ist er das Herz unserer Wirtschaft. Die scheinbar Stillen im Land entfalten eine imponierende Wirtschaftskraft. Sie erarbeiten rund die Hälfte des Bruttosozialprodukts; kleine und mittlere Betriebe bilden über 80 Prozent des Nachwuchses aus und bestreiten zwei Fünftel aller Investitionen, schaffen damit die Voraussetzung für wirtschaftliches Wachstum. Und nicht zuletzt stellen sie zwei Drittel der Arbeitsplätze in der Privatwirtschaft.

Für die OECD, der 24 westliche Industriestaaten angehören, ist die mittelständische Wirtschaft der Hoffnungsträger. Sie ist davon überzeugt, daß in Zukunft neue Beschäftigungsmöglichkeiten vor allem in kleineren, neu gegründeten Unternehmen geschaffen werden, deren Gründer einen völlig neuen Typ darstellen werden: Sie werden kaum Kapital mitbringen, dafür aber die Fähigkeit, sich der immer schneller wandelnden Technik anzupassen.

Unbestritten ist das *Handwerk* das Rückgrat des Mittelstandes. Freilich herrscht eine babylonische Sprachverwirrung darüber, was unter Mittelstand zu verstehen sei. Es gibt rund 200 Definitionen. Nach der *Drei-Sektoren-Theorie* zählen zum Mittelstand nicht nur die klassischen Bereiche Handel, Handwerk, Landwirtschaft und kleinere Industriebetriebe, sondern auch der »neue Mittelstand«: die freien Berufe sowie die leitenden Angestellten. Die Unternehmen des gewerblichen Mittelstands müssen nach Meinung des Bonner Instituts für Mittelstandsforschung zwei Kriterien erfüllen: Sie finanzieren sich nicht über den Kapitalmarkt, das heißt, sie geben keine Aktien und Anleihen aus. Zweitens werden sie von selbständigen, mitarbeitenden Inhabern geleitet, die das unternehmerische Risiko selbst tragen. Von den schätzungsweise zwei Millionen deutschen Unternehmen (denen nur 3600 Großunternehmen gegenüberstehen) sind nach Meinung des Bundesverbandes Deutscher Industrie 98 Prozent als mittelständisch zu bezeichnen. Von diesen wiederum sind 80 Prozent kleine Betriebe mit bis zu 50 Beschäftigten und einer Million Mark Umsatz.

Das Leben im Schatten der Elefanten erlaubt es den Kleinen, ihre sprichwörtliche Flexibilität als Wettbewerbsfaktor auszuspielen. Sie können auf neue Entwicklungen schneller reagieren und Bedrohungen früher erkennen. Doch Gefahr ist im Verzug: Durch die flexiblen Fertigungssysteme sind die Großunternehmen mehr und mehr in der Lage, kleine Serien kostengünstig selbst zu produzieren. Sie schalten also die kleinen spezialisierten Zulieferer aus. Um hier Konzentrationstendenzen entgegenzuwirken, fördert das Bundeskartellamt Kooperationen. Die mittelständischen Unternehmen dürfen auf allen Gebieten zusammenarbeiten – im Einkauf, bei der Fertigung und auch beim Vertrieb. Sogar bei gewissen Preisabsprachen drücken die Wettbewerbshüter ein Auge zu.

Für den technischen Schwung, der von vielen mittelständischen Unternehmen ausgeht, gibt es auch Belege. Von den 70 wichtigsten Erfindungen des 20. Jahrhunderts stammen 49 von Einzelerfindern. Der Mittelstand bestimmt also das Tempo und die Richtung der Innovationen mit. Diese Dynamik, von welcher der Strukturwandel in der Wirtschaft getragen wird, steht auf einer breiten kreativen Basis. Eine Studie des Rationalisierungs-Kuratoriums der Deutschen Wirtschaft (RKW), eines Instituts, das vom Wirtschaftsministerium, den Arbeitgebern und den Gewerkschaften getragen wird, um kleineren Industriebetrieben Hilfestellung zu geben, weist aus, daß 90 Prozent der mittelständischen Unternehmen neue Produkte in eigener Regie entwickeln.

Mitte des vorigen Jahrhunderts wandelte sich Deutschland von einem Handwerker- und Bauern- zu einem Industriestaat. Die rasch expandierende Industrie mit ihrer Massenfertigung drohte damals, zusätzlich begünstigt durch die 1871 eingeführte Gewerbefreiheit, das Handwerk zu erdrücken. Sein Verschwinden war für manche Wissenschaftler nur noch eine Frage der Zeit. Solchen Prognosen zum Trotz ist das Handwerk bis in die heutige Zeit der vielfältigste und nach der Industrie größte Wirtschaftsbereich unserer Volkswirtschaft geblieben.

Betriebsgröße, Zahl der Beschäftigung und Höhe des Umsatzes spielen für die Abgrenzung zwischen Handwerk und Industrie nur bedingt eine Rolle. So gibt es Handwerksbetriebe mit über 300 Beschäftigten, aber auch Industriebetriebe mit weniger als zehn Mitarbeitern.

Unser Handwerksrecht unterscheidet sich wesentlich von dem der Nachbarstaaten. In Frankreich etwa ist ein Handwerksbetrieb durch Gesetz auf eine bestimmte Betriebsgröße festgesetzt. Überschreitet er die festgelegte Beschäftigtenzahl, gehört er automatisch zur Industrie. Nach der deutschen *Handwerksordnung* aus dem Jahr 1953 gehört ein Gewerbebetrieb dann zum Handwerk, wenn er »handwerksmäßig betrieben« wird. Ob nun zum Beispiel ein Bauunternehmer handwerklich oder industriell arbeitet, muß die zuständige Handwerkskammer im Einzelfall entscheiden.

Die Handwerksordnung ist quasi das Grundgesetz des Handwerks. Es ist in mehrere Teile gegliedert und gibt Auskunft

- zur Ausübung eines Handwerks
- zur Berufsbildung im Handwerk
- zur Meisterprüfung und zum Meistertitel
- zur Organisation im Handwerk.

Anlage A der Handwerksordnung enthält das Verzeichnis der Gewerbe, die als Handwerk, Anlage B das Verzeichnis der Gewerbe, die handwerksähnlich betrieben werden können. Die Handwerker müssen sich in einem Verzeichnis, der *Handwerksrolle*, bei ihrer Handwerkskammer eintragen lassen. Dies geht aber nur, wenn eine Meisterprüfung in diesem Handwerk abgelegt worden ist.
Ende 1993 wurde die Handwerksordnung novelliert. Nun ist es Handwerkern erlaubt, ihr Angebot zu erweitern und auch Arbeiten verwandter Handwerke mitzuerledigen.
Das Handwerk gehört zu den Wirtschaftsbereichen, die einen engen Kontakt zu den Verbrauchern haben. Ein ständiger Streitpunkt in dieser »Haßliebe« sind die Stundenverrechnungssätze. Basis für diesen Satz sind zunächst die *Lohnkosten*, auf die die sogenannten *Lohnnebenkosten* aufgeschlagen werden. Die Lohnnebenkosten umfassen die gesetzlich vorgeschriebenen, tariflich vereinbarten und freiwilligen sozialen Leistungen der Betriebe. Die dicksten Brocken unter den Lohnnebenkosten sind die Beiträge zur Renten-, Kranken- und Arbeitslosenversicherung. Die Hälfte dieser Beiträge zahlt der Arbeitnehmer, die andere Hälfte der Betrieb. Nicht sichtbar auf dem Gehaltsstreifen sind die Kosten für bezahlte Feiertage und Ausfallzeiten, die Lohnfortzahlung im Krankheitsfall, für den Mutterschutz.
Nicht durch Gesetze, wohl aber durch Tarifvertrag geregelt sind ferner Urlaubsgeld, Sonderzahlungen, Zuschüsse zur Vermögensbildung. Darüber hinaus gewähren viele Betriebe Sozialleistungen, zu denen sie nicht verpflichtet sind: Treueprämien, Belegschaftsaktien, Einkaufsrabatte.
Ein weiterer Zuschlag ist wegen der sogenannten Gemeinkosten nötig. Diese umfassen die Aufwendungen für Betriebsräume, Fahrzeuge, Maschinen und Werkzeuge, die Aufwendungen für Strom, Gas, Wasser, Heizung und Benzin, die Gehälter für die Mitarbeiter, die betrieblichen Steuern und Abgaben und einen Gewinnzuschlag. Dieser Betrag erhöht sich um die Mehrwertsteuer.
Das Institut der Deutschen Wirtschaft kommt in einer Analyse der Arbeitskostenentwicklung zu dem Ergebnis, daß die Bundesrepublik bei den Lohnnebenkosten – die auch *zweiter*

*Lohn, unsichtbarer Lohn, Zusatzlast* oder *Sozialleistungen* genannt werden – mittlerweile Weltmeister ist. Diese Kosten stiegen in den letzten Jahren wesentlich stärker als das Direktentgelt. Ein Unternehmen muß für jeden Hundertmarkschein, den ein Mitarbeiter verdient, noch einmal gut 80 Mark aufwenden (in Ostdeutschland 71 Mark). Seit 1966 hat sich der zweite Lohn mehr als versechsfacht, das Entgelt für die Arbeitsleistung hat sich dagegen nur knapp verdreifacht. Dies liegt vor allem an den steigenden Kosten für die Sozialversicherung.

## 2. Ein Kleid für das Unternehmen: die Rechtsform

Wenn im Wirtschaftsteil einer Zeitung über Unternehmen berichtet wird, geben die meisten Blätter neben der Firma und dem Sitz auch die *Rechtsform* an. Sie ist gleichsam ein Kleid für das Unternehmen, an dem man es leicht erkennen kann. Welches Kleid sich ein Geschäftsmann oder Kapitaleigner für sein Unternehmen auswählt, ist seine Entscheidung. Das Handelsrecht bietet ihm eine Reihe von Möglichkeiten an. Hat er sich freilich für eine Rechtsform entschieden, dann ist er – um im Bild zu bleiben – an diejenige »Kleiderordnung« gebunden, die das Gesetz für die jeweilige Organisationsform vorschreibt. Grundsätzlich kann man neben dem Einzelkaufmann zwei Gruppen von Rechtsformen unterscheiden (Mischformen sind möglich):

- Personengesellschaften
- Kapitalgesellschaften

Wie schon der Name andeutet, stehen bei Personengesellschaften einzelne Unternehmerpersönlichkeiten im Vordergrund, die ihre Firma stark prägen. Bei Kapitalgesellschaften dagegen geht es um die Kapitalbeteiligungen an diesen Unternehmen. Der entscheidende Unterschied liegt im Umfang der Haftung im Falle eines Konkurses. Bei Personengesellschaften haften die Unternehmer für ihre Verbindlichkeiten (Schulden) persönlich und mit ihrem ganzen Vermögen, also auch mit ihrem Privatvermögen. Bei Kapitalgesellschaften haften die Gesellschafter (Eigentümer) lediglich in der Höhe ihrer Einlage (Beteiligung). Ihr Privatvermögen bleibt im Falle eines Konkurses verschont.

### 2.1 Der Einzelkaufmann

Kaufmann ist nach Paragraph 1 des Handelsgesetzbuchs (HGB), wer in seinem Namen ein Handelsgewerbe betreibt. Sofern er bestimmte Voraussetzungen erfüllt, muß er sich in das beim Amtsgericht geführte Handelsregister eintragen las-

sen. Auch die sogenannten Umsatzhandwerker wie Bäcker oder Metzger sind Kaufleute. Einzelkaufleute haften mit ihrem gesamten Vermögen und damit auch mit ihrem Privatvermögen. Der Einzelkaufmann hat heutzutage, wo der Trend hin zu größeren Unternehmenseinheiten geht, nicht mehr die Bedeutung wie noch gegen Ende des vorigen Jahrhunderts. Dementsprechend ist auch sein Anteil an der Unternehmensberichterstattung in der Tageszeitung sehr gering. Im Wirtschaftsleben findet man ihn heute noch in kleinen Mittelstandsunternehmen, in Handelsbetrieben oder im Handwerk.
Den Vorteilen einer Existenz als Einzelkaufmann – Flexibilität, uneingeschränkte Entscheidungsbefugnis – stehen erhebliche Nachteile gegenüber. Oft leidet er unter Eigenkapitalmangel. Das führt häufig dazu, daß er Fremdkapital (Kredite) mangels Sicherheiten nicht so leicht erhält wie ein größeres Unternehmen.
Das Handelsrechtsreformgesetz hat Mitte 1998 den Unternehmen einen größeren Spielraum bei der Namensgebung gegeben. Neu ist seitdem etwa, daß der Einzelhandelskaufmann seine Rechtsform durch einen neuen Zusatz »eingetragene(r) Kaufmann/-frau« oder abgekürzt »e.K.« kenntlich machen muß. Kleingewerbetreibende können sich auf eigenen Wunsch ins Handelsregister eintragen lassen, um sich unter einem werbewirksamen Firmennamen von der Konkurrenz abzuheben. Sie werden dann aber den strengen kaufmännischen Bestimmungen insbesondere des Handelsgesetzbuches unterworfen.

## 2.2 Die Personengesellschaften

### 2.2.1 *Die Gesellschaft bürgerlichen Rechts (GbR)*

Weitaus größere Bedeutung als der Einzelkaufmann hat die *Gesellschaft bürgerlichen Rechts (BGB-Gesellschaft*, abgekürzt: *GbR)*, die im *Bürgerlichen Gesetzbuch (BGB)* geregelt ist. So werden etwa Bankenkonsortien – das sind Zusammenschlüsse von Banken zu bestimmten Geschäften –, aber auch Arbeitsgemeinschaften von Baugesellschaften bei der Realisierung von Großprojekten sowie Zusammenschlüsse von Freiberuflern (Anwaltskanzleien oder Büros von Architekten) als

BGB-Gesellschaften geführt. In einer BGB-Gesellschaft, die als einfachste Form der Personengesellschaft gilt, gehört das Vermögen allen Gesellschaftern gleichzeitig; für Schulden haften alle unbeschränkt, auch mit ihrem Privatvermögen. Jeder Gesellschafter kann Geschäftsführer sein oder die Gesellschaft vertreten, sofern im Gesellschaftsvertrag nicht etwas anderes bestimmt worden ist.

### 2.2.2 *Die Stille Gesellschaft*

Als *Stille Gesellschaft* bezeichnet man eine Gesellschaft, bei der sich jemand am Handelsgewerbe eines anderen durch eine Einlage beteiligt, die in das Vermögen des anderen übergeht, ohne daß der »stille« Gesellschafter nach außen in Erscheinung tritt. Eine Stille Gesellschaft muß nicht ins Handelsregister eingetragen zu werden. Den Gläubigern des Geschäftsinhabers gegenüber haftet der stille Gesellschafter nicht. Meldet der Geschäftsinhaber Konkurs an, ist der stille Gesellschafter Konkursgläubiger, sofern seine Beteiligung nicht durch Anteil am Verlust aufgezehrt worden ist. Eine Stille Gesellschaft kann übrigens nur aus zwei Personen bestehen.

### 2.2.3 *Die offene Handelsgesellschaft (OHG)*

Bei einer *offenen Handelsgesellschaft* schließen sich mehrere natürliche oder juristische Personen zusammen, um ein Handels- oder Produktionsunternehmen unter einem gemeinsamen Namen (Firma) zu betreiben.
Wie bei der Gesellschaft bürgerlichen Rechts sind alle Gesellschafter zur Geschäftsführung berechtigt, sofern der Gesellschaftsvertrag nichts anderes vorschreibt. Die Haftung ist unbegrenzt, schließt also ebenfalls das Privatvermögen sämtlicher Gesellschafter ein.
OHGs müssen ins Handelsregister eingetragen werden. Besonders Familienunternehmen, denen mehrere Familienmitglieder der Geschäftsführung des Unternehmens angehören, bedienen sich der Rechtsform der OHG, die zuweilen auch *OHG & Co* genannt wird. Allerdings kann die Tatsache, daß mehrere gleichberechtigte Familienangehörige das Unternehmen leiten,

zu Problemen führen, wenn Zuständigkeiten nicht eindeutig geregelt sind. An den daraus resultierenden Streitereien ist schon manches Familienunternehmen zugrundegegangen.

### 2.2.4 *Die Partnerschaftsgesellschaft (PartnG)*

Diese 1995 geschaffene Rechtsform gilt für Freiberufler (nicht Gewerbetreibende), die eigenverantwortlich zusammenarbeiten wollen. Sie hat vieles mit der OHG gemeinsam. Die Partnerschaftsgesellschaft haftet mit ihrem Geschäftsvermögen und dem Privatvermögen der Gesellschafter. Sie muß in das Partnerschaftsregister beim Amtsgericht eingetragen werden.

### 2.2.5 *Die Kommanditgesellschaft (KG)*

Die *Kommanditgesellschaft* kennt zwei Arten von Gesellschaftern. Wie bei der OHG gibt es Eigentümer, die für Verbindlichkeiten persönlich unbeschränkt haften. Sie werden *Komplementäre* genannt. Die *Kommanditisten* dagegen haften lediglich bis zum Umfang ihrer Einlage (Beteiligung). Nur der Komplementär hat in der Regel das Recht zur Geschäftsführung, der Kommanditist übernimmt lediglich bestimmte Kontrollfunktionen.
Die KG bietet sich vor allem für Geschäftsleute an, die ihrem Unternehmen durch Aufnahme neuer Gesellschafter Kapital zuführen wollen, ohne damit Geschäftsführungsbefugnisse abgeben zu müssen. Auch ist die KG vorteilhaft für Familienunternehmen, in denen der Nachwuchs zunächst als Kommanditist mit dem Unternehmen vertraut gemacht werden soll, um später dann die Rolle des Komplementärs zu übernehmen.

### 2.2.6 *Die GmbH & Co. KG*

Hat schon die KG durch die Haftungsbegrenzung des Kommanditisten eine gewisse Ähnlichkeit mit den Kapitalgesellschaften, so gilt die *GmbH & Co. KG* als Prototyp einer Mischform von Personen- und Kapitalgesellschaft. Auch die GmbH & Co. KG ist eine KG. Aber es gibt bei ihr keinen Vollhafter, denn der Komplementär einer GmbH & Co. KG ist eine Gesellschaft mit beschränkter Haftung (GmbH). Häufig sind die GmbH-Gesellschafter zugleich Kommanditisten der KG. Die Folge: Sie übernehmen die Rolle der geschäftsführenden Komplementäre, ohne gleichzeitig unbegrenzt haften zu müssen. Bei der GmbH & Co. KG wird also die Vollhaftung ausgeschlossen.

## 2.3 Die Kapitalgesellschaften

### 2.3.1 *Die Gesellschaft mit beschränkter Haftung (GmbH)*

In der Bundesrepublik gibt es rund 660000 *Gesellschaften mit beschränkter Haftung.* Damit ist die GmbH nicht nur zahlenmäßig die häufigste Kapitalgesellschaft, sondern auch die wichtigste Rechtsform für mittelständische Unternehmen. Sie ist eine juristische Person. Das bedeutet, daß Rechte und Pflichten nicht bei den einzelnen Gesellschaftern liegen, sondern beim Unternehmen als Ganzes. GmbHs mit nur einem einzigen Gesellschafter sind erlaubt. Zur Gründung muß ein notarieller Gesellschaftsvertrag abgeschlossen werden, das Stammkapital bei Neugründungen mindestens 50000 Mark betragen (Summe der einzelnen Stammeinlagen der Gesellschafter; auch Sacheinlagen – zum Beispiel eine Schreibmaschine, ein Personalcomputer oder ein Kraftfahrzeug – sind gestattet).

Die Gesellschafter einer GmbH haften nur in Höhe ihres Anteils am Kapital des Unternehmens. Organe der GmbH sind die *Gesellschafterversammlung* und die *Geschäftsführung.* Die Gesellschafterversammlung, also die Gemeinschaft der Eigentümer des Unternehmens, bestellt die Geschäftsführung und entscheidet über Satzungsänderungen. Der Geschäftsführer vertritt die GmbH. Nicht selten sind Gesellschafter auch als Geschäftsführer tätig *(geschäftsführende Gesellschafter).* Als drittes Organ neben Gesellschafterversammlung und Geschäftsführung müssen GmbH mit mehr als 500 Mitarbeitern als Kontrollgremium einen *Aufsichtsrat* bestellen. Für eine GmbH mit weniger Beschäftigten sieht das seit 1892 bestehende GmbH-Gesetz vor, daß ein Aufsichtsrat gebildet werden kann. Für den Aufsichtsrat gelten die Vorschriften des Aktiengesetzes.

Im Vergleich zur anderen Kapitalgesellschaft, der Aktiengesellschaft, sind die formalen Anforderungen an eine GmbH geringer. Allerdings erweist sich die Tatsache, daß die Geschäftsanteile relativ schwer zu verkaufen sind und der Kreis der Gesellschafter nicht ohne weiteres ausgeweitet werden kann, für expandierende GmbHs oft als Hemmschuh. Sie entscheiden sich deshalb früher oder später für die Umwandlung in eine AG, mit der Absicht, nach einigen Jahren zur leichteren Kapitalbeschaffung den Sprung an die Börse zu wagen.

### 2.3.2 *Ein-Mann-GmbH*

Eine Besonderheit der GmbH stellt die Ein-Mann-GmbH dar. Sie nutzt die Haftungsbeschränkung der GmbH, befreit aber gleichzeitig den Einzelgesellschafter in seinen Entscheidungen von Gesellschafterbeschlüssen. Damit ist es dem Einzelgesellschafter als alleinigem »Chef« möglich, eine straffe Unternehmensleitung zu organisieren. Demgegenüber stehen eine eingeschränkte Kreditwürdigkeit und weitaus höhere Anforderungen an die betriebswirtschaftlichen Kenntnisse und Fähigkeiten. Der Unternehmer haftet nur in Höhe des Gesellschaftsvermögens – mindestens 50000 Mark – und nicht mit seinem Privatvermögen.

### 2.3.2 *Die Aktiengesellschaft (AG)*

In Deutschland gibt es etwa 4700 Aktiengesellschaften, von denen nicht einmal ein Drittel an der Börse gehandelt wird. Die AG ist, mehr noch als die GmbH, der Prototyp der Kapitalgesellschaft und nach wie vor auch die Rechtsform für Großunternehmen. Das deutsche Aktiengesetz ist am Vorbild der großen *Publikumsgesellschaft* ausgerichtet, jenen börsennotierten Gesellschaften also, die viele Tausende von *Aktionären* haben. Aktionäre werden bei der AG die Kapitalgeber oder Eigentümer genannt.
Wenn sich ein Unternehmen, sagen wir eine GmbH, auf größeren Märkten durchsetzen will, braucht es leistungsfähige und beständige Kapitalquellen, aus denen die Unternehmensex-

pansion gespeist wird. Die Konstruktion der Aktiengesellschaft stellt dies sicher.
Der Aktionär haftet, wie bei jeder Kapitalgesellschaft, nur in Höhe seines Anteils am Grundkapital; seine Aktie lautet auf einen Teilbetrag dieses Grundkapitals. Hat eine AG zum Beispiel ein Grundkapital von 20 Millionen Mark in 400000 Aktien zu je 50 Mark aufgeteilt, dann ist der Besitzer einer 50-Mark-Aktie zu einem Vierhunderttausendstel an diesem Unternehmen beteiligt. Der Nennwert der Aktie gibt also die anteilige Beteiligung eines Aktionärs am Kapital der Gesellschaft an.
Vom Nennwert zu unterscheiden ist der Kurswert, der Preis einer Aktie. Er bildet sich nach Angebot und Nachfrage an der Aktienbörse. Eine Aktiengesellschaft muß nicht unbedingt an der Börse notiert sein. Freilich ist für viele Kapitalgesellschaften die Umwandlung von der Rechtsform etwa einer GmbH in eine AG der erste Schritt auf dem Weg an die Börse, denn nur mit Hilfe dieses Marktes kann eine Aktiengesellschaft letztlich den entscheidenden Vorteil ihrer Rechtsform voll ausnutzen: die leichte Übertragbarkeit der Aktie, also den problemlosen An- und Verkauf dieser Wertpapiere auf dem Kapitalmarkt Aktienbörse. Diese Übertragbarkeit nennt man *Fungibilität.*
Weitere Vorteile der Aktiengesellschaft sind die umfangreichen Vorschriften des Aktiengesetzes, die für den Aktionär das Innenleben der Gesellschaften durchschaubarer und nachvollziehbarer werden lassen, aber auch die Publizitätspflicht.
Die Aktiengesellschaft ist eine juristische Person, eine *Korperschaft.* Gegründet wird sie von mindestens fünf Personen, die sich auf einen notariell beurkundeten Gesellschaftsvertrag, die *Satzung*, verständigen müssen.
Seit Mai 1998 dürfen Aktiengesellschaften in Deutschland ihre eigenen Aktien erwerben. Überschüssige Gelder brauchen so nicht mehr auf der Bank zu niedrigen Zinsen angelegt werden. Ein *Aktienrückkauf* bietet sich an, falls die Investition in Fabriken, der Kauf anderer Unternehmen oder die Entwicklung neuer Produkte keine Gewinne verspricht. Indirekt wirkt der Rückkauf wie eine *Ausschüttung* an die Aktionäre. Im Unterschied zur *Dividendenzahlung* erhöht sich beim Aktienrückkauf der Börsenkurs und damit das Vermögen der Aktionäre.

Mit einem Aktienrückkauf können sich die Unternehmen außerdem unter Umständen besser gegen feindliche Übernahmen schützen. Durch die zusätzlich erzeugte Nachfrage am Markt steigt der Börsenkurs, eine Übernahme würde sich verteuern. Auf der anderen Seite wird durch einen Kauf das potentielle Angebot reduziert, was ebenfalls zu steigenden Kursen führen kann.

Das Unternehmen dokumentiert mit einem Rückkauf das Vertrauen in die eigene Ertragskraft und stärkt gleichzeitig das Vertrauen der Altaktionäre. Darüber hinaus kann die Aktiengesellschaft eventuell zusätzliche Anleger überzeugen, in diesen Wert zu investieren. Besonders wenn die Börse Steigerungen bei Gewinn und Umsatz nicht honoriert hat, verspricht ein Rückkauf durchaus positive Effekte. Kritiker geben jedoch zu bedenken, daß ein Unternehmen mit dem Rückkauf eigener Anteile dokumentiere, daß es nichts Besseres mit dem frei verfügbaren Geld anzufangen wisse.

Obwohl den Aktionären die Aktiengesellschaft gehört, sind sie nicht unmittelbar für das Unternehmen verantwortlich. Die Verantwortung liegt vielmehr bei den drei Organen der AG: dem *Vorstand*, dem *Aufsichtsrat* und der *Hauptversammlung*.

Der **Vorstand** führt die Geschäfte der Aktiengesellschaft und vertritt sie nach außen; er ist das Top Management des Unternehmens. Berufen wird er vom Aufsichtsrat, und zwar auf höchstens fünf Jahre. Neuerliche Bestellungen sind möglich. Je nach der Größe der AG kann der Vorstand aus einer oder mehreren Personen bestehen. Bei mehrköpfigen Vorständen ist eine Verteilung der Arbeitsgebiete üblich. So gibt es Personalvorstände, Finanzvorstände oder auch Vertriebs- und Marketingvorstände. Der *Vorstandsvorsitzende* übernimmt in der Regel die Sprecherfunktion.

Bei Aktiengesellschaften der Montanindustrie (Bergbau, eisen- und stahlerzeugende Industrie) mit mehr als 1000 Beschäftigten sowie für alle anderen Aktiengesellschaften mit mehr als 2000 Mitarbeitern gehört dem Vorstand ein Arbeitsdirektor an. Er ist für die Arbeits-, Personal- und Sozialpolitik verantwortlich. In der Montanindustrie kann er nur von der Mehrheit der Arbeitnehmervertreter gewählt werden. In Aktiengesellschaften außerhalb der Montanindustrie genügt die

einfache Mehrheit des Aufsichtsrats. Dort kann der Arbeitsdirektor auch gegen den Willen der Mitarbeiter berufen werden.
Große Beachtung wurde in den letzten Jahren der Managementstrategie des sogenannten *Shareholder Value* zuteil. Den Wert *(= Value)* der Aktien im Interesse des Aktionärs *(= Shareholder)* erhöhen – das ist der Grundgedanke dieses seit Anfang der 90er Jahre verfolgten Konzepts. Dabei wird die Steigerung des Unternehmenswertes in den Vordergrund gestellt. Nur so wird gemäß diesem Ansatz die gewünschte Steigerung des Börsenkurses erreicht. Das Prinzip des Shareholder Value stammt ursprünglich aus den USA. Dort forderten zuerst institutionelle Anleger, beispielsweise Pensionsfonds von Firmen, die Aktionärsinteressen in den Mittelpunkt zu stellen. Immer stärker müssen auch deutsche Unternehmen der Renditesteigerung als entscheidendem Anlagekriterium Rechnung tragen. Zwangsläufig rückt damit die Steigerung des Unternehmenswertes in den Mittelpunkt.
Kritiker beklagen deshalb, daß durch eine konsequente Durchsetzung von Aktionärsinteressen die Interessen der übrigen mit dem Unternehmen verflochtenen Personengruppen wie Mitarbeitern und Lieferanten vernachlässigt würden. Befürworter halten dem entgegen, daß eine langfristig ausgerichtete Orientierung am Shareholder Value gerade im gesamtwirtschaftlichen Sinne im Interesse aller Beteiligten liegt. Sie stehe nicht im Widerspruch zu den Interessen der Arbeitnehmer, sondern wirke sich sogar zu deren Gunsten aus; nur rentable Arbeitsplätze seien auf Dauer sichere Arbeitsplätze.
Der **Aufsichtsrat (AR)** soll den Vorstand kontrollieren und überwachen, weisungsbefugt ist er ihm gegenüber nach dem Gesetz nicht. Tatsächlich wird die Kompetenztrennung zwischen beiden Organen aber nicht immer durchgehalten, zumal der Aufsichtsrat bei bestimmten Geschäften wie dem Erwerb von Beteiligungen zustimmen muß.
Der Aufsichtsrat umfaßt mindestens drei Mitglieder. Jeweils die Hälfte des Rates wird von Aktionären und den Arbeitnehmern gewählt. In Patt-Situationen hat der AR-Vorsitzende zwei Stimmen. Eine besondere Regel gilt für die Montanindustrie. Dort besteht der AR aus jeweils fünf Vertretern der Arbeitnehmer und der Anteilseigner sowie einem elften Mitglied,

das neutral sein soll und von den zehn anderen Mitgliedern vorgeschlagen wird.
Der Aufsichtsrat beruft und entläßt die Mitglieder des Vorstands, er prüft den Jahresabschluß und entscheidet über die Höhe der Dividende. Nach spektakulären Firmenzusammenbrüchen ist in den letzten Jahren immer wieder die Frage nach der Verantwortung der Aufsichtsräte gestellt worden. Man wirft ihnen vor, wegen Arbeitsüberlastung (Häufung von Aufsichtsratsmandaten) oder Unfähigkeit ihre Überwachungsfunktionen nicht ausreichend wahrgenommen zu haben.
Die **Hauptversammlung (HV)** ist das Treffen aller Aktionäre einer Aktiengesellschaft. Sie gilt als höchstes Organ der AG und findet mindestens einmal jährlich statt (ordentliche Hauptversammlung). Bei besonderen Anlässen, zum Beispiel, wenn Verluste die Hälfte des Grundkapitals übersteigen, muß eine außerordentliche Hauptversammlung einberufen werden. Die HV entscheidet zum Beispiel über Fusionen, Kapitalerhöhungen und -herabsetzungen, Beherrschungs- und Gewinnabführungsverträge. Hierzu ist die Mehrheit von 75 Prozent des vertretenen Grundkapitals notwendig. Ein Großaktionär, der mehr als 25 Prozent des Grundkapitals der Gesellschaft hält, kann also Entscheidungen dieser Tragweite abblocken, d.h. er macht von der sogenannten *Sperrminorität* Gebrauch.
Die Hauptversammlung entscheidet über Satzungsänderungen, wählt ihre Vertreter im Aufsichtsrat und entscheidet über die Verwendung der Hälfte des Gewinns. Über die andere Hälfte können Aufsichtsrat und Vorstand verfügen. Auch muß die HV über die Entlassung von Vorstand und Aufsichtsrat abstimmen. Viele Gegenstimmen und Enthaltungen bei diesem Tagesordnungspunkt sind ein Zeichen dafür, daß die Aktionäre mit der Arbeit von Management und/oder Kontrollgremium im abgelaufenen Geschäftsjahr nicht zufrieden waren.
Bei der Hauptversammlung, zu der bei großen Publikumsgesellschaften wie Siemens, Daimler-Benz oder Bayer oft mehrere tausend Aktionäre anreisen, hat jeder Besitzer von sogenannten *Stammaktien* normalerweise pro Aktie eine Stimme. Dies gilt in der Regel nicht für die Eigentümer von *Vorzugsaktien* (die für ihren Verzicht bei der Stimmenausübung aber bei der Ausschüttung der Dividende bevorzugt werden).

Die Aktionäre sind bei Hauptversammlungen allerdings nicht nur »Stimmvieh«, sie können sich auch zu Wort melden. Dies geschieht vor allem nach dem Bericht des Vorstands(vorsitzenden) über den Geschäftsverlauf im abgelaufenen Geschäftsjahr. Hierzu machen die Aktionäre – meist Kleinaktionäre, aber auch Sprecher von Aktionärsvereinigungen wie der *Deutschen Schutzvereinigung für Wertpapierbesitz* oder der *Schutzgemeinschaft der Kleinaktionäre* Anmerkungen, geben Ratschläge, stellen Fragen, sprechen Lob aus oder üben zum Teil Kritik an den Entscheidungen des Managements. Zuweilen weichen die Aktionäre auch vom Thema ab, schildern ihre persönlichen Erfahrungen als Kunde »ihres« Unternehmens oder waschen schmutzige Wäsche.
Eine normale Hauptversammlung, in der die Routine-Tagesordnungspunkte schnell abgehakt werden können, dauert meist nicht länger als anderthalb Stunden. Geht es aber hoch her, hat etwa das Unternehmen tiefrote Zahlen geschrieben und fällt deshalb die Dividende aus, dann können solche Aktionärstreffen auch mehr als zehn Stunden und damit bis tief in die Nacht dauern. Nicht selten muß bei solchen turbulenten Veranstaltungen der Aufsichtsratsvorsitzende – der Versammlungsleiter – eingreifen, um die Ruhe wiederherzustellen.
Im Laufe der Versammlung wird bekanntgegeben, wieviel Prozent des Grundkapitals vertreten sind *(Präsenz)*. Hat das Unternehmen einen oder wenige Großaktionäre (die sicherlich vertreten sind), sind Präsenzzahlen von knapp 100 Prozent keine Seltenheit. Befinden sich die Aktien aber im Streubesitz, gibt es also viele Kleinaktionäre, kommt es vor, daß vielleicht nur 60 Prozent des Kapitals vertreten sind.
Viele Aktionäre lassen es sich nicht nehmen, an der Hauptversammlung »ihres« Unternehmens teilzunehmen, vor allem dann, wenn es sich um (ehemalige) Mitarbeiter handelt. Um das Stimmrecht auszuüben, muß der Aktionär aber nicht an der HV teilnehmen. Andere, von ihm beauftragte Personen oder Organisationen können das Stimmrecht für ihn wahrnehmen. Dazu bedarf es einer Vollmacht, die auf 15 Monate befristet ist *(Vollmachtsstimmrecht)*. Der Bevollmächtigte muß sich nach den Weisungen seines Vollmachtgebers verhalten und

entsprechend abstimmen. Meist sind die Bevollmächtigten die Kreditinstitute, welche die Aktien ihrer Kunden im Depot verwahren. Das Depotstimmrecht ist weit verbreitet. Erteilt der Aktionär seiner Bank oder Sparkasse keine Weisung, dann stimmt das Institut so ab, wie es dies zuvor schriftlich angekündigt hat.

### 2.3.3 *Die Kleine AG*

Mittelständische Unternehmen, die sich gerne von der GmbH in eine AG umwandeln wollten, hatten bis 1994 geringe Chancen. Doch dann ist die Rechtsform der *Kleinen AG* eingeführt worden. Ziel: Auch kleineren Unternehmen sollte der Weg zur Börse freigemacht werden. Die Kleine AG erschließt die Vorteile einer Aktiengesellschaft, ohne sie mit den für dieses Konstrukt typischen Hürden zu beschweren, denn das Hauptproblem für die Mehrzahl junger oder an der Wachstumsschwelle stehender Firmen ist der Mangel an Eigenkapital. Trotz guter Produkte und Marktchancen sind die Banken oft risikoscheu und verlangen hohe Sicherheiten. Zudem verzögert sich bei Personengesellschaften und GmbHs die Aufnahme von Partnern durch rechtliche Formalitäten.
Im Gegensatz zur traditionellen Aktiengesellschaft ist die kleine Variante nicht börsennotiert. Gegenüber der GmbH und der Personengesellschaft hat sie jedoch einen großen Vorteil: Der Finanzbedarf wird von einem überschaubarem Investorenkreis gedeckt, und spätere Kapitalerhöhungen oder der Börsengang lassen sich schnell umsetzen. Allerdings trennt die Kleine AG strikt zwischen Geschäftsführung und Anteilseignern. Drei Aufsichtsräte kontrollieren – und beraten – den Vorstand und können ihn sogar abberufen. Dagegen hält sich der Einfluß der Aktionäre und der Mitarbeiter in Grenzen: Das Kleine-AG-Gesetz schließt die Mitbestimmung für Arbeitnehmer in Betrieben mit weniger als 500 Mitarbeitern aus.
Erstaunlich ist, daß diese Finanzierungsalternative selten genutzt wird. So haben sich von den etwa 840000 Handwerksbetrieben erst knapp 600 für diese Rechtsform entschieden.

### 2.3.4 *Kommanditgesellschaft auf Aktien (KGaA)*

Bei der *KGaA* handelt es sich wie bei der GmbH & Co, KG um eine Mischform von Personen- und Kapitalgesellschaft. So gibt es wie bei der Kommanditgesellschaft einen persönlich haftenden Komplementär, der als Geschäftsführer fungiert. Die Kommanditisten sind aber nach dem Vorbild der Aktiengesellschaft Aktionäre, ihre Geschäftseinlagen also Aktien. Dank ihrer leichten Übertragbarkeit kann der Gesellschafterkreis einer KGaA weitaus leichter verändert und erweitert werden als bei einer »normalen« Kommanditgesellschaft.
Unternehmen in der Rechtsform einer KGaA sind selten. Mit die bekannteste Gesellschaft dieser Art dürfte die Düsseldorfer Chemiekonzern Henkel KGaA sein. Auch die Bankhäuser Trinkaus & Burkhardt in Düsseldorf und BHF-Bank in Frankfurt haben sich diese Rechtsform gegeben.

### 2.3.5 *Die eingetragene Genossenschaft mit beschränkter Haftung (eGmbH)*

Nach Paragraph 1 des Genossenschaftsgesetzes sollen genossenschaftliche Gesellschaften den Erwerb oder die Wirtschaft ihrer Genossen (Gesellschafter) durch gemeinschaftlichen Geschäftsbetrieb fördern. *Genossenschaften* wollen also selbst keinen Gewinn erzielen, sondern durch Selbsthilfe zur Gewinnerzielung ihrer Mitglieder beitragen. Das unterscheidet sie von den bisher vorgestellten Handelsgesellschaften. Die Genossenschaft ist denn auch eher ein Verein als eine Gesellschaft im Sinne des Bürgerlichen Gesetzbuchs.
Die bereits im vorigen Jahrhundert geborene Genossenschaftsidee, die durch die Handwerks-Genossenschaft von Schulze-Delitzsch und die Landwirtschafts-Genossenschaft von Raiffeisen schnell populär wurde, hat sich nach und nach auf immer neue Bereiche ausgebreitet. So wurden Kredit- und Einkaufsgenossenschaften, Absatz- und Konsumgenossenschaften gegründet. Heute halten vor allem die als *Genossenschaftsbanken* bekannten Volks- und Raiffeisenbanken die Genossenschaftsidee am Leben. Auch im Einzelhandel gibt es nach wie vor Einkaufsgenossenschaften, die durch ihr Ein-

kaufspotential bei der Industrie den Mitgliedern bessere Konditionen verschaffen wollen. Alles in allem haben die Genossenschaften aber heute bei weitem nicht mehr die Bedeutung wie in der Vergangenheit. Oft werden sie inzwischen wie jede andere Handelsgesellschaft auch nach dem Prinzip der Gewinnmaximierung geführt. Zudem leiden manche von ihnen unter Mitgliederschwund.

Oberstes Organ der Genossenschaft ist die *General-* oder *Vertreterversammlung*, auf der sich alle Genossen zusammenfinden. Der Anteil des einzelnen Genossen am Kapital ist ohne Bedeutung; die Abstimmung erfolgt nach Köpfen.

## 3. Banken und Versicherungen: Unternehmen besonderer Art

Die Deutschen sind wieder wer. Seit dem Zweiten Weltkrieg scheffelten sie sich einen Nibelungenschatz zusammen: Sie haben 5,5 Billionen Mark (eine Zahl mit elf Nullen) auf der hohen Kante. Abhängig vom Alter, der individuellen Lebenslage und den Spar- und Konsumneigungen legt jeder Bürger im Schnitt rund 3000 Mark zurück. 1997 erzielten die Bundesbürger aus ihrem Vermögen Einkünfte von zusammen fast 220 Milliarden Mark, das waren rund fünf Milliarden mehr als im Vorjahr. Die Vermögenseinkommen stiegen so von 23 Milliarden im Jahr 1970 auf mehr als das Neunfache 1997 an. Statistisch gesehen bedeutet dies für jeden Haushalt ein Geldvermögen von 157 000 Mark. Tatsächlich ergibt sich aber ein ganz anderes Bild, da der Großteil nur geringe finanzielle Rücklagen hat. Sechs Prozent der westdeutschen Haushalte besitzen mehr als 33 Prozent und vier Prozent der ostdeutschen Haushalte mehr als 20 Prozent der Kapitalanlagen.

Drei Billionen Mark werden in den nächsten Jahren vererbt. 1990 gingen erst 150 Milliarden Mark an glückliche Erben. Die jährlichen Ersparnisse der Erben belaufen sich auf über 35 Milliarden Mark. Immer größere Vermögen gehen in immer weniger Hände über. Allein die Auszahlungen von Lebensversicherungen werden auf über 300 Milliarden Mark geschätzt, die vererbten Immobilien auf 947 Milliarden Mark. Den höchsten Anteil der Vermögensformen am privaten Erbschaftsvolumen hält aber das Geldvermögen mit rund einer Billion Mark.

Der Erbfall wird zum Massenphänomen, der Börsianer, Banken und Anlageberater vor völlig neue Probleme stellt. Vor allem zwischen Banken und Versicherungen ist ein hitziger Wettbewerb entbrannt. In den 80er Jahren gewann der *Allfinanzgedanke* immer mehr an Bedeutung in den strategischen Entscheidungen der deutschen Finanzdienstleistungsunternehmen. Ob Sparkassen, Kreditgenossenschaften oder Kreditbanken – fast alle haben heute ihr Allfinanz-Angebot.

Umgekehrt vertreiben nahezu zwei Drittel aller Versicherungsunternehmen in der Bundesrepublik auch andere Finanzprodukte als Versicherungen. Inzwischen befindet sich die *Asseku-*

*ranz* mit eigenen Investmentfonds in einer früheren Bankdomäne. Das Heil wird deshalb in einer Verflechtung von Banken und Versicherungen gesucht. *Financial Services* heißt die verlockende Vokabel, mit der Banker und Versicherungsmanager versuchen, künftig alle Produkte, die am Finanzdienstleistungsmarkt zu haben sind, aus einer Hand zu vertreiben. Manche große Banken haben sich zudem vormals selbständige Immobilienmaklerfirmen angegliedert.

Wirtschaft ist ein ständiger Kreislauf des Produzierens, Tauschens und Verbrauchens, wobei erst das Geld einen geregelten Austausch von Waren und Dienstleistungen ermöglicht. Ohne Geld ist eine Wirtschaft mit fortgeschrittener Arbeitsteilung nicht denkbar. Volkswirtschaftlich betrachtet ist Geld aber nur ein Hilfsmittel, kein Bestandteil des Volkseigentums. Güter- und Geldströme kreisen in entgegengesetzter Richtung. Vereinfacht gesagt empfangen die privaten Haushalte Güter von den Unternehmen und bezahlen dafür. Gleichzeitig stellen die Haushalte ihre Arbeitskraft zur Verfügung und werden dafür entlohnt.

Haushalte und Unternehmen zahlen bei den Banken Geld ein – sie sparen. Je nach Art der Anlage werden die Gelder den Banken für kürzere oder längere Zeit überlassen. Die Banken wiederum vergeben Kredite an Unternehmen und Haushalte zur Finanzierung von Investitions- bzw. Konsumgütern. Darin liegt die wichtigste volkswirtschaftliche Aufgabe der Banken. Investitionen sind der »Motor« des Wirtschaftswachstums.

Die Banken arbeiten dabei weitgehend mit fremdem Geld. Auch wenn man sagt, ein Kredit sei der Energie vergleichbar, die Motoren antreibt, haben die Banken die Pflicht, Kontrolle auszuüben. Schließlich verleihen sie das Geld ihrer Anleger. Das relativiert den bitterbösen Spruch von *Mark Twain* etwas, der meinte: »Ein Bankier, das ist ein Kerl, der dir bei schönem Wetter einen Regenschirm leiht und ihn prompt zurückverlangt, sobald es regnet.«

Ein wichtiges Kriterium für die Ertragslage der Banken ist die *Zinsspanne*. Sie wird errechnet als Differenz zwischen den von den Banken im Aktivgeschäft (vor allem Kredite) erzielten Zinserträgen und dem im Passivgeschäft gezahlten Zinsen, jeweils in Prozenten der Bilanzsumme.

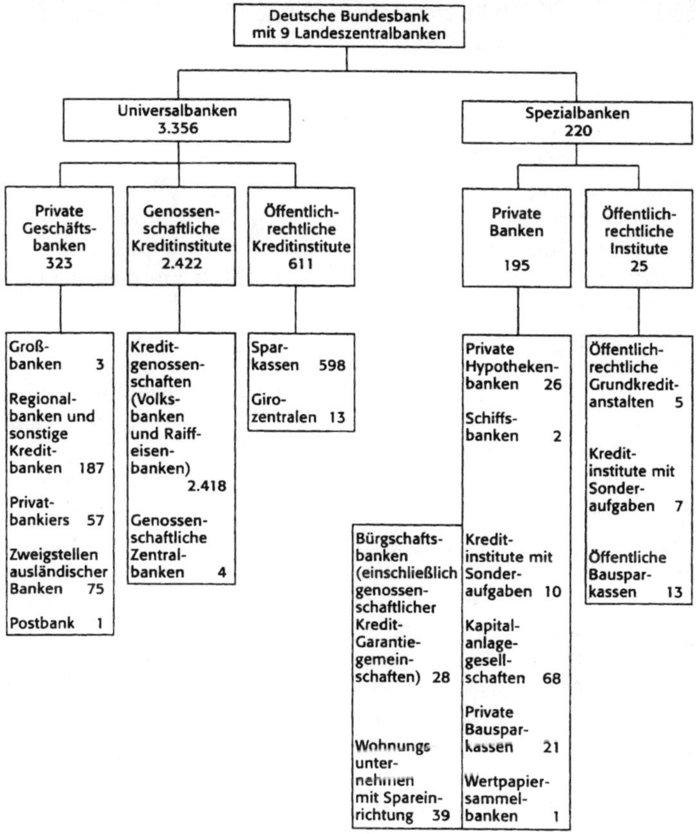


Dabei sind *Sichteinlagen* die liquideste, aber auch die am wenigsten rentable Anlageform. Sichteinlagen sind Guthaben auf Kontokorrent- oder Girokonten, die jederzeit ohne vorherige Kündigung fällig sind und meist nur mit 0,5 Prozent pro Jahr verzinst werden. In der Regel dienen Sichteinlagen der Abwicklung der Zahlungsverkehrs. Dagegen handelt es sich bei *Termineinlagen* um befristete Einlagen, die meist in größeren Beträgen (ab 10000 Mark) für eine bestimmte Zeit angelegt werden. Ist der Rückzahlungstermin bereits im voraus bestimmt, spricht man von *Festgeldern*, bedarf es zur Fälligkeit der Kündigung, von *Kündigungsgeldern*.

## 3.1 Die unterschiedlichen Banken

Das Bankwesen in der Bundesrepublik hat einen besonderen Charakter. Zwar unterscheiden sich Kreditinstitute in ihrer Geschäftsstruktur, Organisation, Rechtsform und Betriebsgröße zum Teil erheblich voneinander. Doch die Geschäftsbanken betreiben alle denkbaren banküblichen Geschäfte unter einem Dach, sie sind faktisch ein »Supermarkt der Bankleistungen«. Als *Universalbanken* sind sie nicht nur im Kredit- und Einlagengeschäft sowie bei der Abwicklung des Zahlungsverkehrs tätig, sondern sie pflegen auch das Wertpapier-Emissionsgeschäft und den Wertpapierhandel. Dieses Universalbank-System hat in Europa eine lange Tradition. Im Zuge der Weltwirtschaftskrise in den 30er Jahren sind allerdings eine Reihe von Ländern dem britischen Trennsystem gefolgt, wie die USA, Japan oder auch Frankreich. Dort dürfen die Banken nur das Kredit- und Einlagengeschäft *(Commercial Banking)* oder das Wertpapiergeschäft *(Broker Banking)* wahrnehmen.
In der Bundesrepublik sind etwa 3500 Banken tätig, die 67000 Bankfilialen unterhalten. Durchschnittlich kommt also eine Filiale auf 1230 Einwohner. Damit gehört Deutschland zu den Ländern mit dem dichtesten Bankstellennetz in der Welt. Historisch haben sich drei große Gruppierungen herausgebildet:

- private Geschäftsbanken
- öffentlich-rechtliche Sparkassen
- genossenschaftliche Volks- und Raiffeisenbanken.

Die Sparkassen erreichen (gemessen an der Bilanzsumme) einen Marktanteil von fast 50 Prozent, die Genossenschaftsbanken kommen auf 20 Prozent. Die Deutsche Bank – als Branchenführer – erreicht vier Prozent.
Die rund 325 privaten *Geschäftsbanken* widmen sich vor allem dem kürzerfristigen Kreditgeschäft und dem Wertpapierhandel. Rund drei Viertel aller Aktien und 60 Prozent der Investmentzertifikate sind ihnen zur Verwahrung anvertraut. Zu die-

sem Depotgeschäft gehören unter anderem der Einzug fälliger Zinsen und Dividenden sowie die Ausübung von Bezugsrechten für junge Aktien bei Kapitalerhöhungen.
Auch bei der Emission neuer Wertpapiere spielen die privaten Geschäftsbanken eine wichtige Rolle. Unter ihrer Führung werden nahezu sämtliche Aktien und Industrieobligationen sowie beträchtliche Teile der öffentlichen Anleihen emittiert.
Eine herausragende Rolle kommt dabei den drei *Großbanken* Deutsche Bank, Dresdner Bank und Commerzbank zu, deren Ursprünge auf die Zeit der Reichsgründung 1871 zurückgehen. Nach dem Zweiten Weltkrieg wurden sie zunächst in insgesamt 30 Institute aufgeteilt, 1956 jedoch gesetzlich »wiedervereint«. Alle drei sind Aktiengesellschaften, deren Kapital breit gestreut ist, und haben zwischen 200000 und 400000 Aktionäre.
Großbanken sind typische Universalbanken, die das Bankgeschäft in seiner ganzen Breite betreiben. Ihre Bedeutung läßt sich nur unvollständig an der Bilanzsumme erkennen, die weniger als ein Zehntel des Bilanzvolumens der gesamten Kreditwirtschaft ausmacht. Einschließlich des Hypothekenbank-Verbundes und der anderen Töchter beläuft sie sich auf nahezu ein Fünftel.
Der Bogen der Kreditbanken umfaßt auch die 57 *Privatbankiers* und die 187 *Regionalbanken*, deren Geschäftsbereich und Filialnetz auf einen bestimmten Wirtschaftsraum beschränkt sind. 1990 hat die aus den bis dahin tätigen 15 regionalen Postgiro- und Postsparkassenämtern hervorgegangene *Postbank* ihre Arbeit aufgenommen. Sie ist 1995 in eine Aktiengesellschaft umgewandelt worden.
Die starke Stellung der öffentlich-rechtlichen *Sparkassen* gehört zu den Besonderheiten des deutschen Bankwesens. Sie verwalten mehr als die Hälfte aller Spareinlagen. Zudem haben sich die Sparkassen und Girozentralen zu universell tätigen Geschäftsbanken entwickelt. In den 60er Jahren wandten sie sich dem industriellen Großgeschäft zu, während die Großbanken ins Mengengeschäft vorstießen.
Die Idee der Sparkassen wurde im 18. Jahrhundert von Wohlfahrtsvereinen geboren, um in den harten und unsicheren Zeiten des Frühkapitalismus armen Bevölkerungsschichten eine sichere Sparmöglichkeit zu geben. Man nennt diese Institute

»öffentlich-rechtlich«, weil ihre Gewährsträger (Haftungsträger) in erster Linie Gemeinden, Städte und Kreise sind. Es gibt rund 600 Sparkassen mit 19000 Zweigstellen. Die 13 Girozentralen dienen den Sparkassen ihres Bereiches als Zentralinstitute, indem sie deren Liquiditätsguthaben verwalten und Dienstleistungsgeschäfte, etwa den Auslandszahlungsverkehr, abwickeln. Außerdem haben sie – je nach Entstehungsgeschichte – als Hausbanken einzelner Bundesländer eine Doppelfunktion (Landesbanken). An der Spitze des dreistufigen Organisationssystems steht die *Deutsche Girozentrale-Deutsche Kommunalbank.*

Für die *Kreditgenossenschaften* war der Ausgangspunkt die Mitte des 19. Jahrhunderts entwickelte Idee der »Hilfe zur Selbsthilfe« für in Bedrängnis geratene Handwerker, Gewerbetreibende und Landwirte. Heute gibt es rund 2420 solcher Genossenschaften, die in ländlichen Gebieten vorwiegend als *Raiffeisenbanken* (benannt nach ihrem Begründer *Friedrich Wilhelm Raiffeisen*, der von 1818 bis 1888 lebte) firmieren; im städtischen Bereich heißen sie zumeist *Volksbanken.* Auch diese Institute bieten ein universelles Leistungsangebot, wenngleich sich ihre Geschäftstätigkeit auf die Hereinnahme von Sicht- und Spareinlagen sowie die Gewährung von kurz- und mittelfristigen Krediten an ihre Mitglieder konzentriert. Geschäftliche »Zentrale« der Genossenschaften ist die *Deutsche Genossenschaftsbank (DG-Bank)* in Frankfurt. Obwohl sie Anfang 1998 in eine Aktiengesellschaft umgewandelt wurde, blieb ihr genossenschaftlicher Charakter erhalten.

Kreditinstitute, die nicht sämtliche Bankgeschäfte betreiben dürfen, werden *Spezialbanken* genannt. Von Bedeutung sind vor allem die 31 privaten und öffentlich-rechtlichen *Bausparkassen*, die 30 privaten *Hypothekenbanken* sowie die fünf öffentlich-rechtlichen *Grundkreditanstalten.* Diese sogenannten *Realkreditinstitute* beschäftigen sich ausschließlich mit langfristigen Kreditgeschäften. Sie nehmen keine Einlagen entgegen, sondern beschaffen sich die Mittel durch die Ausgabe von Pfandbriefen und Kommunalobligationen. Die Teilzahlungskreditinstitute sind in erster Linie auf Ratenkredite für Konsumenten spezialisiert.

Bei den rund 30 *Bürgschaftsbanken und Kreditgarantiegemein-*

*schaften* handelt es sich um Selbsthilfeeinrichtungen der mittelständischen Wirtschaft. Die Hauptaufgaben der seit Mitte der 50er Jahre tätigen Institute besteht darin, die aus der vergleichsweise schwachen Finanzkraft resultierenden Wettbewerbsnachteile kleiner und mittlerer Unternehmen abzubauen. Dazu übernehmen die Kreditgarantiegemeinschaften Ausfallbürgschaften für Unternehmen in Handwerk, Handel und Industrie, die von den kreditgebenden Banken als vollwertige Sicherheiten angesehen werden.
Von den insgesamt 17 *Instituten mit Sonderaufgaben* sind vor allem die *AKA Ausfuhrkredit-Gesellschaft mbH* und die *Kreditanstalt für Wiederaufbau (KfW)* zu nennen. Beide finanzieren insbesondere Exporte in Entwicklungsländer, die KfW zudem Inlandsinvestitionen in wirtschaftlich benachteiligten und strukturschwachen Gebieten. Offiziell springt die KfW nur ein, wenn »private Kreditinstitute nicht in der Lage sind, die erforderlichen Mittel aufzubringen«, wie es im KfW-Gesetz heißt. Doch dann wartet die Kreditanstalt mit besonders günstigen Zinssätzen und langen Laufzeiten auf. Kein Wunder: Schließlich ist sie von Ertragsteuern befreit, unterliegt nicht der Bankenaufsicht und genießt eine Reihe weiterer Privilegien. Dann hat sie noch Vater Staat als Sicherheit im Rükken. Die anderen Institute unterstützen die gewerbliche Wirtschaftsförderung der öffentlichen Hand, fördern den sozialen Wohnungsbau, kleine und mittlere Unternehmen, die Landwirtschaft. Die Lastenausgleichsbank kümmert sich um die finanzielle Unterstützung für Flüchtlinge.

## 3.2 Die Macht der Banken

Ins Kreuzfeuer der Kritik geraten vor allem die Großbanken immer wieder wegen des Vorwurfs, sie beherrschten die Industrie. Ihnen wird eine dreifache Einflußmöglichkeit angelastet.

- Erstens hätten die großen Banken ihre Vertreter als Kreditgeber und Berater in die Aufsichtsräte sämtlicher bedeutender Industriefirmen entsandt und nähmen somit an der Kontrolle der Geschäftspolitik teil.
- Zweitens verträten sie im Auftrag ihrer Kunden auf den

Hauptversammlungen der Aktiengesellschaften durch umfangreiche Depot-Stimmrechte ihre eigenen Interessen.
- Drittens hielten sie selbst beachtliche Anteile an Firmen.

Obwohl nur zwei Prozent vom gesamten Geschäftsvolumen der Großbanken auf Aktienbesitz entfallen, ballt sich in den Bankzentralen Wissen und wirtschaftlicher Überblick zusammen. So besetzen die Vorstandsmitglieder und Direktoren der Deutschen Bank rund 400 Aufsichtsratsmandate.
Seit Jahrzehnten bemüht sich der Gesetzgeber, die Macht der Banken zu brechen. Doch dem Geflecht aus wechselseitigen finanziellen und persönlichen Beziehungen zwischen Banken, Versicherungen und Unternehmen ist mit Hilfe des Gesetzes kaum beizukommen.
Aber die Bankenlandschaft befindet sich im Umbruch. Der Euro und die Globalisierung werden den Prozeß der Fusion und Reorganisation beschleunigen. Die Herausforderung: Banken müssen im Prinzip eine komplette Allfinanz-Produktpalette bieten und aus Kostengründen zugleich den Kundenkontakt weiter automatisieren.
Die Macht der Banken soll durch staatliche Instanzen und Mechanismen zumindest begrenzt werden. Alle Kreditinstitute unterliegen daher dem *Gesetz über das Kreditwesen (KWG)*.
Das aus der Bankenkrise 1934 hervorgegangene Gesetz, das in gewissen Abständen an die Entwicklung angepaßt wird, soll die Ordnung und Funktionsfähigkeit des Kreditapparates sichern und den Schutz der Gläubiger vor Verlusten gewährleisten.
Auf der Grundlage dieses Gesetzes übt das *Bundesaufsichtsamt für das Kreditwesen* in Berlin die staatliche Aufsicht über alle Kreditinstitute aus. Diesem Auftrag kommt es insbesondere dadurch nach, daß es die Kreditinstitute zu regelmäßigen und umfangreichen Berichten über Art und Umfang ihrer Geschäftstätigkeit verpflichtet.
Um Meinungsverschiedenheiten zwischen Kreditinstitut und Kunden einfacher zu klären, haben die privaten Banken 1992 ein außergerichtliches Schlichtungsverfahren eingeführt. Ein unabhängiger *Ombudsmann* hilft den Privatkunden, Differenzen unbürokratisch und schnell aus dem Weg zu räumen. Wenn

sich bereits ein Gericht oder die Staatsanwaltschaft mit der Beschwerde befaßt, greift der Schlichter nicht mehr ein. Dasselbe gilt für den Fall, daß Zeugen gehört werden müßten, um den Sachverhalt zu ermitteln.

## 3.3 Scheck- und Kreditkarten

Zu einer Art »Europawährung« hat sich das *Eurocheque-System* entwickelt. Heute besitzen mehr als 41 Millionen Privatkunden in Deutschland eine ec-Karte, die sowohl als Scheckgarantiekarte als auch in Verbindung mit einer persönlichen Geheimzahl als Automatenkarte verwendet wird. Noch tut sich der Eurocheque, der 1968 geschaffen wurde, leicht, die Konkurrenz der *Universal-Kreditkarten* American Express, Visa, Diners Club und Eurocard hinter sich zu lassen.
Das bargeldlose Bezahlen, dem bisher nachgesagt wird, es sei gut fürs Prestige, aber nicht unbedingt für den Geldbeutel, scheint einen unaufhaltsamen Siegeszug angetreten zu haben. Die Exklusivität früherer Zeiten ist dahin. Damals war der Schatzkanzler, der *Exchequer*, die wichtigste Begleitperson, wenn die Könige einkaufen gingen. Die Majestäten suchten aus, der Kassenverwalter setzte den Preis auf ein Stück Papier und unterschrieb. Zweifel an der Bonität kamen nicht auf.
Heute stehen die Kreditkarten-Organisationen für die Bonität gerade. Jedes dieser *plastics*, wie sie in den USA genannt werden, trägt eine Nummer, die aufgrund internationaler Vereinbarungen weltweit nur einmal ausgegeben wird. So wird die Identifizierung der Gesellschaft, des Karteninhabers sowie die Währung für die Rechnungsstellung ermöglicht. Allerdings ist die Bundesrepublik noch weit davon entfernt, ein »Kreditkartenland« zu sein. Während jeder Amerikaner 13 plastics in der Tasche hat, sind in Deutschland insgesamt 14 Millionen im Umlauf...

## 3.4 Telefon- und Home-Banking

Beim *Telefon-Banking* verspricht man sich eine unkomplizierte Abwicklung des bargeldlosen Zahlungsverkehrs. Größter Vorteil für den Bankkunden: Aufträge können komfortabel von

jedem Telefon aus abgewickelt werden. Die Kreditinstitute müssen zwar zunächst in die erforderliche Infrastruktur investieren, erhoffen sich dann aber Kostenersparnis bei den aufwendigen Schalterhallen. Durch den zunehmenden Einsatz von Spracherkennungscomputern erwartet man auch Einsparungen bei den Personalkosten. Eine meist einheitliche Rufnummer für das Institut und eine Absicherung durch Geheimnummern oder Kennwörter sollen sicherstellen, daß kein Betrüger die Konten plündern kann.
Telefon-Banking bieten insbesondere die filiallosen *Direktbanken* an, die keinen persönlichen Kontakt mit Bankkunden pflegen. Mittlerweile erledigen 1,5 Millionen Deutsche ihre Geldgeschäfte direkt.
Über das *Home-Banking* hat der Kunde die Möglichkeit, zahlreiche Bankgeschäfte am Computer online von zu Hause aus zu erledigen. Auch hier hat er eine Geheimnummer (PIN-Zahl); außerdem versieht er jede Transaktion mit einer nur einmal zu verwendenden TAN-Nummer. Die Banken bemühen sich verstärkt, die beim Home- oder Online-Banking auftretenden Risiken zu eliminieren, scheinen dabei aber gute Fortschritte zu machen.

### 3.5 Das Geldwäschegesetz

Zusätzliche Arbeit ist den Banken durch das Ende 1993 in Kraft getretene *Geldwäschegesetz* erwachsen. Damit soll die Umwandlung illegaler oder krimineller Einnahmen in »weißes Geld« schwieriger werden. Finanzinstitute sind zur Identifizierung ihrer Geschäftspartner und zur Anzeige verdächtiger Vorgänge verpflichtet. So muß sich jeder ausweisen, der Bargeld, Wertpapiere oder Edelmetalle in Höhe von 20000 Mark oder mehr einzahlen oder abheben will. Aber auch jeder Gewerbetreibende muß sich nun den Personalausweis vorlegen lassen, die Daten des Geschäfts aufzeichnen und sechs Jahre aufbewahren. Das gilt beispielsweise für ein Möbelhaus, dessen Kunde eine Kücheneinrichtung für 25000 Mark in bar bezahlt. Da diesem enormen Aufwand nur dürftiger Erfolg gegenüberstand, sind die Regeln im September 1998 verschärft worden. Das Bundesaufsichtsamt für das Kreditwesen hat die Finanzinstitute verpflichtet, ihre Kundschaft noch sorgfältiger als bisher zu durchleuchten. Die mit weitgehenden internen Vollmachten ausgestatteten Geldwäsche-Beauftragten der Unternehmen sollen verdächtige Überweisungen und Klienten aufspüren. Seit Juni 1998 müssen die Geldhäuser zudem die Transaktionen auffälliger Kunden gezielt überwachen, bis sich der Anfangsverdacht bestätigt oder verflüchtigt hat. Sollte es zu einer Anzeige kommen, geht diese nicht mehr nur an die Staatsanwaltschaft, sondern wird auch gleich ans Finanzamt weitergereicht. Müssen die Staatsanwälte nachweisen, daß Gelder aus einer bestimmten Straftat stammen, interessiert den Fiskus nicht, woher das Geld stammt, sondern nur, ob es versteuert wurde.

### 3.6 Berühmt-berüchtigt: die Schufa

Private Geldgeschäfte werden auch über die *Schufa* beobachtet. Ob Girokonto, Kreditkarte, Ratenkauf oder Leasinggeschäft: Wer Geldverträge abschließt, muß sich Fragen zu seiner Kreditwürdigkeit gefallen lassen. Trotzdem ist die 1927 gegründete Schufa, die Schutzgemeinschaft für allgemeine Kreditsicherung in Wiesbaden, keine allmächtige Institution. Sie hat sich zu einer Gemeinschaftseinrichtung der kreditgebenden Wirtschaft entwickelt. Heute betreibt sie mit jährlich etwa 30 Millionen Auskünften eine der größten Datenbanken Europas. Gespeichert sind nur Daten von privaten Konsumenten; über Firmen und juristische Personen kann die Schufa keine Auskünfte geben. Inzwischen werden über die acht Schufa-Gesellschaften in Deutschland die Geldgeschäfte von rund 43 Millionen Personen, also annähernd jedes zweiten Bundesbürgers, beobachtet. Allerdings nicht gegen deren Willen – wer in den Schufa-Computern auftaucht, hat irgendwann einmal sein Einverständnis dazu gegeben.

### 3.7 Rechengröße Zufall – die Versicherungen

»Unsicher ist's auf dieser Erden, drum will der Mensch versichert werden.« Auf diesen einfachen Nenner brachte *Eugen Roth* das ureigenste Bedürfnis nach einem Schutzbrief für Unvorhergesehenes. Der Versuch, der Unsicherheit den Stachel zu nehmen, läßt sich weit ins Altertum zurückverfolgen. Bereits 3000 v. Chr. sollen sich phönizische Händler zu Verbänden zusammengeschlossen haben, die ihren Mitgliedern bei Verlust der Schiffsladung den entstandenen Schaden ersetzten. Das moderne Versicherungswesen entstand aber erst im 19. Jahrhundert. Mit der Entwicklung der Statistik und der Wahrscheinlichkeitsrechnung wurde Versichern zu einem mathematisch kalkulierten wirtschaftlichen Vorgang. Damit waren jene Zeiten endgültig vorbei, als die Versicherung durch das Allgemeine Preußische Landrecht 1794 wegen der »Verquickung mit dem Ungewissen« den Glücksverträgen oder gewagten Geschäften zugerechnet wurde.

Neben langjährigen statistischen Massenbeobachtungen ist das Gesetz der großen Zahl die Grundlage für das Funktionieren des Versicherungsprinzips. Je größer die Anzahl der erfaßten Personen oder Sachwerte ist, die von der gleichen Gefahr bedroht sind, desto verläßlicher sind Vorhersagen über den künftigen Schadensverlauf. Dieses mathematisch gültige Gesetz, das auf den Franzosen *Blaise Pascal* (1623–1662) zurückgeht, sagt nichts darüber aus, wer von einem Schaden betroffen sein wird, wohl aber, wie viele der in der Risikogemeinschaft Zusammengeschlossenen von einem bestimmten Vergleichsfall ereilt werden. Für den Versicherer wäre es höchst riskant, wollte er nur ein Haus oder das Leben eines Menschen versichern. Es könnte sein, daß er sehr bald ein Vielfaches des erhaltenen Versicherungsbetrages als Leistung erbringen müßte. Durch den Risikotransfer vergrößert die Versicherung die individuellen Handlungsspielräume. Viele private und wirtschaftliche Aktivitäten wären ohne Versicherungsschutz zu riskant. Pläne für neue Produkte oder Produktionsverfahren müßten in der Schublade bleiben.

Daß für versicherte Schäden, die im Einzelfall in die Millionen gehen können, die *Assekuranz* – wie der traditionelle Ausdruck für die Versicherungswirtschaft lautet – aufkommen muß, liegt im Interesse aller Beteiligten. Deshalb überwacht das *Bundesaufsichtsamt für das Versicherungswesen* in Berlin als staatliche Stelle die Geschäftstätigkeit der Versicherungsunternehmen.

Seit Mitte 1994 gibt es für Versicherer und Verbraucher in Deutschland eine neue Freiheit, weil der Versicherungsmarkt dereguliert wurde. Bis dahin existierten strenge Einschränkungen, die es ausländischen Versicherern kaum ermöglichten, auf dem deutschen Markt aktiv zu werden. Aber auch deutsche Versicherer waren in ihrer Kreativität stark eingeschränkt. Die Deregulierung hat den deutschen Versicherungsmarkt aufgelockert, Versicherungsprodukte brauchen jetzt keine langwierigen Genehmigungsverfahren mehr zu durchlaufen. Ausländische Anbieter haben einen leichteren Marktzugang. Sie bringen andere Erfahrungen, und oft auch eine andere Versicherungskultur mit.
In der Bundesrepublik gibt es derzeit mehr als 500 rechtlich selbständige Versicherungsunternehmen, die insgesamt über 300 Versicherungsarten anbieten. Als Anbieter treten neben Aktiengesellschaften öffentlich-rechtliche Versicherungsanstalten auf, die auf staatlicher Initiative beruhen und Teil der öffentlichen Verwaltung sind. Die *Versicherungsvereine auf Gegenseitigkeit (VVaG)* haben sich – als dritte Form – als genossenschaftliche Zusammenschlüsse entwickelt. Der Versicherungsnehmer kann hier in einschlägigen Gremien gestaltend mitwirken. Da der Wettbewerb dieser drei Anbieter sich angeglichen hat, ist die juristische Ausgestaltung für den Kunden fast bedeutungslos geworden. Auch der Versicherungsschutz ist bei allen Unternehmen nach den *Allgemeinen Versicherungsbedingungen (AVB)* grundsätzlich gleich gestaltet.
Im Gegensatz zur Sozialversicherung – der gesetzlich festgelegten Pflichtversicherung der Arbeitnehmer gegen Krankheit, Unfall und Arbeitslosigkeit – kann man sich aus der Individualversicherung einen »Schutzanzug nach Maß« schneidern lassen. Daher wird sie auch *Vertragsversicherung* genannt. Hier sind wiederum große Bereiche zu unterscheiden, nämlich die *Personen-* und die *Schadenversicherung.*

1. Auf die **Personenversicherung** entfallen die *Lebens-*, die *Kranken-* und die *Unfallversicherung*. Etwa 57 Prozent ihrer Beitragseinnahmen erzielen die Versicherungsunternehmen in diesen drei Zweigen. Dabei dominiert unangefochten die Lebensversicherung. Rund 40 Prozent ihrer Ausgaben für

die Individualversicherung zweigen die Deutschen für diese Versicherung ab.

2. Die **Schadenversicherung** bildet ein Mosaik großer und kleiner Versicherungsarten. Die bedeutendste ist die *Kraftfahrzeugversicherung*, gefolgt von der allgemeinen *Haftpflichtversicherung*, der *Feuer-*, *Hausrat-* und der *Transportversicherung*.

Das Versicherungswesen ist so konstruiert, daß den Gesellschaften das unternehmerische Risiko weitgehend genommen ist. Sie können praktisch nicht in Konkurs gehen. Sobald eine Versicherung in die roten Zahlen zu rutschen droht, werden die Gelder der Kunden zur Sanierung herangezogen.

Das Gesetz der großen Zahl greift nicht bei gigantischen Projekten, wie etwa Kernkraftwerken, Bohrinseln oder Staudämmen. Damit fallen die Voraussetzungen für eine Kalkulation, wie sie etwa in der Lebens- oder Autoversicherung gegeben sind, fort. Die Versicherer behelfen sich, indem sie das Risiko auf die Schultern vieler Versicherungsunternehmen verteilen. Im Schadensfall kommt man dann gemeinsam für die Leistung auf. Die wichtigste Rolle bei dieser »Versicherung für die Versicherer« spielt die *Rückversicherung*. Der eigentliche Versicherer übernimmt das Risiko, ohne seinem Kunden zu sagen, daß er sich abgesichert hat. Aber auch der Rückversicherer behält von großen Risiken nur einen Teil auf eigene Rechnung. Den anderen Teil gibt er seinerseits an andere Gesellschaften weiter. Das nennt man *Retrozession*.

## 4. Unternehmen mit gläsernen Taschen? Publizität, Bilanz und Gewinn- und Verlustrechnung

Obwohl jedes Unternehmen – auch das kleinste – eine Welt für sich ist mit ganz speziellen Umgangsformen, Ansprüchen und Hierarchien, steht es in vielerlei Hinsicht in Verbindung zur »Außenwelt«.

Das wird an einem Beispiel deutlich: Der Industriebetrieb Meier GmbH in Dresden bezieht Rohstoffe und Fertigteile, aber auch Maschinen, Büroeinrichtungen oder Geschäftsfahrzeuge von zahlreichen Lieferanten. Das Unternehmen unterhält seit Jahren enge Beziehungen zu einer bestimmten Bank in der Stadt. Diese Hausbank hilft bei der Abwicklung des Zahlungsverkehrs, berät bei Finanzierungskonzepten und stellt Kredite zur Verfügung, wenn Meier eine neue Maschine nicht aus eigener Tasche kaufen kann oder will. Die meisten Mitarbeiter kommen aus Dresden und Umgebung und sind an einem sicheren Arbeitsplatz interessiert. Und nicht zuletzt sind da die Kunden, die sich – teilweise schon seit vielen Jahren – von Meier beliefern lassen.

In all diesen Fällen geht es um Geld. Der Büroeinrichter will wissen, ob Meier die bestellte Schreibmaschine bezahlen kann; die Bank wird einen Kredit nicht ohne Kenntnisse der finanziellen Lage bei Meier geben; Stellenbewerber wollen möglichst schon vor dem ersten Arbeitstag Gewißheit haben, daß der neue Arbeitgeber finanziell auf sicheren Füßen steht; auch die Kunden muß es interessieren, ob Meier genügend Geld in den Kassen hat, um die Produktion aufrechtzuerhalten und damit die rechtzeitige Lieferung zu gewährleisten.

Nun kann es sein, daß Meier sich nicht in die Karten schauen lassen will – sei es, weil er den kurz bevorstehenden Konkurs verschleiern will oder der Meinung ist: »Wie es in meiner Kasse aussieht, geht nur mich etwas an.« Doch das Gesetz spielt da nicht mit. Es schreibt Meier vor, welche Informationen über sein Unternehmen er in welcher Form und in welchem Umfang wann und wo zur Verfügung stellen muß. Diese Vorschriften dienen dem Gläubiger- und dem Anlegerschutz. Je nach Größe und Rechtsform des Unternehmens schränkt

# Amtliche Bekanntmachung der Eintragungen des Amtsgerichts Dresden

Für die in () gesetzte Angabe der Geschäftsräume und des Geschäftszweiges keine Gewähr.

## Handelsregister

### Neueintragungen

HRA 3277 - 21. September 1998: **TBG Bau GmbH & Co. Projektentwicklungs KG,** Görlitz (Lutherstr. 31; Entwicklung und Planung von Bauprojekten aller Art). Kommanditgesellschaft. Beginn am 21. September 1998. Persönlich haftender Gesellschafter: TBG BauBeteiligungsgesellschaft mbH mit dem Sitz in Görlitz. Die Gesellschaft hat einen Kommanditisten.

HRA 3278 - 21. September 1998: **N & M Tonpool OHG,** Dresden (Meschwitzstraße 21; Verkauf, Verleih, Beratung im Bereich Veranstaltungstechnik.) Offene Handelsgesellschaft. Beginn am 01. Juni 1995. Persönlich haftende Gesellschafter: Eberhard Müller, Kaufmann, Hamburg; Jürgen Neumann Hößle, Kaufmann, Ebenhausen.

HRA 3279 - 22. September 1998: **Ing.Heinz-Jürgen Müller e.K: Hydraulik-Pneumatik Industriebedarf,** Weinböhla (Dresdner Str. 95; Gegenstand: Handel mit Artikeln der Befestigungstechnik, der Druckluft- und Hydrauliktechnik nebst Dienstleistungen in diesen Branchen ). Inhaber: Heinz-Jürgen Müller, Ingenieur für Ökonomie und Schlosser, Weinböhla.

HRA 3280 - 22. September 1998: **REWE Markt Manuela Rottgart oHG,** Dippoldiswalde (Am Scheunenplan 29 ; Gegenstand: Vertrieb von Lebensmitteln und Waren aller Art im Einzelhandel). Offene Handelsgesellschaft. Beginn: 06. März ·998. Persönlich haftender Gesell- ·ter. REWE Partnergesellschaft ·H, Berlin. Manuela Rottgart, ·lter.

rer: Dr. Ernst Sell, Kaufmann, Düsseldorf. GmbH mit Gesellschaftsvertrag vom 16. Juli 1997 und Nachtrag vom 01. Dezember 1997. Die Gesellschafterversammlung vom 07. April 1998 hat die Änderung des § 1 (Sitz, bisher Frechen (AG Kerpen HRB 2896)) der Satzung beschlossen. Ist nur ein Geschäftsführer bestellt, so vertritt er die Gesellschaft allein. Sind mehrere Geschäftsführer bestellt, so wird die Gesellschaft entweder durch zwei Geschäftsführer oder durch einen Geschäftsführer zusammen mit einem Prokuristen vertreten. Der Geschäftsführer Dr. Ernst Sell ist befugt, die Gesellschaft bei der Vornahme von Rechtsgeschäften mit sich selbst oder als Vertreter eines Dritten uneingeschränkt zu vertreten. Als nicht eingetragen wird veröffentlicht: Die Bekanntmachungen der Gesellschaft erfolgen im Bundesanzeiger.

HRB 16319 - 21. September 1998: **SOKON-Fertighaus-Vertriebsgesellschaft mbH,** Dresden (Gutenbergstr. 5). Gegenstand: Vertrieb von Raumzellen, Bauelementen und Fertighäusern. Stammkapital: 50.000,-- DM. Geschäftsführer: Hendrik Jülich, Fahrzeugschlosser, Moritzburg/Auer. GmbH mit Gesellschaftsvertrag vom 19. März 1998. Ist nur ein Geschäftsführer bestellt, so vertritt er die Gesellschaft allein. Sind mehrere Geschäftsführer bestellt, so wird die Gesellschaft entweder durch zwei Geschäftsführer oder durch einen Geschäftsführer zusammen mit einem Prokuristen vertreten. Jedoch vertritt der Geschäftsführer Hendrik Jülich stets einzeln. Er ist befugt, die Gesellschaft bei der Vornahme von Rechtsgeschäften mit sich selb·· oder als Vertreter eines Dri·· eingeschränkt zu ver·· eingetragen ··

diese *Pflichtpublizität* die Unabhängigkeit des Unternehmers oder des Managements unterschiedlich stark ein.
Ob ein Unternehmen über diese Pflichtinformationen hinaus noch etwas über sich mitteilen will, kann es selbst entscheiden. Es gibt Unternehmen, die nur den Pflichtanforderungen gerecht werden. Andere wiederum wollen die Informationspolitik selbst gestalten und machen sie zu einem wichtigen Bestandteil der Unternehmensführung – für die Mitarbeiter und die »Außenwelt«. Sie beauftragen Spezialagenturen, richten eigene Abteilungen für Presse- und Öffentlichkeitsarbeit *(Public Relations = PR)* ein oder stellen zumindest einen Mitarbeiter dafür ab.
Viel zu häufig freilich verwechselt manche Pressestelle oder PR-Agentur Information mit Werbung oder gibt nur solche Informationen heraus, die dem Unternehmen nicht schaden, blockt aber ab, wenn unangenehme Schlagzeilen zu erwarten sind.

### 4.1 Das Handelsregister

Im *Handelsregister* sind alle Unternehmen (Einzelkaufleute, offene Handelsgesellschaften, Kommanditgesellschaften, Aktiengesellschaften und Gesellschaften mit beschränkter Haftung) verzeichnet, die in dem jeweiligen Gerichtsbezirk ihren Sitz haben oder eine Niederlassung unterhalten. Für Genossenschaften werden eigene Register geführt. Im Handelsregister verzeichnet sind ferner andere juristische Personen, die ein Gewerbe in kaufmännischer Weise betreiben, zum Beispiel wirtschaftliche Vereine. Ein Unternehmen des Bundes, eines Landes oder eines inländischen Kommunalverbandes hingegen muß nicht im Handelsregister eingetragen sein.
Aus dem Register lassen sich Informationen über die wirtschaftliche Leistungsfähigkeit des jeweiligen Unternehmens entnehmen, nämlich die Höhe des Grund- bzw. Stammkapitals bei einer Kapitalgesellschaft, die Höhe der Kommanditeinlagen bei einer Kommanditgesellschaft, die Eröffnung eines Konkurs- oder Liquidationsverfahrens.
Im Handelsregister muß der Vollkaufmann (im Gegensatz zum Betreiber eines Kleingewerbes) einige grundsätzliche Informa-

tionen über sein Unternehmen eintragen lassen, so zum Beispiel den Namen des Inhabers bzw. der Gesellschafter (sofern es sich nicht um eine Aktiengesellschaft handelt, bei der Eigentümer nicht genannt werden müssen), den Unternehmenszweck, die Geschäftsführer oder die Höhe des haftenden Kapitals. Auch Sitzverlegungen gehören dazu.
Das Register wird beim örtlichen Amtsgericht geführt und ist öffentlich. »Die Einsicht des Handelsregisters sowie der zum Handelsregister eingereichten Schriftstücke ist jedem gestattet«, heißt es in Paragraph 9 des *Handelsgesetzbuches (HGB)*. Es genießt *öffentlichen Glauben*, d.h. die Eintragungen gelten als richtig, auch wenn dies nicht der Fall ist. Die Eintragungen muß das Gericht im Bundesanzeiger und in mindestens einem anderen Blatt bekanntmachen. Auch bei der Offenlegung der Jahresabschlüsse spielt das Handelsregister eine wichtige Rolle.

## 4.2 Das BiRiLiG und seine Folgen

1987 ist das Bilanzrecht geändert worden. Es hat zum Teil weitreichende Änderungen bei Rechnungslegung, Offenlegung und Prüfung gebracht. Das neue *Bilanzrichtlinien-Gesetz (BiRiLiG)* hat EU-Richtlinien in deutsches Recht umgesetzt. Die Vorschriften über den *Jahresabschluß* (darunter versteht man Bilanz, Gewinn- und Verlustrechnung, bei Kapitalgesellschaften zusätzlich den Anhang), den Lagebericht und die Offenlegungspflichten mußten erstmals auf das Geschäftsjahr angewendet werden, das nach dem 31. Dezember 1986 begann.
Das Gesetz betrifft hauptsächlich Kapitalgesellschaften, also AGs, GmbHs und KGaAs. Aber auch die Rechnungslegungspflichten der Nicht-Kapitalgesellschaften (Einzelkaufleute und Personengesellschaften) schreibt das BiRiLiG präziser fest. Im Prinzip sind alle Kapitalgesellschaften den Rechnungslegungs- und Offenlegungspflichten unterworfen. Damit hat die Neufassung des Gesetzes vor allem kleinere GmbHs getroffen. Für kleine und mittelgroße Kapitalgesellschaften haben sich allerdings Erleichterungen ergeben.

### 4.2.1 *Einzelkaufleute und Personengesellschaften*

Bereits vor dem BiRiLiG mußten Einzelkaufleute und Personengesellschaften für jedes Geschäftsjahr eine Bilanz erstellen. Die Aufstellung der ebenfalls zum Jahresabschluß gehörenden Gewinn- und Verlustrechnung war gesetzlich nicht vorgeschrieben, ergab sich aber aus den Erfordernissen der *Grundsätze ordnungsgemäßer Buchführung (GoB)*. Darunter versteht man etwa die vollständige, richtige, zeitgerechte und geordnete Eintragung in die Bücher, aber auch Gliederungs-, Ausweis-, Bilanzierungs- und Bewertungsvorschriften.
Nun ist in Paragraph 242 III HGB die Pflicht zur Aufstellung einer Gewinn- und Verlustrechnung festgeschrieben. Da der Jahresabschluß von Einzelkaufleuten und Personengesellschaften nicht offengelegt werden muß, dient er lediglich der Selbstinformation des Kaufmanns oder der Gesellschafter. Daraus erklärt sich, daß die Berichterstattung über Einzelkaufleute und Personengesellschaften in der Tageszeitung nur eine geringe Rolle spielt.

### 4.2.2 *Kapitalgesellschaften*

Zum Jahresabschluß der Kapitalgesellschaft zählt neben Bilanz und Gewinn- und Verlustrechnung auch der Anhang. Der Jahresabschluß, so lautet die Generalnorm, muß ein den »tatsächlichen Verhältnissen entsprechendes Bild der Vermögens-, Finanz- und Ertragslage ... vermitteln« (Paragraph 264 II 1 HGB). Die Verpflichtung zur Aufstellung hängt jedoch von der Größe der Gesellschaft ab. Um die Rechnungslegung für kleine und mittelgroße Kapitalgesellschaften zu erleichtern, hat der Gesetzgeber Größenklassen eingeführt.
Erleichterungen wie bei der Rechnungslegung hat der Gesetzgeber auch bei der Prüfung und Offenlegung der Jahresabschlüsse der Kapitalgesellschaften zugelassen. Der Jahresabschluß von großen und mittelgroßen Kapitalgesellschaften muß jährlich geprüft werden. Der Abschlußprüfer – eine Wirtschaftsprüfungsgesellschaft – wird von den Gesellschaftern bestimmt und muß einen schriftlichen Bericht über die Prüfung

vorlegen. Das Resultat der Prüfung muß er in einem *Bestätigungsvermerk*, auch *Testat* genannt, darlegen.
Beim Stichwort Offenlegung muß auch das »Gesetz über die Rechnungslegung von bestimmten Unternehmen und Konzernen« *(Publizitätsgesetz)* von 1969 erwähnt werden. Danach müssen GmbHs, Personengesellschaften, aber auch Einzelkaufleute ihren Jahresabschluß offenlegen, wenn zwei von drei der folgenden Größenmerkmale an drei aufeinanderfolgenden Bilanzstichtagen erfüllt sind:

- Bilanzsumme über 125 Millionen Mark
- Umsatzerlöse über 250 Millionen Mark
- Zahl der Beschäftigten über 5000

Da das Bilanzrichtlinien-Gesetz die Offenlegung aller Kapitalgesellschaften regelt, fällt die GmbH nicht mehr unter das Publizitätsgesetz.

## 4.3 Die Bilanz

Eine *Bilanz* sagt mehr als tausend Worte. Das Konzentrat aller wirtschaftlichen Aktionen, die Zusammenfassung aller wichtigen Ereignisse finden sich hier. An ihr mißt man die Leistungskraft eines Unternehmens. Ohne Zahlen und ohne deren kritische Überprüfung würde jeder Kaufmann scheitern. Das Erstellen dieses Zahlenwerkes ist also für die Unternehmen keine lästige Pflicht.
Die Bilanz (abgeleitet aus dem italienischen *bilancia* = »Waage«) ist die Addition aller Vermögenswerte und Schulden. Die linke Seite wird *Aktiva* genannt, die rechte *Passiva*. Eine Eselsbrücke: »Aktiv« ist das Vermögen, »passiv« der dahinterstehende Finanzier. »Aktiv« ist der Vorstand eines Unternehmens, der das Vermögen dirigiert. »Passiv« sind die Aktionäre, die Kapitalgeber. »Passiv« sind auch die Banken, die Geld ausleihen, und die Lieferanten, die auf ihr Geld warten.
Auf der *Aktivseite*, der linken Seite, sind sämtliche *Sachen* und *Rechte* aufgelistet, die dem Unternehmen zu seinem Betrieb zur Verfügung stehen. Zu den Sachen, also den materiellen Vermögensgegenständen, gehören zum Beispiel Maschinen,

Fabrikhallen oder das Grundstück, auf dem diese Fabrikhallen stehen. Zu den immateriellen Vermögensgegenständen, den Rechten, gehören zum Beispiel die Forderungen gegenüber Kunden oder auch Patente.
Die Aktiva, also die auf der Aktivseite zusammengefaßten Vermögensgegenstände, sind hauptsächlich in zwei Gruppen untergliedert: in das *Anlagevermögen* und das *Umlaufvermögen.* Unter das Anlagevermögen fallen alle Gegenstände, die dem dauernden Gebrauch dienen, zum Beispiel in einem Produktionsbetrieb die Fertigungsanlagen. Das Umlaufvermögen besteht aus Gegenständen, die nicht zum dauernden Gebrauch des Betriebs bestimmt sind, also zum Beispiel die Rohstoffe zur Herstellung der Produkte und die Produkte selbst, die ja verkauft werden sollen.
Bei den aktiven *Rechnungsabgrenzungsposten* handelt es sich um Ausgaben, die im Zeitraum vor dem Bilanzstichtag getätigt wurden, aber erst nach dem Bilanzstichtag zu einer Vermögenserhöhung führen. Da die Vermögenserhöhung aber wirtschaftlich gesehen zum abgelaufenen Geschäftsjahr gehört, wird sie mit Hilfe der Rechnungsabgrenzungsposten als schon vorhanden dargestellt.
Auf der *Passivseite*, der rechten Seite, ist angegeben, wo das Kapital für die Vermögensgegenstände der Aktivseite herkommt. Denkbar sind im Prinzip nur zwei Quellen: Entweder es gehört dem Kaufmann, dem oder den Gesellschaftern oder den Aktionären – dann ist es *Eigenkapital.* Oder es gehört den Gläubigern – dann handelt es sich um *Fremdkapital.* Zum Eigenkapital zählt bei der Aktiengesellschaft das *Grundkapital*, bei der GmbH das *Stammkapital* sowie die *Rücklagen.* Zum Fremdkapital gehören Bankkredite oder *erhaltene Anzahlungen.*
Auch auf der Passivseite dienen Rechnungsabgrenzungsposten der periodengerechten Darstellung der Vermögens- und Finanzlage des Unternehmens. Bei den passiven Rechnungsabgrenzungsposten handelt es sich um Einnahmen des Unternehmens, die zwar schon im abgelaufenen Geschäftsjahr erfolgten, aber erst das folgende Geschäftsjahr betreffen.
Das Handelsgesetzbuch schreibt für die Aufstellung der Bilanz die Kontoform vor. Aktiva und Passiva stehen sich also in zwei

**Aktivseite**

A. Anlagevermögen:
   I. Immaterielle Vermögensgegenstände:
      1. Konzessionen, gewerbliche Schutzrechte und ähnliche Rechte und Werte sowie Lizenzen an solchen Rechten und Werten;
      2. Geschäfts- oder Firmenwert;
      3. geleistete Anzahlungen;
   II. Sachanlagen:
      1. Grundstücke, grundstücksgleiche Rechte und Bauten einschließlich der Bauten auf fremden Grundstücken;
      2. technische Anlagen und Maschinen;
      3. andere Anlagen, Betriebs- und Geschäftsausstattung;
      4. geleistete Anzahlungen und Anlagen im Bau;
   III. Finanzanlagen:
      1. Anteile an verbundenen Unternehmen;
      2. Ausleihungen an verbundene Unternehmen;
      3. Beteiligungen;
      4. Ausleihungen an Unternehmen, mit denen ein Beteiligungsverhältnis besteht;
      5. Wertpapiere des Anlagevermögens;
      6. sonstige Ausleihungen.

B. Umlaufvermögen:
   I. Vorräte:
      1. Roh-, Hilfs- und Betriebsstoffe;
      2. unfertige Erzeugnisse, unfertige Leistungen;
      3. fertige Erzeugnisse und Waren;
      4. geleistete Anzahlungen;
   II. Forderungen und sonstige Vermögensgegenstände;
      1. Forderungen aus Lieferungen und Leistungen;
      2. Forderungen gegen verbundene Unternehmen;
      3. Forderungen gegen Unternehmen, mit denen ein Beteiligungsverhältnis besteht;
      4. sonstige Vermögensgegenstände;
   III. Wertpapiere:
      1. Anteile an verbundenen Unternehmen;
      2. eigene Anteile;
      3. sonstige Wertpapiere;
   IV. Schecks, Kassenbestand, Bundesbank- und Postgiroguthaben, Guthaben bei Kreditinstituten.

C. Rechnungsabgrenzungsposten.

**Passivseite**

A. Eigenkapital:
   I. Gezeichnetes Kapital;
   II. Kapitalrücklage;
   III. Gewinnrücklagen:
      1. gesetzliche Rücklage;
      2. Rücklage für eigene Anteile;
      3. satzungsmäßige Rücklagen;
      4. andere Gewinnrücklagen;
   IV. Gewinnvortrag/Verlustvortrag;
   V. Jahresüberschuß/Jahresfehlbetrag.

B. Rückstellungen:
   1. Rückstellungen für Pensionen und ähnliche Verpflichtungen;
   2. Steuerrückstellungen;
   3. sonstige Rückstellungen.

C. Verbindlichkeiten:
   1. Anleihen,
      davon konvertibel;
   2. Verbindlichkeiten gegenüber Kreditinstituten;
   3. erhaltene Anzahlungen auf Bestellungen;
   4. Verbindlichkeiten aus Lieferungen und Leistungen;
   5. Verbindlichkeiten aus der Annahme gezogener Wechsel und der Ausleihung eigener Wechsel;
   6. Verbindlichkeiten gegenüber verbundenen Unternehmen;
   7. Verbindlichkeiten gegenüber Unternehmen, mit denen ein Beteiligungsverfahren besteht;
   8. sonstige Verbindlichkeiten,
      davon aus Steuern,
      davon im Rahmen der sozialen Sicherheit.

D. Rechnungsabgrenzungsposten.

Zahlenreihen gegenüber. Daß nun die Bilanz immer ausgeglichen ist, also der Wert der Aktiva immer dem Wert der Passiva entspricht, sorgt zwar immer wieder für Erstaunen, ist aber leicht zu erklären.
Es gilt:

| | | |
|---|---|---|
| Aktiva | = | Passiva |
| oder | | |
| Wert des Vermögens | = | Eigenkapital plus Fremdkapital (Verbindlichkeiten) |

Gibt es einen *Saldo* zwischen beiden Seiten, stellt dieser den Erfolg des Unternehmens dar: den Gewinn oder den Verlust. Ist das Kapital größer als das Vermögen, hat das Unternehmen einen Verlust gemacht. Dieser erscheint als Abschlußposten auf der Aktivseite. Ist das Vermögen größer als das Kapital, hat das Unternehmen einen Gewinn erwirtschaftet. Dieser erscheint als Abschlußposten auf der Passivseite. Mit Hilfe der Bilanz kann man also summarisch den Erfolg des Unternehmens in einem Geschäftsjahr ermitteln.
Ein wichtiger Posten in der Bilanz sind die *Pensionsrückstellungen*, die bei Großunternehmen wie Siemens Milliardenbeträge ausmachen. Wer lange Jahre in einem Betrieb tätig ist, erwirbt für den Fall seines Ausscheidens meist das Recht auf eine Betriebsrente. Obwohl diese Auszahlungen im Falle eines 30jährigen Mitarbeiters erst in mehr als drei Jahrzehnten geleistet werden müssen, legt das Unternehmen die dafür erforderlichen monatlichen Beträge schon heute zurück – in Form von Pensionsrückstellungen. Aus diesem Topf stammen natürlich auch die laufenden Pensionszahlungen.
Die Bildung von Rückstellungen bedeutet immer Aufwand. Aufwand mindert den Gewinn und damit die Belastung mit Steuern. Ist der Grund für die Bildung der Rückstellung weggefallen, muß sie aufgelöst werden. Die Auflösung einer Rückstellung mehrt den Ertrag, damit den Gewinn und die Belastung mit Steuern. Rückstellungen wirken somit steueraufschiebend.
Auf der Aktiv- wie auf der Passivseite gibt es *Rechnungsabgrenzungsposten.* Auf der Aktivseite sind darunter Ausgaben vor dem Bilanzstichtag zu verstehen, die Aufwand für eine be-

stimmte Zeit nach diesem Tag sind. Beispiel: eine Versicherungsprämie, die bereits Ende September für die Zeit bis Ende März des kommenden Jahres bezahlt wird. Der Teil der Prämie für das erste Quartal des nächsten Jahres wird als Rechnungsabgrenzungsposten, der andere als Aufwand des laufenden Jahres verbucht. Auf der Passivseite werden Einnahmen vor dem Bilanzstichtag verbucht, die Ertrag für eine bestimmte Zeit nach dem Bilanzstichtag darstellen. Beispiel hierfür ist eine Miete für das erste Quartal des nächsten Jahres, die bereits im Dezember bezahlt wurde. Die Miete für dieses erste Quartal ist also am Bilanzstichtag noch nicht Ertrag, sondern Rechnungsabgrenzungsposten.

## 4.4 Gewinn- und Verlustrechnung (Erfolgsrechnung)

Macht die Bilanz die Vermögenslage zum Bilanzstichtag transparent, so berichtet die *Gewinn- und Verlustrechnung (GuV)* über den Erfolg des Geschäftsjahres und dessen Quellen. Deshalb wird die GuV auch *Erfolgsrechnung* genannt. Sie ist gleichsam das Gewinn- und Erfolgskonto der Bilanz. Die GuV hat sich aber völlig verselbständigt und stellt im Grunde den zweiten Teil der Bilanz dar.
Im Gegensatz zur Bilanz handelt es sich beim Erfolgskonto um erfolgswirksame Einnahmen (aus Verkäufen) und Ausgaben (aus Einkäufen) und nicht um Vermögens- und Finanzbestände. Hier werden den Erträgen alle Aufwendungen gegenübergestellt und daraus der Saldo ermittelt. Als Saldo entsteht dann entweder ein Gewinn (die Erträge übersteigen die Aufwendungen) oder ein Verlust (die Aufwendungen übersteigen die Erträge).
Dafür schreibt das Gesetz wie bei der Bilanz eine bestimmte Gliederung vor – in Staffelform. Das bedeutet, daß Erträge und Aufwendungen fortlaufend untereinander aufgeführt werden.

## 4.5 Der Anhang

Der *Anhang* ist für Kapitalgesellschaften neben GuV und Bilanz der dritte Bestandteil des Jahresabschlusses; Nicht-Kapitalgesellschaften können auf ihn verzichten. Der Anhang soll

1. Umsatzerlöse
2. Erhöhung oder Verminderung des Bestands an fertigen und unfertigen Erzeugnissen
3. andere aktivierte Eigenleistungen
4. sonstige betriebliche Erträge
5. Materialaufwand:
   a) Aufwendungen für Roh-, Hilfs- und Betriebsstoffe und für bezogene Waren
   b) Aufwendungen für bezogene Leistungen
6. Personalaufwand:
   a) Löhne und Gehälter
   b) soziale Abgaben und Aufwendungen für Altersversorgung und für Unterstützung,
      davon für Altersversorgung
7. Abschreibungen
   a) auf immaterielle Vermögensgegenstände des Anlagevermögens und Sachanlagen sowie auf aktivierte Aufwendungen für die Ingangsetzung und Erweiterung des Geschäftsbetriebs
   b) auf Vermögensgegenstände des Umlaufvermögens, soweit diese die in der Kapitalgesellschaft üblichen Abschreibungen überschreiten
8. sonstige betriebliche Aufwendungen
9. Erträge aus Beteiligungen,
   davon aus verbundenen Unternehmen
10. Erträge aus anderen Wertpapieren und Ausleihungen des Finanzanlagevermögens,
    davon aus verbundenen Unternehmen
11. sonstige Zinsen und ähnliche Erträge,
    davon aus verbundenen Unternehmen
12. Abschreibungen auf Finanzanlagen und auf Wertpapiere des Umlaufvermögens
13. Zinsen und ähnliche Aufwendungen,
    davon an verbundene Unternehmen
14. Ergebnis der gewöhnlichen Geschäftstätigkeit
15. außerordentliche Erträge
16. außerordentliche Aufwendungen
17. außerordentliches Ergebnis
18. Steuern vom Einkommen und vom Ertrag
19. sonstige Steuern
20. Jahresüberschuß/Jahresfehlbetrag

Bilanz und Erfolgsrechnung so erläutern, daß der Jahresabschluß ein den tatsächlichen Verhältnissen entsprechendes Bild der Vermögens-, Finanz- und Ertragslage der Kapitalgesellschaft vermittelt. Er soll also die Aussagekraft der beiden anderen Instrumente der Rechnungslegung verbessern. Wer einen Jahresabschluß analysieren möchte, kann auf die Informationen im Anhang nicht verzichten.

## 4.6 Der Lagebericht

Kapitalgesellschaften müssen neben dem dreiteiligen Jahresabschluß (Bilanz, GuV, Anhang) auch einen *Lagebericht* aufstellen. Darin sind zumindest der Geschäftsverlauf und die Lage der Kapitalgesellschaft so darzustellen, daß ein den tatsächlichen Verhältnissen entsprechendes Bild vermittelt wird.
Bei der Beurteilung der Lage ist zum Beispiel die Stellung des Unternehmens in seinem Gesamtmarkt und innerhalb der eigenen Branche interessant. So wird ein Pharmaunternehmen Stellung nehmen zur Lage der chemischen Industrie, aber auch zur Situation der pharmazeutischen Industrie. Wie die Unternehmensführung die Situation der eigenen Gesellschaft einschätzt, gehört ebenso in den Lagebericht wie Ausführungen über Rentabilität, Kosten, Auftragseingänge und Auftragsbestand, Produktion und Personal.
Was den Verlauf des Geschäftsjahres angeht, so muß der Lagebericht zum Beispiel Angaben über besondere Investitionsvorhaben, Umorganisationen, Zusammenschlüsse oder Kooperationen mit anderen Unternehmen oder rechtliche Veränderungen (neue Gesellschafter etc.) enthalten.
Auf drei Punkte weist das Gesetz besonders hin. So soll der Lagebericht über *Vorgänge von besonderer Bedeutung nach Schluß des Geschäftsjahres* Auskunft geben. Dazu zählen der nachträgliche Erwerb oder Verkauf von Beteiligungen oder Kapitalerhöhungen. Auch muß der Vorstand bzw. die Geschäftsführung Aussagen über die *voraussichtliche Entwicklung des Unternehmens* machen. Da Prognosen immer mit Unsicherheiten behaftet sind, wird sich die Unternehmensführung hier eher auf allgemeine Formulierungen zurückziehen, wie: »Wir erwarten auch für das laufende Geschäftsjahr ein gutes

Ergebnis« oder »Die anhaltende Marktschwäche läßt auch für unsere Gesellschaft im laufenden Geschäftsjahr keine wesentlichen Besserungen erwarten.« Prognosen können sich auch auf Teilbereiche des Unternehmens (Absatz, Produktion, Personal) beziehen.

Als dritten Punkt schreibt das HGB schließlich Aussagen über die *Forschungs- und Entwicklungstätigkeit* vor. Die Angaben werden freilich nicht zu sehr in die Tiefe gehen, da die Konkurrenz genau verfolgt, was die Mitbewerber tun. Üblich ist es jedoch, Angaben über Höhe und Trend der Aufwendungen für *Forschung und Entwicklung (F+E* genannt) oder über die Zahl der damit beschäftigten Mitarbeiter zu machen.

Den Jahresabschluß sowie den Lagebericht fassen Kapitalgesellschaften in *Geschäftsberichten* zusammen, die oft aufwendig aufgemacht sind und von Interessenten (u.a. Aktionären und zukünftigen Aktionären) angefordert werden können. Informationsgehalt und Gestaltung werden häufig prämiiert, zum Beispiel von Wirtschaftsmagazinen. Vor allem für (börsennotierte) Aktiengesellschaften ist der Geschäftsbericht ein wichtiges Medium der Selbstdarstellung und Öffentlichkeitsarbeit.

## 4.7 Mit Zahlen arbeiten: die Bilanzanalyse

Obwohl vor allem für große Kapitalgesellschaften die Rechnungslegungspflichten recht weit gehen, reichen die Informationen des Jahresabschlusses in Form von Bilanz und Gewinn- und Verlustrechnung nicht aus, um die Ertragskraft und die finanzielle Lage eines Unternehmens aussagekräftig zu bestimmen. Um dies zu erreichen, müssen die Daten aufbereitet werden. Das geschieht in der *Bilanzanalyse* (die korrekt *Jahresabschlußanalyse* heißen müßte).

Es versteht sich von selbst, daß eine solche Analyse um so zuverlässiger ist, je fundierter die Datengrundlage ist. Eine Bilanzanalyse bietet sich insofern vor allem für große und börsennotierte Kapitalgesellschaften an, für die keine Erleichterungen bei der Rechnungs- und Offenlegungspflicht bestehen.

Die Aufbereitung der Daten führt zu Kennzahlen (die auch mit Informationen kombiniert werden können, die nicht aus dem Jahresabschluß abgeleitet worden sind). Lesern des Wirtschaftsteils einer Zeitung, denen der Geschäftsbericht nicht vorliegt, wird die Bilanzanalyse durch den Abdruck von Tabellen erleichtert, die die wichtigsten Daten aus Bilanz und GuV zusammengefaßt enthalten.

### 4.7.1 *Die goldene Bilanzregel*

*Die goldene Bilanzregel* besagt, daß finanzielle Mittel dem Unternehmen so lange zur Verfügung stehen sollten, wie sie im Unternehmen investiert sind. Langfristige Investitionen sollten also durch langfristiges Kapital (Eigenkapital und/oder langfristiges Fremdkapital), kurzfristige Investitionen durch kurzfristiges Kapital gedeckt werden. Man spricht deshalb auch von *Fristenkongruenz*. Es ist einleuchtend, daß ein Unternehmen die Anschaffung von Geschäftsfahrzeugen nicht aus der Portokasse finanzieren wird, sondern durch Eigenkapital oder Darlehen. Andererseits wird kein vernünftiger Unternehmer zum Kauf von Büromaterial einen langfristigen Kredit aufnehmen.

Ein hohes Eigenkapital macht das Unternehmen unabhängig und ist ein sicheres Polster, wenn sich die Geschäftslage verschlechtert. Ein hoher Verschuldungsgrad macht die Gesellschaft verwundbar und vergrößert ihre Abhängigkeit (etwa wenn die Zinsen steigen).

Aus der Gliederung der GuV geht die Dreiteilung des Erfolgs in Betriebsergebnis, Finanzergebnis und außerordentliches Ergebnis hervor. Allein der Vergleich dieser drei Kategorien mit dem Jahresüberschuß läßt Rückschlüsse auf das betreffende Geschäftsjahr zu. Stellt zum Beispiel das Finanzergebnis den größten Teil des Jahresüberschusses, so ist zu fragen, ob dies auf einen Rückgang des Betriebsergebnisses zurückzuführen ist oder auf beispielsweise umfangreiche Verkäufe von Beteiligungen.

Aber auch der Vergleich von einzelnen Aufwandspositionen mit den Umsatzerlösen kann lohnend sein. Wächst zum Beispiel der Aufwand für das Personal wesentlich stärker als die Umsatzerlöse, kann es sein, daß Tariferhöhungen nicht im gleichen Umfang in Form von höheren Preisen an die Kunden weitergegeben werden konnten. Hierzu müßte die Geschäftsführung freilich zusätzliche Angaben machen, denn es ist auch

möglich, daß ein teures Schulungsprogramm für den Außendienst gestartet wurde, das den Personalaufwand in die Höhe getrieben hat.
Über die Struktur des Gewinns und die Höhe der unterschiedlichen Aufwandsposten hinaus interessiert vor allem, ob sich das im Unternehmen arbeitende Kapital ausreichend verzinst hat. Dies ist die Frage nach der *Kapitalrentabilität* bzw. der Rendite *(Return of Investment = ROI)*.

$$\text{Eigenkapital-rentabilität} = \frac{\text{Jahresüberschuß (vor Ertragssteuern)}}{\text{Eigenkapital}}$$

Diese Kennzahl zeigt die Verzinsung des Eigenkapitals an und ist ein wichtiger Maßstab zur Erfolgsmessung. Die Eigenkapitalrentabilität läßt sich in zwei Bestandteile aufspalten: in die Gewinnspanne und den Kapitalumschlag.

$$\text{Gewinnspanne} = \frac{\text{Jahresüberschuß (vor Ertragssteuern)}}{\text{Umsatz}}$$

$$\text{Kapitalumschlag} = \frac{\text{Umsatz}}{\text{Eigenkapital}}$$

Während die Gewinnspanne den Anteil des Gewinns am Umsatz angibt, stellt der Kapitalumschlag den Grad der Nutzung des investierten Kapitals dar. Ein Kapitalumschlag von 2 bedeutet, daß mit je einer Mark Kapital zwei Mark Umsatz erzielt werden können.

### 4.7.2 *Cash-flow*

Ein Begriff, der häufig in Bilanzberichten auftaucht, ist *Cash-flow*. Er zeigt die Fähigkeit des Unternehmens an, sich aus *eigenen Quellen* zu finanzieren, und stellt den finanzwirtschaftlichen Überschuß dar *(Cash-flow* = »Geldfluß«, »Finanzfluß«, »Kapitalfluß«).
Dieser finanzwirtschaftliche Überschuß kann aus der GuV allein nicht errechnet werden. Der Grund: In der Erfolgsrechnung werden nur Aufwendungen und Erträge gegenüberge-

stellt, nicht aber Einnahmen und Ausgaben. Um also den Finanzfluß sichtbar zu machen, muß man aus der GuV sowohl diejenigen Aufwendungen herausrechnen, die keine Ausgaben sind (Beispiel: Abschreibungen), als auch diejenigen Erträge eliminieren, die keine Einnahmen sind (Beispiel: Bestandserhöhung der Vorräte). Sondert man diese beiden Arten von Aufwendungen und Erträgen vom Jahresüberschuß (der ja bei Aufwendungen und Erträgen nicht unterscheidet) aus, bleibt der Cash-flow übrig. Das ist der Überschuß der einnahmewirksamen Erträge über die ausgabewirksamen Aufwendungen:

| | |
|---|---|
| Jahresüberschuß<br>+ Abschreibungen<br>+ Rückstellungen<br>+ Bestandsminderung der Vorräte<br>+ Einstellungen in Sonderposten | ausgabelose Aufwendungen mit Rückgabeanteil |
| ./. Zuschreibungen<br>./. Auflösung von (nicht verbrauchten) Rückstellungen<br>./. Bestandserhöhung der Vorräte<br>./. Erträge aus der Auflösung von Sonderposten mit Rücklageanteil | einnahmelose Erträge |
| = Cash-flow | |

Der Cash-flow macht Aussagen über das Finanzierungspotential des Unternehmens bezüglich Gewinnausschüttung, Investitionen und Schuldentilgung. Er kann auch zur Bildung von Verhältniszahlen herangezogen werden:

$$\frac{\text{Cash-flow}}{\text{Gesamtinvestitionen}}$$

Diese Kennzahl sagt aus, inwieweit sich das Unternehmen innenfinanzieren kann.

$$\frac{\text{Gesamtes Fremdkapital}}{\text{Cash-flow}}$$

Diese Kennzahl wird *dynamischer Verschuldungsgrad* genannt und sagt aus, in welchem Umfang das Unternehmen in der Lage ist, Schulden aus eigenen Quellen zu tilgen.

### 4.7.3 *Gewinn je Aktie*

Weil kein Einvernehmen besteht, was als »wahrer« Gewinn einer AG zu gelten hat, haben die Finanzanalysten eigene Methoden entwickelt, mit denen sie die veröffentlichten Daten der Unternehmen untersuchen. Aus Erfahrung weiß man, daß trotz aller gesetzlichen Vorschriften zur Offenlegung von Jahresabschlußzahlen genügend Spielraum bleibt, um sich als AG »reich« oder »arm« zu rechnen – je nach Ziel. Bei ihren Prognosen über mögliche Gewinne im nächsten oder gar übernächsten Jahr stützen sich die Analysten daher auf die Gewinndaten, die sie mit ihren speziellen Methoden »korrigiert« haben.
Hinsichtlich der Berechnung des Gewinns je Aktie hat sich die Formel der *Deutschen Vereinigung für Finanzanalyse und Anlageberatung (DVFA)* durchgesetzt. In den Bilanzberichten des Wirtschaftsteils der Zeitung ist denn auch häufig vom »Gewinn je Aktie nach DVFA« die Rede. Die DVFA-Formel geht zwar vom Jahresüberschuß aus, bereinigt diesen aber von allen Sondereinflüssen. Der bereinigte Überschuß bildet die Grundlage für den Gewinn je Aktie, der sich ergibt, wenn man den Jahresgewinn durch die Anzahl der ausgegebenen Aktien teilt.

### 4.7.4 *Kurs/Gewinn-Verhältnis (KGV)*

Die bekannteste Kennzahl für die Beurteilung von Aktien ist das *Kurs/Gewinn-Verhältnis (KGV)*. Mit ihm läßt sich abschätzen, ob der Kaufkurs einer bestimmten Aktie noch attraktiv ist, oder ob an der Börse bereits ein hoher, vielleicht gar zu hoher Preis verlangt wird. Das KGV stellt den Kurs einer Aktie, also deren Marktwert, dem auf diese Aktie entfallenden Reingewinn gegenüber.
Aus dem Verhältnis von aktuellem Aktienkurs zu geschätztem Gewinn der AG läßt sich ablesen, wie sehr die Phantasie über

künftige Gewinne bereits den momentanen Kurs beeinflußt. Das KGV gibt an, wieviel eine Mark des künftigen Gewinns der AG jetzt schon an der Börse kostet. Es signalisiert, ob eine Aktie noch relativ billig oder schon relativ teuer ist.
Richtschnur: Kurs/Gewinn-Verhältnisse zwischen zehn und 15 gelten als angemessen. Ein KGV unter zehn deutet auf eine Unterbewertung, ein KGV ab 15 auf Überbewertung hin. Vergleichen sollte man mit dem KGV aber nur wirklich Vergleichbares – etwa das KGV einer Software-Aktie mit dem KGV einer anderen Software-Aktie. Oder das KGV einer Kaufhaus-Aktie mit dem Durchschnitts-KGV der Konsumbranche.
Das *Kurs/Cash-flow-Verhältnis (KCV)* ist der amerikanische Verwandte des KGV, der sich hierzulande zunehmender Beliebtheit erfreut. Im Prinzip entspricht das KCV dem Kurs/Gewinn-Verhältnis – nur daß anstelle von »Gewinn je Aktie« in die Formel »Cash-flow je Aktie« eingesetzt wird. Wie der Gewinn ist auch der Cash flow nur eine Behelfsgröße, mit der mehr oder weniger treffend die Ertragskraft einer AG erfaßt werden soll.

## 4.8 Bilanzkosmetik: Make-up für rote Zahlen

»Eine gute Bilanz ist in der Regel noch besser, eine schlechte in der Regel noch schlechter.« Diese Weisheit der Bilanzanalyse dürfte fast so alt sein wie die Bilanz selbst und hat doch bis auf den heutigen Tag nichts von ihrer Geltung eingebüßt. Der Laie mag zwar den Eindruck haben, die Rechnungslegungsvorschriften gingen sehr weit und ließen dem Bilanzierenden eigentlich kaum Freiheit, sich als Zahlenjongleur zu betätigen. Tatsächlich aber gewährt das Gesetz Spielräume, von denen die Unternehmen auch Gebrauch machen (von den nicht ganz so legalen ganz zu schweigen).
Dieses aktive Gestalten von Bilanz und Erfolgsrechnung nennt man *Bilanzpolitik*. Hauptsächlich wird sie das Unternehmen dazu einsetzen, den Bilanzgewinn bzw. den Jahresüberschuß zu drücken. Denn: je höher der Gewinn, desto höher die Steuerbelastung. Es gilt nämlich, daß die Handelsbilanz Grundlage für die Steuerbilanz ist, der Maßstab für das Finanzamt. Natür-

lich geht es dem Unternehmen nicht darum, einen niedrigen Gewinn zu *erzielen*, sondern darum, einen solchen *auszuweisen*, mit anderen Worten: einen Teil des Gewinns im Zahlenwerk zu verstecken. Andererseits kann es das Unternehmen auch für notwendig erachten, einen höheren (oder einen hohen) Gewinn auszuweisen.
Nehmen wir zum Beispiel eine junge Aktiengesellschaft, die an die Börse gehen will. Um möglichst viele Anleger zum Kauf ihrer Aktien zu veranlassen, wird sie einen ansehnlichen Bilanzgewinn ausweisen wollen, in der Hoffnung, damit Eindruck schinden zu können. Denn aus dem Bilanzgewinn wird die Dividende für die künftigen Aktionäre ausgeschüttet. Auch ist es üblich, daß eine AG ihre Ausschüttung relativ stabil halten will, um die Aktionäre nicht zu verärgern *(Dividendenkontinuität)*. Zuweilen geschieht dies dadurch, daß Rücklagen aufgelöst werden. Schließlich kommt es nicht selten vor, daß Firmen nach einem katastrophalen Jahr finanzielle Klimmzüge machen, um aus knallroten Zahlen rosarote oder schwarze zu zaubern.
Es gibt also viele Gründe, Bilanzpolitik zu betreiben.

### 4.8.1 *Die stillen Reserven*

Eine wichtige Rolle bei der Bilanzpolitik spielen die *stillen Reserven*. Sie heißen deshalb »still«, weil sie anders als die offenen Rücklagen bzw. Reserven nicht direkt aus der Bilanz zu erkennen sind. Unter stillen Reserven versteht man den Unterschied zwischen den Buchwerten – also den im Jahresabschluß ausgewiesenen Werten – und den tatsächlichen, *höheren* Werten der Aktivposten bzw. den Unterschied zwischen den Buchwerten und den niedrigeren tatsächlichen Werten der Passivposten.
Selbst eine genaue Analyse einer Bilanz ist nicht aussagefähig, wenn man in ihr nicht auch die stillen Reserven entschlüsselt, und zwar möglichst aus jeder einzelnen Bilanzposition. Die stillen Reserven sind sozusagen das unsichtbare Finanzpolster der Gesellschaft. Sie stellen genau das dar, was in der Bilanz zwar nicht erscheint, was aber aus den Erläuterungen zur Bilanz, aus dem Anhang und auch aus dem Lagebericht zum Teil heraus-

gelesen werden kann. Reicher rechnen, als er ist, darf sich der Kaufmann von Amts wegen nie. Das verbieten Handels- und Steuerrecht. Doch wenn die Wirtschaft in eine Rezession schlittert, gilt es, stille Reserven anzulegen: Es wird versucht, das Vermögen auf der Aktivseite der Bilanz möglichst niedrig, Rückstellungen und Verbindlichkeiten auf der Passivseite möglichst hoch zu bewerten.

Eine stille Reserve auf der Aktivseite der Bilanz liegt zum Beispiel vor, wenn ein Geschäftsauto mit seinem Wert von 10000 Mark zu Buche steht, man aber beim Gebrauchtwagenhändler noch 15000 Mark dafür bekommen würde. Dieses Beispiel zeigt, um was es bei den stillen Reserven vor allem geht: um das Ausnutzen von Bewertungswahlrechten.

Nehmen wir das abnutzbare Anlagevermögen, also etwa Maschinen. Sie müssen zu Anschaffungs- oder Herstellungskosten angesetzt (bewertet) werden. Steht damit zwar der Wertansatz fest, so hat der Bilanzierende immer noch die Wahl: Zum einen kann er durch die Schätzung der Nutzungsdauer der Maschine die Höhe der Abschreibungen und damit den Gewinn beeinflussen. Zum anderen kann er zwischen verschiedenen Abschreibungsmethoden wählen: Bei der *linearen Methode* werden die Kosten gleichmäßig auf die einzelnen Jahre der Nutzungsdauer verteilt. Bei einer Maschine, für die der Unternehmer 10000 Mark bezahlt und deren Nutzungsdauer er auf fünf Jahre veranschlagt hat, bedeutet dies einen jährlichen Abschreibungsbetrag von 2000 Mark. Nach zwei Jahren steht die Maschine also mit einem Wert von 6000 Mark in den Büchern.

Bei der zweiten gebräuchlichen Abschreibungsmethode, der *degressiven Abschreibung*, werden die Abschreibungsbeträge dagegen von Jahr zu Jahr kleiner. So wird ein gleichbleibender Abschreibungsprozentsatz nicht auf den Ausgangswert, sondern auf den jeweiligen Buchwert angewandt. Bei unserer Maschine für 10000 Mark und einem Abschreibungssatz von jährlich 20 Prozent lautet der Buchwert am Ende des ersten Jahres zwar wie bei der linearen Abschreibung 8000 (10000 ./. 20 Prozent), nach dem zweiten Jahr aber 6400 Mark (8000 ./. 20 Prozent).

Diese Methode hat zur Folge, daß der Anschaffungswert nicht

bis auf Null abgeschrieben werden kann. Beide Verfahren berücksichtigen nicht die tatsächliche Belastung der Maschine. Wird sie etwa wegen Auftragsmangels nicht oft genutzt, wird Aufwand verbucht, der tatsächlich nicht angefallen ist. Dies vermeidet die *variable Abschreibung*. Dabei wird die Maschine nach ihrer Kapazitätsauslastung in dem betreffenden Jahr abgeschrieben: also etwa im ersten Jahr 2000 Mark, im zweiten Jahr 500 Mark, im dritten 3000 Mark usw.
So sehr Unterbewertungen gewinnstarken Unternehmen helfen, Steuern zu sparen und Gewinn sowie Substanz im Unternehmen zu lassen (zu *thesaurieren)*, so sehr verleiten sie gewinnschwache oder verlustmachende Unternehmen zum Verfälschen der wahren Verhältnisse.
Der Zweck des »Sich-reicher-Rechnens« besteht darin, die Banken zu veranlassen, den Kreditspielraum zu erweitern, die Aktionäre zu ermutigen, ihre Papiere zu behalten oder sogar zuzukaufen, bei Kundschaft und Lieferanten das Vertrauen aufrechtzuerhalten. Die Aktionäre und sogar der Aufsichtsrat können wegen der Verschleierungskunst der Bilanzbuchhalter nicht überprüfen, ob das Management gut gewirtschaftet hat.
So verwundert es, daß die stillen Reserven im Deutschen einen positiven Unterton haben. Im Englischen haftet den entsprechenden *hidden reserves* ein negativer Beigeschmack an. In den US-Bilanzen muß die finanzielle Situation schonungslos offengelegt werden. In Deutschland schützt das Handelsgesetzbuch die Gläubiger und gibt Finanzchefs die Möglichkeit, Gewinne vor der Steuer zu verstecken. Bei dem amerikanischen Bilanzsystem *General Accepted Accounting Principles (US-GAAP)* stehen die Interessen der Aktionäre im Vordergrund. Für Bilanztricks ist da kaum Raum.
Wie unterschiedlich die beiden Systeme sind, wurde deutlich, als 1993 Daimler-Benz als erstes deutsches Unternehmen an die New Yorker Börse ging. Um dort zugelassen zu werden, mußte ein Regelwerk nach US-Vorschriften vorgelegt werden. Da war das Eigenkapital des Autokonzerns plötzlich um acht Milliarden Mark höher. Künftig müssen deutsche Aktionäre umdenken und sich stärker mit internationalen Bilanzierungssitten auseinandersetzen. Deutsche Konzerne

sollen wählen können, nach welchem Regelwerk sie bilanzieren wollen.

### 4.8.2 *Krisensignale*

Da sich mit legalen Tricks Ertrags- und Finanzlage verschleiern lassen, stand das deutsche Bilanzrecht lange am Pranger. Konzernabschlüsse signalisieren erst dann eine Krise, wenn sie ohnehin schon für jedermann ersichtlich ist. Angeschlagene Firmen geben sich oft alle Mühe, ihren kritischen Zustand zu verschleiern. So müssen die Alarmglocken schrillen, wenn die Bilanz am Ende der Aktivseite einen nicht durch Eigenkapital gedeckten Fehlbetrag ausweist. Dann kann schon bald der Zusammenbruch des Unternehmens bevorstehen. Es ist *bilanziell überschuldet*, das Eigenkapital ist durch Verluste verbraucht.
Weist – um ein anderes Beispiel zu nennen – der Anhang zur Bilanz auf »nichtgebildete Pensionsrückstellungen« hin, stehen die Aufwendungen des Unternehmens in einem höchst ungesunden Verhältnis zum Ertrag.
Welche weiteren Signale gibt es, eine heraufziehende Krise zu erkennen?

- Unternehmen, die längere Zeit relativ gleichbleibende Jahresüberschüsse auf niedrigem Niveau ausweisen, könnten in Schwierigkeiten stecken. Sie glätten offensichtlich ihre Gewinne. In guten Zeiten legen sie stille Reserven an, in schlechten lösen sie diese in Form von Buchgewinnen wieder auf.
- Dreh- und Angelpunkt vieler Bilanz-Jongleure ist der Posten »sonstige betriebliche Erträge«. Selbst geschulte Bilanzleser können ihn nicht eindeutig interpretieren. Faustregel: Je schneller und je höher der Posten steigt, desto größer ist die Wahrscheinlichkeit, daß die Unternehmenslage kaschiert wird.
- Der Umsatz stagniert oder sinkt sogar, dennoch wächst der Rohgewinn (Umsatzerlöse minus Wareneinsatz). Ein scheinbar gutes Zeichen. An sich bedeutet eine höhere Marge, daß die Firma Waren und Leistungen besser verkaufen oder

selbst günstiger einkaufen konnte. Das aber ist bei Stagnation oder gar Umsatzrückgang nur selten möglich.

- Umsätze steigen, doch die »sonstigen Rückstellungen« wachsen nicht mit. Dies ist oft ein Kunstgriff, um die wahre Ertragslage zu vernebeln. Gewinnstarke Firmen erhöhen bei florierendem Geschäft selbstverständlich die Rückstellungen, etwa für außerordentliche Risiken oder Großreparaturen.

## 5. Unternehmen in der Krise: im Konkurs retten, was zu retten ist

Meldungen über *Konkurse* gehören genauso zum Wirtschaftsleben wie Wachstums- und Erfolgsmeldungen. Sie sind so etwas wie die Todesanzeige eines Unternehmens. Unter Konkurs versteht man ein gerichtliches Verfahren, das über das gesamte Vermögen eines zahlungsunfähigen Schuldners verhängt wird, um die Gläubiger zu befriedigen.
Da die meisten Unternehmen erst Konkurs anmeldeten, wenn sie schon so verschuldet waren, daß kaum mehr was zu retten war, ist zu Beginn des Jahres 1999 eine neue *Insolvenzordnung* in Kraft getreten. Sie hat die *Konkursordnung* von 1877 und die *Vergleichsordnung* von 1935 abgelöst. Auch die *Gesamtvollstreckungsordnung* im Osten Deutschlands ist seither aufgehoben. Mit dieser Sonderregelung wurde seit 1990 das Konkursverfahren erleichtert. Ziel des Gesetzgebers war es, bessere Möglichkeiten zur Rettung eines Unternehmens aus dem Konkursverfahren heraus zu finden. Die Sanierung des kränkelnden Unternehmens steht nun im gesamten Bundesgebiet im Vordergrund.
Vor allem die Konkursordnung galt als völlig veraltet. Sie entstand in der Blütezeit des Liberalismus. Der freie Wettbewerb stellte in dieser Periode das Regulativ für den Marktein- und -austritt dar. Der Staat sollte in diesen natürlichen Ausleseprozeß nicht durch künstliche Fortführung insolvenzreifer Unternehmen eingreifen. Die Vergleichsordnung entstand hingegen aus den Erfahrungen mit der Rezession und der Arbeitslosigkeit in den 20er Jahren. Sie sollte die Fortführung des Unternehmens und den Erhalt der Arbeitsplätze ermöglichen.
Seit Beginn der 80er Jahre werden Jahr für Jahr mehr als 70 Prozent aller Konkursanträge *mangels Masse* abgewiesen; das vorhandene Vermögen reicht also nicht einmal aus, um die Verfahrenskosten zu decken. 1950 lag der Anteil der aus diesem Grund abgewiesenen Konkursanträge lediglich bei 27 Prozent. Die Ausfälle der Gläubiger beliefen sich auf bis zu 40 Milliarden Mark im Jahr. Viele Unternehmerfamilien wurden wirtschaftlich ruiniert und mußten Jahre lang von einem Einkommen unterhalb der Pfändungsfreigrenze leben.

Über das neue Konkursrecht ist 15 Jahre lang in den politischen Gremien verhandelt worden, bis es endlich 1994 verabschiedet wurde. Doch erst 1999 trat es in Kraft. Man hat das US-amerikanische Recht (Chapter 11 des »Bankruptcy-Code«) als Vorbild genommen. In den USA können Firmen, die Konkurs anmelden müssen, einen besonderen Schutz beantragen. Er bewahrt sie für eine bestimmte Zeit vor dem Zugriff der Gläubiger. Nun soll auch in Deutschland die neue Insolvenzordnung dafür sorgen, daß mehr Betriebe (nach teilweiser Entschuldung) weitergeführt werden können, daß also wirtschaftliche Überlegungen mehr Gewicht erhalten.

## 5.1 Das Verhängnis nimmt seinen Lauf

Wenn ein Unternehmer nicht mehr in der Lage ist, die fälligen Zahlungsverpflichtungen zu erfüllen, kann er die Insolvenz beantragen. GmbH-Geschäftsführer, Geschäftsführer einer GmbH & Co. KG und Vorstände einer Aktiengesellschaft müssen innerhalb von drei Wochen nach Eintritt der Zahlungsunfähigkeit die Insolvenz beantragen. Falls sie dies nicht tun, müssen sie eventuell persönlich haften und machen sich strafbar.

Voraussetzung für die Anmeldung eines Konkurses beim zuständigen Amtsgericht *(Konkursgericht)* ist also die Zahlungsunfähigkeit. Sie liegt dann vor, wenn ein Schuldner seine fälligen Verbindlichkeiten ganz oder zum wesentlichen Teil – und zwar voraussichtlich auf Dauer – nicht mehr erfüllen kann. Dies wird auch als *Illiquidität* bezeichnet – der Kaufmann ist nicht mehr »flüssig«, er muß die Zahlungen einstellen. Ein weiterer Konkursgrund ist die *Überschuldung* – die Schulden sind größer als das Vermögen.

Handelt es sich um einen Konkurs mit strafrechtlichen Folgen, spricht man auch von *Bankrott*. Man unterscheidet den *einfachen Bankrott*, der auf Fahrlässigkeit zurückzuführen ist, vom *betrügerischen Bankrott*, bei dem Vorsatz im Spiel ist.

Neu im Insolvenzrecht ist die *drohende Zahlungsunfähigkeit* als Insolvenzgrund. Der Schuldner droht zahlungsunfähig zu werden, wenn er voraussichtlich nicht in der Lage sein wird, die bestehenden Zahlungspflichten zum Zeitpunkt der Fällig-

keit zu erfüllen. Auch wenn ein Liquiditätsplan aufgestellt werden könne, merken Fachleute an, daß es schwierig sei, präzise zu definieren, von welchem Zeitpunkt an die Zahlungsunfähigkeit tatsächlich drohe. Warum soll nun aber ein Unternehmer den schweren Gang zum Konkursrichter antreten, wenn die Zahlungsunfähigkeit noch nicht eingetreten ist? Der Lohn könnte sein, daß die Restschuldbefreiung nach sieben Jahren, statt wie bislang nach 30 Jahren, eintritt.
Den Antrag auf Konkurseröffnung kann das Amtsgericht nämlich auch ablehnen. Das ist dann der Fall, wenn die Konkursmasse nicht ausreicht, um die Kosten des Verfahrens zu dekken. Dann ist die Möglichkeit der Restschuldbefreiung ausgeschlossen. Eine solche Befreiung wird auch versagt, wenn dies von einem Insolvenzgläubiger beantragt wird und wenn der Schuldner zum Beispiel wegen einer Konkursstraftat verurteilt wurde, weil er unrichtige Angaben bei Kreditanträgen gemacht, Subventionsbetrug oder Steuerhinterziehung begangen hat, weil ihm in den letzten zehn Jahren bereits eine Restschuldbefreiung erteilt wurde, er die Eröffnung des Insolvenzverfahrens verzögert oder während des Verfahrens Auskunfts- und Mitwirkungspflichten verletzt hat.
Der Schuldner muß sich verpflichten, während der siebenjährigen Laufzeit alle pfändbaren Bezüge an einen Treuhänder abzutreten, der das Geld an die Insolvenzgläubiger verteilt. Wenn er sich in dieser Zeit nicht um Arbeit bemüht oder zumutbare Tätigkeiten ablehnt, kann die Restschuldbefreiung versagt werden.
Mit Eröffnung des Insolvenzverfahrens wird ein *Insolvenzverwalter* ernannt. Der übernimmt das gesamte zur Insolvenzmasse gehörende Vermögen. Die Verwaltungs- und Verfügungsbefugnis geht auf ihn über, der Unternehmer ist nicht mehr »Herr im Haus«. Die Gläubiger werden vom Gericht aufgefordert, ihre Forderungen anzumelden. Die Gläubigerversammlung besteht aus allen Insolvenzgläubigern. Sie entscheidet über Stillegung oder Fortführung, prüft die Geldforderungen und entscheidet über den Abschluß des Verfahrens. Mindestquoten, mit denen nach altem Recht festgelegt wurde, zu welchen Anteilen die Ansprüche von Gläubigern abgegolten werden, gibt es nicht mehr. Die Gläubigerrunde entscheidet

nach eigenem Ermessen. Das Gericht soll das Verfahren nur begleiten und rechtsmißbräuchliche Gestaltungen verhindern. Alles andere müssen die Gläubiger und der Unternehmer als Schuldner selbst regeln.
Erklärtes Ziel ist es, mehr Unternehmen am Leben zu erhalten. Bislang hatte der Konkursverwalter vor allem die Aufgabe, das Vermögen flüssig zu machen oder, wie man auch sagt, zu *liquidieren (Liquidation)*. Er versuchte, Maschinen, Autos oder Büroeinrichtungen zu verkaufen. Die Erlöse verteilte er an die Gläubiger. Die Neuregelung hat weitreichende Folgen: Zunächst für die Konkursverwalter und Insolvenzberater, aber auch für die Vermieter von Gewerbeimmobilien.
Konkurse waren bislang für die Verwalter ein profitables Geschäft und als Honorarquelle heiß umkämpft. Das Verteilen von Konkursmandaten an die Verwalter oblag dem Richter. Nun ist der Einfluß der Gläubiger gestärkt: Sie haben das Recht, einen Konkursverwalter abzuberufen, der ihnen nicht paßt.
Auch soll Schluß sein mit überzogen hohen Honoraren, die vor allem prominente Konkursverwalter kassierten, so wie sich auch das Berufsbild grundlegend ändern wird. Bislang haben die Konkursverwalter die Unternehmen »zu Grabe getragen«, nun sollen sie sie zu neuem Leben erwecken – wenn es der Markt zuläßt.
Doch dafür fehlt ihnen oft das notwendige betriebswirtschaftliche Wissen. Es wird verlangt, verschiedene Sanierungskonzepte durch Planrechnungen transparent und vor allem auch für den Laien nachvollziehbar zu machen. Dazu gehören Beurteilungen von Produktkonzepten genauso wie Unternehmensplanungen. So wird es verstärkt zur Zusammenarbeit mit Unternehmensberatern kommen. Schließlich müssen die Konkursverwalter mit den Gläubigern des Unternehmens einen sogenannten *Insolvenzplan* erstellen. Darin kann festgelegt werden, daß etwa ein neuer Partner ins Geschäft aufgenommen wird oder ein Haustarifvertrag mit längeren Arbeitszeiten ohne Lohnausgleich geschlossen wird. In dieser Phase darf von Gesetz wegen dem betroffenen Betrieb nicht der Miet- und Pachtvertrag gekündigt werden, wie dies bis Anfang 1999 üblich war.

Bei der Abstimmung über den Insolvenzplan gilt ein sogenanntes *Obstruktionsverbot.* Kein Gläubiger darf sich ohne guten Grund querlegen. Die Zustimmung einer Gläubiger-Gruppe gilt auch bei deren Ablehnung als erteilt, wenn der Insolvenzplan nicht zum Nachteil dieser Gruppe ausfällt.
Aber auch die Stellung des Konkursverwalters und des Unternehmens gegenüber den Arbeitnehmern ist verbessert worden. So darf ein Arbeitsverhältnis mit der Frist von drei Monaten gekündigt werden, auch wenn der Arbeitnehmer laut Tarif- oder Arbeitsvertrag eigentlich eine Schutzfrist von sechs Monaten hätte. Spricht der Konkursverwalter sogenannte *betriebsbedingte Kündigungen* aus und muß dabei eine Sozialauswahl unter den Arbeitnehmern treffen, gelten nur noch drei Kriterien: Wie lange ist der Arbeitnehmer schon in der Firma? Wie alt ist er? Hat er Unterhaltspflichten?
Früher gab es mehr als Dutzende Punkte, die zu beachten waren. Wenn ein Betriebsrat vorhanden ist, muß ein *Sozialplan* erstellt werden, der voll zu Lasten der Masse geht. Allerdings ist der Sozialplan nach oben begrenzt. Er darf höchstens 2,5 Monatsverdienste umfassen und nicht mehr als ein Drittel der Masse ausmachen.

## 5.2 Ursachen von Konkursen und Vergleichen

Warum kommt es soweit, daß ein Unternehmen Vergleich oder Konkurs anmelden muß? Die Gründe dafür sind vielfältig. Unerwartete Markteinbrüche, für das Exportgeschäft nachteilige Wechselkursänderungen, falscher Standort des Unternehmens, nicht mehr marktgerechte oder zu teure Produkte, Unterschätzung des Unternehmerrisikos, Unfähigkeit des Unternehmers, schlechtes Marketing, mangelndes Eigenkapital – all dies kann Unternehmen in ihrer Existenz bedrohen.
Als einer der wichtigsten Gründe für einen Konkurs wird seit Jahren eine zu dünne Eigenkapitaldecke genannt. Die Zahl der Betriebe mit weniger als 20 Prozent Eigenkapital (Maßstab ist die *vertikale Eigenkapitalquote*, das Eigenkapital in Prozent der Bilanzsumme) schwankt zwischen 52 und 66 Prozent.
Hinter den Durchschnittszahlen verbergen sich aber regelmäßig große Unterschiede nach Branchen. Schon seit Jahren

melden Handels- und Dienstleistungsunternehmen den größten Anteil an der Gesamtzahl der Unternehmensinsolvenzen. Die Gefahr einer Pleite hängt auch mit dem Lebensalter des Unternehmens zusammen. Hier gilt die Regel: Je jünger die Firma, desto größer die Konkursgefahr. Das sechste Lebensjahr ist eine entscheidende Marke für die Existenz eines Unternehmens: Etwa die Hälfte der Unternehmen überschreiten diese Altersgrenze nicht. Die Unternehmenspleiten sind aber nicht nur ein Problem für das einzelne Unternehmen. Auch private Gläubiger sind betroffen, und die öffentliche Hand muß Steuer- und Sozialversicherungsausfälle sowie Zahlungen von Konkursausfallgeld als Verlust verbuchen.

## 5.3 Ausweg auch für Privatleute

Die neue Insolvenzordnung sieht vor, daß auch Privatleute Konkurs anmelden können. Das heißt, sie können mit Hilfe eines gerichtlichen Verfahrens einen Ausweg aus ihrer Überschuldung finden. Nach dem Vorbild der betrieblichen Konkursordnung ist für unschuldig in Geldnot geratene Bürger nach einer mehrjährigen sogenannten *Wohlverhaltensperiode* die Befreiung von den noch nicht getilgten Restschulden vorgesehen. Wer sieben Jahre lang seinen finanziellen Verpflichtungen nach besten Kräften nachgekommen ist, dem werden seine offen dargelegten Schulden erlassen.
Der Gesetzgeber hat diesem Verbraucher-Insolvenzverfahren bewußt einen mühsamen Vorlauf verordnet. So muß sich der Schuldner vor der amtlichen »Restschuldbefreiung« bemüht haben, mit den Gläubigern zu einer außergerichtlichen Einigung zu kommen. Erst wenn dieser Schlichtungsversuch nachweislich gescheitert ist, können die Richter ein Verfahren einleiten. Glücksspielern soll das Geldpumpen nicht erleichtert werden. Auch Gläubiger brauchen Schutz vor Ausbeutung.

# Teil III

# Im Herzen des Kapitalismus: Börsen und Märkte

## 1. Ein Markt für Unternehmen: die Aktienbörse

Finanzplätze kennen keine Schonfristen. Für sie zählt nur die Zukunft. Der Euro krempelt alle europäischen Finanzmärkte bis in die Grundfesten um. Veränderungen wird das größere Währungsgebiet vor allem den Aktienmärkten bringen. Da keine Währungsrisiken mehr vorhanden sind, werden Anlagestrategien nicht mehr länderspezifisch, sondern nur noch nach Branchen über alle Länder der Währungsunion erstellt. Die direkte Vergleichbarkeit des Börsenwerts von Unternehmen einer Branche innerhalb der Währungsunion über die Ländergrenzen hinweg wird den Wettbewerbsdruck auf die börsennotierten Unternehmen erhöhen.

Bereits im Frühjahr 1997 haben elf sogenannte *Joiner*-Börsen (Amsterdam, Brüssel, Dublin, Helsinki, Lissabon, Luxemburg, Madrid, Paris, Wien, Deutsche Börse und Borsa Valori Italiana) beschlossen, vom 4. Januar 1999 an, Wertpapiere in Euro zu notieren und zu handeln. Die Investoren können ihre Aufträge weiter in der nationalen Währungseinheit erteilen, und die Zwischenhändler müssen diese umrechnen. Die Umstellung auf den Euro hat keine direkten Auswirkungen auf die Aktien. Die Emittenten müssen entscheiden, ob der Nominalwert in Euro oder in einer nationalen Währungseinheit ausgedrückt wird. Dies hat keinerlei Einfluß auf die Notierung.

Noch nicht geklärt ist die Entwicklung an den Terminmärkten. Da dort vorwiegend standardisierte Produkte gehandelt werden, stellt sich die Frage nach der notwendigen Anzahl von Marktplätzen als auch die nach der Zahl der Produkte. Heute gibt es in Europa 23 Termin- und 32 Kassabörsen. Es wird

damit gerechnet, daß am Terminmarkt nur noch zwei, am Kassamarkt noch drei Handelsplattformen übrigbleiben.
Unter diesem Vorzeichen haben die Deutsche Börse AG und die London Stock Exchange ihre Rivalität beigelegt und einen gemeinsamen Aktienhandel mit 150 wichtigen Titeln begonnen. Deutsche Banken und Börsenmakler werden automatisch Mitglieder der Londoner Börse, und die britischen Akteure erhalten volle Handelsrechte auf dem deutschen Aktienmarkt.

## 1.1 Gewinnstreben

Nirgendwo, außer bei Glücksspielen, liegen Gewinn und Verlust so nahe beisammen wie an der Börse. Hier vermuten viele das Mekka des Kapitalismus. Das Streben nach Gewinn ist die Triebfeder jeder einzelnen Transaktion. Nirgendwo konzentriert sich das freie Spiel der Kräfte, ausgedrückt durch das Verhältnis von Angebot und Nachfrage, auf so wenigen Quadratmetern wie in einem Börsensaal. Die Börse ist das »Nervenzentrum der Marktwirtschaft« auf kleinstem Raum – und ohne jede soziale Abfederung.
Die Börse ist ein »Markt« im ursprünglichen Sinn, ihr Entstehen denn auch eng mit der Entwicklung unseres Wirtschaftssystems verknüpft. Im 14. Jahrhundert trafen sich in Brügge regelmäßig Kaufleute, die über Geschäfte sprechen, Geld wechseln oder Nachrichten austauschen wollten im Haus der Familie van der Beurse, in deren Wappen drei Beutel (Geldbörsen) abgebildet waren. Aus diesem Frühstadium eines Informations- und Handelszentrums entwickelten sich im Laufe der Jahrhunderte die modernen Waren-, Devisen- und Wertpapierbörsen.
Die erste deutsche Börse entstand in der ersten Hälfte des 16. Jahrhunderts in Augsburg, der damaligen Heimatstadt der großen Kaufherrengeschlechter des Frühkapitalismus, der Fugger und Welser. Zunächst wurden nur Münzen und Wechsel gehandelt. Erst um die Mitte des 19. Jahrhunderts, als zum Bau der Eisenbahnlinien viele Aktiengesellschaften gegründet wurden, kamen Aktien und Anleihen in den Handel.
Sei es an der Devisenbörse, wo ausländische Währungen gehandelt werden, der Warenbörse, die sich mit Rohstoffen be-

schäftigt, oder der Wertpapierbörse – täglich werden riesige Umsätze gemacht, ohne daß Ware oder Geld direkt in Erscheinung treten. Deshalb ist eine wesentliche Voraussetzung für den Börsenhandel, daß die Handelsgüter nach Qualität und Menge eindeutig bestimmbar sind.

Aktienanleger sollen darauf vertrauen können, daß bei ihren Aktivitäten an der Börse Chancengleichheit herrscht. Um das zu erreichen, wurde im Zweiten Finanzmarktförderungsgesetz 1993 der sogenannte *Insiderhandel* verboten. Insider kann jeder sein, der etwas über eine börsenkursrelevante Tatsache weiß, die noch nicht öffentlich bekannt ist. Dieses Wissen darf ein privilegierter Informationsträger nicht nutzen, um für sich selbst oder andere Aktien zu erwerben oder zu veräußern. Verboten ist auch, die Information einem anderen mitzuteilen oder zugänglich zu machen oder ihm zum Kauf oder Verkauf von solchen Insiderpapieren zu raten. Insiderverstöße können mit Freiheitsstrafen bis zu fünf Jahren geahndet werden. Es wird zwischen *Primärinsidern*, also Vorständen und Betriebsräten eines Unternehmens, und *Sekundärinsidern* unterschieden. Hier handelt es sich um Anleger, die zum Beispiel aus erster Hand einen Tip bekommen haben und ihn nutzen.

Kernstück des Überwachungssystems ist das 1995 gegründete *Bundesaufsichtsamt für den Wertpapierhandel.* Zu seinen Aufgaben gehören die präventive Bekämpfung von Insidergeschäften sowie die Überwachung der Informationspflichten bei Transaktionen an börsennotierten Unternehmen. Das Amt ist ebenso zuständig für die Zusammenarbeit mit ausländischen Aufsichtsbehörden. Zudem zählt zu seinen Pflichten die Überwachung von kursrelevanten Veröffentlichungen der Emittenten, wie sie das Ad-hoc-Publizitätsgesetz vorschreibt. Um die Transparenz der Aktienmärkte zu erhöhen, gibt es außerdem eine Informationspflicht, wenn durch Wertpapiergeschäfte bestimmte Beteiligungsgrenzen an Unternehmen, die im amtlichen Handel an der Börse notiert sind, erreicht werden. Hat das Amt seine Ermittlungen in Verdachtsfällen abgeschlossen, werden die Akten an die zuständigen Staatsanwaltschaften weitergegeben. Das Dritte Finanzmarktförderungsgesetz ist nicht so spektakulär wie das Zweite. Im Mittelpunkt stehen nicht Aufsicht, Unterbindung unfairer Marktpraktiken und

Herstellung der Transparenz, sondern die Erleichterung des Zugangs zum Kapitalmarkt für Aktiengesellschaften, die Stärkung der Wettbewerbsfähigkeit der Börsen.

1993 wurde die *Deutsche Börse AG* gegründet. Mit der Neuorganisation sollte eine einheitliche Börsenstruktur entwickelt werden, bei der marktorientiertes, betriebswirtschaftliches Denken die gemeinsame Strategie bestimmt. Die Deutsche Börse AG fungiert als Trägerin der Frankfurter Wertpapierbörse. Aktionäre sind in- und ausländische Kreditinstitute (81 Prozent), Makler (zehn Prozent) und die Regionalbörsen (neun Prozent).

Für den Börsenhandel gibt es seit Anfang 1999 mit Ausnahme des ersten Weihnachtstages und des Neujahrstages keine Feiertage mehr.

Das Geschäft an den deutschen Börsenplätzen in Berlin, Bremen, Düsseldorf, Frankfurt, Hamburg, Hannover, München und Stuttgart wäre ohne Mittelsmänner undenkbar. Recht schwierig ist es, die Aufgabengebiete dieser Vermittler zu unterscheiden. Da sind einmal die Angestellten, die *Börsenmakler*, die für ihre Bank oder deren Kunden in den Handel einsteigen. Die Geldinstitute können die Aufträge aber auch an einen *Freimakler* geben, der für sie (oder für sich selbst) Geschäfte tätigt. Über deren Zulassung entscheidet der jeweilige Börsenvorstand. Kann der Händler zwei Partner zusammenführen, kommt ein Geschäft zustande. Für die Vermittlung kassiert er eine Gebühr, die *Courtage*. Sie beträgt in der Regel weniger als ein Promille des Auftragsvolumens für jedes einzelne Geschäft.

Nichts zu tun haben diese Vermittler mit den von den Landesregierungen bestellten *Kursmaklern*. Sie legen als eine Art Schiedsrichter zwischen Angebot und Nachfrage den amtlichen Kurs fest, nehmen Kauf- oder Verkaufsaufträge entgegen und »besiegeln« später den Handel per Zuruf.

Zugelassen sind an den Börsen nur diese drei Typen von Vermittlern. Wer also Wertpapiere kaufen oder verkaufen will, muß sich an eine Bank oder an einen freien Makler wenden.

Neben dem Präsenz- und dem Computerhandel gibt es mit dem *Telefonhandel* noch eine außerbörslich organisierte Handelsform. Die Geschäftsabschlüsse werden in erster Linie von

Banken über das Telefon getätigt. Dieser Handel ist keinen gesetzlichen Regelungen unterworfen.
In Deutschland gibt es vier Formen des Wertpapierhandels:

- den amtlichen Handel
- den geregelten Markt
- den Neuen Markt
- den Freiverkehr

### 1.1.1 *Der amtliche Handel*

Dem *amtlichen Handel* kommt die größte Bedeutung zu. Das Attribut »amtlich« hat er erhalten, weil er den strengen Vorschriften des Börsengesetzes unterworfen ist. Unternehmen, die ihre Wertpapiere an die Börse bringen wollen, müssen sich harten Anforderungen unterwerfen. Diese Prozedur schaffen nur Unternehmen, die bereits jahrelang als Aktiengesellschaft geführt werden, ein Grundkapital von zehn Millionen Mark und eine mindestens dreijährige Gewinnphase vorweisen können. Sie müssen für ihren Börsengang eine Bank finden, die für die Richtigkeit des *Börsenprospektes* haftet *(Prospekthaftung)*, in dem alle wichtigen Informationen aufgelistet werden. Die im amtlichen Handel geführten Aktien stammen somit im allgemeinen von Unternehmen, die mit einer erstklassigen Bonität aufwarten können. Der amtliche Handel bildet das Kernstück des deutschen Aktienmarktes. Rund 90 Prozent des Gesamtumsatzes der Deutschen Börse findet hier statt.

### 1.1.2 *Der geregelte Markt*

Nicht ganz so hohe Hürden sind beim *geregelten Markt* zu überwinden, der 1987 eingeführt wurde. Dabei sind die Zulassungsbestimmungen etwas gelockert worden, um auch kleineren und jüngeren Unternehmen das *going public*, den Weg an die Börse, zu ebnen. Die Notierungen sind allerdings börsenrechtlich gesichert.
Dazu ein Beispiel: Ein Familienunternehmen in der Rechtsform der Personengesellschaft will an die Börse und wird daher

**Deutsche Aktienmärkte: Kassanotierungen**

| | | 21.10. Kassa | 20.10. Kassa | Jahres Hoch | Jahres Tief |
|---|---|---|---|---|---|
| AAA Allg.Anlage 50 (F/a) | 0 | 11,70 bB | 11,00 | 24,00 | 7,00 |
| Aach.u.Mün.Leben 50 (F/a) | 15 | 820,00 | 817,00 | 890,00 | 691,39 |
| Actium Bet. 50 (D/f) | 2,80 | 162,00 B | 159,00 B | 162,00 | 105,00 |
| Adlerw.vorm.Kleyer 50 (F/a) | 12 | 187,00 G | 186,20 eG | 245,00 | 180,00 |
| AEE Lebensm. 10 (D/f) | 2,5 | 86,00 -B | 86,00 B | 130,00 | 82,00 |
| AG B. Neuenahr 100 (D/f) | 0 | 400,00 -T | 400,00 -T | 520,00 | 400,00 |
| AG für HWP (M/f) | 0.65 | 20,00 G | 20,00 G | 26,50 | 18,00 |
| AGFB (F/f) | 0,4 | 19,10 | 18,20 | 29,85 | 7,90 |
| Agrob St 100 (M/a) | 0 | 381,00 | 380,00 B* | 538,00 | 300,00 |
| Agrob Vz 100 (M/a) | 0 | 360,00 | 360,00 | 535,00 | 299,00 |
| Ahlers 50 (F/g) | 1,6 | 36,80 G | 37,30 | 47,50 | 32,50 |
| Ahlers Vz 50 (F/g) | 1,7 | 39,00 G | 38,50 G | 56,50 | 37,20 |
| Aigner 50 (M/a) | 33 | 400,00 | 400,00 | 630,00 | 395,00 |
| Auxtron (F/n) | 0,45 | 285,00 | 285,00 | 378,00 | 99,00 |
| Akt.-Br.Kaufb.50 (M/a) | 11 | 645,00 | 645,00 bB | 710,00 | 635,00 |
| Akzo Nobel Faser 50 (F/a) | 10,63 | 312,00 eG | 312,00 G | 338,00 | 259,00 |
| Albingia Vz 50 (F/a) | 17 | 720,00 B | 720,00 B | 910,00 | 610,00 |
| Alcatel SEL 50 (F/a) | 13 | 330,00 | 330,00 | 355,00 | 265,00 |
| Alexanderwerk 50 (D/a) | 0 | 110,00 G | 110,00 G | 130,00 | 96,00 |
| Allbecon (F/a) | | 56,00 | 56,00 | 68,00 | 56,00 |
| Allg. Alpenwasser (M/p) | | 20,00 G | 20,10 B | 22,60 | 20,00 |
| Allgäuer Brauhaus 50 (M/f) | 10 | 400,00 -T | 400,00 -T | 480,00 | 400,00 |
| Allg.Gold-u.Silb.50 (F/f) | 9 | 485,00 bG | 485,00 G | 660,00 | 400,00 |
| Allianz Leben. 50 (F/a) | 12,5 | 1260,00 -B | 1310,00 | 1928,25 | 950,00 |
| Allweiler St 50 (F/a) | 7 | 613,00 G | 613,00 G | 620,00 | 352,00 |
| Allweiler Vz 50 (F/a) | 8 | 386,00 G | [illegible] | [illegible] | [illegible] |
| Alno (F/a) | [illegible] | [illegible] | [illegible] | [illegible] | [illegible] |

in eine Aktiengesellschaft umgewandelt. Die sofortige Aufnahme in den Handel mit amtlicher Notierung, also in die »Bundesliga« der Börse, scheitert an der Vorschrift, wonach das Unternehmen mindestens drei Jahre bestanden und seine Jahresabschlüsse für die drei dem Antrag vorausgegangenen Geschäftsjahre publiziert haben muß. Da Personenunternehmen vom Grundsatz her nicht publizitätspflichtig sind, kann die sofortige Börsenzulassung für den Handel mit amtlicher Notierung nicht erfolgen. Hier bietet sich der geregelte Markt an, bei dem auch neugegründete Firmen Startchancen haben. Trotzdem kann man davon ausgehen, daß es sich um Aktien von Unternehmen handelt, die bei Aufnahme in diesen Markt mit einer guten Bonität aufwarten konnten.

### 1.1.3 *Der Neue Markt*

Seit März 1997 eröffnet der *Neue Markt* den Anlegern die Chance zur Beteiligung an jungen, innovativen Wachstumsunternehmen. Die große Mehrzahl der inzwischen gut vierzig gehandelten Titel stammt aus expandierenden Branchen wie dem Technologie- und dem Dienstleistungssektor. Ein wesentliches Merkmal des Neuen Marktes ist die hohe Transparenz, welche die dort geführten Unternehmen ihren Aktionären bieten. Für den Neuen Markt gelten noch strengere Zulassungsbestimmungen als für den amtlichen Handel.

### 1.1.4 *Freiverkehr*

Neben dem amtlichen Handel, dem geregelten und dem Neuen Markt gibt es Wertpapiere, deren Verkauf nicht über die Börse läuft (auch wenn er in den Räumen der Börse stattfindet). Er wird daher *Freiverkehr* genannt. Ihm fehlt die amtliche Zulassung und Notierung. Dieser Teil des Marktes unterliegt aber einer Mißbrauchsaufsicht der einzelnen Börsenvorstände. Über die Einbeziehung dieser Werte entscheidet ein besonderer Ausschuß an der Börse. Es handelt sich also nicht um »gefährliche« oder »unsolide« Werte. Im wesentlichen finden sich hier Aktien mit regionaler Bedeutung, die nur an einer der acht deutschen Börsen gehandelt werden.

## 1.2 Das Maklergeschäft

Die Arbeit des Maklers wird im Börsengesetz so umschrieben: »Er hat die Aufgabe zu ermitteln, bei welchem Kurs der größte Umsatz nach Stückzahl möglich ist; den Kurs, der dabei errechnet wird, stellt er als amtlichen Kurs fest.« Für viele Wertpapiere wird der Kurs nur einmal zu einem festgesetzten Zeitpunkt (etwa in Frankfurt um zwölf Uhr) ermittelt.
Zu diesem *Einheitskurs*, der auch *Kassakurs* genannt wird, müssen dann alle Geschäfte abgewickelt werden. Dazu ein Beispiel: Angenommen, es sind – wie in unserer Tabelle dargestellt – neun Käufer und neun Verkäufer da, die sich jeder für eine Aktie der gleichen Gesellschaft interessieren, aber unterschiedliche Preisvorstellungen haben. In diesem Fall bildet sich ein Einheitskurs von 204 Euro. Zu diesem Preis kommen nämlich die Käufer E bis J und die Verkäufer O bis S zum Zuge. Die Käufer A bis D und die Verkäufer von K bis N scheiden aus, weil sie für die Aktie entweder weniger als 204 Euro ausgeben oder mehr erzielen wollen. Der Kurs bildet sich bei dem Preis, zu dem der höchste Umsatz möglich ist.

| Käufer | ist bereit, für die Aktie höchstens zu zahlen | Verkäufer | möchte für die Aktie mindestens erzielen |
|---|---|---|---|
| A | DM 200 | K | DM 208 |
| B | DM 201 | L | DM 207 |
| C | DM 202 | M | DM 206 |
| D | DM 203 | N | DM 205 |
| E | DM 204 | O | DM 204 |
| F | DM 205 | P | DM 203 |
| G | DM 206 | Q | DM 202 |
| H | DM 207 | R | DM 201 |
| J | DM 208 | S | DM 200 |

Werte, welche die volle Börsenzeit (von 8.30 bis 17 Uhr) über gehandelt werden, nennt man *variable* oder auch *fortlaufende Notierungen*. Sie spiegeln die aktuelle Marktlage wider. Für diese Notierungen werden nur Aufträge berücksichtigt, von denen mindestens 50 Stück gehandelt wurden. Zum variablen Handel sind nur Aktien von Gesellschaften mit größerem Aktienkapital sowie regelmäßig regen Umsätzen zugelassen.

Kurse werden aber nicht nur während der offiziellen Börsenzeit ermittelt. Nach der Börsensitzung zur *Nachbörse* telefonieren vor allem die freien Makler und die Banken, um die Stimmung am Markt auszuloten.

Außenstehenden erscheint die Börse trotz der Behauptung, sie sei ein festgefügter Markt, eher wie ein orientalischer Basar. Auch wenn immer mehr der Computer das Regiment übernimmt, existiert das Durcheinander von rennenden, gestikulierenden und schreienden Menschen noch. Der Aktienguru *André Kostolany* meint deshalb, die Börse ähnele einer »Ansammlung von Geisteskranken«. Das liegt nicht zuletzt daran, daß der Laie den Handel wegen der Vielzahl von Fachausdrücken und »Kürzeln« (man sagt, die Börsensprache sei »Steno in Worten«) nicht versteht. Doch hinter dem scheinbaren Chaos verbirgt sich ein gut organisierter Markt, dessen Teilnehmer sich fest aufeinander verlassen müssen –

nur so können nämlich Geschäfte auf Zuruf abgeschlossen werden.
Wer einmal »Von dir« (d.h.: ich kaufe) oder »An dich« (d.h.: ich verkaufe) gesagt hat, ist an diesen verbalen Handschlag gebunden. Wegen der Unzahl der Einzelgeschäfte ruft man sich natürlich nur das unbedingt Notwendigste zu. Wenn zum Beispiel ein amtlicher Kursmakler ruft: »Stahl AG: 40 zu 60«, dann heißt das im Klartext: Er hat Kaufaufträge für Aktien dieser Gesellschaft zum Kurs von sagen wir 194,40 Euro pro Stück und Verkaufsaufträge zum Kurs von zum Beispiel 194,60 Euro pro Stück. Es werden normalerweise nur die letzten Ziffern des Kurses genannt. Wer zu diesem Angebot kaufen oder verkaufen will, ruft: »Von dir« oder »An dich«. Er fügt hinzu, wieviel er kaufen oder verkaufen will, zum Beispiel: »5000 von dir« oder »1000 an dich«.

## 1.3 Von Tendenzen und Kürzeln

### 1.3.1 *Die Entwicklung des Marktes*

Wichtig am täglichen Börsenbericht ist die Kennzeichnung der Entwicklung in einem Begriff. »Tendenz: behauptet« sagt mehr als langatmige Erklärungen. Die Abstufungen sind dabei fließend. Zu den Eigentümlichkeiten der Börsensprache gehört es, daß im Gegensatz zum sonstigen Sprachgebrauch »fester« weniger Kurssteigerung als »fest« und »schwächer« weniger Kursverlust als »schwach« bedeutet.
Ausgehend von einer Börsenentwicklung, die mit »unverändert« bezeichnet werden soll, stehen für die Einordnung von Kurssteigerungen mit wachsender Größe und Bedeutung etwa folgende Stufen zur Verfügung: etwas freundlicher – befestigt – freundlich – fester – sehr freundlich – fest – sehr fest – haussierend. Die Kursleiter nach unten hat folgende Sprossen: abbröckelnd – nachgebend – leichter – stärker – rückläufig – schwächer – schwach – sehr schwach – Baisse.
Die Begriffe *Hausse* und *Baisse* als Umschreibung von Aufwärts- und Abwärtsbewegungen kommen aus dem Französischen. In England und vor allem in den USA verwendet man sehr bildhaft die Begriffe *bear market* (= Baisse) – der Bär

stößt im Kampf von oben nach unten – und *bull market* (= Hausse) – der Bulle stößt mit seinen Hörnern nach oben.

### 1.3.2 *Weitere Begriffe aus dem »Börsianischen«*

Man muß sich in die Börsensprache hineindenken, um sich nicht von gefährlichen Gedankenangeln fangen zu lassen – wie etwa der Verwechslung von »Mille« mit Millionen. Dabei ist es ganz klar: An der Börse sind »Mille« tausend und Millionen »Mio«. Der Ausdruck »Mille« für tausend ist offenbar noch ein Überbleibsel aus der italienischen Kaufmannssprache.
Und weiter im Repertoire: Als *vor-* und *nachbörslich* werden die Geschäftstätigkeit oder die Meinung über die Kurse außerhalb der eigentlichen Börsenstunden bezeichnet. Von *Gewinnmitnahmen* spricht man, wenn die Kurse nach längerer Haussezeit zu sinken beginnen, weil die *Kulisse*, die ständig an der Börse tätigen Personen wie Makler, Bankenvertreter oder große Wertpapierkunden, den von ihr erzielten Kursgewinn realisiert, eben mitnimmt. *Erste Adressen* sind besonders beliebte Wertpapiere, die auch als *Standardwerte* oder *Blue Chips* bezeichnet werden. *Nebenwerte* sind dagegen Papiere kleinerer Unternehmen, die oft *markteng* sind, d.h., ihre Aktien befinden sich zum Hauptteil im Besitz von Großanlegern, so daß bereits kleine Käufe oder Verkäufe zu großen Kursänderungen führen.

### 1.3.3 *Der Kurszettel*

»Börsianisch« kommen einem anfangs auch die Abkürzungen auf dem Kurszettel vor, der täglich nach Schluß der offiziellen Börsenzeit veröffentlicht wird und am nächsten Tag in der Zeitung nachzulesen ist. Diese Kurszusätze vermitteln ein deutliches Bild der Marktlage. Sie deuten die Tendenz an und geben Hinweise darauf, ob das Geschäft lebhaft oder träge war. Diese Angaben sind vor allem für Außenstehende, die nicht »dabei waren«, ein wichtiges Hilfsmittel.
Anhand der *Kurszusätze* läßt sich erkennen, wie es um den Kauf bzw. Verkauf einer bestimmten Aktie zur Zeit steht. Kann ich die gewünschten Aktien tatsächlich kaufen, oder ist

dabei mit Schwierigkeiten zu rechnen, weil es nur wenige oder gar keine potentiellen Verkäufer gibt? Werde ich die Aktien, die ich gerade verkaufen will, zum gewünschten Preis überhaupt los?
Die Kurszusätze zeigen an, ob und in welchem Maße am vorherigen Börsentag bei einer bestimmten Aktie ein Interessenausgleich zwischen Kauf- und Verkaufswilligen zustandegekommen ist. Welche Zahl war höher? Die der Kaufwilligen? Oder die der Verkaufswilligen? Nur wenn beide gleich hoch waren, ist ein optimaler Interessenausgleich gewährleistet gewesen. Es bedeuten:

***b = bezahlt:*** Angebot und Nachfrage zu diesem Kurs waren ausgeglichen – alle Kauf- und Verkaufsaufträge konnten ausgeführt werden; jeder hat, was er wollte, nichts ist mehr offen, alles ist »bezahlt«.
***G = Geld:*** Es bestand nur Nachfrage zu diesem Kurs – viele wollten diese Aktien kaufen, aber keiner wollte sie verkaufen; »Geld« war also genügend vorhanden, aber die gewünschten Aktien waren nicht zu haben.
***B = Brief:*** Es bestand nur Angebot zu diesem Kurs – viele wollten diese Aktien verkaufen, aber keiner wollte sie kaufen; Aktien»briefe« waren also vorhanden, aber der gewünschte Gegenwert in Geld war nicht zu erzielen.
***bG = bezahlt Geld:*** Die Nachfrage zu diesem Kurs war höher als das Angebot zu diesem Kurs – einige Kaufaufträge konnten ausgeführt werden und sind damit erledigt, also »bezahlt«, dennoch war immer noch »Geld« vorhanden, da nicht genügend von den gewünschten Aktien zu erhalten waren.
***bB = bezahlt Brief:*** Das Angebot zu diesem Kurs war höher als die Nachfrage zu diesem Kurs – einige Verkaufsaufträge konnten ausgeführt werden und sind damit erledigt, also »bezahlt«. Dennoch waren immer noch Aktien»briefe« vorhanden, für die der gewünschte Gegenwert in Geld nicht zu erzielen war.
***T = Taxkurs:*** Diese Aktie wurde weder ge- noch verkauft – entweder wollte sie keiner kaufen bzw. verkaufen, oder es gab Kaufwillige, die Aktien zu jedem Preis kaufen wollten, jedoch keine Verkaufswilligen, oder Verkaufswillige, die sie zu jedem

Preis verkaufen wollten, jedoch keine Kaufwilligen. Deshalb ließ sich der Kurs dieser Aktie nicht genau feststellen und mußte deshalb geschätzt bzw. »taxiert« werden.
***exD – ex Dividende:*** Am Tag nach der Hauptversammlung wird die Aktie ohne den Anspruch auf die ausgeschüttete Dividende für das vergangene Geschäftsjahr gehandelt. Aus diesem Grund ist der Kurs oftmals niedriger als vorher (meist Vortageskurs abzüglich Dividende).
***exB – ex Bezugsrecht:*** Die Aktie wird vom Notierungstag an ohne das anstehende Bezugsrecht abgerechnet, dessen gesonderter Handel zugleich beginnt. Deshalb ist der Kurs oft niedriger als vorher.

Wenn ein Kurs erheblich von der letzten Notierung abweicht, muß diese Veränderung an der Maklertafel angezeigt werden. Je nach Abweichung spricht man von einer *einfachen* oder *doppelten Plus- oder Minusankündigung* (bei festverzinslichen Wertpapieren 1,5 bzw. drei Prozent; bei Aktien fünf bzw. zehn Prozent). Mit dieser Vorschrift wird auf die besondere Marktlage aufmerksam gemacht.

## 1.4 Was wird gehandelt?

Auf dem »Markt« der Effektenbörse werden nur Wertpapiere gehandelt. Dabei wird deutlich unterschieden zwischen Aktien und Anleihen, die auch *Schuldverschreibungen, Obligationen* oder *Renten* genannt werden.
Als »Reich der Einbildung« und als »abscheuliche Verschwörung«, einzig mit dem Ziel, sich zu bereichern, verdammte der französische Staatsdenker *Charles de Montesquieu* einst die Welt der Aktien. Im Jahr 1720 war Frankreich gerade wieder einmal von einem Börsenbankrott erschüttert worden. Und vielen gilt auch heute noch die Aktie als Symbol des Großkapitals und als Arbeitsmittel unseriöser Geschäftemacher. Trotz dieses verruchten Images war die Erfindung der Aktie einer der bedeutendsten Vorgänge in der Wirtschaftsgeschichte.
Die erste Gesellschaft, deren Anteile an einer Börse gehandelt wurden, war die Holländisch-Ostindische Kompanie. Mehrere

kleine niederländische Unternehmen hatten sich zusammengeschlossen, um der Übermacht der Portugiesen im Handel mit Indien und den Sunda-Inseln ein Gegengewicht bieten zu können. Damals war es durchaus üblich, die Aktionäre mit Gewürzen zu entlohnen. Aus dieser Zeit stammt auch der Ausdruck »Pfeffersäcke« für reich gewordene Mitbürger. Auch die Teilhaber an der Eiffelturm-Gesellschaft bekamen kein Bargeld: Sie durften sich einmal im Jahr kostenlos mit dem Aufzug auf die Spitze des von ihnen mitfinanzierten Turms bringen lassen.
Sie hatten sich wie Millionen anderer anonymer Kapitalgeber (im Französischen wird die Aktiengesellschaft bezeichnenderweise *societé anonyme* genannt) auf unbestimmte Zeit an einem Unternehmen beteiligt. Auf diese Weise bringt die Volkswirtschaft einen Teil der Milliardensummen auf, die jährlich für Investitionen benötigt werden.

### 1.4.1 *Nennwert und Stückaktie*

Wer eine Aktie kauft, wird Miteigentümer der betreffenden *AG*, wie die Aktiengesellschaft in Kurzform genannt wird. Dabei kann er sich am *Nennwert* orientieren, der auf der Aktie aufgedruckt ist. Dieser Nominalwert hat mit dem tatsächlichen Wert der Aktie nichts zu tun, sondern allein rechnerische Bedeutung. So ergibt sich die Höhe des Anteils an einer Aktiengesellschaft und die Zahl der Stimmen auf der Hauptversammlung aus dem Verhältnis zwischen dem Nennwert der Aktien und dem Grundkapital der Gesellschaft.
War früher ein Nennwert von 50 Mark je Aktie die Regel, so wurde in den letzten Jahren vor 1999 die Fünf-Mark-Aktie immer beliebter. Viele Unternehmen hatten diese Nennwertherabsetzung – ein sogenanntes *Splitting* – vorgenommen; dabei wurden zum Beispiel aus einer 50-Mark-Aktie zehn Fünf-Mark-Aktien. Das hat den Vorteil, daß Aktien dieses Unternehmens nun zu einem geringeren Preis erhältlich und damit auch verstärkt den Kleinanlegern zugänglich sind.
Der effektive Wert einer Aktie hingegen – der Preis also, der beim Kauf gezahlt und beim Verkauf erlöst wird – ist der Kurs-

**Ergo wandelt Wertpapiere in Stückaktien um**

**Düsseldorf.** Die Wertpapiere der Versicherungsgruppe Ergo AG (Düsseldorf) werden von Nennbetragsaktien in Stückaktien umgewandelt. Durch den Wechsel sei nach der Einführung des Euro keine Währungsumrechnung nötig, teilte das Unternehmen in Düsseldorf mit. Der auf eine Aktie entfallende Anteil am Ergo-Grundkapital in Höhe von fünf Mark bleibe bestehen. (dpa)

wert. Dieser Wert bildet sich im freien Spiel von Angebot und Nachfrage an der Börse und unterliegt somit einer stetigen Veränderung. Er ist abhängig vom Börsengeschehen des jeweiligen Tages. Der Kurswert zeigt den Preis an, den man zahlen muß, um eine bestimmte Aktie zu einem bestimmten Zeitpunkt zu erwerben.

Da durch die Umstellung auf den Euro die Nennwerte der Aktien zu unrechtmäßigen krummen Beträgen geführt hätte, wurde im April 1998 durch das Stückaktiengesetz die Einführung nennwertloser *Stückaktien* erlaubt. Die Aktiengesellschaften sind verpflichtet, bis spätestens 2002 den Nennwert ihrer Aktien umzustellen. Nötig wird die Änderung, weil bei einer reinen Umrechnung des D-Mark-Nennwertes in Euro krumme Nennwerte entstanden wären. Um dies zu vermeiden, müßten die Gesellschaften ihr Grundkapital entweder erhöhen oder herabsetzen. Die Stückaktien lauten weder auf einen D-Mark-Betrag noch auf einen Anteil am Grundkapital *(Quotenaktie)*. Ihr rechnerischer Nennwert ergibt sich aus der Höhe des Grundkapitals geteilt durch die Zahl der Aktien.

### 1.4.2 *Die Dividende*

Die Rechte der Miteigentümer sind faktisch ziemlich beschränkt. Ob und in welcher Höhe Dividenden (»Zinsen«) ausgeschüttet werden, bestimmt formell die Hauptversammlung, in der Praxis jedoch die Verwaltung der Gesellschaft, also der Vorstand und der Aufsichtsrat. Dies ist der Hauptgrund für den höhnischen Spruch des Bankiers *Carl Fürstenberg*: »Aktionäre sind dumm und frech. Dumm, weil sie ihr Geld anderen Leuten ohne ausreichende Kontrolle anvertrauen; frech, weil sie Dividende fordern, also für ihre Dummheit auch noch belohnt werden wollen.«

Einmal im Jahr schütten die meisten Aktiengesellschaften einen Teil ihrer erwirtschafteten Gewinne als Dividende an ihre Aktionäre aus. Je Aktie wird ein bestimmter Betrag gezahlt, den man *Bardividende* nennt.

Wirklich jedes Jahr Dividende zu bekommen, ist keine Selbstverständlichkeit. Doch gilt es als ein untrügliches Zeichen, daß ein Unternehmen floriert, wenn die AG über Jahre hinweg regelmäßig eine ordentliche Dividende ausschüttet. Das Ausbleiben der Dividende muß aber nicht das Gegenteil bedeuten. Auch kerngesunde Unternehmen parken schon mal den ganzen Gewinn als Rücklage, steigern so den Unternehmenswert – und dadurch in der Folge oft den Kurs der Aktie.

Im Kursteil der Zeitung findet man die zuletzt gezahlte Dividende sowie die Notierung (den Preis) der Aktie in Euro pro Stück vom letzten und vorletzten Börsentag.

Diese Angaben reichen aus, um sich mit Hilfe der Formel

$$\frac{\text{Dividende x 100}}{\text{Kurs}}$$

die entsprechende *Dividendenrendite* auszurechnen. Mit Hilfe der Dividendenrendite kann man Aktien, die verschiedene Kurse und Dividenden haben, untereinander bezüglich ihrer voraussichtlichen Ertragskraft vergleichen. Diese Verzinsung ist zumeist recht bescheiden. Daran wird deutlich, daß der Erwerber einer Aktie nicht unbedingt auf die Dividendenzahlung setzt, sondern sich an der wirtschaftlichen Entwicklung des Unternehmens orientiert. Hinzu kommt, daß die Dividendenauszahlung das zu versteuernde Einkommen des Aktionärs erhöht, während Kursgewinne aus Aktienverkäufen steuerfrei bleiben – vorausgesetzt, zwischen An- und Verkauf ist ein halbes Jahr verstrichen *(Spekulationsfrist)*.

### 1.4.3 *Was beeinflußt den Aktienkurs?*

Warum steigen und fallen die Aktienkurse? Um diese Frage toben geradezu Glaubenskriege. Ist es noch relativ einfach, den Zusammenhang zwischen Geld und Börsentendenz herzustellen – machen die Notenbanken das Geld »billiger«, tun sich Unternehmen wie Anleger leichter zu investieren –, ist der Faktor Psychologie kaum einzuschätzen. So wirkt sich schon eine erwartete günstige Geschäftsentwicklung des Unternehmens, der Branche oder auch der Gesamtwirtschaft in der Regel als Kursanstieg aus; schlechte Nachrichten führen dagegen zum Nachgeben der Aktienkurse. Zudem wirken sich niedrige Zinsen positiv auf Aktien aus, weil dann Anleihen eher unattraktiv sind.
Sehr empfindlich reagiert der Aktienmarkt zudem auf wirtschafts- und finanzpolitische Entscheidungen. Werden Steuererhöhungen erwartet, sinken die Kurse. Auch weltwirtschaftliche Bewegungen finden sofort ihren Niederschlag an den Börsen. Werden etwa Einfuhrbeschränkungen von einem Land verhängt, erleiden die Kurse der davon betroffenen Unternehmen sicherlich Einbußen. Ähnlich sensibel wird auf politische Unruhen, etwa kriegerische Auseinandersetzungen, geantwortet.
Um die Situation einschätzen zu können, setzen die Anhänger der *technischen Analyse* auf Indikatoren, die sie aus einer Mischung von charttechnischen und psychologischen Daten bilden. *Fundamentalisten* konzentrieren sich auf die Unternehmen. Da all diese Entwicklungsmöglichkeiten oft von menschlichen Reaktionen abhängen, wird die Bestimmung der Börsentendenz auch in Zukunft ohne den Faktor »Glück« nicht auskommen. Und das ist gut so. Wenn alle felsenfest von der Richtigkeit der Analysen überzeugt wären, käme es zum Stillstand an der Börse. Es können niemals alle das gleiche tun. Wer eine Aktie verkaufen will, muß auch einen Käufer finden. Da auf dem glatten Parkett der Börsen oft selbst ausgebuffte Spezialisten mit ihren Prognosen danebenliegen, trägt die Aktie zu Recht den Beinamen »Risikopapier«.

### 1.4.4 *Die verschiedenen Aktienarten*

Es gibt verschiedene Aktienarten. *Stammaktien* kommen in Deutschland am häufigsten vor. Sie räumen ihren Eigentümern sämtliche Rechte ein, insbesondere das Stimmrecht auf der alljährlich stattfindenden Hauptversammlung des jeweiligen Unternehmens. Wer Stammaktien besitzt, ist also mehr in die Geschäftspolitik des Unternehmens involviert, gehört sozusagen zum »Stamm« des Unternehmens.
*Vorzugsaktien* räumen ihrem Eigentümer bestimmte Vorzüge ein. So bekommen Eigentümer von Vorzugsaktien meist eine höhere Dividende (für gewöhnlich ein bis zwei Mark pro Aktie) als Eigentümer von Stammaktien. Darüber hinaus besteht sogar der Anspruch auf die Zahlung einer Mindestdividende. Als Ausgleich für diese Vorzüge müssen Eigentümer von Vorzugsaktien jedoch auf ihr Stimmrecht bei den Hauptversammlungen des Unternehmens verzichten (deshalb heißen sie im Börsenspott »kastrierte Aktien«).
*Inhaberaktien* sind die am weitesten verbreiteten Aktien in Deutschland. Es gibt keinen Namenseintrag auf der Aktie. Dadurch ist sie leicht übertragbar, d.h. ein Eigentumswechsel ist ohne besondere Formalitäten möglich. Niemand, außer dem Inhaber selbst, weiß, wer diese Aktien besitzt. Inhaberaktien können sowohl Stamm- als auch Vorzugsaktien sein.
*Namensaktien* sind in Deutschland recht selten und eigentlich nur bei Versicherungen gebräuchlich. Der Name des jeweiligen Eigentümers ist auf der Aktie selbst vermerkt. Das Unternehmen führt eine Liste über diese Aktien und weiß dadurch, wer sie besitzt. Ein Eigentumswechsel ist hier mit bestimmten Formalitäten verbunden. Rund dreiviertel der Namensaktien sind sogenannte *vinkulierte Namensaktien*, bei denen ein Eigentumswechsel nur mit Zustimmung des Unternehmens möglich ist. Deshalb wird sie auch »gefesselte Aktie« genannt. Namensaktien können sowohl Stamm- als auch Vorzugsaktien sein.
Wenn eine Aktiengesellschaft ihr Grundkapital erhöht, kann sie *junge Aktien* anbieten. Der Aktionär erhält dann ein Vorkaufsrecht, das Bezugsrecht genannt wird und im Verhältnis zu seinen alten Aktien steht. Damit soll den Aktionären die Chance eingeräumt werden, bei einer *Kapitalerhöhung* ihren

relativen Anteil am Grundkapital des Unternehmens zu erhalten. Wird zum Beispiel das Aktienkapital von neun auf zwölf Millionen Mark – also um ein Drittel – erhöht, kann der Aktionär auf drei alte eine junge Aktie beziehen. Will er sein Bezugsrecht nicht ausüben, kann er es an der Börse veräußern. Durch diesen Verkauf wird zunächst nichts gewonnen, da der Wert des Bezugsrechts vom Kurs der Altaktie abgezogen wird (Kürzel hinter der Notierung: exB). Dieser Abschlag wird in aller Regel wieder schnell aufgeholt, da ja eine Kapitalerhöhung das Zeichen für Expansionsbestrebungen setzt.
Wenn die Gesellschaft beschließt, die neuen Aktien nicht zum Nennwert (auch zu *pari* genannt), sondern mit einem Aufgeld abzugeben, wird dies *Agio* genannt. Dies kann sie dann tun, wenn der Kurs der alten Aktie entsprechend hoch ist. *Gratisaktien* gibt es umsonst, allerdings nur für bisherige Aktionäre in einem bestimmten Verhältnis zum bisherigen Besitzanteil. Diese Papiere, auch *Zusatzaktien* oder *Berichtigungsaktien* genannt, werden ausgegeben, wenn eine Erhöhung des Grundkapitals durch Umwandlung von offenen Rücklagen in Grundkapital stattfindet. An den Besitzverhältnissen ändert sich dadurch nichts.
Populär ist die Aktie durch die Ausgabe von *Belegschaftsaktien* geworden. Über 300 Unternehmen bieten ihren Mitarbeitern Aktien zum Vorzugspreis an. Eine breitere Streuung des Eigentums sollte mit der Ausgabe von *Volksaktien* erreicht werden. Diese wurden bei der Teilprivatisierung der staatlichen Unternehmen Preussag, VW und Veba mit fixierten Ausgabekursen an Bezieher niedriger Einkommen ausgegeben. Nachdem in den 50er Jahren zunächst auf dem Gebiet der Vermögensbildung das Sparen und Bausparen gefördert worden waren, sollten die Bürger auf die Aktie als ein Instrument der Vermögensbildung aufmerksam gemacht werden. Da sich 1965 der Kurs der Veba-Aktie anders als der seiner Vorgänger sehr schlecht entwickelte, wurde das Kapitel »Ausgabe von Volksaktien«, dessen besonderes Kennzeichen Vorzugsbedingungen für Kleinverdiener war, abgeschlossen. Die weiteren Privatisierungen von Bundesvermögen fanden in Form eines ganz normalen Aktienverkaufs über die Börse statt.

### 1.4.5 *Die Deutschen und die Aktie*

Deutsche Anleger zählen jedoch zu den vorsichtigsten in der Welt. Ihnen, so scheint es, ist das Risiko an der Börse viel zu hoch. Die Scheu zeigt sich darin, daß nur zwölf Prozent der westdeutschen und fünf Prozent der ostdeutschen Haushalte Aktien besitzen. Zum Vergleich: In Frankreich sind es 45 Prozent, in Amerika besitzt jeder fünfte Aktien. Verglichen mit 1993 ist der Anteil in den alten Bundesländern aber um zwei Prozentpunkte gewachsen. In Ostdeutschland hat sich der Anteil der Aktionäre an der Bevölkerung in dieser Zeit sogar mehr als verdreifacht. (Bei den Investmentzertifikaten haben ostdeutsche Anleger die Westdeutschen sogar überrundet. Hier besitzen 7,5 Prozent aller Haushalte ein derartiges Papier, im Westen sind es 6,6 Prozent). Dennoch ist das Aktienvermögen der privaten Haushalte zwischen 1970 und 1996 mit jährlich sieben Prozent um ein Viertel langsamer gewachsen als das gesamte Geldvermögen.
Die deutschen Unternehmen sind mit dem Gang an die Börse ebenfalls eher zurückhaltend – auch wenn ein flüchtiger Blick auf den deutschen Aktienmarkt zunächst den gegenteiligen Eindruck erweckt: Der Kurswert aller inländischen Aktien ist mit gut einer Billion Mark immerhin der vierthöchste der Welt. Erst eine am Bruttoinlandsprodukt orientierte Betrachtung offenbart den wirklichen Stellenwert des deutschen Aktienmarktes: Der Kurswert aller börsennotierten Papiere erreicht derzeit lediglich 27 Prozent der wirtschaftlichen Leistung der Bundesrepublik.
Und genau das ist in anderen Volkswirtschaften fundamental anders: In Großbritannien etwa steht das Verhältnis von Aktienkursen und Wirtschaftskraft bei 152 Prozent – und auch Länder wie die USA, die Schweiz oder Schweden erreichen Quoten von mehr als 100 Prozent. Verwunderlich ist das allerdings nicht. Denn die Anzahl der Aktiengesellschaften in Deutschland ist verschwindend gering – sie machen gerade 0,1 Prozent der fast 2,8 Millionen umsatzsteuerpflichtigen Unternehmen aus. In Großbritannien und in den USA sind Kapitalgesellschaften dagegen an der Tagesordnung.
Zudem ist in der Bundesrepublik die enge Verflechtung der

Unternehmen untereinander markant. Ein Drittel des nominalen Aktienbesitzes wird von anderen Unternehmen gehalten. Aber auch die internationale Verzahnung ist hierzulande stark ausgeprägt. Vom Nominalwert aller Aktien befindet sich knapp ein Viertel in den Händen von Ausländern.

### 1.4.6 *Auslandsaktien*

Die Verflechtung ist aber auch in anderer Richtung möglich. Wem die Grenzpfähle der deutschen Börsenlandschaft zu eng gesteckt sind, braucht sich nicht von diesen Markierungen irritieren zu lassen. Sein Glück mit *Auslandaktien* zu versuchen ist kein Abenteuer ohne Wiederkehr. Die amtlich notierten ausländischen Aktien werden nach deutschen Börsenvorschriften gehandelt.

Doch das Währungsrisiko außerhalb von Euroland ist nicht zu unterschätzen. Zum Kauf solcher Aktien muß die Mark in ausländische Währung umgetauscht werden. Beim Verkauf der Aktien erfolgt dann der Rücktausch. Wenn sich nun der Wechselkurs verschlechtert hat, kann trotz einer Kurssteigerung der Aktie ein Verlust entstehen.

Ein Ventil für schwache Inlandsmärkte können die *Auslandsbörsen* sein. In den Berichten über diese Börsen wird die Kursentwicklung in der jeweiligen ausländischen Währung angegeben. Auslandsaktien sind etwas für Spezialisten. Angefangen von unterschiedlichen Steuervorschriften und Handelsspesen fällt vor allem das Währungsrisiko ins Gewicht.

Praktisch ohne Risiko kann ein Gewinn über die *Arbitrage* erzielt werden. So nennt man ein Börsengeschäft, das Preisunterschiede für ein und dieselbe Ware an verschiedenen Märkten ausnutzt. Wenn zum Beispiel der Kurs eines Wertpapiers am gleichen Tag in Frankfurt 106 und in London 100 ist, wird durch den Kauf in London bei gleichzeitigem Verkauf in Frankfurt ein *Arbitrage-Gewinn* erzielt. Durch die ausgleichende Wirkung der Arbitrage passen sich die Preise an den unterschiedlichen Märkten schnell an. Arbitrage-Geschäfte sind auch am Devisen-, Geld- und Goldmarkt üblich.

## 1.5 Das Börsenbarometer Aktienindex

Um einen Gradmesser zu haben, an dem sich das Auf und Ab an der Börse ablesen läßt, haben Fachleute Zuflucht zu den Aktienindizes genommen. Dieses Börsenbarometer wird aus dem Durchschnitt der Kurse ausgewählter Aktien ermittelt. Ein Aktienindex (aus dem Lateinischen: »Anzeiger«) gibt an, in welche Richtung sich das Kursniveau gegenüber dem Vortag verändert hat. An einem festgelegten Stichtag wird der Ausgangspunkt, die Basis, gleich 100 gesetzt.
Der international bekannteste Index ist der amerikanische *Dow Jones*, der seit 1884 täglich an der New Yorker Börse errechnet wird. Die Basis bilden dabei die Aktienkurse von 30 führenden amerikanischen Industrieunternehmen. Er ist benannt nach *Charles Henry Dow*, dem damaligen Mitinhaber der Dow Jones Company, die unter anderem auch heute noch die Wirtschaftszeitung *Wall Street Journal* herausgibt. Das in Asien am meisten beachtete Börsenbarometer ist der *Nikkei-Index* in Tokio, aber auch der *Hang-Seng-Index* in Hongkong kann Leitmaß für andere Finanzplätze sein. In London wird der *FTSE-Index* berechnet, nach seiner Aussprache auch »Footsie« genannt. Paris hat den *CAC-40*, Zürich den *Swiss Market Index*.

### 1.5.1 *Deutsche Indizes*

Der *Deutsche Aktienindex DAX* wird seit Mitte 1988 veröffentlicht. Durch die Beobachtung des DAX über längere Zeiträume hinweg lassen sich Trends erkennen und Entwicklungen verfolgen. Der Fortgang des DAX wird im allgemeinen in einer Kurve dargestellt. Der DAX-Stand wird von 8.30 bis 17 Uhr ermittelt und im 15-Sekunden-Takt auf einer großen Schautafel im Börsensaal angezeigt.
Wenn man vom DAX spricht, meint man den DAX 30. Dieser setzt sich aus den Kursen der 30 wichtigsten deutschen Aktien zusammen. Dazu gehören zum Beispiel Siemens, VW und die Telekom. Die 30 Werte wurden so ausgesucht, daß sie die Branchenstruktur der deutschen Wirtschaft insgesamt widerspiegeln. Sie haben in unterschiedlicher Gewichtung – je nach

## Dax verzeichnet das höchste Plus des Jahres

**Index steigt um mehr als sechs Prozent / Hausse an den Weltbörsen / Renten etwas fester**

mrm. **München** (Eigener Bericht) – *An den Aktienbörsen waren am Montag weltweit kräftige Gewinne zu verbuchen. Der Deutsche Aktienindex (Dax) stieg bis 16 Uhr um 6,2 Prozent auf 4229 Punkte. Das war der deutlichste Zuwachs seit dem Tag nach dem Oktober-Crash vergangenen Jahres. Am damaligen 29. Oktober hatte der Index um 6,30 Prozent zugelegt. Händler in Frankfurt begründeten den Aufschwung mit der gleichzeitigen Hausse an den asiatischen und anderen europäischen Handelsplätzen sowie einem festeren Dollarkurs.*

Ausgelöst wurde die weltweite Aktien-Hausse nach Angaben von Händlern durch die Verabschiedung eines Gesetzespakets durch das japanische Oberhaus, das zur Sanierung des angeschlagenen Bankensystems des Landes beitragen soll. In der Folge zogen die Kurse in Fernost zumeist deutlich an, der Tokioter Nikkei-Index legte um 5,2 Prozent zu. In Europa stiegen die wichtigsten Indizes bis 16 Uhr zwischen gut drei Prozent (Londoner FTSE-100) und gut neun Prozent (Helsinki-General).

In Deutschland verzeichnete der Deutsche Aktienindex (Dax) den höchsten Tagesgewinn seit fast einem Jahr. Der generelle Aufschwung wurde vom festeren Dollarkurs (Frankfurter Fixing: 1,6525 nach 1,6305 DM) begünstigt. Um 16 Uhr wurde die US-Devise mit 1,6518/28 DM gehandelt. Immer mehr Händler sprachen von einer Trendwende am Aktienmarkt. Einer meinte gegenüber *dpa*: „Wir haben bereits die Tiefstkurse gesehen." Die Umsätze am Frankfurter Parkett blieben allerdings gering. Den kräftigsten Zuwachs verbuchten die Daimler-Aktien, die um 14,2 Prozent auf 125 DM anzogen. Die Papiere von Mannesmann kletterten um 13 Prozent, die der Hypo-Vereinsbank um 12,3 Prozent. Die Titel der Hoechst AG gaben hingegen um 8,7 Prozent nach. Das Unternehmen hatte mitgeteilt, daß das operative Ergebnis „wegen weltweit verschlechterter Marktbedingungen" voraussichtlich unter dem Niveau des Vorjahres liegen werde.

Die Rentenmärkte beruhigten sich nach den Turbulenzen der vergangenen Woche. Die Umlaufrendite öffentlicher Anleihen, die am Freitag von 3,85 auf 4,15 Prozent nach oben geschnellt war, gab leicht auf 4,14 Prozent nach. Zum Yen verharrte der Dollar trotz geringer Gewinne auf dem niedrigsten Niveau seit über einem Jahr. Er wurde um 16 Uhr mit 118,43/53 Yen gehandelt, rund ein Yen höher als zum Freitagsschluß. Am vergangenen Montag war der Kurs noch bei 135 Yen gelegen. Die New Yorker Wall Street eröffnete freundlich. Um 16 Uhr stand der Dow-Jones-Index bei 8027 Punkten (+1,6 Prozent).

Kapitalgrundlage der darin enthaltenen Unternehmen – Anteil an dem DAX-Stand. Die prozentuale Gewichtung kann sich im Laufe der Zeit, je nach Entwicklung der darin enthaltenen Unternehmen, ändern. Einzelne Unternehmen können aus dem DAX herausgenommen werden, neue hinzustoßen. Diese Entwicklung geschieht automatisch – bestimmte Kriterien geben vor, was nötig ist, um zu den 30 Besten zu zählen, und je nach optimaler Erfüllung dieser Kriterien ändert sich auch das Spitzenfeld der 30 Besten. Die Aktien, die im DAX enthalten sind, machen etwa 80 Prozent des gesamten Börsenumsatzes aus; sie werden auch *Blue Chips* genannt.

Der *MDAX* setzt sich aus den Kursen 70 weiterer wichtiger deutscher Aktienwerte zusammen; deshalb wird er auch *DAX 70* genannt. Die Aktien dieser Unternehmen machen etwa zehn Prozent des gesamten Börsenumsatzes aus und heißen auch *Mid Caps*. Als *DAX 100* bezeichnet man die Summe aus DAX 30 und DAX 70.

Der Fokus des *CDAX* liegt auf den verschiedenen Branchen (das C steht für »Composite«). So lassen sich die Entwicklungen am Aktienmarkt unter branchenspezifischen Gesichtspunkten verfolgen. Der CDAX-Gesamtindex umfaßt alle an der Frankfurter Börse im amtlichen Handel in D-Mark notierten deutschen Aktien. Die Untergliederung in 16 einzelne Branchenindizes ermöglicht es, sowohl die Entwicklung einzel-

ner Branchen untereinander zu vergleichen als auch die Entwicklung einer bestimmten Branche der Gesamtmarktentwicklung gegenüberzustellen. Außerdem läßt sich mit Hilfe des CDAX auch die Entwicklung einer einzelnen Aktie mit der jeweiligen Branchenentwicklung vergleichen.
Ende vorigen Jahres ist der *SDAX* kreiert worden, ein Index für niedrig kapitalisierte Unternehmen. In ihm sind die Aktien von Firmen enthalten, die nicht im DAX oder MDAX aufgeführt sind. Zur Auswahl gelangen alle Werte, die, gemessen an Börsenumsatz und Marktkapitalisierung, nach den DAX- und MDAX-Werten folgen und mindestens im geregelten Markt gehandelt werden.
In den nächsten Jahren dürfte der *Dow Jones Euro Stoxx 50* – ein Kunstwort aus *Stocks* (Aktien) und *Exchange* (Börse) – dem deutschen Index Dax und den Indizes aus anderen EU-Staaten den Rang ablaufen. Der neue Euro-Index wird sich zur wichtigsten Meßlatte für die europäischen Börsen entwickeln. Er vereinigt seit Februar 1998 die 50 bedeutendsten Börsenwerte aus dem Euro-Raum. Immer mehr Großinvestoren, die aufgrund bindender Anlagerichtlinien bisher vor allem im jeweiligen Inland anlegen mußten, können dies jetzt auch grenzüberschreitend tun.

### 1.5.2 *Der elektronische Handel*

So ist es nicht leicht, beim Börsengeschehen den Überblick zu behalten. Doch es kommt noch ärger. Da ist manchmal zu lesen: Der *Xetra-Dax* ist gegenüber dem Vortag gestiegen, der Dax dagegen gefallen – dabei handelt es sich um ein und dasselbe, allerdings in verschiedener Gestalt. Alle Daxe enthalten die gleichen 30 Standardwerte. Der Dax wird während des Handels im Börsensaal *(Parketthandel)* festgestellt, der Xetra-Dax (E**x**change **E**lectronic **Tra**ding) im elektronischen Computerhandel. Beide Indizes werden von 8.30 bis 17 Uhr gehandelt. Dennoch ist der Xetra aktueller: Da er am Computer berechnet wird, schließt er exakt um 17 Uhr. Die Feststellung des Parkett-Daxes beginnt bereits um 16.30 Uhr, so daß danach kaum noch Aufträge ausgeführt werden. So kommt es, daß der eine noch im Minus ist (gegenüber dem Mittag des Vortages), wäh-

rend der andere schon wieder steigt (gegenüber dem Vorabend).
Xetra hat im November 1997 das alte System Ibis abgelöst. Es kann – im Prinzip – all das, was an den acht deutschen Börsen passiert, im Großcomputer ablaufen lassen. Die Privatanleger können von den langen Handelszeiten und den günstigen Kosten des Xetra-Systems profitieren. Seit kurzem haben sie auch Zugang zur virtuellen Börsenwelt. Die Sitzungen an den acht deutschen Börsen bilden zwar noch den Kern des Börsengeschehens. Aber ihr Umsatzanteil geht seit Jahrzehnten stetig zurück; hier werden nur noch etwa fünf Prozent des Aktienhandels abgewickelt. Die Banken favorisieren den elektronischen Handel, weil er billiger ist. Ein Aktienkauf über 100000 Mark kostet an der Parkettbörse 35, im Xetra-Handel aber nur etwa sieben Mark. Die Deutsche Börse AG will mit Xetra ihre Preisführerschaft in Europa weiter ausbauen.
Die Leistungsfähigkeit ist beeindruckend: Ibis wickelte in Spitzenzeiten 50000 Orders pro Tag ab, Xetra kann 900000 schaffen – etwa 110 pro Sekunde. Alle der rund 2000 in Frankfurt notierten Aktien sowie die 360 Rentenpapiere und 28 Aktienoptionsscheine können elektronisch gehandelt werden.
Vorreiter des elektronischen Börsenhandels war 1971 der amerikanische *Nasdaq-Index*. An dieser reinen Computerbörse sind hauptsächlich Technologie- und Computerfirmen notiert, die bei den Anlegern wegen ihrer Wachstumsaussichten besonders beliebt sind.
Der Nasdaq nachempfunden ist die Ende 1996 in Brüssel etablierte *Easdaq* (sprich: Isdak). Die European Association of Securities Dealers Automated Quotation spricht bislang vor allem institutionelle Anleger wie Banken, Versicherungen oder Pensionsfonds an. Sie bietet sich für junge, innovative Unternehmen aus sogenannten Zukunftsbereichen wie Umwelttechnik, Biotechnologie und Multimedia, die eine möglichst internationale Ausrichtung haben. Die Easdaq verfügt über eine einzige elektronische Handelsplattform, über die 68 Mitglieder aus ganz Europa und den USA über Terminals in zwölf europäischen Ländern von 9.30 bis 16.30 Uhr Geschäfte abwickeln können.
Um die Easdaq auch in Deutschland bekannter zu machen, ist

im November 1998 ein Büro in Frankfurt eröffnet worden. Durch den Euro wird frischer Wind erwartet. Zum einen sind nun die Notierungen der Easdaq-Unternehmen aus dem Euroraum von bislang fünf verschiedenen auf die Einheitswährung umgestellt worden, so daß Unternehmen der gleichen Branche leichter vergleichbar sind. Außerdem ist mit der Euro-Einführung die nationale Betrachtung von Unternehmen noch mehr in den Hintergrund getreten.
So verliert das Börsenparkett immer mehr seine Rolle als Stimmungsindikator: Euphorie, Angst und Panik, unmittelbar umgesetzt in Lärm, Mimik, Gestik und Laufleistung, sind – so kompakt an einem Platz versammelt – nicht mehr zu beobachten. Statt dessen: Händler, die einsam am Computer schwitzen.

## 2. Nicht nur für Rentner: der Rentenmarkt

Eine alte Börsenweisheit besagt: Wer gut schlafen will, investiert in Rentenpapieren, wer lieber gut essen und trinken will, der sollte Aktien kaufen. So schwankte das Jahresergebnis von Aktien in den vergangenen 50 Jahren zwischen einem Gewinn von 85 und einem Verlust von 37 Prozent. Mit Anleihen schliefen die Anleger hingegen ruhiger. Die Maximalrendite lag bei 16, das Minimum immerhin noch bei 0,5 Prozent.

Im Gegensatz zu den Aktionären sind die Besitzer einer Anleihe nicht Miteigentümer an einem Unternehmen, sondern Gläubiger. Die Absicht der Herausgeber *(Emittenten)*: Das vom Sparer erhaltene Geld ersetzt einen großen Kredit, ohne daß man von einem einzelnen Kreditgeber abhängig ist. Im Unterschied zur Aktie bringt die Anleihe ihrem Inhaber jedes Jahr einen festen Zinsertrag (weshalb sie auch *Rentenpapier* genannt wird). Anders als am Aktienmarkt spielt hier das Interesse an etwaigen Kursgewinnen kaum eine Rolle, da sich die Kurse nur recht langsam bewegen. Für jede Anleiheemission muß eine staatliche Genehmigung eingeholt werden. Dies gilt selbst für die Bundesländer; nur die Bundesregierung kann schalten und walten, wie sie will. Der deutsche Rentenmarkt, der nur staatlichen Stellen und einigen wenigen Kreditinstituten eine Emission gestattet, bietet den Sparern ein hohes Maß an Sicherheit; im Gegensatz etwa zu den USA, wo eine Vielzahl von Schuldnern (mit manchmal zweifelhafter Bonität) Mittel am Rentenmarkt aufnehmen darf.

Die meisten Papiere haben eine festgelegte Laufzeit. An deren Ende wird der Ausgabewert in vollem Umfang zurückerstattet. Die Zinsen sind für die gesamte Laufzeit festgelegt, also nicht von der wirtschaftlichen Situation des Herausgebers abhängig. Die verschiedenen Arten der Papiere werden nach ihren Herausgebern benannt. Bei der öffentlichen Hand sind es zum Beispiel *Bundesobligationen* und *Bundesschatzbriefe*. *Bankschuldverschreibungen* und *Pfandbriefe* sind Anleihen der Kreditinstitute.

Der Rentenmarkt ist als Wirtschaftsbarometer viel sensibler als der oft unberechenbare Aktienmarkt. Er reagiert auf die Wirtschafts-, Geld- und Zinspolitik häufig nicht direkt, aber

dafür längerfristig und deshalb zuverlässiger. Deshalb spielt die »große Politik« für den Rentenmarkt eine wichtigere Rolle als für den Aktienmarkt.
Das »Stimmungsbarometer« am Rentenmarkt gibt oft Anlaß zur Verwirrung. Die Meldung, daß sich die Stimmung verschlechtert habe (weil die Kurse zurückgehen), ist für denjenigen, der festverzinsliche Wertpapiere kaufen will, durchaus vorteilhaft. Er erzielt nämlich nun eine höhere Rendite. Dies liegt daran, daß sich die Kurse und Renditen am Rentenmarkt gegenläufig bewegen. Wenn etwa ein Pfandbrief über 1000 Mark, der pro Jahr 60 Mark oder sechs Prozent Zinsen bringt, von 1000 auf 990 Mark sinkt, erzielt der Anleger eine Rendite von über sechs Prozent. Zum einen benötigt er weniger Geld, um die gleichen Zinsen einzunehmen; zum anderen bekommt er am Ende der Laufzeit zehn Mark mehr zurück, als er eingezahlt hat.
Was macht schon der Unterschied zwischen 7,0 und 7,1 Prozent Rendite im Jahr, mag sich mancher fragen? Im einen Fall werden aus 1000 Mark in zehn Jahren 1967, im anderen 1985 Mark. Für institutionelle Anleger, etwa Versicherungen, die mit ganz anderen Summen operieren, sieht dies schon anders aus: 0,1 Prozent sind bei 100 Millionen Mark immerhin 100000 Mark.
Wer ein festverzinsliches Wertpapier als Geldanlage erwirbt, sucht Sicherheit und eine möglichst gute Verzinsung seines eingesetzten Geldes. Der *Nominalzins* ist der auf dem Wertpapier aufgedruckte Zinssatz. Er richtet sich nach der Höhe des Kapitalmarktzinses zum Zeitpunkt der Ausgabe und zeigt an, wieviel Zinsen unveränderlich Jahr für Jahr gezahlt werden (der Pfandbrief mit einem Nennwert von 100 Mark und einem Zinssatz von acht Prozent erbringt acht Mark Zinsen pro Jahr). Die *laufende Verzinsung* weicht von der Nominalverzinsung deshalb ab, weil die Papiere in der Regel einen vom Nennwert abweichenden Kurs haben, die Zinsen aber auf den Nennwert gezahlt werden. Die laufende Verzinsung wird nach folgender Formel berechnet:

$$\frac{\text{Zinssatz} \times \text{Nennwert}}{\text{Kaufpreis}} = \text{laufende Verzinsung}$$

Nehmen wir einen achtprozentigen Pfandbrief mit einem Nennwert von 100 Mark zum Kurs von 98. Dann beträgt die laufende Verzinsung 8,16 Prozent. Die *Rendite* schließlich wird unter Berücksichtigung der Tatsache errechnet, daß nicht nur laufend Zinsen auf den Nennwert, sondern auch – um bei dem Beispiel zu bleiben – am Ende der Laufzeit des Pfandbriefes 100 Mark ausgezahlt werden, obwohl er für nur 98 Mark gekauft wurde. Diese Differenz zwischen Erwerbskurs und Nennwert – den *Rückzahlungsgewinn* – nennt man *Disagio*. Die Rendite *(Effektivverzinsung)* wird überschlägig nach der Faustformel

$$\frac{\text{Zinssatz} \times \text{Nennwert}}{\text{Kaufpreis}} + \frac{\text{Disagio}}{\text{Laufzeit}} = \text{Rendite}$$

berechnet und ergibt in unserem Beispiel bei einer angenommenen Laufzeit von fünf Jahren folgende Werte:

$$\frac{8 \times 100}{98} + \frac{2}{5} = 8{,}56 \text{ Prozent}$$

Die Rendite ist in diesem Fall also um 0,40 Prozentpunkte höher als die laufende Verzinsung und um 0,56 Prozentpunkte höher als der Nominalzins.

Als Orientierungsmarke wird die *Durchschnittsrendite*, auch *Umlaufrendite* genannt, von der Bundesbank errechnet. Täglich faßt sie die Effektivzinsen (Renditen) der Anleihen vom Bund und seinem Sondervermögen zusammen und bildet daraus den Durchschnitt. Den Berechnungen liegen die Renditen von 130 börsennotierten Bundeswertpapieren zugrunde. Um Verzerrungen zu vermeiden, haben alle eine Restlaufzeit von mehr als einem Jahr. Wichtiger als der Nominalzins ist aber der sogenannte *Realzins*, der die Höhe der Inflationsrate berücksichtigt.

Je nachdem, wer die Anleihe *begeben* hat, wie es im Fachjargon heißt, gibt es verschiedene Formen: *Öffentliche Anleihen* werden von der Bundesrepublik (Bundesanleihen), den Bundesländern, Städten und Gemeindeverbänden zur Finanzierung ihrer Anlagen ausgegeben. Bund und Länder finanzieren dadurch ihren außerordentlichen Haushalt (während der ordentliche Haushalt direkt durch Steuern finanziert wird). Um die Defizite im Staatshaushalt zu decken, hat der Finanzminister zudem im Jahr 1979 Bundesobligationen geschaffen, die daher auch *Regierungsanleihen* genannt werden. Sie werden in aufeinanderfolgenden Serien (sogenannten *Daueremissionen*) mit festem Zinssatz aufgelegt, sind an der Börse handelbar und haben eine Laufzeit von fünf Jahren.

## 2.1 Wertpapiere mit begrenztem Risiko: Schuldverschreibungen

### 2.1.1 *Pfandbriefe und andere Schuldverschreibungen*

Über die Hälfte aller umlaufenden Rentenwerte inländischer Emittenten sind *Kommunalobligationen* und *Pfandbriefe*. Die Kommunalobligationen, auch *öffentliche Pfandbriefe* genannt, werden nicht, wie ihr Name vermuten ließe, von Kommunen ausgegeben, sondern von öffentlich-rechtlichen Kreditanstalten und Körperschaften sowie von Hypothekenbanken. Das Geld aus dem Verkauf dieser Papiere verleihen die Institute an Bund, Länder und Gemeinden. Finanziert wird mit diesen Darlehen etwa der Bau von Schulen und Straßen. Einige ostdeutsche Städte haben ein altes Finanzierungsmittel wiederentdeckt, das im Westen seit zehn Jahren nicht mehr genutzt wurde. So beschaffen sich Leipzig, Chemnitz und Dresden über *Stadtanleihen* Geld von Privatanlegern. Mit diesem Geld werden Museen saniert, Gewerbegebiete gefördert sowie die Infrastruktur verbessert.
Pfandbriefe werden von privaten Hypothekenbanken oder von öffentlich-rechtlichen Kreditinstituten ausgegeben. Die Institute verkaufen sie am Kapitalmarkt und gewähren für das Kapital, das sie sich dadurch beschaffen, Kredite, die durch Hypotheken gesichert sind. Das Grundstück oder Gebäude des Kreditnehmers dient als Sicherheit *(Pfand)*. Wenn der Schuldner mit der Rückzahlung in Verzug kommt, hat die Bank das Recht, ihr Pfand notfalls zu verkaufen.
Die Pfandbriefe haben eine alte Tradition. Sie wurden 1767 vom Preußenkönig Friedrich dem Großen eingeführt. Den An-

legern bot er als Sicherheit den Grund und Boden der Gutsbesitzer, die nach dem verlorenen Siebenjährigem Krieg mit dem aus den Pfandbriefen eingenommenen Geld die zerstörten Betriebe wieder aufbauten.
Im Kursteil der Zeitung werden die Pfandbriefe und Kommunalobligationen unter dem Namen der jeweiligen Bank aufgeführt. Vor dem Titel ist der Nominalzins vermerkt, dahinter steht die Kennummer der jeweiligen Serie oder Reihe. Bei öffentlichen Anleihen erscheint statt der Seriennummer das Jahr der Ausgabe und meistens auch das Jahr der Tilgung. Die darauf folgenden Kurse sind in Prozenten auf den Nennwert zu verstehen. Eine Notiz von z.B. 102 besagt, daß ein Pfandbrief über nominal 100 Mark zu 102 Mark gehandelt wird.
Den Pfandbriefen verwandte Wertpapiere sind *Bundesschatzanweisungen* (die 1988 umbenannten *Kassenobligationen*), Landesbodenbriefe, Landwirtschaftsbriefe und Rentenschuldverschreibungen, die ebenfalls von einer Reihe von Realkredit-Instituten ausgegeben werden.
*Industrie-Anleihen* werden von Kapitalgesellschaften emittiert. Auf diese Weise nehmen die Unternehmen langfristiges »Fremdkapital« auf, um größere Projekte zu finanzieren. Diese Anleiheform ist aber bedeutungslos geworden, weil die Unternehmen auf günstigere Finanzierungsinstrumente ausgewichen sind.
Den wichtigsten Markt bei festverzinslichen Wertpapieren ausländischer Emittenten bilden die *DM-Auslandsanleihen*, die es seit Anfang der 60er Jahre gibt. Im Unterschied zu internationalen Anleihen, die in verschiedenen Staaten aufgelegt werden, handelt es sich dabei um Emissionen, die trotz des ausländischen Schuldners auf Deutsche Mark lauten und auf den deutschen Markt zugeschnitten sind. Die Unterscheidung zwischen Industrieanleihe und internationaler Anleihe ist abgeleitet aus dem Herkunftsland des Emittenten, den Konsortialmitgliedern und den Investoren. Eine DM-Anleihe eines in Deutschland niedergelassenen Emittenten ist eine *Inlandsanleihe*. Hat der Schuldner seinen Sitz im Ausland, spricht man von einer *Auslandsanleihe* oder einer *internationalen Anleihe*.
Die eigentlichen *Währungsanleihe*n lauten dagegen nicht auf Mark, sondern auf fremde Währungen. Sie spielen am deut-

schen Kapitalmarkt eine untergeordnete Rolle. Je nach Land kann ein erhebliches Währungsrisiko bestehen.
Deshalb wird darauf geachtet, ob ein *Rating* (Anlageurteil) eines auf diesem Gebiet arbeitenden Unternehmens vorliegt. Doch auch für Regierungen, Banken und sonstige Schuldner werden Ratings erstellt. »Erfunden« wurde das Rating in den USA. Auf dem größten Kapitalmarkt der Welt benötigten die Anleger einen Orientierungsmaßstab, anhand dessen sie die Qualität eines Schuldners und damit das mögliche Ausfallrisiko beurteilen konnten. Ratings dürften allerdings in den nächsten Jahren auch in Europa verstärkt in Mode kommen. Denn mit dem Euro werden sich auf einem Kapitalmarkt ohne Währungsrisiko viele Schuldner drängeln. Dann wird ein deutscher Anleger wissen wollen, wie er zum Beispiel die Anleihe einer spanischen Provinz gegenüber einer deutschen Bundesanleihe bewerten soll.
Möglich ist das anhand einer Note, die die beiden Ratingagenturen *Moody's* und *Standard & Poor's* vergeben. Ihre Beurteilungen werden als einfaches, zweifaches oder dreifaches A dargestellt. Dabei steht AAA für das geringste Risiko.
Bei *Doppelwährungsanleihen* handelt es sich um Emissionen, bei denen Einzahlung und Zinszahlung in einer anderen Währung als die Rückzahlung erfolgen. Der Reiz liegt hier in der Chance, einen Währungsgewinn zu erzielen, sofern sich die Währungsrelation über die Laufzeit zugunsten – sagen wir des Dollars – verbessert.

### 2.1.2 *Optionsscheine*

Um ehrgeizige Investitionsvorhaben verwirklichen zu können, brauchen Aktiengesellschaften viel Kapital. Das können sie sich natürlich wie jeder Privatmann bei ihrer Bank beschaffen. Doch dafür müßten sie hohe Zinsen zahlen. Als Ausweg bleibt ihnen das »Begeben« einer *Optionsanleihe*. (Das Wort »Option« leitet sich ab vom lateinischen *optare*, was »freier Wille«, »frei wählen« bedeutet). Dies ist ein festverzinsliches Wertpapier, bei dem den Gläubigern neben dem Recht auf Zahlung des vereinbarten Zinssatzes ein Bezugsrecht auf Aktien eingeräumt wird. Dieses Bezugsrecht wird durch einen *Optionsschein* (englisch:

*warrant*) verbrieft. Während dieser zunächst mit der Anleihe verbunden ist, kann er später abgetrennt werden und ist dann selbständig handelbar. Das hat zur Folge, daß an der Börse drei verschiedene Notierungen vorkommen, und zwar:

- die *Optionsanleihe mit (cum) Optionsschein*
- die *Optionsanleihe ohne (ex) Optionsschein*
- der Optionsschein allein

Der Kurs eines Optionsscheines an der Börse ergibt sich wie bei jedem an der Börse gehandelten Wertpapier aus Angebot und Nachfrage. Wichtig für die Bewertung durch Käufer und Verkäufer sind der Zuzahlungsbetrag, die Restlaufzeit des Optionsscheins und der Kurs der zugrundeliegenden Aktie. Der Kurs einer Optionsanleihe mit Optionsschein ergibt sich aus dem Kurs des Optionsscheins und des vereinbarten Zinssatzes sowie aus Angebot und Nachfrage. Der Kurs einer Optionsanleihe ohne Optionsschein ergibt sich aus Angebot und Nachfrage sowie dem jeweiligen Zinssatz und dem allgemeinen Zinsniveau. Der Zinssatz einer Optionsanleihe liegt meist unter dem Zinssatz solcher Anleihen, die kein Optionsrecht einräumen. Der Käufer einer Optionsanleihe ist also bereit, für das ihm gewährte zusätzliche Optionsrecht einen niedrigeren Zinssatz als bei normalen Anleihen in Kauf zu nehmen. Er hat dafür durch das Optionsrecht die Chance, durch Kursgewinne einen Anlageerfolg zu erzielen, der über der Durchschnittsverzinsung von vergleichbaren Schuldverschreibungen ohne Optionsrecht liegt. Der Käufer einer

**Covered Warrants auf dt. Aktien**

| | Emittent | Basis | Laufzeit | 21.10. | 20.10. | WPKN |
|---|---|---|---|---|---|---|
| **Calls** | | | | | | |
| Adidas | (UBS) | 200,00 | 97/12.98 | 22,03 G | 21,01 G | 790803 |
| Adidas | (UBS) | 220,00 | 97/06.00 | 56,02 | 55,30 G | 790805 |
| Adidas | (SBV) | 240,00 | 97/07.99 | 30,10 G | 29,70 G | 783707 |
| Adidas | (SG) | 260,00 | 98/11.99 | 3,24 G | 3,29 | 727015 |
| Adidas | (Citi) | 300,00 | 98/06.99 | 1,64 G | 1,66 G | 837324 |
| Allianz | (SAL) | 442,80 | 98/12.00 | 190,40 G | 183,70 G | 822705 |
| Allianz | (Citi) | 500,00 | 98/12.98 | 7,48 G | 6,87 | 818999 |
| AMB | (GS) | 1600,00 | 97/12.98 | 8,12 G | 7,87 G | 592114 |
| Banken Bask. | (SBV) | 4600,00 | 97/07.99 | 3,61 G | 3,20 G | 783718 |
| Banken Bask. | (SBV) | 4800,00 | 97/07.99 | 3,10 G | 2,80 G | 783733 |
| Banken Bask. | (SG) | 6000,00 | 97/06.99 | 17,86 G | 17,30 G | 726949 |
| Bankges.Berl. | (Rabo) | 40,00 | 97/03.99 | 0,60 G | 0,58 G | 819303 |
| BASF | (Citi) | 35,00 | 95/06.00 | 31,44 | 29,86 G | 815461 |
| BASF | (LB) | 65,00 | 97/07.99 | 10,78 | 9,84 | 904080 |
| BASF | (UBS) | 65,00 | 97/06.00 | 14,48 G | 13,93 G | 789380 |
| Bayer | (UBS) | 65,00 | 96/06.00 | 11,90 G | 12,17 G | 789381 |
| Bayer | (LB) | 70,00 | 97/07.99 | 5,87 G | 5.80 bG | 904084 |

Optionsanleihe erwartet, daß der Kurs der Aktie, die er beziehen kann, über den vereinbarten Zuzahlungsbetrag steigt und er somit zusätzlich zu den festen Zinszahlungen einen Kursgewinn erzielt.
Im Laufe der Zeit hat es sich eingebürgert, den mühsamen Weg der Anbindung eines Optionsscheins an eine Anleihe aufzugeben. Unter den sogenannten *nackten Optionsscheinen* – etwa Aktien-Optionsscheinen, Zins-Optionsscheinen, Währungs-Optionsscheinen, Index-Optionsscheinen – versteht man Optionsscheine, die nicht ursprünglich Bestandteil einer Optionsanleihe waren. Solche Papiere werden meist von Banken emittiert. Sie berechtigen dazu, den zugrundegelegten Handelsgegenstand zu einem festen Preis innerhalb der Laufzeit oder zu einem festen Zeitpunkt zu kaufen oder zu verkaufen.
Gedeckte Optionsscheine, deren englische Bezeichnung *covered warrants* meist im Börsenteil verwendet wird, werden ohne Emission einer Optionsanleihe ausgegeben. Sie berechtigen den Inhaber, eine bestimmte Zahl von Aktien zu einem festgelegten Preis innerhalb einer bestimmten Frist zu erwerben. Die zugrundegelegten Aktien befinden sich bereits im Umlauf. Die Laufzeiten sind relativ kurz und liegen meistens zwischen zwölf und achtzehn Monaten.
Der Anleger setzt entweder auf sinkende oder steigende Kurse. Er erwirbt das Recht, nach Ende der Laufzeit eine bestimmte Menge des entsprechenden Basiswertes zu kaufen *(Call)* oder zu verkaufen *(Put)*. Der Preis für dieses Geschäft, das erst in der Zukunft stattfindet, wird allerdings schon heute festgelegt. Dieser sogenannte Basispreis bleibt während der Laufzeit unverändert.
Der Anleger kann entweder auf sinkende oder steigende Kurse setzen. Bei Call-Optionsscheinen rechnet der Investor mit einem steigenden Kurs des entsprechenden Basiswerts. Entwickeln sich die Kurse dann tatsächlich nach oben, steigt in der Regel auch der Wert des Optionsrechts, was wiederum einen höheren Preis des Optionsscheins zur Folge hat. Bei Put-Papieren funktioniert das Prinzip umgekehrt. Der Käufer erwartet für die Zukunft sinkende Kurse des Basiswerts. Liegt er damit richtig, steigt der Preis des Put-Scheins.

Über 8000 Optionsscheine werden Anlegern hierzulande offeriert – das größte Angebot weltweit. Und ein Ende ist noch lange nicht in Sicht. Gerade bei Kleinanlegern hat der Optionsschein viele Freunde gefunden, weil viel weniger Kapital eingesetzt werden muß als bei einem Engagement in Aktien. Da zudem auf einen Schein mehrere Aktien zugeteilt werden, können diese Spekulationspapiere wahre Kurssprünge vollführen.

Doch wo viel Sonne ist, da ist auch viel Schatten. So ist das Kursrisiko überproportional. Ein Optionsschein wirft weder Zins noch Dividende ab; außerdem verfällt er ersatzlos, wenn bis zum Ende der Optionsfrist keine Aktien bezogen wurden. Und sinkt der Kurs der zugrundegelegten Aktie unter den Zuzahlungsbetrag, ist der rechnerische Wert der Option gleich null, da es billiger wäre, die Aktie direkt über die Börse zu kaufen.

Die Kursangaben der Optionsanleihen werden stets in Prozent notiert, die sich auf den entsprechenden Nennwert beziehen. Der Optionsschein wird dagegen im tatsächlichen Betrag angegeben.

### 2.1.3 *Weitere Anlagemoglichkeiten*

*Wandelanleihen* sind Zwitter – halb Festverzinsliche, halb Anteilspapiere. Der Anleger hat die Wahl, ob die Anleihe am Ende der Laufzeit getilgt oder während der Laufzeit in Aktien *gewandelt* werden soll. Für den Emittenten besteht der Hauptvorteil der Wandelanleihe darin, daß ein Teil des Kredits in Eigenkapital übergeht und deshalb nicht zurückgezahlt zu werden braucht. Für den Anleger bietet sich ein besonderer spekulativer Reiz durch die Chance, zu einem Kurs wandeln zu können, der deutlich günstiger ist als der Börsenkurs. Zum Kauf einer Wandelanleihe wird man sich also entscheiden, wenn der weitere Kursverlauf einer Aktie unbestimmbar erscheint, so daß der direkte Kauf dieses Papiers zu riskant ist.

Die Zinsen der *Bundesschatzbriefe* wachsen nach festem Plan jährlich. Sie werden seit 1969 ausgegeben. Da diese *Schätzchen* nicht an der Börse gehandelt werden, sind sie gegen Kursschwankungen immun. Bei Typ A (Stückelung 100 Mark, sechs

Jahre Laufzeit) werden Zinsen jährlich gezahlt, während sich bei Typ B (Stückelung 50 Mark, sieben Jahre Laufzeit) die Zinsen ansammeln. Ein Vorteil der Bundesschatzbriefe ist, daß sie beim Kauf und beim Verkauf keine zusätzlichen Kosten (Spesen) verursachen, wie es bei fast allen anderen Wertpapieren der Fall ist. Schatzbriefe können nur von natürlichen Personen und von Einrichtungen erworben werden, die gemeinnützigen, mildtätigen oder kirchlichen Zwecken dienen. Ein Unternehmen kann sie also nicht kaufen, wohl aber ein Unternehmer mit seinem privaten Geld. Auch Ausländer können diese Papiere nicht erwerben.

Die Depotgebühren bei der Bank kann man sich sparen, wenn die Briefe in das Schuldenregister der *Bundesschuldenverwaltung* eingetragen werden. Da die Bundesschuldenverwaltung eine selbständige Behörde ist, bleibt das Bankgeheimnis ebenso gewahrt wie bei Kreditinstituten. Doch die Hauptaufgabe der Behörde ist die Bedienung der Bundesschuld. Dazu gehört vor allem die termingerechte Zahlung der Zins- und Tilgungsbeträge.

Auch den *Finanzierungsschätzen* ist ein Kursrisiko fremd. Sie werden jeden Monat vom Finanzministerium mit einer Laufzeit von einem oder zwei Jahren herausgegeben. Die Besonderheit liegt in der Abzinsung. Der Käufer erhält nach Ablauf einen höheren Betrag, als er angelegt hat, weil die Zinsen für die Zeit vom Erwerb bis zum Fälligkeitstag im voraus vom Kaufpreis abgezogen werden. Bei einer Landeszentralbank können diese Wertpapiere kostenlos verwahrt werden.

Bei Bundesschatzbriefen und Finanzierungschätzen kommt der Euro erst 2002 zum Zug: Zinsertrag und Kapital fließen dann in der Gemeinschaftswährung aufs Konto. Anders sieht es bei Bundesanleihen und -obligationen aus. Diese börsennotierten Wertpapiere sind schon am Jahresanfang 1999 umgestellt worden.

Zu den öffentlichen Finanzierungsinstrumenten gehören auch die *unverzinslichen Schatzanweisungen* (U-Schätze). Das sind Schuldverschreibungen des Bundes, seiner Sondervermögen und der Bundesländer. Unverzinslich bedeutet in diesem Zusammenhang, daß keine Zinszahlung vorgenommen wird, sondern die Wertpapiere abgezinst verkauft werden.

**Genußscheine**

| Genußschein | 21.10. | 20.10. |
|---|---|---|
| **Feste Ausschüttung** | | |
| B.-Württ.Bk.93/05 7.12%(S | 117,05 G | 117,35 G |
| B.-Württ.Bk.97/08 6,8%(S | 118,45 | 118,90 |
| Bay.Hdlsbk.95/06 8.25%(M) | 122,80 G | 123,05 G |
| Bay.Hyp.Verbk.90/00 9,5% | 119,50 | 119,30 bB |
| Bay.Hyp.Verbk.97/07 6,75% | 111,22 | 111,50 |
| Bay.Hyp.Verbk.89/99 7,75% | 111,40 | 111,30 |
| Bay.Ldsbk.91/00 9.5% (M) | 119,20 G | 119,25 G |
| Bay.Ldsbk.92/04 8.75% (M) | 126,75 G | 127,00 G |
| Bay.Ldsbk.93/04 6.5% (M) | 113,20 rG | 113,20 rG |
| BHF-Bank 92/02 ex 9.25% | 124,80 G | 125,00 -T |
| Commbk.91/03 ex 9,5% | 126,00 | 126,30 eB |
| Commbk.92/04 ex 9,15% | 126,80 | 126,80 |
| Commbk.93/05 ex 7,25 % | 114,50 | 114,50 |
| Commbk.94/06 ex 8% | 100,10 bB | 100,25 |
| Commbk.96/08 ex 7,9% | 120,90 | 121,20 |
| Depfa 94/08 6,5% | 108,40 | 108,40 |
| Depfa 96/11 7,65% | 120,80 G | 121,00 G |
| Dresdner Bk 96/06 8% | 120,90 | 121,50 |
| Dresdner Bk. 90/03 9.5% | 110,80 | 110,80 |
| Dt.Bank 91/02 ex 9% | 122,60 | 122,80 |
| Dt.Bank 92/03 ex 8.75% | 123,35 | 123,50 bB |
| Dt.Girozentr.94/03 6,25% | 110,75 | 110,45 G |

Bei den *Nullkuponanleihen*, auch *Zerobonds* genannt, muß ebenfalls weniger angelegt werden, als man später erhält. Durch die 1985 erteilte Erlaubnis, Zerobonds in Mark anzubieten, wurde der bislang vergleichsweise eintönige Speisezettel am deutschen Kapitalmarkt bereichert. Auch hier liegt der Ausgabekurs zum Teil weit unter 100 Prozent, während die Ausgabe – zumeist nach zehn oder 20 Jahren – zum Nominalwert geschieht. Wer also eine Anleihe über 10000 Mark mit 20 Jahren Laufzeit erwirbt, braucht dafür nur etwa 2500 Mark anzulegen. Nach 20 Jahren bekommt er dann 10000 Mark ausbezahlt. Die Steigerung ergibt sich durch den Zinseszinseffekt.

Solche Bonds werden von Industrieunternehmen, aber auch von Regierungen ausgegeben. Der Kauf von derartigen abgezinsten Wertpapieren lohnt sich vor allem für Anleger, die einen hohen Steuersatz haben. Sie sind so in der Lage, ihre Zinserträge auf einen Zeitraum zu verschieben, in dem sie einen niedrigeren Steuersatz haben, beispielsweise nach ihrer Pensionierung. Da diese Papiere so lange laufen, ist die Seriosität des Schuldners die entscheidende Frage.

In einer Phase, in der sich weder Anleger noch Schuldner für Jahre auf einen festen Zins festlegen wollen, schlägt die Stunde für die *Floating Rate Notes*, die sogenannten *Floater*. Diese variabel verzinslichen Anleihen gibt es in der Bundesrepublik erst seit Mitte der 80er Jahre. Im Gegensatz zu den herkömmlichen Anleihen, die mit einem festen Nominalzins ausgestattet sind, wird der Zins beim Floater der Marktent-

wicklung in regelmäßigen Abständen (alle drei bis sechs Monate) angepaßt.
*Genußscheine* sind Zwitter zwischen Aktie und festverzinslichem Wertpapier. Wie bei einer Aktie beteiligt sich der Anleger am Eigenkapital des Unternehmens. Doch stehen ihm im Gegensatz zum Aktionär weniger Rechte zu; dafür erhält er im Durchschnitt 0,8 Prozent mehr Rendite als bei inländischen Anleihen. Sie verbriefen keine Gesellschaftsrechte wie etwa ein Stimmrecht in der Hauptversammlung. Werden Genußscheine von Aktiengesellschaften emittiert, so bedarf es zuvor der Genehmigung der Hauptversammlung. Durch die Emission von Genußscheinen verteilt sich der Gewinn des Unternehmens auf mehr Anleger, so daß der Gewinnanteil der Altaktionäre sinkt. Diesen kann daher als Verwässerungsschutz ein Bezugsrecht eingeräumt werden. Genußscheine werden in der Schweiz *Partizipationsscheine* genannt.
Den Genußscheinen nachempfunden sind die 1970 eingeführten *Gewinnobligationen* der Sparkassen. Die Verzinsung dieser verkappten Sparbriefe richtet sich nach dem geltenden Spareckzins und der Ertragslage der jeweiligen Sparkasse.

### 2.1.4 *Das gute alte Sparbuch*

»Reich wird man nicht von dem Geld, das man verdient, sondern von dem, das man nicht ausgibt.« Bei aller Banalität hat dieser Ausspruch von *Henry Ford I.* auch heute noch seine Gültigkeit. Wenn es ums Geld geht, sind gerade die Deutschen nicht sonderlich risikofreudig. Auf der bunten Palette der Geldanlageformen ist das *Sparbuch* nach wie vor die Nummer eins. Hier haben die Deutschen immer noch mehr als 500 Milliarden Mark angelegt. Die Banken und Sparkassen tun wenig, um die Gelder von den Sparbüchern auf bessere Anlagemöglichkeiten umzuleiten, sind die niederverzinslichen Spargelder doch ein wichtiger Faktor für die Geschäftsergebnisse. Schließlich stellen diese Gelder für die Kreditinstitute die beste Möglichkeit dar, an billiges Geld zu kommen, das anschließend dreifach, vierfach teurer als Kredit wieder verliehen wird.
Das traditionelle *Sparkonto* ist problemlos zu führen, deshalb

wird in den Zeitungen über das Kontensparen eigentlich nur berichtet, wenn eine Anpassung an einen gestiegenen oder gesunkenen Kapitalmarktzins erfolgt. Die Guthaben werden Anfang 2002 in Euro umgerechnet. Vor- und Nachteile ergeben sich nicht.

## 2.2 Aktien und Renten »im Topf«: Investmentfonds

Für Anleger, denen wegen der möglichen Kursverluste eine Investition in Aktien zu risikoreich ist, die aber trotzdem die Chance nutzen wollen, an Kursgewinnen teilzuhaben, gibt es über 2000 *Investmentfonds* in Deutschland. Die Idee, die dahintersteht, ist einfach: Wenn es zu Verlusten führen kann, nur in eine oder wenige Aktien zu investieren, warum dann nicht gleich mehrere Wertpapiere kaufen – mit demselben oder vielleicht sogar mit einem geringeren Kapitaleinsatz? Wie funktioniert das?

Einen Investmentfonds muß man sich vorstellen wie einen großen Topf, in dem die Aktien von vielen Unternehmen liegen. Ist die Mischung im Topf gut – das heißt, sind die Aktien von risikoreichen und weniger risikoreichen Unternehmen enthalten –, dann kann der Anleger sein Risiko streuen und damit mindern. Der Grund: Die schlechte Kursentwicklung eines Papiers kann durch die gute Kursentwicklung eines anderen ausgeglichen werden. Voraussetzung dafür ist allerdings, daß das Kapital richtig verteilt wird. Das wiederum gelingt nur, wenn man den Wertpapiermarkt und seine Gesetze kennt. Diese Kenntnisse muß der Anleger, der in Investmentfondsanteile investiert, nicht selbst haben.

Die Anbieter dieser Fonds – *Investmentgesellschaften* oder *Kapitalanlagegesellschaften* genannt – verwalten die Fonds für ihre Kunden. Sie legen also das Geld anderer Leute an und ändern, sofern sie es für notwendig halten, die Zusammensetzung der Wertpapiere im »Topf« – immer mit dem Ziel, eine möglichst hohe Rendite zu erwirtschaften. Der Verkauf von Fondsanteilen ist jederzeit möglich. Man kann sowohl einige als auch sämtliche Anteile auf einmal an die Investmentgesellschaft zurückgeben. Die Rückgabe der Anteile erfolgt üblicherweise zum Tageswert der Fondsanteile. Jede Investmentgesellschaft

ist dazu verpflichtet, die aktuellen Fondsanteilspreise fortlaufend in mindestens einer hinreichend verbreiteten Wirtschafts- oder Tageszeitung zu publizieren.
Der Ertrag der Fondsanteile wird halbjährlich ausgezahlt *(Ausschüttung)*. Das allein ist aber kein Maßstab für die Güte eines

**Deutsche Fonds**

| * | A | 19.10. | 16.10. |
|---|---|---|---|
| **A**diasia | 5,00 | 47,83 | 47,41 |
| Adifonds | 5,00 | 141,92 | 141,44 |
| Adig-Aktien-Deutschl. | 4,00 | 154,93 | 154,80 |
| Adig-Aktien-Frankreich | 4,00 | 134,27 | 132,91 |
| Adig-Aktien-Japan | 4,00 | 51,77 | 50,81 |
| Adig-Aktien-USA | 4,00 | 182,81 | 180,65 |
| Adig-Laufz.10/00 | 1,75 | 50,53 | 50,54 |
| Adig-Laufz.10/98 | 1,25 | 48,74 | 48,73 |
| Adiglobal | 3,00 | 80,74 | 80,32 |
| Adikur | 2,00 | 86,41 | 86,37 |
| Adirenta | 3,00 | 24,54 | 24,52 |
| Adireth | 3,00 | 104,11 | 104,17 |
| Adirewa | 3,00 | 203,59 | 202,80 |
| Adiropa | 3,00 | 88,65 | 88,37 |
| Adiselect | 5,00 | 145,56 | 144,35 |
| Aditec | 5,00 | 149,99 | 148,64 |
| Adiverba | 5,00 | 258,07 | 257,26 |
| Aegis Eink.-F. | 5,00 | 40,64 | 40,52 |
| Akkumula DWS | 5,00 | - | 570,57 |
| Allianz Aktienf. | 5,00 | - | 182,39 |
| Allianz Flexi-Rentenf. | 3,50 | - | 133,52 |
| Allianz Inter-Rent | 3,75 | - | 102,49 |
| Allianz Rentenf. | 2,50 | 140,26 | 139,71 |
| Alt. Leipz. Trust R | 4,00 | 86,40 | 86,30 |
| Alte Leipziger Trust A | 5,00 | 146,81 | 146,63 |
| ARA-Renditefonds DIT | 3,60 | - | 61,80 |
| AriDeka | 5,26 | - | 107,92 |
| Aufh.Univ.Kurzinv.Fd. | | - | 85,55 |
| Aufhäuser-Univ.I | 5,00 | - | 125,36 |
| **B**asis Fonds I | | 208,88 | 208,57 |
| BB Multirent Inv. | 3,00 | 71,71 | 71,32 |
| BB-Deutschland-Inv. | 5,00 | 128,44 | 128,25 |
| BB-DMrent-Inv. | 3,00 | 84,72 | 84,63 |
| BBV-Fonds-Union | 3,00 | - | 88,97 |
| Berenb.-Univ.-Eff. | 3,00 | - | 31,52 |
| Berenb.-Univ.Renten | 2,50 | - | 95,84 |
| BerolinaRent Deka | 3,63 | 88,15 | 88,07 |
| BfG Inv. Aktienf. | 4,00 | 131,66 | 129,32 |
| BFG Inv. EuroComp. | 3,75 | 87,32 | 85,80 |
| DIT-Spezial 2 | 3,00 | - | 83,10 |
| DIT-Technologief. | 3,00 | - | 184,29 |
| DIT-Wachstum Europa | 5,00 | - | 73,62 |
| DIT-Wachstum Global | 5,00 | 50,48 | 50,48 |
| DIT-Wachstumsf. | 3,00 | - | 137,88 |
| DIT-Wachstumsf. Plus | 5,00 | - | 74,36 |
| DM-Geldmarktfonds INKA | 0,50 | - | 102,96 |
| Dt. Rentenf. "K" | 2,00 | - | 84,26 |
| Dt. Rentenfonds | 2,50 | - | 95,53 |
| Dt. Vermögensbild A | 5,00 | - | 62,17 |
| Dt. Vermögensbild I | 5,00 | - | 83,25 |
| Dt. Vermögensbild R | 3,00 | - | 33,70 |
| DVG DM-Rendite-Plus | 1,00 | - | 76,48 |
| DVG Nederland | 5,00 | - | 169,68 |
| DVG Rent 2001 | 3,00 | - | 96,75 |
| DVG Vario-Rent | 2,50 | - | 103,14 |
| DWS Akkurenta 98 | 2,00 | - | - |
| DWS Akkurenta 99 | 2,00 | - | 99,81 |
| DWS Asiat.Aktien Typ 0 | | - | 98,45 |
| DWS Deutsche Akt.Typ 0 | | - | 227,12 |
| DWS Deutschland | 3,00 | - | 147,01 |
| DWS Energief. | 4,00 | - | 146,12 |
| DWS Euro Strategie | 2,50 | - | 87,78 |
| DWS Europ.Akt.Typ 0 | | - | 243,63 |
| DWS Frankreich | 4,00 | - | 128,86 |
| DWS Geldmarktfonds | | - | 111,07 |
| DWS Geldmarkt plus | | - | 111,77 |
| DWS Iberia-F. | 4,00 | - | 173,97 |
| DWS Inter Genuß | 3,00 | - | 83,42 |
| DWS Japan-F. | 4,00 | - | 96,43 |
| DWS Top 50 Europa | 4,00 | - | 127,66 |
| DWS Top 50 Welt | 4,00 | - | 92,83 |
| DWS-Nordamerika | 4,00 | - | 129,82 |
| DWS-Rohstoff. | 4,00 | - | 72,21 |
| DWS-Technologief. | 4,00 | - | 137,54 |
| DWS-Telemedia | 4,00 | - | 152,87 |
| DWS-Top 50 Asia | 4,00 | - | 48,16 |
| **E**lfoaktiv | 4,75 | 114,12 | 114,13 |
| Elfoflex | 4,75 | 71,31 | 71,34 |
| Elfoterm | 2,00 | 77,93 | 77,71 |
| Elfozins | 3,75 | 52,85 | 52,66 |
| Euronordrenta | 3,50 | 90,71 | 90,55 |
| EuropaVision | 2,50 | 55,38 | 55,09 |
| Eurovesta | 4,00 | | [illegible] |

Fonds bzw. dafür, ob die Fondsmanager den Wertpapiermarkt aufmerksam beobachtet und die Aktien im Topf gut gemischt haben.
Einziger Maßstab für die Beurteilung eines Investmentfonds ist deshalb die sogenannte *Wertentwicklung*. Die Wertentwicklung, wie sie der *Bundesverband Deutscher Investmentfonds* ausweist, gibt an, welchen prozentualen Wertzuwachs Fondsanlagen bis zum Ende eines Jahres verbuchen konnten.
Den Anlageerfolg eines Investmentfonds bezeichnet man als *Performance*. Errechnet wird sie aus den Ausschüttungen und den Wertsteigerungen der Anteilsscheine. Der Begriff stammt aus dem Englischen und bedeutet soviel wie »Leistung«.
Die Krise der gesetzlichen Krankenversicherung hat dazu geführt, daß sich das Vermögen der deutschen Publikumsfonds innerhalb weniger Jahre auf fast eine halbe Billion Mark verdreifacht hat. Damit ist die deutsche Fondswelt endgültig aus ihrem Dornröschenschlaf erwacht. Denn anderswo gehört die Fondsanlage als Form der individuellen Vermögensplanung längst zum Sparalltag. So ist die durchschnittliche Pro-Kopf-Anlage in den USA mit umgerechnet 21000 Mark siebenmal höher als in Deutschland.
Die Investmentgesellschaften, hinter denen meist Banken und Versicherungen stehen und die vom *Bundesaufsichtsamt für das Kreditwesen* in Berlin kontrolliert werden, bieten Fonds mit unterschiedlichen Anlageschwerpunkten an: Der eine besteht aus wachstumsorientierten Papieren, der andere konzentriert sich auf Aktien von Unternehmen, die sich durch relativ stabile Dividenden und geringe Kursschwankungen auszeichnen. Ein dritter wiederum enthält hauptsächlich Aktien von ausländischen Unternehmen, ein vierter meist deutsche Wertpapiere.

### 2.2.1 *Rentenfonds*

Doch es gibt nicht nur Aktienfonds. Die *Rentenfonds* zum Beispiel setzen darauf, daß festverzinsliche Wertpapiere im Kurs nur gering schwanken, ihr Risiko somit geringer ist als das von Aktien. In einem Rentenfonds findet man Industrieanleihen, aber auch öffentliche Anleihen, Pfandbriefe und Kommunal-

obligationen. Ebenso unterschiedlich wie die Art der Rentenpapiere im Fonds sind ihre Laufzeiten.
Neben den reinen Aktien- und Rentenfonds werden auch *gemischte Fonds* angeboten. Sie enthalten sowohl Aktien als auch festverzinsliche Wertpapiere. Hier können die Fondsmanager bei der Mischung im Topf auf den Aktien- oder auf den Rentenmarkt zurückgreifen: Falls die Aktienkurse fallen, werden sie den Inhalt des Topfes stärker zugunsten der festverzinslichen Wertpapiere umschichten. Steigen die Aktienkurse, werden sie den Anteil an Renten reduzieren, um an den Kursgewinnen der Aktien teilzuhaben.

### 2.2.2 *Immobilienfonds*

*Immobilienfonds* schließlich investieren in Häuser und Grundstücke, also in Immobilien. Die Anzahl der Immobilien, die für die angelegten Beträge gekauft werden, schwankt je nach Größe zwischen 40 und 100. Der Anteil eines jeden Anlegers am Fonds-Vermögen bemißt sich nach seiner Einzahlung. Man unterscheidet zwischen *offenen* und *geschlossenen* Immobilienfonds.
*Offene Immobilienfonds* dürfen lediglich in der Rechtsform der Aktiengesellschaft oder der GmbH betrieben werden. Die Zahl der Gesellschafter, das heißt der Eigentümer, und das Fondskapital sind nicht begrenzt. Breiten Sparerschichten wird so die Möglichkeit geboten, sich mit relativ kleinen Beträgen am Grundbesitz und seinem Wertzuwachs zu beteiligen.
Anders die *geschlossenen Immobilienfonds*. Für sie gibt es, im Gegensatz zu den offenen Fonds, keine gesetzliche Pflicht zur Publizität. Sie sind deshalb auch nicht mit Investmentfonds vergleichbar, sollen aber der Vollständigkeit halber hier erwähnt werden. Geschlossene Immobilienfonds, die Gestaltungsfreiheit in ihrer Rechtsform haben, sind die klassische Anlage für Steuersparer. Das Finanzierungsvolumen wird im voraus auf einen bestimmten Betrag festgesetzt und einmalig zur Zeichnung ausgelegt. Das heißt: Innerhalb eines bestimmten Zeitraums können sich die Anleger entscheiden, ob sie in diesen Fonds investieren wollen oder nicht. Finanziert werden zumeist von Mietern oder Pächtern genutzte ge-

werbliche Gebäude, wie Einkaufszentren, Lagerhallen oder Bürohäuser.

### 2.2.3 *Geldmarktfonds*

Eine Spezialform der Investmentfonds sind die seit 1994 zugelassenen *Geldmarktfonds*. Die zur Verfügung gestellten Gelder werden in Geldmarktpapiere und festverzinsliche Wertpapiere mit kurzer Restlaufzeit angelegt. Aufgrund der kurzen Laufzeit sind die angelegten Mittel wieder schnell verfügbar. Zum anderen ist das Kursrisiko aufgrund der kurzen Laufzeit sehr gering.

### 2.2.4 *Altersvorsorge-Sondervermögen*

Die Fondsgesellschaften, die insgesamt mehr als 1,2 Billionen Mark verwalten, rüsten sich mit Hochdruck für die Herausforderungen der nächsten Jahrzehnte. Eine Lücke im Angebot sollen die *Altersvorsorge-Sondervermögen* schließen, die im Oktober 1998 auf den Markt gekommen sind. Diese Fonds mit dem Kürzel AS verbinden langfristig angelegte Substanzwerte (Aktien und Immobilien) mit festverzinslichen Titeln.
Vom Prinzip her gleichen die Sondervermögen den »normalen« Investmentfonds. Der Arbeitgeber und/oder der Arbeitnehmer zahlt über eine bestimmte Laufzeit, die sogenannte Ansparphase, monatlich einen bestimmten Betrag in das AS einer Investmentgesellschaft ein. Nach Ende dieser Phase, meist im Pensionsalter, kann der Arbeitnehmer über den angesparten Betrag ganz oder in monatlichen Raten verfügen. Im Gegensatz aber zu Aktien- und Rentenfonds ist es nicht erlaubt, während der Laufzeit Ausschüttungen vorzunehmen. Die Erträge werden grundsätzlich wieder angelegt. Dadurch entsteht ein Zinseszinseffekt.

### 2.2.5 *Die Fonds in Zeiten des Euro*

Wie wirkt sich nun der Euro auf die Geldanlage in Fonds aus? Nun, erst einmal lassen sich europäische Fonds durch die einheitliche Währung besser untereinander vergleichen. Anlagegewinne aus der Investition in Fonds, die europaweit anlegen, werden nicht mehr durch Währungsschwankungen beeinträchtigt. Investitionen sind dann viel genauer einzuschätzen. Außerdem wird die Auswahl an Fondsprodukten steigen. Denn Fondsgesellschaften, die bisher nur in ihren Heimatländern tätig waren, sind nun europaweit aktiv.

## 3. Spekulieren mit Derivaten: die Terminbörse

In den vergangenen Jahren hat der Markt für *derivative* Finanzierungsinstrumente – oder kurz *Derivate* – enorm an Bedeutung gewonnen. Der Begriff »Derivate« stammt vom lateinischen Verb *derivare*, das mit »ableiten« übersetzt werden kann. In der Chemie wird mit Derivat eine Verbindung bezeichnet, die aus einer anderen entstanden ist. Derivate sind demnach abgeleitete Finanzprodukte, denen ein anderes Finanzprodukt zugrundeliegt: zum Beispiel Währungen, Anleihen, Aktien, Zinssätze oder Zahlungsverpflichtungen.
Derivate berechtigen den Erwerber zum Kauf oder Verkauf der zugrundegelegten Werte zu einem festen, im voraus vereinbarten Preis zu einem späteren Zeitpunkt. Der Abschluß des Geschäfts und die Zahlung des vereinbarten Preises fallen also zeitlich auseinander. Aus diesem Grund bezeichnet man solche Geschäfte auch als *Terminhandel.* Die wichtigsten Formen sind *Optionen, Futures* und *Swaps.*

### 3.1 Derivatgeschäfte

#### 3.1.1 *Optionen*

Optionen beinhalten das Recht, nicht aber die Pflicht, etwa eine Aktie oder Anleihe zu einem vereinbarten Preis innerhalb einer bestimmten Zeitspanne oder zu einem festgelegten Zeitpunkt zu kaufen oder zu verkaufen. Man unterscheidet Kaufoptionen *(Calls)* und Verkaufsoptionen *(Puts).*
Der Käufer einer *Kaufoption* erwirbt das Recht, einen vereinbarten Handelsgegenstand (Basiswert) innerhalb einer bestimmten Zeitspanne (Optionslaufzeit) oder zu einem bestimmten Zeitpunkt in der Zukunft zu einem vorher vereinbarten Preis *(Basiskurs)* zu erwerben. Der Verkäufer einer Kaufoption *(Stillhalter)* verpflichtet sich, den Basiswert zu verkaufen. Der Käufer der Kaufoption muß für dieses Recht eine Prämie *(Optionsprämie)* an den Verkäufer der Kaufoption zahlen. Im Fall einer Kaufoption rechnet der Käufer der Option mit steigendem Kurs und der Verkäufer mit sinkendem Kurs des zugrundegelegten Wertes. Steigt der Kurs des Titels während

der Laufzeit über den Basiskurs, so kann der Käufer der Kaufoption vom Verkäufer den Basiswert an der Börse zum höheren Tageskurs verkaufen. Der Gewinn (Verlust) des Käufers (Verkäufers) ist also die Differenz zwischen dem Börsenkurs des Basiswertes und der Summe aus vereinbartem Preis und Optionsprämie.

Im Falle einer *Verkaufsoption* rechnet der Käufer der Option mit fallendem und der Verkäufer mit sinkendem Kurs der zugrundegelegten Ware. Da der Käufer die Option nicht ausüben muß, sind die Risiken asymmetrisch verteilt. Auf der einen Seite sichert sich der Käufer zum Beispiel gegen Kursverluste ab. Dafür zahlt er eine Optionsprämie – diese ist gleichzeitig der Betrag, den der Käufer maximal verlieren kann. Auf der anderen Seite kassiert der Verkäufer auf jeden Fall die Optionsprämie. Dafür trägt er einseitig das Risiko: Entwickelt sich der Aktienkurs für ihn günstig – also für den Käufer ungünstig –, wird die Option nicht ausgeübt, er darf die Prämie behalten. Der Käufer verliert den Einsatz vollständig. Dafür ist sein Risiko auf die Prämie beschränkt, der Verkäufer hat ein unbegrenztes Risiko.

Optionen werden zur Absicherung von Kursrisiken eingesetzt, können aber auch der Spekulation dienen. Erwartet ein Anleger steigende Aktienkurse, so kann er – statt Aktien zu kaufen – eine Kaufoption für das betreffende Papier erwerben. Steigt der Kurs der Aktie tatsächlich, so kann er die Kaufoption entweder zu einem höheren Preis wieder an der Terminbörse verkaufen oder die Aktie zum vereinbarten Preis vom Verkäufer bezie-

**Optionsscheine auf dt. Aktien**

| | Basis | Laufzeit | 21.10. | 20.10. | WPKN |
|---|---|---|---|---|---|
| **Calls** | | | | | |
| AVA | 750,00 | 89/02.99 | 1296,00 G | 1296,00 | 508859 |
| BASF F.E. | 308,00 | 86/04.01 | 342,00 | 330,00 | 870732 |
| Berl. Elektro St | 350,00 | 93/11.00 | 75,00 -T | 78,00 -T | 521480 |
| Berl. Elektro St | 617,00 | 89/06.99 | 6,00 G | 6,00 G | 521459 |
| BHF-Bank | 377,70 | 92/09.99 | 141,50 | 135,00 | 802520 |
| Commerzbank | 340,00 | 94/12.99 | 88,25 | 88,00 bG | 803626 |
| Continental | 199,00 | 93/07.00 | 200,00 | 195,00 | 543913 |
| Dresdner Bank | 440,00 | 94/01.99 | 51,00 | 47,00 G | 804664 |
| Dresdner Bank | 51,30 | 97/04.02 | 22,80 | 21,90 | 804625 |
| Dyckerhoff | 515,00 | 95/06.00 | 46,00 -T | 42,00 G | 559109 |
| Heidelb. Zement | 1215,00 | 95/06.00 | 43,00 | 46,50 | 604705 |
| Herlitz | 225,00 | 89/07.99 | 5,20 | 5,50 bB | 605319 |
| Kinowelt Medien | 71,50 | 98/08.99 | 143,00 | 158,00 | 628599 |
| Kolbenschmidt P. | 240,00 | 89/06.99 | 19,00 bB | 17,00 bB | 632039 |
| Münchener Rück | 635,00 | 98/06.02 | 71,50 | 72,00 bB | 843009 |
| Preussag | 375,00 | 96/04.01 | 215,00 | 220,00 | 695209 |
| Stada Arzneim. | 322,00 | 97/09.02 | 91,50 | 91.00 | 725185 |
| VK-Mühlen | 517,00 | 91/07.99 | 2,80 B | 2,80 B | 762909 |
| VW St | 448,00 | 86/08.01 | 820,00 | 805.00 | 766409 |
| VW Vz | 221,00 | 88/10.98 | 0,00 | 500,00 | 766410 |
| Zanders Vz | 188,00 | 88/12.98 | 0,10 eG | 0,10 bG | 785219 |

**Optionsanleihen**

| Kupon | Anleihe | 21.10. | 20.10. | Rend. |
|---|---|---|---|---|
| 6.5 | AVA 89/99 | 100,10 G | 100,10 | 5.69 |
| 4.375 | Bangkog Bank 94/99 | 84,00 -T | 85,00 rB | 24,40 |
| 3.75 | Bank Austria 94/01 | 100,10 G | 100,25 | 3,70 |
| 3 | BASF Fin. 86/01 (H) | 94,30 G | 94,30 G | 5,51 |
| 7.5 | Berl. Elektro Fin 93/01 | 102,75 | 102,75 | 6,37 |
| 7 | Berl. Elektro Fin.89/99 | 101,45 eG | 101,45 G | 4,73 |
| 7.25 | BHF Fin. 89/99 | 103,40 | 103,40 G | 3,70 |
| 7.5 | Conti-Gummi Fin. 93/00 | 105,65 G | 105,75 eG | 3,98 |
| 4.125 | Daimler(Lux)m.OS 96/03 | 155,00 G | 155,00 G | - |
| 4.125 | Daimler-Benz Cap.96/03 | 0,00 - | 0,00 - | - |
| 8 | Deutsche Bank 90/00 | 105,70 eG | 105,75 G | 3,89 |
| 5.375 | Dresdner Fin. 94/99 | 100,30 G | 100,30 G | 3,85 |
| 5.5 | Dresdner Fin. 97/04 | 105,95 | 106,35 | 4,26 |
| 6.5 | Dyckerhoff 95/00 (F) | 103,25 G | 103,25 G | 4,42 |
| 7 | Heidelbg. Zem. 95/02 | 109,00 G | 109,25 | 4,29 |
| 7 | Herlitz 89/99 | 92,45 | 92,10 | 16,93 |
| 7 | Hoesch Int. 89/99 | 102,00 | 102,25 G | 4,75 |
| 7.25 | Kolbenschmidt P. 89/99 | 101,90 | 101,90 eB | 4,31 |
| 8.5 | Metallges.Fin. 91/01 | 108,25 -T | 107,75 | 4,84 |
| 5.75 | Preussag 96/01 | 103,25 G | 103,50 G | 4,36 |
| 6.5 | Zanders 88/98 | 99,75 G | [illegible] | |

hen, um sie dann selbst zu einem höheren Preis an der Börse zu verkaufen.
Optionen werden vor allem von Investmentfonds verwendet. So versuchen sie, das Kursrisiko für ihre Anleger zu verringern. Von Optionen sind die *Optionsscheine* zu unterscheiden, die im Rahmen der Emission von Optionsanleihen ausgegeben und an den Wertpapierbörsen gehandelt werden.

### 3.1.2 *Futures*

Ein Future ist eine verbindliche Vereinbarung zwischen zwei Geschäftspartnern, eine bestimmte Anzahl oder Menge eines Handelsgegenstands zu einem bestimmten künftigen Zeitpunkt zu einem vorab vereinbarten Preis zu kaufen und abzunehmen (Käufer des Futures) oder zu verkaufen und zu liefern (Verkäufer des Futures). Der Unterschied zwischen Futures und Optionen besteht darin, daß beim Future Käufer und Verkäufer eine Verpflichtung eingehen, wohingegen sich bei der Option nur der Verkäufer einer Option verpflichtet, zu liefern oder zu zahlen. Ebenso wie bei der Option dienen Future-Geschäfte der Risikoabsicherung sowie der Spekulation.

### 3.1.3 *Swaps*

Hier vereinbaren zwei Vertragsparteien die gegenseitige Übernahme von Zahlungsverpflichtungen. Beim Währungsswap werden Kapitalbeträge in unterschiedlichen Währungen getauscht – etwa eine Schuld in Mark gegen eine Schuld in Dollar. Beim Zinsswap tauschen die Vertragspartner Zinsverbindlichkeiten – zum Beispiel variable gegen feste Zinszahlungen. Mit Swaps können Unternehmen beispielsweise ihre auf variabler Basis abgeschlossenen Kredite gegen steigende Zinsen absichern. Umgekehrt können Unternehmen, die ihre Kredite zu Festsätzen aufgenommen haben und mit fallenden Zinssätzen am Markt rechnen, diese mit Hilfe eines Swaps in variable Sätze tauschen, um so von den erwarteten Zinssenkungen zu profitieren.

## 3.2 Derivate als Risikobegrenzung

Der Handel mit diesen Derivaten glänzt in Deutschland seit 1990 mit jährlichen Wachstumsraten von knapp 35 Prozent. Weltweit hat er sich seit 1991 versechsfacht. Dieser Höhenflug kommt nicht von ungefähr. Vor allem die Globalisierung der Kapitalmärkte hat das Geschäft beflügelt. Kapitalanleger und Kreditnehmer suchen heutzutage weltweit nach den höchsten Renditen und günstigsten Zinskkonditionen. Vernetzte und liberalisierte Finanzmärkte bieten einerseits eine höhere Effizienz und neue Chancen, bergen andererseits aber auch neue Unsicherheiten – so etwa plötzliche Zins- oder Wechselkursänderungen.

Nicht jeder kann oder will solche Risiken tragen. Deshalb sind neue Formen der Risikobegrenzung erforderlich. Genau diese Aufgabe erfüllen die Derivate. Ihre fundamentale ökonomische Bedeutung besteht darin, Risiken zu bewerten, aufzuspalten und zu verteilen. So kann jeder Investor entscheiden, wieviel Risiko er übernehmen will und welchen Teil er abgibt – die Risiken werden damit von denjenigen getragen, die dazu am besten in der Lage sind. Doch egal, ob Großinvestor oder Kleinanleger – im Umgang mit den Risiken gibt es nur zwei Alternativen:

***Hedging:*** Das Hedging (zu deutsch: Absicherung) ist mit einem gewöhnlichen Versicherungsvertrag vergleichbar. Risikoscheue Marktteilnehmer sichern ihr Wertpapierdepot gegen mögliche Kursverluste zum Beispiel dadurch ab, daß sie Optionen kaufen.

***Trading:*** Risikobereite Investoren gehen dagegen bewußt riskante Geschäfte ein. Dazu setzen sie auf »offene Positionen« – das sind Geschäfte mit Derivaten, bei denen die übernommenen Risiken nicht durch Gegengeschäfte abgesichert werden. Die Hebelwirkung der Derivate ist dabei gewaltig – so kann der Gewinn ein vielfaches des eingesetzten Kapitals betragen; umgekehrt können aber auch riesige Verluste entstehen.

Vor allem das spekulative Trading ruft Kritiker auf den Plan. Sie befürchten, daß einzelne Marktteilnehmer sich verspekulieren und nicht mehr in der Lage sind, ihren Verpflichtungen nachzukommen. In Deutschland müssen die Banken daher risikobehaftete Geschäfte täglich mit acht Prozent Eigenkapital abdecken.

## 3.3 Terminbörsen

In Deutschland findet der Handel mit derivativen Titeln seit 1990 an der *Deutschen Terminbörse* (DTB) statt. (Die älteste Terminbörse der Welt, die Chicago Board of Trade, ist bereits über 140 Jahre alt). Im neuen Euro-Umfeld werden kleinere Terminborsen ums nackte Überleben kämpfen. An den Börsen wird vom »Zwang zur Größe« gesprochen. So sind Mitte 1998 die Terminbörsen Deutschlands, Frankreichs und der Schweiz eine strategische Allianz eingegangen. Die DTB firmiert seitdem unter dem Namen *Eurex Deutschland*, die Kurzbezeichnung für European Exchange.
Der Handel der Deutschen Terminbörse findet am Computer statt, einen eigenen Börsensaal gibt es nicht. Juristischer Sitz der Börse ist Frankfurt. An der DTB werden gehandelt:

- Optionen auf umsatzstarke deutsche Aktien
- Futures auf langfristige Bundesanleihen *(Bund-Futures)*
- Futures auf den Deutschen Aktienindex *(DAX-Futures)*
- Futures auf Bundesobligationen *(Bobl-Futures)*

Die Kurse werden nicht wie an der Präsenzbörse nach dem Auktionsprinzip, sondern nach dem an den englischen Börsen

üblichen *Market-Maker-Prinzip* ermittelt. Market Maker werden die Banken genannt, die aufgrund ihrer weltweiten Präsenz in der Lage sind, ständig verbindliche An- und Verkaufskurse für eine oder mehrere Währungen zu stellen. An der DTB sind immer mehrere Market-Maker für bestimmte Terminkontrakte zuständig. So entsteht ein Wettbewerb um den Geschäftsabschluß zwischen den verschiedenen Market-Makern. Die Market-Maker geben über den Bildschirm, über den sie mit allen anderen Handelsteilnehmern verbunden sind, ihre Geld- und Briefkurse bekannt. Stimmt der Geldkurs des einen mit dem Briefkurs des anderen überein, kommt es automatisch zum Abschluß; die Experten sprechen vom *Clearing*.
Die Terminbörse garantiert den Abschluß, so daß die einzelnen Marktteilnehmer nicht die Bonität ihrer Gegenüber prüfen müssen. Eine sorgfältige Auswahl der Mitglieder ist also nötig, denn die Börse haftet für die Abschlüsse jedes Mitglieds. An der Terminbörse wird von 8.30 bis 17.30 Uhr gehandelt.

## 4. Wie der Dollarkurs entsteht: die Devisenbörse

Der Euro hat gerade an den Devisenmärkten wie kaum in einem anderen Bereich ein neues Zeitalter eingeläutet. Für die Devisenhändler macht die Einheitswährung einen Teil ihres Geschäfts überflüssig. Die Spezialisten in den Banken müssen sich umorientieren. Andererseits wird der Handel mit dem Euro in riesige Dimensionen wachsen.
Trotzdem trifft auf keinen internationalen Markt die Bezeichnung »Weltmarkt« so eindeutig zu wie auf den Devisenmarkt, der Angebot und Nachfrage unterschiedlicher nationaler Währungen in Einklang bringt. Dabei erfolgt nur ein geringer Teil des Handels an offiziellen Devisenbörsen. Das Geschäft findet überwiegend im sogenannten *Interbankenhandel* statt, das heißt im Telefon- oder Telexverkehr zwischen spezialisierten Abteilungen internationaler Großbanken. Das hat zur Folge, daß der Devisenmarkt praktisch 24 Stunden geöffnet ist. Wenn in Europa die Börsen und Banken am späten Nachmittag schließen, verlagert sich der Handel nach New York, wo gerade ein neuer Arbeitstag beginnt. Nach weiteren acht Stunden wandert er nahtlos in die asiatischen Finanzzentren Hongkong und Singapur, bis er am nächsten Morgen wieder von Europa übernommen wird.
1971 war ein entscheidendes Jahr für die internationalen Devisenmärkte. Bis dahin wurden die Wechselkurse für die Währungen der Mitgliedsländer des Internationalen Währungsfonds durch ein System freier Paritäten bestimmt, benannt nach der Konferenz in Bretton Woods. In diesem Kurort im Norden des US-Bundesstaates New Hampshire beschlossen 44 Staaten, darunter die UdSSR, die Gründung des Internationalen Währungsfonds und der Weltbank. Der Dollar wurde als Leitwährung für die westlichen Länder festgelegt, an dem die anderen Währungen gemessen wurden. Die Wechselkurse wurden in Gold oder Dollar ausgedrückt, wobei der Dollar wiederum an das Gold gebunden war. Veränderungen dieser Paritäten waren nur in geringem Maße möglich.
Im August 1971 wurde die Konvertierbarkeit des Dollars aufgehoben. 1973 brach das System nach heftigen Turbulenzen

auseinander. Seitdem bilden sich die Wechselkursrelationen auf den Devisenmärkten frei nach Angebot und Nachfrage (Floating). Nur die Währungen des Europäischen Währungssystems (EWS) sind eine Ausnahme. Das EWS trat 1979 als Reaktion auf die heftigen Devisenschwankungen in Kraft. Damit sollte eine Zone stabiler Währungskurse geschaffen werden.
Gegenstand des Devisenhandels sind Bankguthaben, die auf unterschiedliche Währungen lauten. Die meisten grenzüberschreitenden Transaktionen werden über Kreditinstitute abgewickelt. Sie werden etwa eingeschaltet, wenn ein Importeur den Rechnungsbetrag für die von ihm eingeführten Waren überweist oder auf der anderen Seite ein Exporteur den Gegenwert seiner Ausfuhr gutgeschrieben bekommt. Für die beiden Banken, sagen wir in München und Tokio, entsteht bei dieser Transaktion ein Problem. Das japanische Institut erhält eine Gutschrift in Mark, muß aber bei seinem Kunden in Yen abrechnen. Mit anderen Vorzeichen stellt sich die gleiche Situation für die deutsche Bank dar. Im internationalen Zahlungsverkehr entsteht so ein Bedarf oder ein Überschuß an Devisen. Die Aufgabe des Devisenmarktes ist es, dieses Ungleichgewicht auszubalancieren.
Muß eine Bank eine Zahlung in einer fremden Währung leisten, kauft sie diesen Betrag am Devisenmarkt und läßt ihn sich auf ein Konto gutschreiben, das sie bei einer Bank in dem betreffenden Land unterhält. Umgekehrt verkauft sie einen Betrag in einer fremden Währung, der ihr gutgeschrieben wurde, im Wege eines Devisenhandelsgeschäftes. Der Preis, zu dem der Kauf oder Verkauf getätigt wird, wird *Wechselkurs* genannt.
Nur in drei von hundert Fällen erfolgt jedoch der Kauf oder Verkauf einer Währung gegen eine andere direkt, etwa Pfund gegen Mark oder Yen gegen Lira. Zumeist wird der Dollar als »Vehikelwährung« zwischengeschaltet. Die amerikanische Währung hat die Funktion einer universellen Drehscheibe. Hat beispielsweise ein multinationaler Konzern spanische Pesetas anzubieten und will gleichzeitig japanische Yen erwerben, wird er zuerst die Pesetas gegen Dollar zum Kauf von Yen verwenden.
Obwohl es auf den ersten Blick nicht so aussieht, erspart dieser

»Umweg« Zeit und Geld. Denn es gehört schon Glück dazu, jemanden zu finden, der im richtigen Augenblick bereit ist, Pesetas abzugeben oder Yen zu übernehmen. Leichter findet sich ein Geschäftspartner, der irgendeine Währung gegen Dollar kaufen oder verkaufen will.

Wenn die Lieferung der gegeneinander gehandelten Währungsbeträge innerhalb von zwei Tagen erfolgt, ist dies ein *Kassageschäft*. Nach dieser Zwei-Tages-Frist spricht man von einem *Termingeschäft*. Ein solches Geschäft bietet sich an, wenn eine Fremdwährungszahlung zu einem zeitlich entfernten Termin fällig ist. Der Wechselkurs wird so bereits am Abschlußtag festgelegt und bietet dem Exporteur eine sichere Kalkulationsbasis. Verkauft nun etwa ein deutscher Exporteur seiner Bank japanische Yen *per Termin* (zum Beispiel in 90 Tagen), geht die Bank ein Währungsrisiko ein. Falls der Kurs des Yen in der Zwischenzeit fällt, erleidet sie logischerweise einen Verlust.

Dieses Risiko soll abgesichert werden. Deshalb kauft die Bank in der Regel zuerst Yen über den Umweg des Dollars. Anschließend vereinbart sie mit einer anderen Bank ein *Swap-Geschäft*. Darunter versteht man die Verbindung eines Kassageschäftes mit einem Termingeschäft. Es besteht entweder in dem Kauf einer Währung per Kasse und ihrem gleichzeitigen Verkauf per Termin oder in dem Verkauf einer Währung per Kasse und ihrem Rückkauf per Termin. Der Ausdruck *swap* kommt aus dem Englischen und bedeutet »tauschen«. Getauscht werden zwei Fälligkeiten (Kasse gegen Termin, mitunter auch Termin gegen Termin, zum Beispiel zwei gegen drei Monate).

Außer für den Spekulanten, der zum Gewinnmachen den Unterschied zwischen Kassakurs und Terminkurs ausnutzt (ist der zukünftige Kassakurs voraussichtlich höher als der Terminkurs, werden Devisen auf Termin gekauft, die sofort am Kassamarkt weiterverkauft werden – oder umgekehrt), ist der Swap im Außenhandel von Bedeutung.

Beim Kapitalexport kauft man Devisen zum Kassakurs und verkauft sie gleichzeitig auf Termin zum Terminkurs. Inzwischen werden die Devisen im Ausland zinsbringend angelegt; löst man dieses Engagement wieder auf, verkauft man die

zurückfließenden Devisen über das dazu fällige Termingeschäft und erhält Inlandswährung zum bereits vorher vereinbarten Kurs zurück.
Beim Kapitalimport muß im Inland ein höherer Zins gelten als im Ausland. Man nimmt einen Kredit im Ausland auf, wodurch Devisen in die Kasse fließen. Diese werden am Kassamarkt verkauft und gleichzeitig auf Termin zum Terminkurs wieder zurückgekauft. So legt man die Inlandwährung im Inland zinsbringend an. Bei Fälligkeit der Rückzahlung in ausländischer Währung löst man die inländische Geldanlage wieder auf, da man die ausländischen Devisen wieder zur Rückzahlung braucht.
Auch die Notenbank setzt den Swap als Instrument ein. Sie macht ihn sich zunutze, indem sie autonom einen vom freien Devisenkurs abweichenden Swap-Satz festlegt und dadurch die Banken veranlaßt, je nach Interesse Geldexporte oder -importe vorzunehmen. Eine Notenbank kann so mit Hilfe der Swap-Politik die Geldmenge eines Landes regulieren.

## 4.1 Devisenoptionen

Seit dem Übergang zu flexiblen Wechselkursen im Jahr 1973 kommt es häufig zu unerwarteten und oft heftigen Kursschwankungen an den internationalen Devisenmärkten. Um sich dagegen abzusichern, wird die vom Aktienmarkt bekannte Technik des Optionsgeschäftes in jüngster Zeit verstärkt auch auf den Devisenmarkt übertragen. Optionsgeschäfte sind Termingeschäfte mit begrenztem Risiko und können als Instrument zur Kurssicherung eingesetzt werden. Devisenoptionen bieten sich immer dann an, wenn die Unsicherheit über die künftige Kursentwicklung groß ist; besteht eine klare Meinung über die Entwicklung einer Währung, wird zumeist kein Options-, sondern ein *Devisen-Termingeschäft* abgeschlossen.
Der Käufer einer Devisenoption sichert sich gegen die sofortige Zahlung der Optionsprämie das Recht, jederzeit innerhalb oder am Ende der vereinbarten Laufzeit die Lieferung *(Call-Option)* oder die Abnahme *(Put-Option)* einer bestimmten Menge einer fremden Währung zu dem bereits bei Geschäftsabschluß festgelegten Kurs *(Basiskurs)* verlangen zu können.

Optionen räumen dem Käufer also ein Recht ein, das er verfallen lassen kann; der Stillhalter hat sich jedoch fest verpflichtet (dafür erhält er die Prämie). Dies ist der Gegensatz zum Devisen-Termingeschäft, bei dem beide Partner die Verpflichtung eingehen, das abgeschlossene Geschäft zu erfüllen.

## 4.2 Sorten im Einzelhandel

Das Geschäft mit den Devisen hat den Charakter eines »Großhandels«, der vollkommen abstrakt ist. Es werden Milliardenbeträge ver- und gekauft, ohne daß eine einzige Münze den Tresorraum verläßt. Dagegen entspricht der »Devisen«-Erwerb eines Urlaubers dem »Einzelhandel«. Am Bankschalter werden keine Devisen gekauft, sondern *Sorten*, also Banknoten und Münzen, die von der Bank im Ausland besorgt werden.
So mancher, der von einer Reise zurückkehrt und seine restlichen »Sorten« zurücktauschen will, wird die Bank verbittert verlassen. Er bekommt nämlich wesentlich weniger ausbezahlt, als er hinblättern mußte. Diese Differenz, die bei manchen Währungen bis zu zehn Prozent betragen kann, ergibt sich aus dem Ankaufskurs und dem Verkaufskurs. Wie jeder Einzelhändler agieren die Banken und Wechselstuben nach dem Motto »Billiger ankaufen und teurer verkaufen«. Aus dieser Spanne werden die Kosten gedeckt, und ein gewisser Gewinn soll ja auch in der Kasse bleiben.
Die Spanne zwischen An- und Verkaufspreis, die von Institut zu Institut unterschiedlich sein kann, ist in den letzten Jahren immer größer geworden. Dies begründen die Banken mit den ständig steigenden Kosten. Transportkosten, Versicherungsprämien und auch die entgangenen Zinserträge durch die Lagerhaltung der Banknoten müßten gedeckt werden, heißt es. Da der Sortenhandel als Teil des allgemeinen Bankgeschäfts nicht speziell ausgewiesen wird, ist das Ausmaß der Kostensteigerung nicht nachprüfbar. Mit der Einführung des Euro sind die zehn umsatzstärksten der rund 150 Währungen im Sortengeschäft fortgefallen. Um überhaupt noch kostendeckend arbeiten zu können, ist ein Marktanteil notwendig, den nur noch die größeren Geschäftsbanken erreichen.
Da sich Beschwerden über die langen Bearbeitungszeiten von

**Wechselkurse für Urlauber**

| 21.10. | Währung | Ankauf | Verkauf | 21.10. | Währung | Ankauf | Verkauf | 21.10. | Währung | Ankauf | Verkauf |
|---|---|---|---|---|---|---|---|---|---|---|---|
| Ägypten* | 1 eg £ | 0,415 | 0,605 | Italien | 100 Lire | 0,095 | 0,107 | Rumänien** | 100 Lei | 0,005 | 0,04 |
| Australien | 1 A-$ | 0,975 | 1,105 | Japan | 100 Yen | 1,355 | 1,455 | Schweden | 100 skr | 19,65 | 22,10 |
| Belgien | 100 bfr | 4,65 | 5,04 | Kanada | 1 Can-$ | 1,005 | 1,125 | Schweiz | 100 sfr | 119,35 | 124,35 |
| Brasilien | 100 Real | 119,00 | 157,00 | Kenia** | 1 K-Sh | 0,019 | 0,0390 | Singapore | 1 S-$ | 0,885 | 1,06 |
| Bulgarien** | 1 Lew | -,- | -,- | Korea Süd* | 100 Kwr | 0,065 | 0,165 | Slowak. Rep.* | 100 Sk | 3,75 | 5,15 |
| Dänemark | 100 dkr | 25,10 | 27,50 | Kroatien* | 100 Kuna | 21,30 | 30,30 | Slowenien* | 100 Tolar | 0,67 | 1,27 |
| Finnland | 100 Fmk | 31,25 | 33,90 | Malaysia | 1 Ringgit | -,- | 0,485 | Spanien* | 100 Ptas | 1,11 | 1,24 |
| Frankreich | 100 FF | 28,60 | 31,00 | Malta* | 1 M £ | 4,15 | 4,85 | Sri Lanka* | 1 Rupie | 0,014 | 0,038 |
| Griechenland | 100 Dr | 0,49 | 0,64 | Marokko** | 100 Dirham | 15,65 | 19,65 | Südafrika* | 1 H-Rd. | 0,21 | 0,36 |
| Großbritannien | 1 £ | 2,695 | 2,895 | Mexico | 100 mex. Pesos | 14,00 | 20,50 | Thailand | 100 Baht | 3,10 | 5,20 |
| GUS** | 1 Rubel | -,- | -,- | Neuseeland | 1 NZ-$ | 0,80 | 0,97 | Tschech. Rep.* | 100 Czk | 5,15 | 6,05 |
| Hongkong | 1 HK-$ | 0,1800 | 0,2300 | Niederlande | 100 hfl | 86,55 | 91,05 | Türkei* | 100 Ltq | 0,00020 | 0,00100 |
| Indien** | 1 Rupie | 0,02 | 0,05 | Norwegen | 100 nkr | 20,60 | 23,20 | Tunesien** | 1 tun. Din | 1,11 | 1,70 |
| Indonesien* | 100 Rupien | 0,003 | 0,026 | Österreich | 100 ATS | 13,93 | 14,51 | Ungarn* | 100 Fr | 0,66 | 0,91 |
| Irland Rep. | 1 Ir £ | 2,405 | 2,605 | Polen** | 100 Zloty | 41,50 | 51,50 | USA | 1 US-$ | 1,59 | 1,70 |
| Israel | 1 Shekel | 0,335 | 0,485 | Portugal | 100 Esc | 0,92 | 1,03 | Zypern* | 1 zypr. £ | 2,99 | 3,65 |

Quellen: BfG Bank, Frankfurt; Reisebank AG, München; * Einfuhr begrenzt, ** Einfuhr verboten

Überweisungen ins Ausland oder vom Ausland nach Deutschland häuften, werden die Banken seit 1999 durch eine EU-Richtlinie in die Haftung genommen. Jede Überweisung darf demnach nur noch fünf Beschäftigungstage dauern. Wird das Geld außerhalb dieser Frist auf das Konto des Kreditinstituts überwiesen, muß die Bank dem Auftraggeber Zinsen zahlen.

Der weitaus größte Teil des Devisenhandels wird zwischen den Banken direkt abgewickelt. Nur ein geringer Teil läuft über die Devisenbörsen. Dort wird jedoch der amtliche Kurs ermittelt (im Fachjargon: festgestellt), der dann am nächsten Tag in der Zeitung zu finden ist. Zu diesem Kurs werden kleinere Aufträge abgewickelt. Der amtliche Kurs dient zudem als Umrechnungsbasis in internationalen Statistiken. Devisenbörsen bestehen in der Bundesrepublik seit 1953 in Berlin, Düsseldorf, Frankfurt, Hamburg und München. Frankfurt kommt allerdings eine Sonderrolle zu, da allein hier die Festsetzung der Kurse erfolgt. An den anderen Plätzen werden lediglich die Aufträge gesammelt und zur Ausführung nach Frankfurt gegeben.

Seit Januar 1999 ist der amtliche Devisenhandel zwischen den Teilnehmerwährungen der Währungsunion eingestellt. An die Stelle der Wechselkurse sind die offiziellen Umrechnungskurse getreten. Devisenhandel gibt es nur noch mit Drittstaatenwährungen, zum Beispiel US-Dollar, Schweizer Franken, britischem Pfund und Yen. Die Preise für Drittstaatenwährungen werden ausschließlich in Euro angegeben. Diese Wechselkurse sind flexibel. Anders als in Deutschland ist es international üblich, Devisenkurse als sogenannte *Mengennotiz* anzugeben. In Deutschland sind wir bisher an die *Preisnotiz* gewöhnt gewesen, d. h. es wurde etwa der Preis für einen US-Dollar notiert. Während der Übergangszeit bis spätestens zum Jahr 2002 soll entsprechend internationaler Gepflogenheiten auf die Mengennotiz umgestellt werden. Angegeben wird beispielsweise nicht mehr der Preis für einen US-Dollar in D-Mark, sondern die Menge US-Dollar, die für eine D-Mark bzw. einen Euro gekauft werden kann.

Um 13 Uhr schlägt in Frankfurt die Stunde der amtlichen Makler. Dann nämlich treffen sie mit Vertretern der an den Devisenbörsen zugelassenen Kreditinstitute zusammen, um bis 14.30 Uhr die Kurse festzusetzen. Die Makler an den übrigen deutschen Börsen sind über Telefonleitungen mit Frankfurt verbunden, und auch die Bankenvertreter stehen im fernmündlichen Kontakt mit ihren Instituten.

Jeder kommt, ohne es überhaupt wahrzunehmen, mit dem Devisenfixing in Berührung: Die Peseten, die der Urlauber in Mallorca aus dem Geldautomaten zieht, die Hotelrechnung, die der Geschäftsmann mit seiner Kreditkarte begleicht, der Kauf eines Computers in New York – alle diese Transaktionen werden normalerweise zum Fixingkurs (zuzüglich einer Marge) abgewickelt.

Die Bildung der Devisenkurse funktioniert im Prinzip wie bei den Wertpapieren nach dem Gesetz von Angebot und Nachfrage. Festgestellt werden immer drei Kurse: Geld-, Brief- und Mittelkurs, wobei die Spanne zwischen Geld- und Briefkurs meist 3,25 Promille beträgt. Aus Sicht von Privatleuten und Unternehmen ist der *Geldkurs d*er Preis, zu dem die Bank Währung von ihren Kunden ankauft; der *Briefkurs* ist der Preis, zu dem sie einen bestimmten Betrag abgibt. Der *Mittelkurs*, auch häufig *Fixing* genannt (vom lateinischen *fix,* »fest«, »angeheftet«) dagegen liegt – wie der Name sagt – exakt in der Mitte zwischen Brief- und Geldkurs und hat mehr statistischen Charakter.

Im Herbst 1998 hat der Börsenrat in Frankfurt beschlossen, daß es gegen den Willen der Großbanken weiter ein Devisenfixing geben wird. Natürlich hat das Fixing mit Beginn der

Währungsunion an Bedeutung verloren, aber allein schon mit Dollar, Franken und Pfund bleiben genug wichtige Währungen. Allerdings wurde noch nicht festgesetzt, wie weit der Preis für den Verkauf und der für den Ankauf der Devisen auseinanderklaffen soll.

## 4.3 Geld- und Kapitalmarkt

Ist der *Kapitalmarkt* der Markt für langfristige Kredite und Kapitalanlagen, befaßt man sich am *Geldmarkt* mit kurzfristig verfügbarem Geld. Zusammen mit dem Kapitalmarkt bildet der Geldmarkt den *Kreditmarkt.* Beim Geldmarkt werden vor allem drei Bereiche unterschieden: der Markt für *Tagesgeld* (im Verkehr unter Banken *Call-Geld* genannt), zweitens der Markt für *Monatsgeld* und drittens der Markt für *Wechselkredite* (mit Wechseln beschafft man sich Kredite zwischen 30 und 90 Tagen).

Am Geldmarkt wird in der Regel durch An- und Verkauf von *Geldmarktpapieren* gehandelt, wie Schatzwechsel und unverzinsliche Schatzanweisungen des Bundes und der Länder. Der Durchschnittszinssatz des Geldmarktes für Einlagen im Handel und der Banken wird seit dem 1. Januar 1999 durch den *Euribor* (European Interbank Offered Rate) ermittelt. Zu diesem Zeitpunkt sind die nationalen Referenzzinssätze – etwa *Fibor* (Frankfurt Interbank Offered Rate) oder *Pibor* (Paris Interbank Offered Rate) eingestellt worden. Zur Ermittlung des Euribor melden bis zu 64 Banken, die am Geldmarkt in Euro handeln (darunter auch zwölf deutsche Kreditinstitute), Geld- und Briefsätze für Anlagen mit einer Laufzeit von einem bis zwölf Monaten an eine zentrale Stelle.

Die Wirtschaftsentwicklung läßt sich gut am Geldmarkt nachvollziehen. Die unterschiedlichen Zinssätze für Tagesgeld und längerfristige Geldaufnahme deuten an, wie es um die Liquidität der Banken steht. Bei einem niedrigen Zinssatz kann man davon ausgehen, daß genügend Geldmittel zur Verfügung stehen. Geld unterliegt wie jede andere Ware dem Gesetz von Angebot und Nachfrage. Ist die Nachfrage groß, das Angebot jedoch gering, steigt in diesem Fall zwangsläufig der Zinssatz. Am Geldmarkt gilt: Der *Geldsatz* gibt an, zu welchem Zinssatz die jeweilige Bank bereit ist, kurzfristige Gelder aufzunehmen, während der *Briefsatz* den Zinssatz darstellt, zu dem die Bank bereit ist, anderen Banken kurzfristige Gelder anzubieten.

## 4.4 Euromarkt

Ähnlich wie der nationale Finanzmarkt ist der *Euromarkt* strukturiert, der nichts mit dem Euro oder der Europäischen Währungsunion zu tun hat. Der *Eurogeldmarkt* dient den Geschäftsbanken aus aller Welt und außereuropäischen Zentralbanken zum Liquiditätsausgleich, das heißt zur Anlage liquider Reserven. Deshalb werden diese Transaktionen auch *Interbankenhandel* genannt. Es werden Gelder bis zu einem Jahr gehandelt. Eine Schlüsselfunktion im Zinsgefüge des Euromarktes nimmt der Londoner Interbankensatz *(Libor* = London Interbank Offered Rate) ein, zu dem Geld an andere Banken ausgegeben wird. Er orientiert sich an den US-Geldmarktzinsen sowie den US-Mindestreserven für Auslandseinlagen.

Am *Eurokreditmarkt* nehmen sowohl internationale Großunternehmen und öffentliche Stellen aus den Industrieländern als auch die weniger entwickelten Länder mittel- und langfristige Gelder bei den Banken auf. Wie jeder Kreditmarkt hat auch der Euro-Kreditmarkt die Aufgabe, Liquidität zu sammeln, zu bündeln und in produktive Anlagemöglichkeiten weiterzuleiten. Von nationalen Kreditmärkten unterscheidet sich der Euro-Kreditmarkt vor allem durch die Höhe der vergebe-

**Zinsen am Eurogeldmarkt unter Banken**

| 21.10. | 1 Monat | 2 Monate | 3 Monate | 6 Monate | 1 Jahr |
|---|---|---|---|---|---|
| DM | 3,35 - 3,45 | 3,35 - 3.45 | 3,45 - 3,55 | 3,45 - 3,55 | 3,38 - 3,48 |
| US-$ | 5,05 - 5,15 | 5,05 - 5,15 | 5,05 - 5,15 | 4,83 - 4,93 | 4,58 - 4,68 |
| brit. £ | 7 3/16 - 7 7/16 | 7 1/8 - 7 3/8 | 6 15/16 - 7 3/16 | 6 11/16 - 6 15/16 | 6 3/8 - 6 5/8 |
| hfl | 3 1/16 - 3 5/16 | 3 1/16 - 3 5/16 | 3 1/8 - 3 3/8 | 3 1/4 - 3 1/2 | 3 1/4 - 3 1/2 |
| bfr | 3 1/4 - 3 3/4 | 3 1/4 - 3 3/4 | 3 1/4 - 3 3/4 | 3 1/4 - 3 3/4 | 3 1/4 - 3 3/4 |
| FFr | 3 1/4 - 3 3/4 | 3 1/4 - 3 3/4 | 3 1/4 - 3 3/4 | 3 1/4 - 3 3/4 | 3 1/4 - 3 3/4 |
| itl | 4 9/16 - 5 1/16 | 4 3/8 - 4 7/8 | 4 1/4 - 4 3/4 | 3 13/16 - 4 5/16 | 3 9/16 - 4 1/16 |
| ECU | 3 7/8 - 4 1/8 | 3 13/16 - 4 1/16 | 3 13/16 - 4 1/16 | 3 5/8- 3 7/8 | 3 3/8 - 3 5/8 |
| sFr | 1,05 - 1,15 | 1,10 - 1,20 | 1,23 - 1,33 | 1,28 - 1,38 | 1,34 - 1,44 |
| Yen | 0 - 1/4 | 0 - 1/4 | 0 - 1/4 | 0 - 1/4 | 0 - 1/4 |

Quelle: Hypo-Lux

nen Darlehen. Die Kreditsummen erreichen oft einen Gegenwert von mehreren hundert Millionen Mark.
Parallel zum Eurokreditmarkt ist 1963 als Reaktion auf die Zinsausgleichssteuer in den USA der *Eurokapitalmarkt* (auch *Euroanleihemarkt* oder *Eurobondmarkt* genannt) entstanden. Hier werden internationale Anleihen ausgegeben. Diese Anleihen werden in mehreren Ländern plaziert, die nicht den zum Teil strengen Anforderungen an nationale Emissionen unterliegen. Aus steuerlichen Gründen sind viele Finanzierungsgesellschaften, die am Eurokapitalmarkt tätig werden, in Luxemburg gegründet worden.
Der Euromarkt hat sich in der zweiten Hälfte der 50er Jahre herausgebildet, als die Ostblockstaaten ihre bis dahin bei amerikanischen Banken unterhaltenen Dollarguthaben nach Westeuropa verlagerten, weil sie befürchteten, diese Gelder könnten einmal im Zuge politischer Abkühlung blockiert werden.

# 5. Gold, Kaffee und Schweinebäuche: die Rohstoffmärkte

## 5.1 Die Faszination des Goldes

Wenn für die Währungen die amtlichen Mittelkurse ermittelt werden, steht das erste Fixing für den Goldpreis schon fest. In London sind bereits um 10.30 Uhr die Vertreter der fünf Handelshäuser des Londoner Gold Market in den Räumen der Rothschild-Bank zusammengekommen, um den offiziellen Preis pro Unze (31,1 Gramm) festzulegen. Den Vorsitz dieses Gremiums hat ein Beauftragter der Rothschild-Bank inne. Er schlägt einen Ausgangspreis vor, den er aufgrund der Aktivitäten in der Nacht an den asiatischen Märkten abschätzt. Seine Partner sind telefonisch mit ihren Banken verbunden und geben den vorgeschlagenen Preis durch. Dort werden die Kauf- und Verkaufsaufträge gegenübergestellt. Es wird nun so lange hin- und herjongliert, bis Angebot und Nachfrage zu einem Ausgleich kommen.
Seit 1968 treten die Herren um 15 Uhr noch einmal zusammen, um die Prozedur zu wiederholen. In der Bundesrepublik liegt das Geschehen am Goldmarkt in den Händen einiger Großbanken. Über sie beziehen alle anderen Institute ihr Gold. Diese können sich auf das Frankfurter Fixing stützen, das seit 1968 jeden Tag um zwölf Uhr in Mark je Kilogramm ermittelt wird.
Der Nimbus des Goldes, seine Faszination hat die Zeiten überdauert. Das gelbe Edelmetall wird, seit der sagenumwobene König *Krösus* die ersten Goldmünzen schlagen ließ, als Symbol für Stabilität geschätzt, als Vorsorge für schlechte Zeiten. Wie sagte doch der englische Dichter *George Bernard Shaw*: »Wenn Sie sich entscheiden müssen, ob Sie ihr Vertrauen in die Regierung oder in Gold setzen, dann rate ich Ihnen dringend, sich für Gold zu entscheiden.«
Seit der offizielle Goldpreis im März 1968 von den internationalen Währungsbehörden aufgegeben wurde und es zu einer Spaltung des Goldmarktes in einen Markt für Währungsgold und einen freien Markt kam, gibt es hektische Preisschwankungen.

Die Goldreserven der Länder sind zwar nicht wert-, aber nutzlos geworden, seitdem sie nicht mehr als Währungsreserven dienen. So hoben die USA 1973 den Goldstandard auf. Vor Jahren fingen etliche europäische Zentralbanken damit an, ihre Goldreserven zu veräußern. In Deutschland schlummert ein Goldschatz von rund 3000 Tonnen, nur die USA besitzen mehr, nämlich rund 8000 Tonnen. Keines der beiden Länder hat bislang verkauft. Aber das kann sich trotz aller Beteuerungen der Politiker ändern.
Eine Zeit mit hohen Inflationsraten und niedrigen Realzinsen bildet den Nährboden für eine Kapitalanlage in Gold. Doch diese Flucht ins gelbe Metall ist nicht unproblematisch. So liegt der Ankaufspreis höher als der Verkaufspreis. Diese Spanne ist der Gewinn der Banken.
Gewinnaussichten ergeben sich auch durch die Währungsspekulation. Gold wird in Dollar abgerechnet. Steigt der Dollar, erhöht sich auch der Unzen-Preis, selbst wenn er sich de facto nicht vom Fleck rührt.
Während Gold keine laufende Verzinsung abwirft, kann man bei dem Erwerb von Werten von Goldminen auf Kurssteigerung und Dividendenausschüttung hoffen. Es gibt so etwas wie ein Gesetz, nach dem die Börsenkurse der Goldminen doppelt so schnell steigen und fallen wie der Goldpreis.
Mit *Goldoptionen*, die 1976 eingeführt wurden, können Risiken des Goldterminmarktes begrenzt werden. Der Anleger erwirbt das Recht, innerhalb einer bestimmten Frist Gold zu einem vorher festgesetzten Preis zu erwerben. Steigt nun der Goldpreis während der Laufzeit, wird die Option ausgeübt, und der Spekulant erhält Gold. Gehen seine Erwartungen nicht in Erfüllung, wird er die Option verfallen lassen. Er verliert dann die Prämie, die er beim Kauf der Option zahlte.
Die älteste Art für Privatleute, Gold zu horten, ist das Sammeln von Münzen. Als Währung waren die *Goldmünzen* in Deutschland von 1873 bis zum Ersten Weltkrieg gültig. Heute werden diese Münzen von vornherein als Anlagemittel geprägt. Die beliebteste Münze ist der südafrikanische Krügerrand. Da für ihn nur ein geringes Aufgeld verlangt wird, ist er praktisch ein Goldbarren in Münzform. Diesen Erfolg vor

Augen, brachte 1979 Kanada den »Maple Leaf« heraus. Heute gibt es eine ganze Reihe solcher Münzen.
Neben Gold ist *Silber* dasjenige Edelmetall, das dank seiner Seltenheit schon in bescheidenen Mengen einen namhaften Wert verkörpert und deshalb als Währungsmetall Verwendung fand. Bis ungefähr 1850 war Silber das Hauptwährungsmetall, und Gold trat erst an dessen Stelle, als die Silberproduktion ständig zunahm. Heute ist Silber im monetären Bereich kaum mehr von Bedeutung. Eine steigende Nachfrage ist jedoch aus dem industriellen Bereich zu registrieren. Vor allem die Foto-, die Elektro- und die Elektronikbranche verwenden Silber.

## 5.2 Treibstoff der Industrie: die Rohstoffe

Energie und Rohstoffe sind der Treibstoff einer hochindustrialisierten Wirtschaft. Auf der anderen Seite sind die Rohstoffmärkte der Lebensnerv vieler Länder in der Dritten Welt. Für sie stellen die Erlöse aus den Rohstoffausfuhren die wichtigste Einnahmequelle dar. Einige verkaufen im Extremfall nur eine einzige Rohware. Starke Preisschwankungen auf dem Weltmarkt wirken sich unmittelbar auf die Devisensituation und auf die Haushalte vieler Entwicklungsländer aus und können katastrophale wirtschaftliche und soziale Auswirkungen haben. Eine logische Konsequenz aus dieser Abhängigkeit ist die Suche nach einem Lösungsweg, den man in *Rohstoffabkommen* gefunden zu haben glaubte. Doch bislang sind alle Versuche der rohstoffexportierenden Länder gescheitert, den Industriestaaten nach dem Vorbild des Erdölkartells OPEC die Daumenschrauben anzulegen. Die Rohstoffabkommen als ein eigenes Stück Entwicklungshilfe geraten als Folge der über Jahre anhaltenden Überschußversorgung bei künstlich überhöhtem Preisniveau immer mehr unter Druck.
Zur Zeit gibt es nur ein Übereinkommen mit einer preisstabilisierenden Zielsetzung (das für Naturkautschuk, seit 1979). Darüber hinaus existieren Übereinkommen für Olivenöl (seit 1963), Rindfleisch (seit 1980), Weizen (seit 1949), Jute (seit 1984) und Tropenholz (seit 1985), die jedoch keine marktregulierenden Bestimmungen enthalten, sondern lediglich der Markttransparenz und dem Informationsaustausch die-

nen. Dies gilt auch für Zucker (seit 1984), Kaffee (1989) und Kakao (1990).

Der im Rahmen der UNCTAD (United Nations Conference on Trade and Development – Konferenz über Handel und Entwicklung der Vereinten Nationen) beschlossene »Gemeinsame Fonds für Rohstoffe« soll als zentrales Instrument die Finanzierung von Ausgleichslagern internationaler Rohstoffabkommen erleichtern und allgemeine Maßnahmen zur Förderung der Wettbewerbsfähigkeit einzelner Rohstoffe finanzieren. Der Fonds kann selbst nicht in die Rohstoffmärkte eingreifen, und die Autonomie der einzelnen Rohstoffabkommen bleibt erhalten. Dieses Übereinkommen ist Mitte 1989 in Kraft getreten. Der Gemeinsame Fonds ist eine selbständige internationale Rohstofforganisation, dem gegenwärtig 106 Staaten und drei zwischenstaatliche Organisationen angehören.

Von der Idee her dienen Rohstoffabkommen dazu, Preisschwankungen auszuschließen, Versorgungssicherheit zu gewährleisten und die Exporterlöse der Entwicklungsländer anzuheben. Die vorgesehenen Mechanismen können aber nicht greifen, weil die in den Abkommen festgelegten Preisspannen von der Realität des Marktes weit entfernt sind. So suchen die Industrieländer sich von dieser Abhängigkeit zu befreien. Anstelle von Basismetallen und Stahl werden verstärkt Kunststoff und Glasfasern eingesetzt; Zinn als Auflage bei Weißblech-Dosen wurde unter anderem durch Lacke verdrängt; mit Energiesparmaßnahmen wurde den steigenden Preisen für Erdöl begegnet.

Doch den Ländern der Dritten Welt ist kaum ein Vorwurf zu machen. Sie befinden sich in einem ständigen Kreislauf aus Armut, einseitiger Produktion und Abhängigkeit von Devisen (zum Großteil als Folge kolonialer Abhängigkeit). Hinzu kommt, daß oft eine psychologische Barriere fällt. In Hausse-Zeiten können sie kaum der Versuchung widerstehen, die sich bietenden Preischancen zu nutzen, indem sie sich über vereinbarte Höchstpreise und limitierte Lieferungen hinwegsetzen. In jüngster Zeit zeichnet sich eine nüchterne Beurteilung der Rohstoffprobleme in den Entwicklungsländern ab. Die Erkenntnis macht sich breit, daß durch Interventionen auf den Märkten notwendige strukturelle Anpassungen in den Ländern

der Dritten Welt nur verzögert werden. Man drängt jetzt immer stärker auf den Abschluß informeller internationaler Rohstoffvereinbarungen. Dadurch sollen der Verbrauch und der Handel gefördert werden.
Als Ausweg aus diesem weltwirtschaftlichen Strukturdebakel bietet sich das *Lomé-Abkommen* an, benannt nach der Hauptstadt des westafrikanischen Staates Togo. In diesem Abkommen, das die EU (zum ersten Mal 1963) mit AKP-Staaten (Länder in **A**frika, der **K**aribik und dem **P**azifik) geschlossen hat, ist vorgesehen, durch Preissenkungen verursachte Erlösminderungen aus dem Export bestimmter Rohstoffe durch zinslose Darlehen oder Zuschüsse auszugleichen. 1990 ist das vierte Abkommen mit einer Laufzeit bis zum Jahr 2000 abgeschlossen worden. Damit wird eine Verstetigung der Exporterlöse unter Beibehaltung der marktwirtschaftlichen Steuerung erreicht. Die Verpflichtung zur Rückzahlung der gewährten Darlehen bei Wiederanstieg der Exporterlöse verhindert, daß die beteiligten Entwicklungsländer gegen Preisschwankungen unempfindlich werden. Zur Zeit laufen die Verhandlungen über ein fünftes Abkommen, dessen Form und Substanz sich ändern soll. Die politische Dimension der Zusammenarbeit soll stärker betont werden.

## 5.3 Dorado für Spekulanten: Warentermingeschäfte

Diese vielschichtigen Probleme der Entwicklungspolitik verbergen sich hinter dem spröden Zahlengerüst der täglichen Notierungen der Preise an den internationalen *Rohstoffmärkten*. Der Tageskurs wird hierbei mit *Kasse* oder *loco* gekennzeichnet, die Termingeschäfte sind an den Tagesangaben (z.B. 30 Tage) oder an den Monatsnamen zu erkennen. Die Entwicklung auf diesem Markt interessiert aber nicht nur Importeure und Verarbeiter, sondern hat seit jeher auch die Spekulanten angelockt.
Doch diesen »Berufsstand« pauschal zu verdammen wäre verfehlt. *Goethe* hatte unrecht, als er in seinem »Faust« schrieb: »Ein Kerl, der spekuliert, ist wie ein Tier, auf dürrer Heide von einem bösen Geist im Kreis herumgeführt, und ringsherum liegt schöne, grüne Weide.« Ohne die Spekulanten gäbe es

**Warenterminmärkte**

| Quelle: Reuters 16.00 h | | 16.00 h 21.10. | Schluß-Hoch-Tief 20.10. |
|---|---|---|---|
| **Indices** | | | |
| Reuters-Rohst. Ind | | 1466.1 | 1466.1 |
| Moodys-In. (Vtag) | | unerh. | 1210.40 |
| CRB Futures Ind. | | 203.17 | 202.94 |
| Rohöl-Index Ldn | | 1237 | 1280 |
| **Edelmetalle (NY)** | | | |
| **Gold** | Kasse | 295.8 | 296-296.5 |
| Comex $/oz | Dez. | 297.2 | 297.9-298.4-296.2 |
| | Febr. | 298.9 | 298.8-299.8-298 |
| | April | 301 | 300.7-301.3-300.3 |
| | Juni | 302 | 301.9-302.5-300.8 |
| **Silber** | Kasse | 4.93 | 4.88-4.91 |
| Comex cts/oz | Dez. | 490 | 489-492-484 |
| | März | 494 | 492.5-494.5-488 |
| **Platin** | Kasse | 340 | 335-337 |
| Nymex $/oz | Jan. | 340 | 336.5-341-335 |
| | April | 341 | 338-339-338 |
| | Juli | - | 340-341-340 |
| **Palladium** | Dez. | 277 | 272-274.2-270.5 |
| Nymex $/oz | März | - | 273.5-273.5-273.5 |
| **Energie** | | | |
| **Rohöl (NY)** | Dez. | 13.65 | 13.51-13.7-13.28 |
| Nymex $/Barrel | Jan. | 13.85 | 13.76-13.89-13.6 |
| WTI | Febr. | 14.12 | 13.95-14.1-13.83 |

| Quelle: Reuters 16.00 h | | 16.00 h 21.10. | Schluß-Hoch-Tief 20.10. |
|---|---|---|---|
| **Schweinebäuche** | Febr. | - | 46.4-47.2-45.75 |
| CME cts/lb. | März | - | 46.8-46.975-45.8 |
| **Schweinefleisch** | Dez. | - | 40.425-40.9-40.2 |
| CME cts/lb. | Febr. | - | 44.35-44.9-44 |
| | April | - | 45.4-45.8-45.1 |
| **Leb. Rinder** | Okt. | - | 64.325-64.65-64.1 |
| CME cts/lb. | Dez. | - | 65.275-65.925-65.25 |
| **Kaffee** | Dez. | 104.5 | 103.8-108-102.75 |
| NYCSC cts/lb. | März | 102.6 | 101.95-105.25-101.75 |
| **Kakao** | Dez. | 1552 | 1565-1570-1547 |
| NYCSC $/t | März | 1589 | 1601-1605-1584 |
| **Zucker** | März | 7.7 | 7.74-7.79-7.64 |
| NYCSC cts/lb. | Mai | 7.79 | 7.83-7.86-7.75 |
| **Orangensaft** | Nov. | - | 120.25-122-117.8 |
| NYCE cts/lb. | Jan. | - | 121.4-123.6-119.05 |
| **Sonst. Waren (USA)** | | | |
| **Kupfer** | Nov. | 72.8 | 73.45-73.45-73.35 |
| CEI cts/lb. h.gr. | Dez. | 72.9 | 73.5-74.2-73.3 |
| **Bauholz** | Nov. | 265.5 | 269-275-268.2 |
| CME $/1000Bd.ft. | Jan. | 271.1 | 273.1-276.5-273 |
| **Baumwolle** | Dez. | - | 68.85-68.9-68.24 |
| NYCE cts/lb. | März | - | 68.9-68.9-68.25 |
| **NE-Metalle London** | | **Verkauf** | **Ankauf-Verkauf** |
| Nachmittags 2.Ring | | | |

kaum eine Möglichkeit, das Ungleichgewicht von Angebot und Nachfrage an den Terminmärkten ins Lot zu bringen. Ständig auf der Suche nach profitablen Engagements, schaffen sie den Unternehmen die Möglichkeit, sich gegen Preis- und Kursrisiken abzusichern.

Dennoch ist die Branche der *Warentermingeschäfte* durchsetzt mit skrupellosen Geschäftemachern, die ständig auf Dummenfang sind. So taugt denn die Spekulation an den Warenterminbörsen definitiv nicht als Anlagegeschäft.

Diese Erkenntnis geht bis in die Anfänge der Rohstoffmärkte zurück. 1620 griff in Amsterdam, der Metropole der damals ersten Wirtschaftsmacht in Europa, die Tulpenspekulation um sich. Jahrelang wechselten die Blumenzwiebeln die Besitzer zu immer weiter steigenden Preisen. Hysterie machte sich breit. Zum Schluß wurden Fantasiepreise gezahlt, die um viele 10000 Prozent über dem eigentlichen Preis lagen. Die Zwiebeln wurden nicht nur als Ware gegen Geld getauscht, sondern der Handel wurde auch auf Termin abgewickelt, wobei die Verpflichtungen auch vor dem Fälligkeitsdatum weitergehandelt werden konnten. Die Tulpenzwiebel war somit der erste auf Termin gehandelte »Rohstoff«. Der eigentliche Massenumsatz im Warentermingeschäft begann jedoch erst in der zweiten Hälfte des 19. Jahrhunderts mit der Gründung der *Chicago Board of Trade*, die heute die weltgrößte Börse für dieses Geschäft ist.

Das Termingeschäft ist ein Nullsummenspiel. Hier kann nur ein Gewinn erzielt werden, wenn ein anderer Teilnehmer verliert. So ist die Spekulation an den Warenterminbörsen kein Geschäft für »Normalbürger«. Freud und Leid liegen bei der Spekulation mit Schweinebäuchen, Kaffee, Gold oder Finanzkontrakten, die mittlerweile über das Dreifache der Umsätze der hergebrachten Rohstoffmärkte ausmachen, eng beieinander. Die Faszination des Geschäfts macht die Hebelwirkung des *Einschusses* aus. Um etwa einen Future über 8000 Kilogramm Schlachtschweine zu kaufen, der bei einem Kilopreis von zwei Mark immerhin 16000 Mark wert ist, muß der Spekulant nur 1920 Mark Sicherheitseinlage, die *Initial Margin*, bei einer Clearingbank einzahlen. Die stellt damit sicher, daß der Vertrag erfüllt wird. Erhöht sich der Kilopreis auf 2,10 Mark, so ist der Future 16800 Mark wert. Damit steigt das eigene Guthaben um 800 Mark auf 2720 Mark, ein Plus von über 40 Prozent.

Neben schnellen Gewinnen drohen aber heftige Verluste, wenn der Preis sinkt. Das Fatale: Ist seine gesamte Sicherheitseinlage durch den abstürzenden Schweinepreis aufgebraucht, dann hat der Anleger nicht nur dieses Geld verloren. Mit einem *Margin Call* verlangt die Clearingbank zusätzliche Gelder von dem schon gebeutelten Investor.

Um es nicht gar so oft zu hektischen Ausbrüchen kommen zu lassen, sind Tageskurslimits eingerichtet worden. Bei überquellendem Kauf- oder Verkaufsdruck soll den Marktteilnehmern Gelegenheit gegeben werden, die Marktlage noch einmal in Ruhe zu überdenken. Für die US-Terminbörsen gilt, daß der Kurs eines Termins sich während einer Sitzung nur um einen bestimmten Betrag vom Vortagesschlußkurs entfernen darf.

Die Festsetzung dieser höchstzulässigen Kursveränderung ist Sache der einzelnen Börsen. Ist das Kurslimit erreicht, so ist der weitere Anstieg für den Rest der Sitzung gestoppt, und erst am nächsten Tag können die Kurse weiter steigen (dies wird *limit up* genannt). Dem Limit nach oben entspricht ein Limit nach unten *(limit down)*. Aus diesen beiden Grenzstrichen ergibt sich die höchstzulässige Tageskursspanne.
In Deutschland waren Rohstoffterminbörsen bis zum Februar 1998 verboten. Dann eröffnete in Hannover die erste deutsche *Warenterminbörse*. Die Notwendigkeit einer solchen Warenterminbörse war von den Interessenverbänden der Agrarwirtschaft damit begründet worden, daß sich der Staat zusehends aus seiner Verantwortung als Preisstabilisator zurückziehe. Tiefere Spezialisierung und verstärkter Wettbewerb machten die einzelnen Unternehmen aber enorm vom Preis bzw. Erlös nur eines Produktes abhängig. Ein Schweinemäster kann etwa mit Futures schon heute einen bestimmten Preis für seine Schlachtschweine festlegen, die er erst später verkaufen möchte. Fällt der Preis für Schweinefleisch bis zum Verkaufsdatum unter den vereinbarten Tagespreis, erleidet der Mäster keinen Verlust. Steigt der Preis hingegen, muß er das Fleisch dennoch zum vereinbarten niedrigeren Preis abgeben.
Produzenten und Verarbeiter können sich durch Warenterminkontrakte gegen unliebsame Preisschwankungen absichern und gewinnen damit eine bessere Kalkulationsbasis. An der Terminbörse in Hannover werden Futures auf Kartoffeln und Schweinebäuche gehandelt. Später soll die Palette um Kontrakte für Weizen, Heizöl und Altpapier erweitert werden. In ferner Zukunft ist auch an Verschmutzungsrechte von Industriebetrieben gedacht. Der Handel läuft voll computerisiert. So können die Börsenteilnehmer ihre Orders in Sekundenschnelle rund um die Welt schicken. Bisher mußten deutsche Anleger, die an einer großen Warenterminbörse handeln wollten, den umständlichen und kostspieligen Weg über London oder Chicago gehen.

# Register

## A

**B**

**F**

Q



R



S

**T**

**X**



**Z**